Hartmut Sieper

Investieren in Afrika

Hartmut Sieper

Investieren in Afrika

Profitieren auch Sie
vom Reichtum des schwarzen Kontinents

FinanzBuch Verlag

Bibliografische Information der Deutschen Bibliothek:
Die Deutsche Bibliothek verzeichnet diese Publikation in der Deutschen Nationalbibliografie; detaillierte bibliografische Daten sind im Internet über http://dnb.ddb.de abrufbar.

Covergestaltung: Melanie Feiler
Gesamtbearbeitung: Agentur MCP, Holzkirchen
Lektorat: Marion Reuter
Druck: GGP Media GmbH, Pößneck

Hartmut Sieper · Investieren in Afrika
1. Auflage 2008

FinanzBuch Verlag GmbH
Frundsbergstraße 23
80634 München
Tel. 089/65 12 85-0
Fax 089/65 20 96

Für Fragen und Anregungen:
sieper@finanzbuchverlag.de

ISBN 978-3-89879-326-1

Weitere Infos zum Thema:
www.finanzbuchverlag.de

Inhalt

Dieses Buch ist den Menschen Afrikas
gewidmet

Vorwort

Afrika ist ein riesiger, von internationalen Investoren noch weitgehend unerkannter Wachstumsmarkt. In diesem Buch werden Sie die interessantesten Branchen und aussichtsreichsten Länder kennenlernen.

Ich habe das vorliegende Werk aus mehreren Gründen verfasst. Erstens haben mich Emerging Markets schon immer fasziniert; es macht mir Freude, mich immer wieder neu auf fremde Länder und wenig bekannte Märkte einzulassen. Zweitens habe ich in den mehr als zwanzig Jahren, in denen ich an den internationalen Kapitalmärkten aktiv bin, ein gutes Gespür für neue, langfristige Trends entwickelt, und ich bin davon überzeugt, dass in Afrika großartige Gelegenheiten warten. Drittens lasse ich mich als Querdenker nicht von der Masse der Marktteilnehmer beeinflussen; wenn die meisten der Investoren derzeit um Afrika einen großen Bogen machen, ist mir das nur recht.

Aus allen diesen Gründen bin ich in Afrika aktiv geworden. Dies ist aber nur ein Teil meiner Motivation. Wirklich begeistert und inspiriert haben mich zahlreiche wertvolle menschliche Begegnungen. Über das hervorragende Netzwerk der Internationalen Christlichen Industrie- und Handelskammer (International Christian Chamber of Commerce) habe ich außergewöhnliche Menschen mit hohen ethischen Standards und tiefen Glaubensüberzeugungen kennen und schätzen gelernt. Mit einigen von ihnen habe ich im letzten Jahr begonnen, die multinationale Unternehmensgruppe Trans Africa Invest aufzubauen. Wir wollen durch Investitionen in sinnvolle, profitable und nachhaltige Projekte zur wirtschaftlichen Entwicklung und zur Verbesserung der Lebensumstände in benachteiligten Ländern Afrikas beitragen. Dies ist auch Ausdruck unseres christlichen Glaubens.

Die Weltfinanzmärkte sind an einem entscheidenden Punkt angelangt. An vielen Stellen werden die Grenzen des Wachstums deutlich: Rohstoffe, die zur

Neige gehen; Kreditspielräume, die nicht weiter ausgedehnt werden können; demografische Veränderungen, die die Sozialversicherungssysteme erschüttern werden. Gleichzeitig sorgt die Globalisierung dafür, dass die Märkte immer enger miteinander vernetzt werden. Die Abhängigkeiten wachsen. Der Bewegungsspielraum des Einzelnen wird größer, aber auch die Risiken steigen. Die Ungleichgewichte in der Welt haben ein extremes Ausmaß angenommen. Diese Gemengelage ist hochbrisant, und die kommenden zehn Jahre könnten für Geschäftsleute und Kapitalanleger zu den spannendsten Zeiten werden, die sie je erlebt haben. Manch stabiler Boden mag sich als trügerisch erweisen. Viele vermeintliche Sicherheiten werden sich als unsicher entpuppen. Vermeintlich hohe Risiken könnten sich andererseits als einmalige Chancen herausstellen. Ich vermute, dass die Volkswirtschaften und Kapitalmärkte der Industrieländer eher zu den Verlierern gehören werden.

Umso wichtiger wird es sein, sich rechtzeitig auf die zu erwartenden Veränderungen einzustellen, entsprechende Strategien zu entwickeln und dann tatkräftig umzusetzen. Wir Deutschen und Mitteleuropäer sind jedoch bekannt dafür, im internationalen Vergleich eher verhalten oder sogar ängstlich zu agieren. Risiken werden betont, Möglichkeiten unterschätzt und in der Folge viele Gelegenheiten verpasst. Ich möchte den Leser ermutigen, sich auf die enormen Chancen zu konzentrieren, die die Märkte Afrikas zu bieten haben: gerade erwachende Kapitalmärkte, neu gegründete Börsen und viele Branchen, die ungesättigte und stark expandierende Märkte bedienen.

Wer hat nicht schon einmal davon geträumt, bei einer neuen Entwicklung ganz von Anfang an dabei zu sein? Begeben Sie sich gemeinsam mit mir auf die spannende Reise nach Afrika, einem faszinierenden Kontinent mit unzähligen Investmentchancen und geschäftlichen Möglichkeiten. Vielleicht gehören Sie zu den Ersten, die den Reichtum des Schwarzen Kontinents für sich entdecken!

Eltmann (Bayern), im Oktober 2007

Hartmut Sieper

Kapitel 1

Warum Afrika?

Bis vor wenigen Jahren hatte ich mit Afrika nicht viel zu tun, von gelegentlichen Urlaubsreisen einmal abgesehen. Ich sah den Schwarzen Kontinent als einen Krisenherd voller unlösbarer Probleme. Als Investmentregion war Afrika für mich völlig uninteressant.

Als Investmentspezialist und früher als Banker war ich überwiegend in Deutschland und Europa aktiv. Ich habe das Erwachen vieler europäischer Nebenbörsen mitgemacht und die Transformation der ehemals kommunistischen Länder Osteuropas hautnah miterlebt.

Wer von Ihnen, liebe Leser, kann sich noch daran erinnern, wie Mitte der achtziger Jahre nacheinander die Börsen in Wien, Madrid, Helsinki und Lissabon aus dem Dornröschenschlaf erwachten und ausländische Kapitalanleger die Kurse nach oben katapultierten? Wer von Ihnen war dabei, als die neu gegründete Deutsche Terminbörse ihre ersten Gehversuche machte? Und wer von Ihnen hatte Anfang der neunziger Jahre in tschechische und ungarische, russische und polnische Aktien investiert? Wer dabei war, wird sich erinnern: Das war spannend. Wer frühzeitig investierte, konnte an diesen Börsen viel Geld verdienen.

Mitte der neunziger Jahre war ich stellvertretender Leiter der Wertpapieranalyse-Abteilung einer Privatbank in Frankfurt. Meine Bankenkarriere entwickelte sich planmäßig. Ich verdiente gut, lebte in einer schönen Wohnung im Vordertaunus und war in einem Tätigkeitsbereich aktiv, bei dem Routine nicht im Vordergrund stand. Die Kapitalmärkte waren jederzeit für Überraschungen gut. Die vermögenden Kunden unserer Bank waren anspruchsvoll. Gelegentliche Fernsehauftritte im Börsen-TV rundeten das Ganze ab. Alles in allem also eine reizvolle Aufgabe. Und doch fehlte etwas.

1.1 Märkte im Umbruch

1990 war der Eiserne Vorhang gefallen. Die Berliner Mauer und die Zonengrenze wurden eingerissen. Die DDR hörte auf zu existieren. Die gewaltigste Umwälzung in der Wirtschaftsgeschichte unserer Erde hatte begonnen. Der Kommunismus brach zusammen. Die osteuropäischen Länder versanken im Chaos. Rechtssysteme ganzer Staaten mussten neu erfunden werden. Die sozialistische Planwirtschaft hatte versagt, die Staaten waren pleite. Inflationsraten von über 1000 Prozent waren keine Seltenheit. Große Teile der Bevölkerungen verarmten. Vielvölkerstaaten brachen auseinander: Aus der Tschechoslowakei wurden zwei Nationen, die Sowjetunion löste sich in eine Vielzahl kleiner und großer Staaten auf. Im ehemaligen Jugoslawien brachen blutige Bürgerkriege aus. Die Überführung von Staatseigentum in Privateigentum fand überwiegend in Form von Massenprivatisierungen an den neu geschaffenen bzw. nach Jahrzehnten wiedereröffneten Börsen statt. Zweifel an der Substanz ehemaliger maroder Staatsbetriebe waren angebracht.

Ein vernünftiger Mensch, der diese Ereignisse Revue passieren ließ, wird zu dem Schluss gekommen sein, dass dies kein Marktumfeld für Investitionen war. Was waren die wesentlichen Kennzeichen des damaligen Marktumfeldes?

- instabile politische Situation
- schrumpfende Volkswirtschaften
- drohende oder tatsächlich stattfindende Bürgerkriege
- hohe Inflation, teilweise Hyperinflation
- schwache Währungen
- Massenarmut
- Korruption
- teilweise hohe Kriminalität
- erhebliche Rechtsunsicherheiten, zum Teil rechtsfreie Räume („Räuberkapitalismus")

Ja, das war der Wilde Osten. Kein vernünftiger Mensch hätte damals investiert. Wer es dennoch wagen wollte, musste teilweise große Hürden überwinden. Die allermeisten Aktien wurden nur an ihren Heimatbörsen gehandelt. Wer Aktien kaufen wollte, musste nach Prag, Budapest, Warschau, Kiew usw. reisen, bei einem Broker oder einer Bank ein Konto eröffnen, Geld in die lokale Währung transferieren, und erst dann konnte es losgehen. Aktuelle Kursinformationen zu bekommen, war gar nicht so einfach, denn Kurse via Internet gab es damals noch nicht.

Ich fand diesen Umbruch in Osteuropa ungeheuer spannend. Es reizte mich, an dieser Entwicklung teilzuhaben, Neuland zu betreten und etwas zu wagen. Als ich von dem damaligen Alleinvorstand einer kleinen Beteiligungsgesellschaft gefragt wurde, ob ich vom Aufsichtsrat in den Vorstand wechseln wollte, überlegte ich nicht lange. Ich sagte der Bank Lebewohl und stieg ins Investmentgeschäft in Osteuropa ein. In den folgenden Jahren besuchten wir viele Länder – Tschechien, Ungarn, Polen, die Slowakei, Lettland, Rumänien, Bulgarien und die Ukraine. Nur aus Russland hielten wir uns konsequent heraus; das war uns zu gefährlich.

Kommen wir noch einmal auf das damalige Marktumfeld zurück. Hand aufs Herz: Hätten Sie investiert? Hätten Sie geahnt, dass aus den damaligen Minibörsen in nur zehn Jahren respektable Marktplätze für Wertpapiere wurden? Im Jahr 1994 waren die Marktkapitalisierungen der osteuropäischen Börsen geradezu lächerlich niedrig: Die Prager Börse brachte es auf 16 Mrd. US-Dollar, Warschau kam auf 6 Mrd. US-Dollar, und in Budapest waren es nur 4 Mrd. US-Dollar. Für institutionelle Investoren waren die Märkte damals noch zu klein, die täglichen Umsätze viel zu gering. Schon mit kleinen Orders konnte man die Kurse vieler marktenger Aktien spürbar bewegen.

Wer damals jedoch investiert hatte, wurde reich belohnt. Denn was ist in den Folgejahren passiert?

- hohes Wirtschaftswachstum
- sinkende Inflationsraten
- lokale Währungen gegenüber Weltwährungen: zunächst noch schwächer, später stabil, teilweise sogar steigend
- schlimmste Befürchtungen (z. B. Ausbruch neuer Bürgerkriege; Rückfall in Militärdiktaturen; auf dem Schwarzmarkt frei erhältliche Atombomben) trafen nicht ein
- abnehmende Korruption, Annäherung an westliche Standards
- hohe Auslandsinvestitionen

- dynamische Marktentwicklung
- rasch zunehmender Grad an Rechtssicherheit
- Börsenentwicklungen nach westlichem Vorbild

Heute liegen die Marktkapitalisierungen, die Anzahl der gehandelten Titel und auch die Liquidität der Ostbörsen viel höher.

Beispiel Polen: Die Warschauer Börse wurde 1991 wiedereröffnet. Mitte der neunziger Jahre wurden weniger als 50 Titel gehandelt, und die Umsätze waren sehr niedrig. Die Marktkapitalisierung betrug nur 2 Mrd. US-Dollar. In den folgenden zehn Jahren änderte sich die Situation grundlegend. Im Jahr 2006 wurden Aktien im Wert von 115 Mrd. US-Dollar umgesetzt. Die Marktkapitalisierung stieg auf 274 Mrd. US-Dollar im April 2007, die Anzahl der gehandelten Titel auf 296.

Beispiel Rumänien: Dieses Land ist einige Jahre später gestartet als Polen. 1995 lag die Marktkapitalisierung mit 100 Mio. US-Dollar noch sehr niedrig. Das Niveau von 2 Mrd. US-Dollar wurde erst 2002 übersprungen. Inzwischen ist die Marktkapitalisierung auf 40 Mrd. US-Dollar im Jahr 2007 gestiegen.

Auch die Börsen in Ländern, die nicht von dem EU-Beitritt profitiert haben, konnten sich in den vergangenen Jahren hervorragend entwickeln. So hatte die Börse in Kiew (Ukraine) 2006 eine Marktkapitalisierung von 50 Mrd. US-Dollar, diejenige von Almaty (Kasachstan) von 62 Mrd. US-Dollar und die Börse in Moskau sogar von 965 Mrd. US-Dollar.

Warum erzähle ich Ihnen so viel von Osteuropa? Ganz einfach: Die Situation in Afrika vor einigen Jahren war den Verhältnissen in Osteuropa kurz nach der Wende in mehrfacher Hinsicht recht ähnlich:

- instabile politische Situation
- stagnierende Volkswirtschaften
- Bürgerkriege bzw. kriegsähnliche Zustände in mehreren Ländern: Demokratische Republik Kongo, Angola, Mosambik, Elfenbeinküste, (Côte d'Ivoire) Liberia, Sierra Leone, Somalia
- schwache Währungen
- hohe Staatsverschuldung

- hohe Inflationsraten
- Massenarmut
- Korruption
- teilweise hohe Kriminalität
- erhebliche Rechtsunsicherheiten, zum Teil rechtsfreie Räume
- geringe Marktkapitalisierung und Liquidität der Börsen; nur wenige Börsenplätze außerhalb Südafrikas

Das war, wie gesagt, die Situation vor einigen Jahren. Seit der Jahrtausendwende hat sich jedoch in Afrika vieles zum Positiven entwickelt:

- Die politische Situation ist in den meisten Staaten stabiler geworden.
- Die Volkswirtschaften erleben ein eindrucksvolles Wirtschaftswachstum.
- Die Bürgerkriege bzw. kriegsähnlichen Zustände in der Demokratischen Republik Kongo, Angola, Mosambik, Elfenbeinküste und Liberia sind beendet.
- Viele Währungen sind gegenüber dem US-Dollar stabil, einige weisen sogar relative Stärke auf.
- Die Verschuldung vieler Staaten hat dramatisch abgenommen – teils auf Grund von Schuldenerlass, teils infolge Schuldentilgungen, die durch Haushaltsüberschüsse möglich wurden.
- Die Inflationsraten in den meisten Ländern sinken. Eine Ausnahme bildet Simbabwe, das in eine Phase der Hyperinflation eingetreten ist.
- Die Korruption ist immer noch hoch, doch sie wird in immer mehr Ländern bekämpft.
- Die Rechtsunsicherheiten nehmen immer mehr ab.
- Marktkapitalisierung und Liquidität der Börsen steigen, sind allerdings immer noch auf sehr niedrigem Niveau.

Ein wesentlicher Grund für die zahlreichen Verbesserungen ist der Boom der Rohstoffpreise, der in vielen rohstoffreichen Ländern zu einem teilweise stürmischen Wirtschaftswachstum geführt hat und hohe Auslandsinvestitionen bewirkte.

Aber es gibt doch die Armut in Afrika, werden Kritiker jetzt einwenden, die vielen Krankheiten, die mangelnde Bildung, die fehlende Infrastruktur. Von Hilfsgeldern ist die Rede, die in den Taschen bestechlicher Politiker versickern, von unsicherer Stromversorgung, und überhaupt – die Afrikaner hätten ja keine Ahnung von moderner Wirtschaft.

Viele dieser Argumente sind verständlich und teilweise auch berechtigt. Doch Sie haben dieses Buch in die Hand genommen, um sich über die Möglichkeiten Afrikas zu informieren, und nicht, um sich von Unmöglichkeiten abschrecken zu lassen. Meiner Ansicht nach gibt es insbesondere zwei Typen des Homo oeconomicus, die die Chancen, die Afrika hier und heute bietet, in größtmöglicher Klarheit erkennen: zum einen echte Unternehmerpersönlichkeiten mit visionären Fähigkeiten und zum anderen langfristig orientierte „Contrarian Investors", also Investoren, die entgegengesetzt zur Masse der Anleger denken und antizyklisch handeln. Beide werden in diesem Buch eine Fülle von wertvollen Informationen finden.

Ich selbst zähle mich gerne zu den konträr agierenden Investoren. In einer Masse uniform denkender Anleger fühle ich mich eher unwohl. Wenn ich hingegen mit meiner Marktmeinung allein auf weiter Flur bin, stehen die Chancen viel besser. Die mentalen Anforderungen bei dieser Vorgehensweise sind allerdings gewaltig, denn Sie müssen Ihre Gefühle bei Ihren Anlageentscheidungen radikal ausklammern. Die nüchterne Kalkulation und die langfristige Sicht müssen die Oberhand behalten, sonst sind Sie verloren.

Wenn alle Menschen um mich herum einer Meinung sind, zum Beispiel, dass die Aktienkurse weiter steigen werden, dann war es schon oft so, dass die Kurse genau das Gegenteil taten. Wenn die gierigen Börsianer der Euphorie verfallen sind, ist oft der beste Verkaufszeitpunkt gekommen. Umgekehrt eröffnen stark fallende Kurse aufgrund einer allgemeinen Panik unter den Marktteilnehmern oft ausgezeichnete Einstiegsmöglichkeiten in langfristige Investments.

Wie ich die Situation an den afrikanischen Börsen einschätze, erläutere ich Ihnen in den Kapiteln 3, 6 und 8. So viel sei Ihnen allerdings schon jetzt verraten:

- Wir stehen an einem bedeutenden Punkt im Entwicklungszyklus der afrikanischen Emerging Markets (Kapitel 3).
- Die Börsen außerhalb von Südafrika befinden sich noch in einem sehr frühen Stadium ihrer Entwicklung, stehen aber jetzt möglicherweise kurz vor dem Sprung (Kapitel 6).

- Die einzelnen Volkswirtschaften weisen erhebliche Unterschiede hinsichtlich ihrer Chancen und Risiken auf. Die wichtigsten und aussichtsreichsten Länder stelle ich Ihnen in Kapitel 8 detailliert vor.

1.2 Menschen mit Potenzial

Bevor wir auf ein anderes wichtiges Thema, die Menschen Afrikas, zu sprechen kommen, blende ich noch einmal zurück nach Osteuropa.

Ich kann mich gut an unseren ersten polnischen Angestellten erinnern. Ich lernte Wladimir[1], einen 22 Jahre alten Studenten aus Krakau, auf einem Workshop der internationalen Studentenvereinigung AIESEC in einem fränkischen Schloss kennen. Ich referierte dort über Technische Analyse und nutzte die Gelegenheit, den Gästen aus Osteuropa ein wenig auf den Zahn zu fühlen. Bei einer Flasche Rotwein redete ich mit Wladimir vier Stunden lang über Wirtschaft und Politik, über Aktien und Börsen. Ich war erstaunt: In den wenigen Jahren der Wirtschaftstransformation hatte dieser junge Mann das Wesen des Börsenhandels, die Bewertungsregeln und Handelsusancen, die Motive der Marktteilnehmer und auch die Hintergründe der menschlichen Psyche bis ins letzte Detail verstanden. Indem er sein Taschengeld in Börsentransaktionen steckte, hatte er sein privates Vermögen von umgerechnet 500 Euro auf 1000 Euro verdoppelt. Bevor ich Wladimir für unser Unternehmen einstellen wollte, stellte ich ihm eine Aufgabe: Er sollte aus den damals ca. 35 börsennotierten polnischen Unternehmen drei Aktien heraussuchen, die den Markt in den nächsten sechs Monaten outperformen sollten. Nach zwei Wochen präsentierte er uns Kurzanalysen von drei Kandidaten. Wir investierten.

Was meinen Sie, was aus diesen Investments geworden ist? Mal ganz ehrlich: Würden Sie von einem jungen Studenten, der zwei oder drei Jahre zuvor erstmals mit Börsen in Berührung gekommen ist, erwarten, dass er dieser hohen Anforderung genügt? Nun, Wladimir hatte Recht behalten und jene drei Aktien herausgepickt, die sich in der Folge tatsächlich besser als der Gesamtmarkt entwickelt hatten – wesentlich besser.

Wir lernten eine wichtige Lektion, die sich nicht nur in der Wertentwicklung unseres Portfolios niederschlug. In den ehemals kommunistischen Ländern gab

[1] Name geändert

es Menschen, die innerhalb äußerst kurzer Zeit die Grundprinzipien des Kapitalismus verstanden hatten und zu ihrem eigenen Vorteil wie auch zu Gunsten ihres Landes nutzen konnten. Dass sie nie im Westen gewesen waren, dass es keine Kapitalmärkte gab, dass an den Universitäten Planwirtschaft gelehrt wurde und keine Marktwirtschaft – das alles hat diese hungrigen, meist jüngeren Menschen nicht davon abhalten können, ihren Weg zu machen. Ich bin ihnen damals überall begegnet: in Polen, Rumänien, Lettland und anderen Ländern.

Was vor 15 Jahren für Osteuropa galt – könnte das nicht heute auch auf Afrika zutreffen?

- Könnte es sein, dass wir reichen, verwöhnten, gesättigten Menschen aus dem Westen das Potenzial des Schwarzen Kontinents grundlegend falsch einschätzen?
- Könnte es sein, dass diejenigen, die sich durch den hohen Entwicklungsstand und die vermeintliche Stabilität der westlichen Volkswirtschaften, Kapitalmärkte und Sozialsysteme blenden lassen, am Ende aufwachen werden und erkennen müssen, dass ihre vermeintlichen Sicherheiten Scheinsicherheiten waren?
- Könnte es sein, dass Kapitalanleger und Unternehmer, die jetzt zaudern, in die Zukunft Afrikas zu investieren, in einigen Jahren aufwachen und realisieren müssen, dass sie den Zug verpasst haben?
- Könnte es sein, dass wir von den Menschen Afrikas ein einseitiges, verzerrtes Bild haben, das uns daran hindert, in einen echten, fruchtbaren Dialog auf gleicher Augenhöhe mit ihnen einzutreten, um gemeinsam gute Geschäfte zu machen?

Beschäftigen wir uns nun mit den Menschen des afrikanischen Kontinents. Die dunkelhäutigen Afrikaner wurden in der Vergangenheit von den Weißen als Menschen zweiter Klasse behandelt, ausgegrenzt, gedemütigt, gequält und verachtet. Viele von uns Weißen wissen das und verspüren zumindest andeutungsweise ein kollektives schlechtes Gewissen. Doch unterschwellig schwingen auch andere Gedanken mit: Könnte es sein, dass die Vorurteile doch eine gewisse Berechtigung haben, dass die Geschichten vom dummen Neger, von korrupten Politikern, faulen Arbeitern und skrupellosen Betrügern einen wahren Kern beinhalten?

Zugegeben, auch das ist Afrika: Kindersoldaten im Kongo, Völkermorde in Ruanda und Burundi, betrügerische E-Mails aus Nigeria, Bettelbriefe aus Uganda, Voodoo-Hexerei in Westafrika, staatlich autorisierte Plünderungen in Simbabwe, ausufernde Kriminalität in Südafrika. Doch wir sollten nicht den Fehler machen, alle Menschen einer Gruppe über einen Kamm zu scheren.

Ich hatte in den letzten Jahren das Privileg, viele Schwarzafrikaner beruflich, einige auch persönlich kennen zu lernen. Ich kann Ihnen versichern: Es sind wunderbare Menschen.

Abbildung 1-1: Bilder von Afrikanern

Fotos: Hartmut Sieper

Einer von ihnen ist ein junger IT-Unternehmer aus Simbabwe. Längst hätte er das Land verlassen können, wie so viele Mitglieder der Bildungs- und Unternehmerelite vor ihm. Angebote hatte er genug. Doch er wollte im Land bleiben und dort sein Unternehmen aufbauen – allen Schwierigkeiten zum Trotz. Nach manchen Durststrecken sitzt er jetzt fest im Sattel, hat eine Menge Angestellte und schaut sich bereits in den Nachbarländern nach weiteren unternehmerischen Gelegenheiten um.

Länder wie Simbabwe brauchen Leute wie ihn. Sie können sich einen weiteren *Brain Drain* nicht leisten. Sie brauchen die Hochqualifizierten zum Aufbau ihrer politischen, wirtschaftlichen und rechtlichen Strukturen. Ich kenne einige Beobachter, die die Emigration der Eliten als Besiegelung des Untergangs der betreffenden Länder sehen. Auch wenn dies eine reale Gefahr ist, glaube ich nicht, dass sie eintreten wird.

Bleiben wir beim Beispiel Simbabwe. Es gibt inzwischen mehrere Millionen Exil-Simbabwer, vor allem in Südafrika und Großbritannien. Sie sind geflohen vor chaotischen Verhältnissen, vor tatsächlichen oder befürchteten Landenteignungen, vor repressiven Maßnahmen autoritärer Machthaber und vor dem beschleunigten wirtschaftlichen Niedergang. Viele Exilanten werden jedoch ins Land zurückkehren oder zumindest in Erfolg versprechende Projekte investieren, sobald stabilere Verhältnisse einkehren und politische, wirtschaftliche und finanzielle Reformen nachhaltig in Angriff genommen werden. Bei dem derzeitigen Regime ist das kaum zu erwarten, doch ein baldiger Regierungswechsel ist eine Entwicklungsvariante, die immer wahrscheinlicher wird. Ich kann mir gut vorstellen, dass Simbabwe für einige positive Überraschungen gut ist.

1.3 Der richtige Zeitpunkt

Haben Sie sich schon einmal Gedanken darüber gemacht, was ein wirklich gutes Investment auszeichnet? Die Grundsteine für große Vermögen wurden oft in sehr schwierigen Zeiten gelegt. Dann, wenn kaum jemand ans Investieren gedacht hat. Dann, wenn der Pessimismus am größten war.

Kaufen, wenn die Kanonen donnern: Das war die Weisheit des alten Barons von Rothschild, einer der Begründer und Säulen der internationalen Hochfinanz. In der heutigen Zeit würde ich die Regel etwas abwandeln: Kaufen, sobald das Schießen aufgehört hat.

Mit Informationsvorsprüngen konnte man viel Geld machen. Das war schon immer so. Wenn Sie von einer bahnbrechenden Neuentwicklung eines kleinen, börsennotierten Unternehmens erfahren, bevor der Markt es merkt, und dann eine Kauforder platzieren, dann werden Sie auf Grund Ihres besonderen Wissens reich – auf Kosten der nichts ahnenden übrigen Anleger. Denn wenn die Neuigkeit schließlich an die Öffentlichkeit dringt, schießen die Aktien dieses Unternehmens natürlich steil in die Höhe. Diese Art von Geschäftemacherei nennt man Insiderhandel. Gott sei Dank ist das heute verboten. Ich kann mich noch daran erinnern, dass Deutschland international als Insiderparadies bekannt war, weil alle möglichen Formen des Insiderhandels rechtlich nicht geregelt waren und somit ungestraft blieben. In den achtziger Jahren beispielsweise trieb dieses Spiel manche extremen Blüten. Heute hat sich das grundlegend geändert. Die Aufsicht über die Finanzmärkte ist so umfassend geworden, die Regelungen sind so strikt und die Überwachungsmaßnahmen so perfekt, dass echtes Insidertrading nur noch sehr eingeschränkt möglich und mit sehr hohen Risiken behaftet ist.

1.4 Afrika – das letzte große Abenteuer

Zugegeben, Afrika ist nichts für schwache Gemüter. Afrika braucht Menschen mit echtem Unternehmergeist, mit Charaktereigenschaften und Wesenszügen von Pionieren, Abenteurern und Entdeckern.

Wer ernsthaft darüber nachdenkt, in Afrika Geschäfte zu machen, die über das reine Portfolio-Investment hinausgehen – wer also erwägt, vor Ort unternehmerisch aktiv zu werden, Direktinvestitionen zu tätigen, als Manager eines westlichen Unternehmens Verantwortung vor Ort zu übernehmen oder zunächst nur den Markt persönlich zu erkunden, sollte sich bei den folgenden Ausführungen irgendwo wiederfinden.

Pioniere betreten Neuland, machen etwas zum ersten Mal. Sie versuchen Dinge, die nur wenige Menschen vor ihnen versucht haben. Pioniere haben häufig mit dem Unverständnis der Mehrheit ihrer Mitmenschen zu tun, doch das kümmert sie wenig. Sie sind visionär veranlagt. Sie verlassen die ausgetretenen Pfade, die gewohnte, vertraute Umgebung und lassen sich auf etwas Neues ein. Dabei denken und handeln sie nicht halbherzig, ängstlich, zögernd oder wankelmütig, sondern fest entschlossen, vorwärtsstrebend und guten Mutes.

Abenteurer begreifen Schwierigkeiten als Herausforderungen. Scheinbar unüberwindliche Hindernisse untersuchen sie näher, um vielleicht doch einen Weg zu finden, sie zu übersteigen oder zu umgehen. Abenteurer im positiven Sinne sind mutig, selbstbewusst, stark, umsichtig, zielstrebig und kämpferisch. Sie gehen kalkulierte Risiken ein, um ein bestimmtes Ziel zu erreichen. Menschen mit diesen Einstellungen haben beste Chancen, um in Afrika Erfolg zu haben.

Davon deutlich zu unterscheiden sind Abenteurer im negativen Sinne, die eher mit den Begriffen tollkühn, draufgängerisch, waghalsig oder gar todesmutig beschrieben werden können. Spieler und Zocker gehen Risiken ein um des Nervenkitzels willen. Wer mit dieser Einstellung nach Afrika kommt, wird scheitern.

Entdecker nutzen Chancen, die sich plötzlich und unerwartet auftun. Sie sind bereit und in der Lage, sich rasch auf neue Situationen und Entwicklungen einzustellen und sich flexibel anzupassen. Querdenker, die jenseits etablierter Denkmuster und Verhaltensweisen neue Varianten ausprobieren, können in Afrika reüssieren.

In Afrika ist noch vieles unentdeckt, unerschlossen, unerforscht:

- Bodenschätze schlummern noch reichlich in afrikanischem Boden; viele Gegenden haben noch nie ein Bohrgerät gesehen.
- Die armen Bevölkerungsschichten haben eine Vielzahl von Bedürfnissen, die sie stillen wollen; und nicht alle von ihnen werden so arm bleiben.
- Eine wachsende Mittelschicht in vielen Ländern sorgt für eine allmählich zunehmende Kaufkraft und steigende Nachfrage nach Konsumgütern.
- Der boomende Bergbau eröffnet vielen Zulieferern und Dienstleistungsunternehmen hervorragende Perspektiven.
- Der wachsende Energiehunger bildet die Grundlage für einen erheblichen Investitionsbedarf und stellt ein weites Betätigungsfeld für Ingenieure dar.

In Mosambik nach Erzen suchen, in Sambia nach Öl bohren, im Kongo Finanzdienstleistungen anbieten, in Luanda ein Hotel errichten, in Lagos eine Unternehmensberatung gründen, in Liberia eine Möbelfabrik oder an der westafrikanischen Küste eine Fischfarm bauen – das sind nur einige von vielen konkreten Möglichkeiten, auf dem Schwarzen Kontinent zu investieren.

Diese Schätze zu heben, ist jedoch keineswegs ein Kinderspiel. Wo liegen für Geschäftsleute die entscheidenden Herausforderungen?

- die Mentalität der einheimischen Bevölkerung
- fremde und teilweise lückenhafte Rechtssysteme
- mangelnde Rechtssicherheit
- Bürokratie und Behördenwillkür
- Korruption auf allen Ebenen
- mangelhafte oder gar nicht vorhandene Infrastruktur
- verbreitete Tropenkrankheiten und eine hohe HIV/AIDS-Infektionsrate

- Mangel an Fachkräften
- limitierte Versorgung mit Strom und Wasser
- hohe Kriminalität in manchen Ländern und Städten

Wen diese Hindernisse abschrecken, sollte nicht nach Afrika kommen.

Pioniere, Abenteurer und Entdecker hingegen machen das Beste daraus. Sie wissen, dass gerade aus der Tatsache, dass bisher nur wenige Investoren und Geschäftsleute ihren Weg nach Afrika gefunden haben, für sie die besten Chancen erwachsen. Erwachende Märkte mit Wachstumspotenzial in fast allen Branchen und einer Vielzahl an unbesetzten Marktnischen bieten Betätigungsmöglichkeiten in Hülle und Fülle.

„Und was ist mit der schrecklichen Armut?", werden viele Leute fragen und dies als Einwand gegen geschäftliche Investitionen vorbringen. Tatsächlich ergeben sich aus dem hohen Anteil armer Bevölkerungsschichten an der Gesamtbevölkerung Afrikas besondere Herausforderungen an Geschäftsmodelle und -prozesse in diesem Teil der Welt. Die Zielgruppen und Märkte am unteren Rand der Wohlstandspyramide (Bottom Of The Pyramid = BOP-Märkte) sind riesig und noch nahezu unerschlossen.

Auf dieses äußerst spannende Thema komme ich in Kapitel 5.14 zurück.

1.5 Megatrend Rohstoffe

Wir befinden uns in den Anfangsstadien eines Mega-Bullenmarktes für Rohstoffe. Seit dem Ende der langfristigen Rohstoff-Baisse, die 1980 begann und zwischen 1999 und 2002 endete, haben praktisch alle Rohstoffpreise deutlich angezogen. Am stärksten war der Anstieg bei Industriemetallen, vor allem Nickel und Kupfer, aber auch Blei, Zink und Zinn. Dramatisch war auch der Ölpreisanstieg, der sich auf einem deutlich höheren Niveau eingependelt hat, als man es noch vor einigen Jahren für möglich gehalten hatte.

Abbildung 1-2: Alte Goldförderanlage in Südafrika

Foto: Hartmut Sieper

Der unten abgebildete CC-Index-Future des New York Board of Trade (NYBOT) ist ein Terminkontrakt auf einen breiten Rohstoff-Index. Deutlich ist die Rohstoff-Hausse der siebziger Jahre zu sehen. Danach gingen die Rohstoffpreise über 20 Jahre lang seitwärts bzw. abwärts, bevor um die Jahrtausendwende ein neuer primärer Aufwärtstrend einsetzte. Wir gehen davon aus, dass diese Aufwärtsbewegung noch lange anhalten wird – immer wieder unterbrochen von kräftigen Reaktionen.

Abbildung 1-3: Kursentwicklung des CC-Index-Future

Quelle: Lenz & Partner; eigene Darstellung mit der Chartsoftware „Tai Pan"

Afrika ist einer der großen Nutznießer dieses Megatrends, denn die Exporterlöse aus Rohstofflieferungen bilden die Haupteinnahmequelle vieler afrikanischer Staaten. Diese „windfall profits" werden – zumindest teilweise – zum Aufbau ihrer Volkswirtschaften genutzt.

Hinzu kommt, dass viele Gebiete Afrikas noch kaum erschlossen sind. In weiten Teilen Mosambiks beispielsweise wurde noch nie exploriert, obwohl die Geologie durchaus viel versprechend für Rohstofflagerstätten ist. Ähnliches gilt auch für andere Staaten; so wurde in Sambia erst im Frühjahr 2007 damit angefangen, Bohrlizenzen nach Erdöl auszuschreiben.

Eingeweihte Personen berichten hinter vorgehaltener Hand, dass verschiedene Länder mehr Erdölreserven haben, als man offen zugibt und als es im Westen derzeit bekannt ist. Es ist leicht vorstellbar, was passieren wird, wenn in einem Land große neue Ölreserven gefunden und gefördert werden. Man braucht nur in den Nahen Osten zu schauen. Die Vereinigten Arabischen Emirate waren einmal ein ganz armes Land …

Wie lange wird der Rohstoffboom noch weitergehen? Ich denke, dass wir weitere zehn Jahre steigender bzw. anhaltend hoher Rohstoffpreise erwarten müssen. Viele Gründe sprechen dafür:

- Zyklische Bullenmärkte dauerten bei Rohstoffen in der Vergangenheit durchschnittlich 17 Jahre. Der jetzige Zyklus hat erst vor sieben Jahren begonnen.
- Die Rohstoffpreise begannen ihren Anstieg inflationsbereinigt auf historischen Tiefstständen. Neue Trends, die in solchen Extremzonen beginnen, dauern erfahrungsgemäß Jahrzehnte.
- Das Angebot-Nachfrage-Verhältnis für die meisten Rohstoffe zeichnet ein sehr klares Bild: Die Nachfrage ist größer als das Angebot, und Förderkapazitäten sind entweder begrenzt (wie beim Erdöl) oder können nur langsam erweitert werden (wie bei den meisten Metallen).
- Die Wirtschaftsdynamik in vielen Schwellenländern, allen voran China und Indien, ist ungebrochen. China ist bei vielen Rohstoffen vom Exporteur zum Importeur geworden.
- Während des langen Baisse-Marktes haben Minenbetreiber sehr wenig in den Ausbau ihrer Kapazitäten investiert.

- Bei einigen Rohstoffen werden die Vorräte schon sehr knapp, und das Ende der Förderung ist bereits in Sicht. Das seltene Metall Indium gehört ebenso dazu wie Uran, dessen derzeit bekannte Reserven nur noch gut 40 Jahre reichen.

Rohstoffreiche afrikanische Volkswirtschaften werden dauerhaft von hohen Rohstoffpreisen profitieren. Um welche Rohstoffe es dabei vor allem geht, wird in Kapitel 2.2 beschrieben.

1.6 Wachstumsmärkte

Viele afrikanische Volkswirtschaften wachsen seit Jahren deutlich stärker als diejenigen in Westeuropa. Dafür gibt es mehrere Gründe:

- fortschreitende Demokratisierung: 1985 hatten noch 37 von 53 Ländern undemokratische und autoritäre Regierungen; heute sind es nur noch 11.
- Liberalisierung vieler Märkte
- deutlich gesunkene Inflationsraten
- stabilisierte Währungen
- hohe Returns on Investment aus unternehmerischer Tätigkeit
- steigende Rohstoffpreise
- bessere Vernetzung mit dem Rest der Welt dank des Internets

Besonders der zuletzt genannte Punkt wird in vielen Bereichen zu einer beschleunigten Entwicklung führen, die von den meisten Marktbeobachtern unterschätzt wird.

Im Jahr 2006 wiesen 22 afrikanische Staaten ein Realwachstum von 5 Prozent und mehr auf:

Tabelle 1-1: Wachstumsstarke Länder Afrikas

Angola	19,1 %	Äthiopien	7,0 %	Mali	5,5 %
Äquatorialguinea	18,6 %	Tansania	6,8 %	Gambia	5,5 %
Tschad	18,0 %	Dem. Republik Kongo	6,5 %	Kapverdische Inseln	5,5 %
Uganda	9,0 %	Madagaskar	6,0 %	Kenia	5,2 %
Liberia	8,0 %	Algerien	6,0 %	Senegal	5,2 %
Republik Kongo	8,0 %	São Tomé und Príncipe	6,0 %	Sambia	5,0 %
Sudan	7,7 %	Nigeria	5,6 %		
Mosambik	7,2 %	Mauretanien	5,5 %		

Quelle: Weltbank, www.worldbank.org

Erstmals seit den frühen achtziger Jahren ist das reale Wirtschaftswachstum höher als die Wachstumsrate der Bevölkerung. Damit bestehen sehr gute Chancen, dass sich der ökonomische Aufschwung verbreitert und vertieft.

Der Internationale Währungsfonds erwartet, dass das starke Wachstum in den nächsten Jahren unvermindert anhalten wird. Bis 2012 gehen die Experten von einem durchschnittlichen Wachstum in Afrika von 5,6 Prozent aus, während es im Weltdurchschnitt nur 4,8 Prozent sein sollen. Von 2001 bis jetzt betrug das Wachstum 5,0 Prozent in Afrika und 4,2 Prozent weltweit.

Kapitel 2

Afrika – ein Kontinent der Vielfalt

Afrika ist nach Asien der zweitgrößte Kontinent der Welt. Er zeichnet sich durch eine enorme Vielfalt aus hinsichtlich Oberflächenformen, Klima- und Vegetationszonen, Bodenschätzen sowie Völkern und Sprachen.

Dieses Kapitel soll dazu dienen, dass Sie ein Gefühl für die Vielgestaltigkeit und den Facettenreichtum des Schwarzen Kontinents bekommen. Die einzigartige Geschichte Afrikas und seiner Bewohner wird einige besondere Aspekte aufwerfen, die es bei Investitionen und Geschäften in dieser Weltregion zu berücksichtigen gilt.

2.1 Geografie und Klima

2.1.1 Gebirge und Seen

Afrika hat einerseits mehrere markante Gebirge aufzuweisen, andererseits gibt es weite Gebiete, die nur ein geringes Relief haben. Ganz grob kann man sagen, dass sich im Osten und Süden zahlreiche Gebirge befinden, während der Westen, der Norden und das zentral gelegene Kongobecken überwiegend flach sind.

Abbildung 2-1: Höhenrelief Afrikas

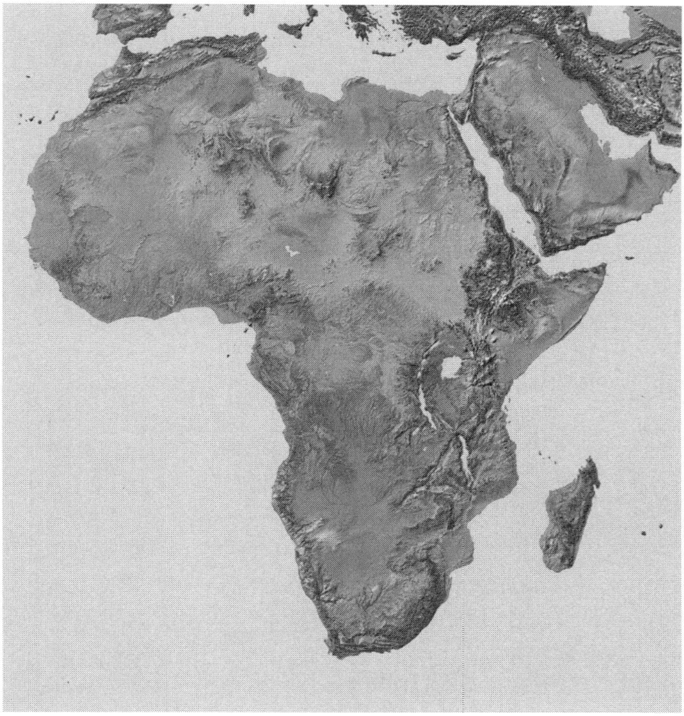

Quelle: NASA; http://photojournal.jpl.nasa.gov/jpeg/PIA04965.jpg

Die bekanntesten und höchsten Gebirge liegen in Ostafrika. Rund um die höchsten Erhebungen, das **Kilimandscharo-Massiv** mit dem Kibo (Uhuru Peak; 5895 m) in Tansania, den **Mount Kenya** (5199 m) in Kenia und den **Ruwenzori** (5109 m) auf der Grenze von Uganda und der Demokratischen Republik Kongo, liegen etliche Nationalparks. Diese Region gehört zu den touristischen Höhepunkten des Kontinents.

Diese Berge sind Vulkane und Teil des äußerst ausgedehnten **Ostafrikanischen Grabenbruchs** (*Rift Valley*). Entlang dieser geologischen Bruchlinie dehnt sich der afrikanische Kontinent aus. Mehrere tektonische Platten wandern in entgegengesetzte Richtungen und hinterlassen einen Graben, der in ferner Zukunft Afrika teilen wird.

Der Grabenbruch beginnt im Afar-Dreieck in der Region Eritrea/Dschibuti/ Äthiopien und verläuft quer durch das Hochland von Äthiopien nach Kenia. Der östliche Arm des Systems beinhaltet die Berge Mount Kenya, Mount Elgon, Karisimbi, Mount Meru und den Kilimandscharo sowie die flachen Seen des östlichen Rifts. Die bekanntesten dieser Seen sind der Turkana-See (auch Rudolf-See genannt) und der natronhaltige Magadi-See, beide in Kenia. Entlang des westlichen Arms des Grabenbruchs erstreckt sich eine Seenkette mit dem Albert-See im Norden über den Kivu-See bis zum **Tanganjika-See** (1470 m tief), begrenzt von den Virunga-Vulkanen mit dem aktiven Nyiragongo (3462 m). Der Tanganjika-See wird von den Staaten Demokratische Republik Kongo, Tansania, Sambia und Burundi begrenzt. Er ist der zweittiefste und sechstgrößte See der Erde.

Beide Arme des Rift Valleys umschließen den 68.800 km² großen **Viktoria-See**, den zweitgrößten Süßwassersee der Welt. Hier grenzen die Staaten Kenia, Uganda und Tansania aneinander. Nach Süden setzt sich der Grabenbruch über den 560 km langen Malawi-See (früher Nyassa-See) bis zur Mündung des Sambesi in Mosambik fort.

Eigentlich ist die gesamte Bruchzone noch länger: Auch das Rote Meer sowie das Tote Meer und der See Genezareth in Israel gehören dazu.

Weitere wichtige Gebirge in Afrika sind:

- das Atlas-Gebirge in Marokko (höchste Erhebung: Dschebel Toubkal, 4165 m) und Algerien
- in der Sahara das Ahaggar-Gebirge in Algerien (bis 2918 m) und das Tibesti-Gebirge (bis 3265 m) im Tschad
- das Hochland von Äthiopien (Ras Daschan Terara, 4620 m)
- das Bergland von Kamerun (Adamaua-Berge und Kamerunberg, 4060 m)
- das Hochland des südlichen Afrikas mit mehreren Zweitausendern in Angola und Namibia
- die Drakensberge in Südafrika und Lesotho mit dem Thabana Ntlenyana (3482 m) als höchstem Berg

Auch auf einigen Inseln sind hohe Berge zu finden, wie beispielsweise auf den Kanarischen Inseln (Teneriffa; Pico del Teide, 3718 m), Bioko (Pico de Basilé, 3008 m; Teil von Äquatorialguinea) und La Réunion (3069 m; Teil von Frankreich).

2.1.2 Flüsse

Mehrere gewaltige Flüsse durchfließen den afrikanischen Kontinent.

Der **Nil** ist mit 6671 km Länge der längste Fluss der Erde (bzw. der zweitlängste, wenn man bei der Länge des Amazonas seine längsten Nebenarme mit berücksichtigt). Der längere Arm des Nils (der je nach Flussabschnitt Kagera-, Victoria-, Albert- und Weißer Nil genannt wird) entspringt im Bergland von Ruanda und Burundi und verläuft zunächst nach Westen in den Victoriasee, und von dort ziemlich genau nach Norden. In Khartum trifft er mit dem Blauen Nil zusammen, der seinen Ursprung im Bergland von Amhara (Äthiopien) hat. Nachdem der Nil den Sudan durchquert hat, wird er durch den Assuan-Staudamm in Oberägypten zu einem riesigen Stausee aufgestaut, dem 500 km langen Nasser-See. Von dort aus bildet der Nil als Fremdlingsfluss die alles entscheidende und bestimmende Lebensader Ägyptens, bevor er schließlich zwischen Alexandria und Port Said in einem breitgefächerten Delta das Mittelmeer erreicht.

Der 4374 km lange **Kongo** ist der zweitlängste und wasserreichste Fluss Afrikas. Er entspringt im Mitumba-Gebirge in der Provinz Katanga und fließt von dort aus in einem gewaltigen Linksbogen durch die gesamte Demokratische Republik Kongo, wo er über weite Strecken die Hauptverkehrsstraße bildet. In seinem Unterlauf bildet er zunächst die Grenze der beiden Kongostaaten, zum Schluss die Grenze nach Angola. Unterhalb der beiden Hauptstädte Kinshasa und Brazzaville ist der Kongo wegen der Livingstonefälle nicht mehr schiffbar.

Der 4184 km lange **Niger** entspringt im Bergland von Guinea an der Grenze der Staaten Guinea und Sierra Leone und fließt zunächst nach Nordosten bis Timbuktu (Mali) und anschließend nach Südosten durch die Staaten Niger und Nigeria. Er mündet in einem breiten Delta in den Golf von Guinea. Das Nigerdelta ist vor allem durch die reichen Ölvorkommen und die gewalttätigen Auseinandersetzungen zwischen lokalen Stämmen und den großen Ölkonzernen bekannt geworden. Der Niger ist für die Trinkwasserversorgung und die Land- und Weidewirtschaft unerlässlich. 110 Millionen Menschen sind von ihm abhängig.

Der **Sambesi** ist 2574 km lang. Sein Quellgebiet liegt in der Grenzregion von Sambia, Angola und der Demokratischen Republik Kongo. Er verläuft durch Angola und Sambia zunächst nach Süden und dann nach Osten, berührt Namibia, Botswana und Simbabwe und fließt schließlich durch Mosambik, wo er in einem großen Delta in den Indischen Ozean mündet. Dabei bildet er den mächtigsten Wasserfall Afrikas, die 110 m hohen Viktoriafälle. Hier, in der Region des

Vierländerecks, soll der größte Nationalpark der Welt entstehen. (Näheres hierzu siehe Kapitel 5.10.)

Der 1819 km lange **Rio Volta** entspringt in Burkina Faso und fließt durch Ghana nach Süden und mündet ebenfalls in den Golf von Guinea.

Der 2160 km lange **Oranje** ist der längste Strom des südlichen Afrikas. Er entspringt im Bergland von Lesotho, fließt durch Südafrika nach Westen und bildet in seinem Unterlauf die politische Grenze zwischen Südafrika und Namibia. Sein bedeutendster Nebenfluss ist der im Grenzgebiet von Südafrika und Swaziland entspringende **Vaal**.

Der 1680 km lange Fluss **Limpopo** bildet die Nordgrenze von Südafrika zu Botswana, Simbabwe und Mosambik. Er entspringt nördlich von Johannesburg in Südafrika und mündet bei Xai-Xai (Mosambik) in den Indischen Ozean.

2.1.3 Temperatur und Niederschlag

Afrika liegt beiderseits des Äquators und bildet die größte zusammenhängende Landmasse der Tropen. Nur die äußersten Ränder im Norden und Süden ragen in den subtropischen Bereich hinein.

Die Temperatur- und Niederschlagsverteilung während des Jahres bestimmt im Wesentlichen die Vegetationszonen und die Möglichkeiten der Landnutzung. Hierfür sind folgende Einflussfaktoren maßgebend:

Breitengrad:

- Am Äquator ist es ständig heiß und feucht, mit Regenzeiten im Frühjahr und Herbst (immer dann, wenn die Sonne im Zenit steht). Es gibt nur geringe jahreszeitliche Schwankungen.
- Vom Äquator in Richtung der Wendekreise nimmt die Niederschlagsmenge kontinuierlich ab, und die Häufigkeit der Dürrejahre steigt. Es gibt eine einfache Regenzeit im Sommer.
- In Höhe der Wendekreise (23° 26‘ nördlicher und südlicher Breite; etwa 2600 km vom Äquator entfernt) liegt der Wüstengürtel. Hier ist es ständig trocken; die Sommer sind sehr heiß, die Winter wild.

- Jenseits etwa des 30. Breitengrades liegen die gemäßigten Subtropen mit dem typischen Mittelmeerklima: Warme, trockene Sommer und milde, feuchte Winter.

Höhenlage:

- Die oben genannten Zonen beziehen sich auf die Verhältnisse auf Meeresspiegel-Niveau. Mit zunehmender Höhe nehmen die Temperaturen (vor allem nachts) ab und die Niederschläge zu. Deshalb weist Nairobi beispielsweise auf Grund seiner Höhenlage (über 1600 m) ein sehr angenehmes Klima auf, obwohl die Hauptstadt Kenias unmittelbar am Äquator liegt.
- Sobald die Berge in die Höhenlage der Passatwinde hineinragen, wird das Klima deutlich feuchter. Ein gutes Beispiel hierfür ist die Südostseite Madagaskars, die dem Südostpassat zugewandt ist und deutlich feuchter ist als die Westseite der Insel im Lee der in Nord-Süd-Richtung verlaufenden Berge. Aus dem gleichen Grund gibt es im Luv der gebirgigen Insel Teneriffa in Höhe der Passatwolken dichte Wälder, während die flache Insel Lanzarote sehr trocken und wüstenhaft ist.

Relative Lage zu warmen oder kalten Meeresströmungen:

- Wenn feuchte Winde von kalten Meeresgebieten auf warmes Land treffen, heizen sich die Luftmassen schnell auf, und die Feuchtigkeit verdunstet. Diese Gebiete sind typischerweise auf den Westseiten aller Kontinente in Höhe der Wendekreise anzutreffen und gehören zu den trockensten Regionen der Erde. In Afrika sorgt der kühle Kanarenstrom im Norden für extreme Trockenheit in der Sahara (Mauretanien und Westsahara), und der Benguelastrom im Süden für extreme Trockenheit in der Namibwüste (Namibia und südliches Angola).
- Auf der Ostseite der Kontinente sowie generell in Äquatornähe sind hingegen warme Meeresströmungen vorherrschend und sorgen für feuchte Winde (z. B. Südwestmonsun im Golf von Guinea; Südostpassat in Mosambik) und in bestimmten Regionen für gelegentliche Wirbelstürme (z. B. Zyklone im nördlichen Mosambik).

Ein grundlegendes Problem für die afrikanische Wirtschaft und insbesondere die Ernährung der Bevölkerung ist die große Trockenheit in weiten Teilen des Kontinents und die Unzuverlässigkeit der Niederschläge in den semiariden

Zonen. So wird beispielsweise der größte Teil des südlichen Afrikas alle zwei oder drei Jahre von Dürren heimgesucht. Ähnliches gilt für die Sahelzone südlich der Sahara.

2.1.4 Vegetationszonen

Von Norden nach Süden kann man folgende Ökozonen und Vegetationsgürtel unterscheiden:

- Der nördlichste Rand des afrikanischen Kontinents (Marokko, Nordalgerien und Nordtunesien) gehört zu den interfeuchten Subtropen. Hier herrscht die typische Mittelmeervegetation vor.
- Südlich davon schließt sich die Sahara an, die mit Abstand größte Wüste der Welt. Sie reicht vom Atlantik bis zum Roten Meer und ist etwa so groß wie die USA. Abgesehen von einigen wenigen Oasen sind die Felswüsten (Hammada), Geröllwüsten (Serir) und Sandwüsten (Erg) praktisch vegetationslos und menschenleer. Im östlichsten Teil Afrikas zieht sich der Wüstengürtel bis zum Äquator hinab; das betrifft die Länder Eritrea, Dschibuti und Somalia sowie den Norden Kenias.

Abbildung 2-2: Weltraumbild der NASA

Quelle: Wikipedia; NASA. Abdrucklizenz gemäß http://creativecommons.org/licenses/by-sa/2.5/

- Die südliche Randzone der Sahara wird Sahel genannt. In diesem Gebiet mit geringen und häufig ausbleibenden Niederschlägen werden extensiver Feldbau und Weidewirtschaft betrieben. Teile der Länder Mauretanien, Mali, Niger, Tschad und Sudan liegen im Sahel.
- Südlich der Sahelzone schließen sich die Savannengebiete an, die große Teile West-, Ost- und Südafrikas bedecken. Dabei unterscheidet man die Trockensavannen mit 4,5 bis 7 humiden Monaten und 500 bis 1000 mm Niederschlag und die Feuchtsavannen mit 7 bis 8 humiden Monaten und 1000 bis 1500 mm Niederschlag.
- Die relativ niederschlagsreichen Hochländer Ostafrikas sind sehr fruchtbar. Die intensive Landwirtschaft hat hier Inseln relativ hoher Bevölkerungsdichte entstehen lassen, wie z. B. in Zentraläthiopien, Uganda, Ruanda, Burundi und Malawi.
- Tropischer Regenwald bedeckt den größten Teil von Zentralafrika (Kamerun, die beiden Kongo-Staaten, Gabun, Äquatorialafrika und der südliche Teil der Zentralafrikanischen Republik) und einen Teil Westafrikas (Sierra Leone, Liberia, Guinea und der Küstenstreifen der Elfenbeinküste und Ghanas). Das Kongobecken ist nach dem Amazonastiefland das zweitgrößte Regenwaldgebiet der Welt.
- Im südwestlichen Afrika schließen sich südlich des Savannengürtels die Namib-Wüste und weite Steppengebiete (Kalahari-„Wüste“ in Namibia und Botswana; Karroo in Südafrika) an.
- In der Region um Kapstadt herrscht wieder das winterfeuchte Mittelmeerklima. Der südöstliche Teil Südafrikas (Drakensberge; Natal) gehört zu den ganzjährig feuchten Subtropen.

2.1.5 Gefährdung durch Naturereignisse

Die Gefahr von Erdbeben und Vulkanausbrüchen ist viel geringer als zum Beispiel in den USA, Japan, Indonesien, der Türkei, dem Iran, Afghanistan oder vielen Inseln im Pazifik. Das liegt daran, dass der gesamte afrikanische Kontinent auf einer einzigen Kontinentalplatte liegt, der sogenannten Afrikanischen Platte. Nur in den Ländern an den Plattengrenzen im Norden (nördlichste Teile von Marokko, Algerien und Tunesien) und entlang des Roten Meeres (Eritrea und Dschibuti sowie Teile von Ägypten, Sudan und Somalia) sowie im Bereich des ostafrikanischen Grabenbruchs ist mit Erdbeben zu rechnen.

Die tätigen Vulkane Afrikas liegen außerdem überwiegend in relativ dünn besiedelten Gebieten der Länder Kenia, Tansania, Eritrea, Äthiopien, Ost-Kongo, Kamerun und Tschad.

Gefahren durch Wirbelstürme beschränken sich auf die Inseln im Indischen Ozean (Mauritius, Madagaskar und die Komoren) sowie Teile von Mosambik. Die weiter nördlich gelegene Inselgruppe der Seychellen liegt wegen ihrer Nähe zum Äquator außerhalb dieser Gefahrenzone.

Für größere Flutkatastrophen ist vor allem Mosambik bekannt, doch kommen diese auch in anderen Ländern vor (wie zuletzt in 2007).

Die größte Bedrohung der Wirtschaft durch Naturkatastrophen resultiert aus der in großen Teilen Afrikas herrschenden temporären Trockenheit. In breiten Gürteln des südlichen Afrikas und der Sahelzone gibt es Gebiete, die regelmäßig, d. h. alle zwei bis fünf Jahre, von Dürren heimgesucht werden. Die Ernteerträge in diesen Gebieten sind dadurch besonders unsicher. Immer wieder kommt es zu Perioden, in denen die Niederschläge in der Regenzeit sehr niedrig ausfallen und mitunter sogar gänzlich ausbleiben. Dann kommt es praktisch unausweichlich zu katastrophalen Ernteergebnissen und Hungersnöten.

2.2 Natürliche Ressourcen

Afrika ist reich an Bodenschätzen. Das hat sich herumgesprochen, vor allem bei den Chinesen. Dabei dürften noch längst nicht alle Reichtümer entdeckt worden sein.

In diesem Kapitel wollen wir uns die wichtigsten Rohstoffe anschauen, die in Afrika in Form mineralischer Erze und fossiler Brennstoffe im Boden vorkommen oder auf der Erdoberfläche als Nutzpflanzen angebaut werden.

In diesem Zusammenhang ist die Begriffsdefinition von Reserven (engl.: *Reserves*) und Ressourcen (engl.: *Resources*) von großer Bedeutung:

Reserven sind diejenigen Mengen eines Energierohstoffes, die mit großer Genauigkeit erfasst wurden und mit den derzeitigen technischen Möglichkeiten wirtschaftlich gewonnen werden können. Synonyme: bauwürdig ausbringbare Reserven; sicher (und wahrscheinlich) gewinnbare Vorräte.

Ressourcen sind

a) diejenigen Mengen eines Energierohstoffes, die zwar nachgewiesen, aber derzeit nicht wirtschaftlich und/oder technisch gewinnbar sind;

b) diejenigen Mengen, die auf Basis geologischer Indikatoren geologisch noch erwartet werden und mittels Exploration nachgewiesen werden können

Bei Kohlenwasserstoffen wird nur der als gewinnbar eingeschätzte Teil berücksichtigt. Bei Kohle hingegen werden die „in situ"-Mengen angegeben, d. h. die Gesamtmenge unabhängig von ihrer Gewinnbarkeit.

Manche Veröffentlichungen in deutscher Sprache unterscheiden nicht Reserven und Ressourcen, sondern „wirtschaftliche Reserven" und „Reserven". Hier besteht Verwechslungsgefahr.

2.2.1 Erdöl und Erdgas

Die größten Erdölländer Afrikas sind Nigeria, Algerien, Libyen und Angola. Die genauen Zahlen sehen Sie in folgender Tabelle.

Tabelle 2-1: Erdöl: Förderung, Reserven und Ressourcen 2005

Land	Förderung 2005 (Mt)	Reserven 2005 (Mt)	Ressourcen 2005 (Mt)	Verbleibendes Potenzial Mt)
Nigeria	125,4	4881	2200	7081
Libyen	80,1	5323	1000	6323
Angola	61,2	1228	2000	3228
Algerien	86,5	1664	1200	2864
Ägypten	33,9	490	500	960
Sudan	18,1	250	250	500
Gabun	11,7	300	700	1000
Somalia	n.a.	n.a.	20	20
Rep. Kongo	13,1	246	600	846
Dem. Rep. Kongo	1,0	25	50	75

Land	Förderung 2005 (Mt)	Reserven 2005 (Mt)	Ressourcen 2005 (Mt)	Verbleibendes Potenzial Mt)
Tunesien	3,5	95	300	395
Kamerun	3,0	54	200	254
Äquatorial-guinea	17,6	276	350	596
Elfenbeinküste	1,5	40	120	160
Tansania	n.a.	n.a.	20	20
Tschad	9,1	204	100	304

Quelle: Reserven, Ressourcen und Verfügbarkeit von Energierohstoffen 2005; Kurzstudie der BGR Bundesanstalt für Geowissenschaften und Rohstoffe, überarbeitete Fassung Februar 2007; www.bgr.bund.de

So weit die Zahlen für 2005. Schauen wir uns nun die Veränderung bei den größten Ländern im Jahr 2006 an. Dabei sticht der drastische Anstieg der offiziellen Rohölreserven in Angola um sagenhafte 48 Prozent besonders ins Auge. Auch die Förderung nahm in Angola deutlich zu (+12 Prozent), während sie in Nigeria wegen der Unruhen im Nigerdelta um 6,3 Prozent zurückging.

Tabelle 2-2: Entwicklung der afrikanischen Ölförderländer

In Millionen Tonnen	1990	1995	2000	2005	2006
Reserven	7971	9760	9994	13702	15258
Erdölförderung	320	340	373	472	473
Raffineriekapazität	144	142	161	162	161
Verbrauch	94	103	119	134	138
Reserven					
Ägypten	622	536	407	511	511
Algerien	1172	1172	1172	1446	1563
Angola	288	751	751	751	1110
Gabun	101	185	345	345	276
Libyen	3005	3888	3888	5157	5465
Nigeria	2320	2826	3053	4868	4915

Quelle: Exxon Mobil Corporation, www.exxonmobil.com

Bei diesen Zahlen ist zu berücksichtigen, dass es Daten aus dem Jahr 2005 sind. In der Zwischenzeit sind die Reserven bzw. Ressourcen einiger Länder, z. B. Angolas, nach oben korrigiert worden.

Außerdem ist in Uganda jetzt erstmals Öl gefunden worden; das Land war 2005 auf der Liste der Öllländer noch gar nicht aufgeführt. In der Zwischenzeit fangen auch in weiteren Ländern Probebohrungen an. Im Offshore-Gebiet um die Inseln São Tomé und Príncipe werden ebenfalls Explorationen durchgeführt. In Sambia sollen noch im Jahr 2007 Bohrlizenzen für mehrere Explorationsgebiete ausgeschrieben werden.

Es gibt zaghafte Hinweise, dass die tatsächlichen Reserven /Ressourcen einiger afrikanischer Länder höher sein dürften, als die offiziellen Zahlen dies behaupten. Nach unbestätigten Informationen gehören u. a. Angola und Südafrika (!) dazu.

Auch vor der Küste Somalias könnte viel mehr Öl verborgen sein, als man es bisher erwartet. Die geologischen Verhältnisse sind ganz ähnlich wie diejenigen des Jemen, der auf der anderen Seite des Golfs von Aden liegt. Der Golf von Aden wiederum ist, wie auch das Rote Meer, ein Teil des ostafrikanischen Grabenbruchs. Das bedeutet, dass die Landflächen des Jemen und Somalias vor vielen Jahrmillionen einmal miteinander verbunden waren. (Die Zahlen für den Jemen hinsichtlich Produktion, Reserven und Ressourcen von Erdöl entsprechen größenmäßig in etwa den Zahlen des Sudan.)

Ich bin sehr zuversichtlich, dass Afrika hinsichtlich kommender Ölfunde für einige angenehme Überraschungen sorgen wird. Sollte eines Tages ein wirklich großes Ölfeld entdeckt werden, womöglich in einer Region, wo man es nicht erwarten würde, könnte dies eine ganze Kettenreaktion in Gang setzen. Nicht nur die Wirtschaft des betreffenden Landes würde profitieren, sondern die gesamte Ölbranche, und hierbei würden insbesondere die Explorer das öffentliche Interesse auf sich ziehen. Das gesteigerte Medieninteresse könnte auch auf Afrika insgesamt abfärben.

Ganz sicher aber werden Investoren rund um den Erdball hellhörig werden und sich intensiver um Anlage- und Investitionsmöglichkeiten auf dem Schwarzen Kontinent bemühen.

Der Erdgasreichtum der meisten afrikanischen Länder korreliert eng mit den Mengen an Erdöl.

Tabelle 2-3: Erdgas: Förderung, Reserven und Ressourcen 2005

Land	Förderung 2005 (G.m³)	Reserven 2005 (G.m³)	Ressourcen 2005 (G.m³)	Verbleibendes Potenzial (G.m³)
Nigeria	21,8	5230	3500	8730
Algerien	87,7	4546	1500	6046
Ägypten	34,7	1912	1000	2912
Libyen	11,7	1491	600	2091
Angola	0,8	46	1200	1246
Sudan	n.a.	85	450	535
Gabun	0,1	34	400	434
Somalia	n.a.	6	400	406
Rep. Kongo	n.a.	91	300	391
Mosambik	n.a.	127	200	327
Tunesien	2,4	78	200	278
Kamerun	n.a.	110	150	260
Äquatorial-guinea	0,4	37	200	237
Elfenbeinküste	1,4	28	170	198
Tansania	n.a.	23	100	123
Tschad	n.a.	n.a.	50	50

Quelle: Reserven, Ressourcen und Verfügbarkeit von Energierohstoffen 2005; Kurzstudie der BGR Bundesanstalt für Geowissenschaften und Rohstoffe, überarbeitete Fassung Februar 2007; www.bgr.bund.de

2.2.2 Kohle

Kohle ist ein Rohstoff, der im Gegensatz zu allen anderen Energierohstoffen weltweit noch reichlich vorhanden ist. Die derzeit bekannten Vorräte an Steinkohle und Braunkohle reichen noch für mehr als 1000 Jahre.

Tabelle 2-4: Hartkohle: Produktion, Reserven und Ressourcen 2005

Land	Produktion 2005 (Mt)	Reserven 2005		Ressourcen 2005	
		Mt	Anteil Weltreserven	Mt	Anteil Weltressourcen
Südafrika	239,5	48.751	6,7 %	115.000	2,8 %
Botswana	0,8	4.299	0,6 %	3.340	0,1 %
Mosambik	0,0	2.300	0,3 %	15.800	0,4 %

Quelle: Reserven, Ressourcen und Verfügbarkeit von Energierohstoffen 2005; Kurzstudie der BGR Bundesanstalt für Geowissenschaften und Rohstoffe, überarbeitete Fassung Februar 2007; www.bgr.bund.de

In Afrika liegen die Hauptlagerstätten in Südafrika, Botswana und Mosambik. Lagerstätten geringer Bedeutung liegen ferner in Simbabwe, Tansania, Swaziland, Nigeria, Sierra Leone und der Demokratischen Republik Kongo.

In der Weltrangliste der Förderer steht Südafrika hinter China, den USA, Indien und Australien an fünfter Stelle. In vielen deutschen Kohlekraftwerken wird Steinkohle aus Südafrika verfeuert. Botswana wird in den nächsten Jahren auch zunehmend als Produzent in Erscheinung treten.

Bezüglich des Kohleverbrauchs steht Südafrika international an vierter Stelle, hinter China, den USA und Indien. Einen wesentlichen Grund hierfür stellt die Kohleverflüssigung dar. Diese Technologie wurde ursprünglich in Deutschland entwickelt und ist unter der Bezeichnung Fischer-Tropsch-Verfahren bekannt geworden. Die südafrikanische Firma Sasol hat das Verfahren, jetzt CtL (*Coal-to-Liquid*) genannt, weiterentwickelt, da in dem Land während der Apartheidpolitik auf Grund des Ölembargos Ölknappheit herrschte, Kohle andererseits im Übermaß vorhanden war. Auch heute noch steuern die in den achtziger Jahren gebauten CtL-Kraftwerke Sasol 1, 2 und 3 einen Großteil des Bedarfs an petrochemischen Kraftstoffen Südafrikas bei.

Ressourcen an Weichbraunkohle haben nur Nigeria und Südafrika, allerdings in sehr geringem Umfang.

2.2.3 Uran

Große Reserven und Ressourcen an Uran haben nur drei Länder Afrikas:

Tabelle 2-5: Uran: Reserven und Ressourcen

Land	Produktion Natururan 2005 (kt)	Reserven 2004/2005		Ressourcen 2004/2005 (incl. nicht entdeckte)	
		kt	Anteil Weltreserven	kt	Anteil Weltressourcen
Niger	3,4	173	8,9 %	77	11,5 %
Südafrika	3,0	89	4,5 %	1475	0,6 %
Namibia	0,8	62	3,2 %	220	1,7 %

Quelle: Reserven, Ressourcen und Verfügbarkeit von Energierohstoffen 2005; Kurzstudie der BGR Bundesanstalt für Geowissenschaften und Rohstoffe; www.bgr.bund.de

Dabei ist zu berücksichtigen, dass die Zahlen für die Ressourcen sowohl die entdeckten Mengen beinhalten als auch die noch nicht entdeckten, aber prognostizierten sowie spekulativ vermuteten Mengen. Ohne die nicht entdeckten Mengen läge die Zahl für Südafrika nur geringfügig über derjenigen von Namibia.

2.2.4 Metalle

Der afrikanische Kontinent verfügt über einen Anteil von

- 90 Prozent der weltweiten PGM-Reserven (PGM = Platingruppenmetalle; hierzu gehören neben Platin auch Palladium, Iridium, Osmium, Rhenium und Ruthenium.)
- 90 Prozent der weltweiten Kobaltreserven
- 60 Prozent der weltweiten Coltanreserven (Coltan ist die Abkürzung für Columbit-Tantalit, ein Erz, aus dem die Metalle Tantal und Niob gewonnen werden.)
- 40 Prozent der weltweiten Goldreserven
- 80 Prozent der weltweiten Chromreserven

Die größten Förderländer von Kupfer in Afrika sind Sambia (4 Prozent der Weltreserven) und die Demokratische Republik Kongo. Hier liegt der weltbekannte Kupfergürtel (*Copper Belt*). Trotz der hohen Konzentration der Kupfererze in dieser Region ist der Anteil Afrikas an der Weltkupferproduktion nicht besonders hoch. Das weitaus bedeutendste Förderland ist Chile (35 Prozent der Weltförderung und 31 Prozent der Weltreserven), gefolgt von Indonesien und den USA.

Bauxit, der Rohstoff für die Aluminiumherstellung, wird vor allem in dem westafrikanischen Staat Guinea gewonnen. Guinea ist nach Australien der zweitgrößte Förderer von Bauxit. Die Lagerstätten reichen bis in das Nachbarland Mali hinein.

Chrom findet man vor allem in Südafrika, in geringeren Mengen auch in Simbabwe. Keine andere Region der Welt kann mit diesen Ländern mithalten. Erst im April 2007 berichtete der deutsche Chemiekonzern Lanxess über die Entdeckung zusätzlicher Chromerzvorkommen in Höhe von 80 Mio. Tonnen in einer von ihm betriebenen Mine in Südafrika.

Afrika ist vor allem für seinen enormen Reichtum an Edelmetallen bekannt. Herausragend ist die Republik Südafrika. Das Land verfügt über 75 Prozent der weltweiten Platinreserven. Gemessen an den gegenwärtigen Abbauraten reichen die Vorräte noch für die nächsten 350 Jahre.

Bei den Edelmetallen Platin und Gold steht Südafrika bezüglich der Förderung an erster Stelle der Weltrangliste – bei Platin mit großem Abstand vor Russland und Kanada, bei Gold mit nur noch geringem Abstand vor den USA, China und Australien.

In der Goldförderung ist Südafrika seit langem auf dem absteigenden Ast. 1970 förderte das Land noch über 1000 Tonnen, 2005 waren es nur noch 295 Tonnen. In derselben Zeit konnte Australien seine Produktion von 19 auf 263 Tonnen ausweiten.

Doch die aktuelle Förderung ist nur eine Seite der Medaille. Viel wichtiger für die langfristigen Perspektiven Südafrikas sind die Reserven und Ressourcen. Sie sind höher als in jedem anderen Land der Welt.

Außer in Südafrika wird Gold in vielen weiteren Ländern Afrikas gefunden, z. B. in Ghana und seinen Nachbarländern, der Demokratischen Republik Kongo, Tansania, Simbabwe. Alle Länder zusammen bringen es auf einen Weltanteil an der Goldförderung von 25 Prozent.

Silber wird in Afrika weniger gefunden als in anderen Kontinenten. Das wichtigste Förderland ist Marokko (Nr. 14 in der Weltrangliste).

2.2.5 Diamanten

Auf Afrika entfallen 64 Prozent der weltweiten Diamantenförderung. Die Aufteilung ergibt sich aus folgender Grafik:

Abbildung 2-3: Diamantenförderung in 2005 (Milliarden US-Dollar)

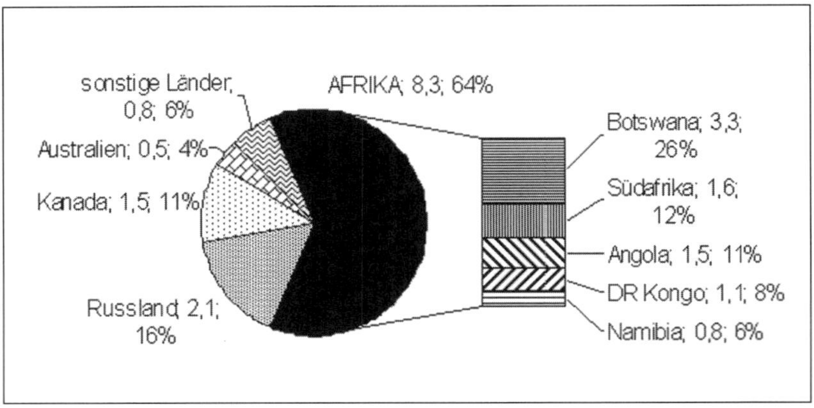

Quelle: Udo Rettberg, Alles, was Sie über Rohstoffe wissen müssen, FinanzBuch Verlag 2007; eigene grafische Darstellung

Es ist zu erwarten, dass im südlichen Afrika noch mehr Diamanten gefunden werden. Zahlreiche Explorationsprojekte werden von verschiedenen Firmen vorangetrieben. Vor allem im südlichen Angola, dessen Untergrund während des jahrzehntelangen Bürgerkriegs kaum untersucht wurde, könnte es zu positiven Überraschungen kommen.

Das Land Botswana verdankt seinen großen wirtschaftlichen Aufschwung und seine beeindruckende Entwicklung zum sichersten und am wenigsten korrupten Land Afrikas vor allem seinem Reichtum an Diamanten, die bereits kurz nach der Erlangung der Unabhängigkeit entdeckt wurden.

Angola gilt heute bereits als der fünftgrößte Diamantenproduzent der Welt. Das Land verfügt bisher über nachgewiesene Reserven von 90 Mio. Karat (ct), davon 50 Mio. in Kimberlit-Vorkommen und 40 Mio. in Alluvial-Lagerstätten.

Die tatsächlichen Vorkommen Angolas dürften nach Expertenschätzungen jedoch noch erheblich größer sein. Man rechnet in den nächsten Jahren sowohl mit einer kontinuierlichen Ausweitung von Exploration und Prospektion als auch mit einem stetigen Wachstum auf der Verarbeitungsstufe.

2.2.6 Nutzpflanzen für die Nahrungsmittelerzeugung

Afrikas Landwirtschaft hat zwei Gesichter. Die angebauten Pflanzen kann man nach ihrer Verwertung in zwei große Gruppen unterteilen:

- Exportkulturen (*Cash Crops*), die auf dem Weltmarkt verkauft werden (40 Prozent des afrikanischen Ackerlandes)
- Nahrungsmittel, die für die Versorgung der lokalen Bevölkerung angebaut werden

Zu den Exportkulturen-Ländern südlich der Sahara gehören vor allem folgende Produkte (in Klammern sind die Hauptanbauländer angegeben mit ihrem prozentualen Anteil an den Exporten, bezogen auf Afrika):

- Kakao (Elfenbeinküste 34 Prozent; Ghana 13 Prozent, Nigeria 11 Prozent, Kamerun 4 Prozent)
- Kaffee (Äthiopien 4 Prozent; Tansania, Angola, Elfenbeinküste, Kongo, Kenia, Uganda, Ruanda, Burundi, Togo; Afrika insgesamt bestreitet 13 Prozent der Weltproduktion)
- Tee (Kenia, 9 Prozent)
- Palmöl

Auch Baumwolle gehört zu den *Cash Crops*, obwohl sie nicht zu den Nahrungsmitteln zählt, sondern einen wichtigen Grundstoff für die Textilindustrie liefert.

Viele Länder Afrikas beziehen ihre Hauptexporterlöse aus landwirtschaftlichen Produkten:

- Äthiopien (60 Prozent Kaffee)
- Benin (80 Prozent Baumwolle)

- Burkina Faso (Baumwolle, Vieh, daneben Gold)
- Burundi (70 Prozent Kaffee, daneben Tee)
- Elfenbeinküste (insgesamt 80 Prozent Kaffee, Kakao und Edelhölzer)
- Gambia (50 Prozent Erdnüsse und Erdnussöl)
- Guinea-Bissau (98 Prozent Palmöl, Cashew-, Kokos- und Erdnüsse)
- Kap Verde (50 Prozent Fische, daneben Salz, Bananen, Pflanzenöle)
- Madagaskar (Kaffee 45 Prozent, Vanille 20 Prozent, Gewürznelken, Zucker)
- Malawi (Tabak 70 Prozent, Tee 7 Prozent, Zucker 7 Prozent)
- Mali (40 Prozent Baumwolle, daneben Erdnüsse)
- Mosambik (Zucker, Tee, Sisal, Baumwolle)
- Ruanda (50 Prozent Kaffee, daneben Tee)
- Swasiland (Rohzucker, Coca-Cola-Konzentrat)
- Sudan (90 Prozent Baumwolle, Erdnüsse, Sesam)
- Tschad (Baumwolle)
- Tansania (85 Prozent, v. a. Kaffee, Baumwolle, Tee, Tabak, Cashewnüsse, Sisal)

Wie wenig von den Endverkaufspreisen in den Industrieländern bei den ländlichen Bauern ankommt, lässt sich exemplarisch am Beispiel des Kaffees aufzeigen[1]:

Aus einem Kilo Kaffeebohnen können rund 80 Tassen gebrüht werden. In Caféhäusern ergibt sich daraus ein Umsatz von 230 Dollar. Davon erhalten die afrikanischen Anbauer gerade einmal zwischen 23 und 50 Cent. Normalerweise besteht die Handelskette aus sechs Gliedern – Farmer, Auktion, Hersteller, Röster, Einzelhandel und Konsument. Auf Grund des großen Preisunterschieds fordern afrikanische Kooperativen seit langem, die Preise anzuheben und die Handelsketten zu verkürzen.

Kautschuk ist ebenfalls ein pflanzlicher Rohstoff, der für einige Staaten Afrikas Bedeutung im Hinblick auf den Export hat. Er wird aus dem Milchsaft

[1] Quelle: Film „Black Gold" von Marc und Nick Francis, Großbritannien 2006; in: www.oxfam.de

verschiedener tropischer Pflanzen hergestellt und dient u. a. als Grundstoff für die Reifenherstellung. Die Elfenbeinküste, Nigeria und Liberia stehen auf den Plätzen sieben bis neun der Weltrangliste der Produzenten von Naturkautschuk. 85 Prozent der Weltproduktion entfallen auf Asien (vor allem Thailand und Indonesien).

Zu den Pflanzen mit vorwiegend lokaler Bedeutung, die häufig von armen Kleinbauern zu ihrer ausschließlichen Selbstversorgung angebaut werden (Subsistenzwirtschaft), zählen die Produkte:

- Sorghum, das wichtigste Brotgetreide in Afrika; mit der weltweit fünftgrößten Anbaufläche
- Hirse, eine Getreideart mit geringem Ertrag, aber gut geeignet für aride Gebiete
- Bohnen
- Maniok (Kassava) mit vielfältigen Nutzungsmöglichkeiten (Knollen als Mehllieferant; Blätter als Gemüse oder zur Gewinnung von Biodiesel)
- Süßkartoffeln

Aber auch Getreidesorten wie Mais (*maize*) und Weizen werden in vielen afrikanischen Ländern angebaut und zum größten Teil für die Deckung des eigenen Bedarfs genutzt.

2.2.7 Nutzpflanzen für die Energieerzeugung

Eine zunehmend wichtige Rolle spielt weltweit die Energieerzeugung aus Biomasse. Dabei ist Biosprit für Afrika von besonderem Interesse, weil dieser als Treibstoff zumindest potenziell auch exportiert werden könnte.

Nach Schätzung des Internationalen Instituts für Angewandte Systemanalyse in Laxenburg (IIASA) könnte etwa ein Viertel der weltweiten Biospritproduktion künftig aus afrikanischen Staaten kommen.[2] Da der Anbau naturgemäß auf dem Land stattfindet, würden ländliche Gebiete davon besonders profitieren

[2] Quelle: www.umweltschutz.co.at, August 2007

und dringend benötigte Entwicklungsimpulse erhalten. Zwei Beispiele sollen das Potenzial verdeutlichen:

- Allein in Tansania könnten aus den bestehenden Anbauflächen für Zuckerrohr rund 20 Millionen Liter Bioethanol gewonnen werden.[3] Für den Anbau von Ölfrüchten (wie z. B. Kassava) werden derzeit nur rund 4500 Hektar genutzt, während das Potenzial bei 1,2 Millionen Hektar liegt.
- In Sambia werden jährlich bereits 13 Millionen Liter Bioethanol hergestellt[4]; eine Steigerung auf 26,2 Millionen Liter ist möglich.

Global betrachtet ist der Trend zum Anbau von Pflanzen zur Energieerzeugung aber durchaus ein zweischneidiges Schwert, da die weltweiten Anbauflächen nicht mehr deutlich erhöht werden können und somit Energie liefernde Pflanzen in direkter Konkurrenz zu Pflanzen stehen, die der Nahrungsmittelproduktion dienen.

2.2.8 Holz

Wie bereits erwähnt, gibt es im weiten Kongobecken und in einigen Ländern Westafrikas riesige tropische Regenwälder, die als Lieferant für Bau- und Brennholz dienen können. Die waldreichen Länder sind:

- Demokratische Republik Kongo
- Republik Kongo
- Gabun
- Äquatorialguinea
- Kamerun
- Liberia
- Guinea
- Sierra Leone

[3] Quelle: Münchner Planungsbüro Wirtschafts- und Infrastrukturplanung (WIP); in: www.umweltschutz.co.at

[4] Quelle: Centre For Energy, Environment and Engineering Zambia (CEEEZ); in: www.umweltschutz.co.at

Der tropische Regenwald weist eine enorme Artenvielfalt auf. So gibt es auf einem Hektar Regenwald etwa 250 verschiedene Baumarten, während es ein deutscher Mischwald auf nur 5 Arten bringt. Ähnlich reich diversifiziert ist die tropische Tierwelt. Auf der anderen Seite sind die Böden der tropischen Regenwälder sehr karg; die Humusschicht ist nur wenige Zentimeter dick, und die Speicherkapazität des darunterliegenden Bodens für Mineralstoffe ist sehr gering. Deswegen sind die Böden nach Brandrodungen und Feldbau schon nach wenigen Jahren ausgelaugt, die Ernteerträge sinken rapide und die Erosion nimmt stark zu.

In einigen Ländern, vor allem Burundi, Ruanda und Madagaskar, sind die ursprünglichen Regenwaldflächen bereits zum größten Teil zerstört worden. Das Gleiche gilt im Gebiet des Trockenwaldes für weite Teile Afrikas, vor allem die Länder im Westen des Kontinents. Der Brennstoffmangel, genauer gesagt die Armut und der fehlende Zugang zu elektrischem Strom, treibt die arme Bevölkerung dazu, bei der Suche nach Brennholz für die heimische Feuerstelle immer weitere Wege zurückzulegen und immer größeren Arealen ihren natürlichen Baumbestand zu nehmen. Das starke Bevölkerungswachstum hat einen entscheidenden Teil dazu beigetragen, dass praktisch alle leicht zugänglichen Wälder abgeholzt wurden. Die Übernutzung der Böden wiederum führt zum Vordringen der Saharawüste bzw. der sich anschließenden Steppe nach Süden.

Die Schrumpfung der Wälder ist keineswegs ein spezifisch afrikanisches Problem. Die rigorose Abholzung großer Waldflächen ohne gleichzeitige Wiederaufforstung stellt vielmehr eine der großen ökologischen Katastrophen der Erde dar. Besonders Brasilien und Indonesien sind in dieser Hinsicht zu trauriger Berühmtheit gelangt. Übrigens hatten auch wir Europäer einen extremen Raubbau an unseren Wäldern betrieben, nur liegt das schon lange zurück. Die Iberische Halbinsel war ursprünglich einmal dicht bewaldet gewesen, bevor die Römer mit großflächigen Abholzungen, unter anderem zum Bau ihrer Schiffe, begannen.

Während in den waldreichen Gebieten Europas und teilweise auch Nordamerikas inzwischen der Übergang in eine nachhaltige Forstwirtschaft gelungen ist und dort seit Jahrzehnten mehr Holz nachwächst, als geschlagen wird, steht diese Entwicklung in allen anderen Kontinenten noch aus. Nach einem Bericht der Weltlandwirtschaftsorganisation FAO hat Afrika von 1990 bis 2005 rund neun Prozent seiner Wälder verloren. Damit ist Afrika hinter Südamerika der Kontinent mit dem zweithöchsten Nettorückgang der Waldflächen. Langfristig hängt sehr viel davon ab, die verbleibenden Waldflächen zu schützen bzw.

nachhaltig zu bewirtschaften. Verloren gegangene Flächen müssen wieder aufgeforstet werden. Das Problembewusstsein ist in den betroffenen Staaten bereits angekommen – vor allem in Zentralafrika –, und es werden zunehmend Schutzgebiete ausgewiesen. Das lässt für die Zukunft hoffen.

2.2.9 Regenerative Energien

Dieses Kapitel wäre nicht vollständig, wenn wir nicht auch auf das Potenzial regenerativer Energien zu sprechen kämen, das außerhalb des Anbaus von Pflanzen für die Treibstofferzeugung liegt.

Hier sind vor allem die Wasserkraft und die Sonnenenergie zu nennen.

Das Potenzial von fließendem Wasser zur Stromerzeugung durch den Bau von Staudämmen und den Betrieb von Turbinen ist in Afrika riesig und noch weitgehend ungenutzt. Derzeit sind nach Schätzungen der Weltbank erst rund sieben Prozent des auf über 300.000 Megawatt geschätzten afrikanischen Potenzials für Wasserkraftwerke ausgebaut. Neben den bereits bestehenden Staudämmen an den Flüssen Sambesi, Nil, Niger und Volta (Näheres hierzu siehe Kapitel 5.3) gibt es noch weitere beträchtliche Potenziale zur Nutzung der Reliefenergie, insbesondere in den niederschlagsreichen Gebieten Westafrikas (Liberia, Sierra Leone, Guinea) und in den ostafrikanischen Gebirgszonen (Tansania, Ruanda, Burundi).

Die Sonnenenergie kann auf zwei Arten genutzt werden:

- über Solarkraftwerke in Form von Wärme, wenn eine Vielzahl von Plan- oder Parabolspiegeln das Sonnenlicht auf einen bestimmten Punkt in einem zentral positionierten Reaktor bündeln (Solarthermie).
- über Solarzellen durch Umwandlung von Lichtenergie in elektrischen Strom (Photovoltaik).

Die Photovoltaik hat ihren Siegeszug rund um die Welt längst angetreten. Entwicklungsländern eröffnet sich mit dieser Technologie erstmals die Möglichkeit, fernab von Stromnetzen Elektrizität zu erzeugen, um beispielsweise Kühlschränke, Internetzugänge, Wasserpumpen und andere Geräte mit niedrigem Stromverbrauch zu betreiben. Der ländlichen Entwicklung wird das einen enormen Schub verleihen. Viele lohnende Geschäftsmodelle warten darauf, umgesetzt zu werden.

Eines der Hauptprojekte, die wir derzeit in unserem Unternehmen Trans Africa Invest[5] im Bereich Technologietransfer bearbeiten, ist die Einführung von kleinen, robusten und kostengünstigen Wasserdesinfektionsgeräten in Ländern südlich der Sahara. Die Energieeffizienz eines Gerätes ist so hoch, dass man mit einer Energiemenge von nur 32 Watt eine Menge von 1200 Liter Wasser pro Stunde von sämtlichen Krankheiten verursachenden Keimen (Viren, Bakterien, Parasiten) befreien kann. Ein Solarfeld von 30 bis 40 Quadratzentimetern reicht dafür schon aus. Ein einzelnes Gerät kann ein ganzes Dorf mit sauberem Trinkwasser versorgen.

Afrika verfügt mit der Sahara über die größte fast ungenutzte Landfläche der Welt, wo es zur maximalen Sonneneinstrahlung kommt und wo praktisch kein Regen fällt. Was läge also näher, als die Wüste großflächig mit Solarmodulen zu bepflastern?

Hier gibt es mehrere Hinderungsgründe:

- Es besteht eine zunehmende Knappheit an Silizium, das für die Solarzellen benötigt wird.
- Die Oberflächen der Solarzellen sind noch zu empfindlich gegenüber Sandstürmen.
- Der erzeugte Strom müsste über große Entfernungen transportiert werden.

Der letztgenannte Punkt könnte sich erledigen, wenn die Welt in das Zeitalter der Wasserstoffwirtschaft eintritt. Dann könnte in der Wüste vor Ort aus Wasser Wasserstoff erzeugt werden. Die durch Solarzellen erzeugte Energie würde dann in Form von verflüssigtem Wasserstoff gespeichert und in Druckbehältern oder über Pipelines zu den Energieverbrauchern oder zu Häfen transportiert werden.

Von einer breiten Einführung der Wasserstoffwirtschaft würde Afrika unmittelbar profitieren. Zum einen wird dafür Platin in großen Mengen benötigt, weil bislang kein Metall Wasserstoff in so großen Mengen binden kann. Südafrika sitzt auf mehr als 80 Prozent der weltweiten Platinreserven.

[5] www.trans-africa-invest.com

Zum anderen eignen sich die großen Wüstengebiete hervorragend für die Nutzung der solaren Energie. Besonders die Stellen, wo die Wüste bis an die Ozeane reicht, sind interessant. Davon könnten insbesondere folgende Staaten profitieren:

- Namib (Atlantik): Vor allem Namibia, aber auch die Region North Cape in Südafrika und der Südwestzipfel Angolas
- Westliche Sahara (Atlantik): Marokko, Westsahara, Mauretanien
- Nördliche Sahara/Libysche Wüste (Mittelmeer): Libyen
- Nubische Wüste (Rotes Meer): Ägypten, Sudan
- Horn von Afrika (Golf von Aden, Indischer Ozean): Eritrea, Dschibuti, Somalia

Wenn die Nähe zum Ozean keine entscheidende Rolle spielt, kommen auch Nordkenia, Botswana und sämtliche Saharastaaten als potenzielle Profiteure in Frage.

Das ist natürlich reine Zukunftsmusik – im Moment noch. Wer jedoch langfristig denkt und seine Investitionen über viele Jahre, möglicherweise sogar über mehrere Jahrzehnte plant, sollte diese Dinge zumindest im Hinterkopf behalten.

Zuletzt sei mir noch ein Hinweis auf eine Energiequelle gestattet, die derzeit technologisch noch gar nicht nutzbar ist – die elektrische Energie von Blitzen. Eine vor kurzem erstmals veröffentlichte Weltkarte, auf der die Häufigkeit von Blitzen dargestellt ist, zeigt ein ganz klares Maximum in einem bestimmten Land, das alle anderen Weltregionen diesbezüglich in den Schatten stellt. Dabei handelt es sich um das Gebiet um den Oberlauf des Kongo-Flusses in der Demokratischen Republik Kongo.

2.3 Historie

Die Geschichte des afrikanischen Kontinents unterscheidet sich grundlegend von derjenigen Europas. Dies gilt insbesondere für die Gebiete südlich der Sahara.

Während wir Europäer in der Schule einiges über Nordafrika erfahren haben, wissen wir kaum etwas über die Geschichte der restlichen Länder.

Wer in Afrika investieren will, sollte sich auch mit der afrikanischen Geschichte auseinandersetzen, denn viele Einsichten in länder- oder völkerspezifische Besonderheiten erschließen sich erst mit der Kenntnis der wichtigsten historischen Abläufe. Deshalb sollten Sie dieses Kapitel auch nicht überspringen – ganz abgesehen davon, dass die Materie ziemlich spannend ist.

2.3.1 Altertum

Die Geschichte Afrikas beginnt mit dem Alten Ägypten, einer der ältesten Hochkulturen der Welt. Bereits 3000 v. Chr. entwickelten die Ägypter die Schrift. Etwa zwischen 2600 und 2500 wurden die großen Pyramiden gebaut, die zweifellos zu den eindrucksvollsten Bauwerken der Welt zählen. Über fast drei Jahrtausende und 31 Dynastien währten die verschiedenen ägyptischen Reiche, bevor Alexander der Große 332 v. Chr. die griechische Herrschaft begründete. 300 Jahre später eroberten die Römer das Gebiet und machten Ägypten zur römischen Provinz. Nach der Teilung des Römischen Reiches fiel Ägypten an Ostrom.

Karthago wurde im Gebiet des heutigen Tunesiens von den Phöniziern gegründet und war um die Mitte des ersten Jahrtausends v. Chr. die herrschende Großmacht im westlichen Mittelmeer. Die Herrschaft der Karthager wurde von den Römern beendet.

Während der Völkerwanderung eroberten die Wandalen im 5. Jh. n. Chr. das römische Nordafrika von Marokko bis Libyen. Doch schon bald darauf wanderten arabische Stämme nach Nordafrika ein. Mit der arabischen Expansion nach dem Tod des Propheten Mohammed im Jahr 632 n. Chr. begann der Siegeszug des Islam. In der Zeit der Kalifate wurden im Jahr 641 Ägypten, im Jahr 670 Marokko und im folgenden Jahrhundert sogar der größte Teil der Iberischen Halbinsel erobert.

Die Islamisierung schritt rasch voran. In Nordafrika gelang sie praktisch vollständig, in den Ländern der Sahelzone, West- und Ostafrikas teilweise.

Die Kontakte zwischen Nordafrika und den Ländern südlich der Sahara, die durch die breite Wüste stark behindert und im Wesentlichen auf die Schifffahrtsrouten entlang der west- und ostafrikanischen Küsten und das Niltal begrenzt waren, nahmen während der arabischen Expansion deutlich zu.

Bedeutende afrikanische Kulturen des Altertums waren u. a.

- Nubien oder Kusch (im Gebiet des heutigen Sudan)
- das Königreich Mauretanien
- die Bewohner von Great Zimbabwe im Gebiet des heutigen Simbabwe
- das Kaiserreich Äthiopien; Äthiopien ist der älteste unabhängige, heute noch bestehende Staat Afrikas und einer der ältesten der Welt.

Von den übrigen Ländern Schwarzafrikas ist aus dem Zeitalter der Antike praktisch nichts bekannt. Ein wesentlicher Grund hierfür ist das gänzliche Fehlen von Dokumenten oder Urkunden, da die afrikanischen Gesellschaften keine Schrift hatten.

Es fanden allerdings einige Entdeckungsfahrten statt: Bereits die alten Ägypter segelten nach Punt, das wahrscheinlich auf dem Gebiet des heutigen Somalia lag. Die Königin von Saba, die u. a. in der Bibel erwähnt wird, herrschte von Südarabien über das Horn von Afrika bis in den Norden Äthiopiens. Auch karthagische Schiffe gelangten von Südspanien aus bis mindestens Sierra Leone.

2.3.2 Mittelalter und Neuzeit

In **Nordafrika** herrschten die Kalifen ununterbrochen vom 7. Jahrhundert bis in die Neuzeit.

Die osmanischen Sultane expandierten vom Gebiet der heutigen Türkei aus in alle Himmelsrichtungen. Im Jahr 1517 übernahm das osmanische Kalifat weite Teile Nordafrikas bis in die Gebiete des heutigen Sudans, Eritreas, Dschibutis und Somalias. In Europa beherrschten die Osmanen jahrhundertelang den Balkan und standen sogar vor den Toren Wiens.

Das Osmanische Reich wurde erst ab 1875 durch die europäischen Kolonialmächte zurückgedrängt, bis es nach dem Ersten Weltkrieg kollabierte und schließlich mit der Gründung der Türkischen Republik im Jahr 1922 aufhörte zu existieren.

In **Schwarzafrika** gab es im Wesentlichen zwei politische Organisationsformen: Die zentralisierte Herrschaftsform und das dezentrale Gesellschaftssystem.[6]

Die zentralisierten Gesellschaften hatten eine Regierung mit einer zentralen Autorität, z. B. einem Fürsten oder König, einer Art Bürokratie und rechtlichen und exekutiven Instanzen.

Die Gesellschaften der zweiten Gruppe hingegen hatten keine zentrale Autorität, keine Bürokratie und keine staatliche Ordnungsgewalt. In dieser Gesellschaftsform bildeten Stämme, Stammessegmente, Klans und Lineages die Grundeinheiten, die sich immer wieder spalteten oder miteinander fusionierten. Streitigkeiten wurden innerhalb eines Stammes bevorzugt durch Schlichtung beigelegt, während es zwischen verschiedenen Stämmen zu gewalttätigen Auseinandersetzungen kam, die durch die Institution der Fehde geregelt werden sollten.

Einige afrikanische Königreiche haben im Mittelalter eine hohe kulturelle und ökonomische Bedeutung erlangt. Die Handelsstadt Timbuktu (frz.: *Tombouctou*) war vom 11. bis zum 16. Jahrhundert eines der bedeutendsten Zentren in der islamischen Welt. Das Königreich von Benin bestand vom 12. Jahrhundert bis zum Jahr 1897 auf dem Gebiet des heutigen Nigerias und Benins; es wurde während seiner langen Geschichte kein einziges Mal erobert.

Ein Paradebeispiel für eine zentral regierte Gesellschaft war das Volk der Ganda im heutigen Uganda. Der König von Buganda, der *Kabaka*, stand an der Spitze der Autokratie. Sein Titel war erblich. Das Gandareich expandierte sukzessive auf militärischem Weg, bis es unter Mutesa I., dem 30. *Kabaka*, um 1880 seine größte Machtausdehnung erreichte und 750.000 bis 1 Million Menschen umfasste. Zum Hofstaat gehörten Verwandte, Freunde, Ratgeber und politische Günstlinge, und an seiner Spitze stand der Premierminister, *Katikkiro*. Die Beamten waren in zwei Gruppen gegliedert: Die *Batongole* waren die Hofbeamten des Königs, und die *Bakungu* waren als Bezirkshäuptlinge für die Verwaltung und Gerichtsbarkeit in den Bezirken zuständig. Alle diese Personen wurden vom *Kabaka* ernannt und waren von seiner Gunst abhängig. Daneben gab es noch erbliche Ämter, die *Bataka*. Politische und verwandtschaftliche Beziehungen bestimmten das gesellschaftliche System gleichermaßen.

---

[6] Quelle: Informationen zur politischen Bildung Nr. 264/1999, S. 11 ff., hrsg. von der Bundeszentrale für politische Bildung

Das Herrschaftssystem lebte von den Überschüssen und Zwangsabgaben der Ackerbauern. Je mehr die Macht des absoluten Herrschers zunahm, umso mehr war das Volk seiner Willkür und seinem Despotismus ausgeliefert. Die Ähnlichkeiten zu den feudalistischen Systemen im mittelalterlichen Europa sind unverkennbar.

Vielleicht fragen Sie sich, warum ich über diese Dinge im Detail berichte. Der Grund ist ganz einfach. Im Denken vieler afrikanischer Völker lebt die zentralisierte Herrschaftsform fort. Regionalfürsten und lokale Häuptlinge üben immer noch eine erhebliche faktische Macht aus, obwohl sie in der Regel kein politisches Mandat haben. Im alltäglichen Leben hingegen spielen sie eine große Rolle, vor allem in ländlichen Gebieten. Das gilt auch und besonders für das Wirtschaftsleben.

Für Geschäftsleute ist es äußerst wichtig, sich bei kleinen und großen Projekten der Zustimmung des jeweiligen *Chiefs* zu versichern. Selbst Megaprojekte bleiben davon nicht ausgenommen. In Nigeria beispielsweise hat ein europäischer Konzern mit Zustimmung der Regierung ein großes Zementwerk errichtet, das bis heute nicht in Betrieb gehen konnte. Rätselhafte Unfälle, Sabotage und andere Pannen sorgen immer wieder für Verzögerungen. Ein wesentlicher Grund: Der Bau des Werkes erfolgte gegen den Willen des lokalen *Chiefs*. Wahrscheinlich hatte man sich gar nicht erst die Mühe gemacht, sich mit ihm an einen Tisch zu setzen. Westliche Manager müssen hier umlernen; in Afrika gehen die Uhren anders.

Die Vettern- und Günstlingswirtschaft ist unter vielen afrikanischen Regierungen noch heute weit verbreitet. Insofern entspricht die Korruption durchaus traditionellen Mustern, die sich in afrikanischen Völkern über Jahrhunderte hinweg entwickelt haben. Dies erklärt zumindest teilweise die Schwierigkeiten, mit denen die Bekämpfer der Korruption zu tun haben.

2.3.3 Die Sklaverei

Die Geschichte des Kolonialismus begann nicht mit der Ankunft der Europäer, wie oft angenommen wird, sondern mit arabischen und indischen Händlern, die schon früh in das Innere Ostafrikas vordrangen und Sklavenhandel betrieben. Der Sklavenhandel war die treibende Kraft für viele Handelsniederlassungen und Stützpunkte der Europäer an den afrikanischen Küsten.

Nach der Entdeckung Amerikas entwickelte sich in der Neuen Welt ein großer und beständig wachsender Bedarf an Sklaven. 1526 kamen die ersten Sklaven aus Afrika in Amerika an. Vor allem Spanier und Portugiesen waren es, die die „menschlichen Arbeitstiere" von arabischen und afrikanischen Sklavenhändlern kauften und unter unmenschlichen Bedingungen auf Sklavenschiffen über den Atlantik brachten. Allein im Laufe des 16. und 17. Jahrhunderts gelangten mehr als 600.000 afrikanische Sklaven lebend in die spanischen Kolonien Amerikas; noch viel mehr verstarben wahrscheinlich unterwegs, entweder bereits bei den anstrengenden Märschen durch den Dschungel oder später auf den Schiffen.

Abbildung 2-4: Sklaventransport in Afrika

Quelle: William Rednbacher, Lehrbuch der Weltgeschichte oder Die Geschichte der Menschheit, 1890

Im 18. Jahrhundert stieg die Nachfrage nach Sklaven infolge der industriellen Revolution weiter an. Engländer und Franzosen wurden jetzt die dominierenden Sklavenhändler. Der Sklavenhandel wurde ab 1807 schrittweise beendet, zuerst durch die Engländer, später auch durch die Franzosen (offiziell 1815, de facto erst 1848) sowie die Portugiesen und Brasilianer (1853). Befreite Sklaven erhielten ab 1808 im Küstengebiet Westafrikas (Liberia, Sierra Leone) eigene Siedlungen.

Die Sklaverei ist eines der dunkelsten Kapitel der Menschheitsgeschichte. Menschen, vor allem aus Afrika, wurden von Angehörigen anderer Völker verschleppt, lebenslang ihrer Freiheit und sämtlicher Rechte beraubt, ausgebeutet, oft gefoltert und nicht selten zu Tode gequält.

Ich denke, dass diese Zeit, auch wenn sie lange vorbei ist, in der afrikanischen Seele tiefe Wunden hinterlassen hat. Gerade als Angehörige der ehemals herrschenden und unterdrückenden weißen Völker sollten wir Europäer die Afrikaner als in jeder Hinsicht gleichberechtigte Menschen achten und auch so behandeln. Vor Gott sind alle Menschen gleich.

2.3.4 Die Erkundung Afrikas

Machen wir mal gedanklich einen Sprung in die erste Hälfte des 19. Jahrhunderts. In den 1840er Jahren, der sog. Pionierzeit, wurde das Territorium der heutigen USA sukzessive von Osten nach Westen erschlossen.

Die Planwagen der Siedlertrecks fuhren auf abenteuerlichen Wegen durch die Prärien des Mittelwestens und über die Rocky Mountains hinein nach Oregon und Kalifornien, wo 1848 der Goldrausch begann. Große Teile der Neuen Welt waren bis zu den 1870er Jahren bekannt und erforscht.

Zur selben Zeit war das Innere Afrikas noch ein großer weißer Fleck. Bis zur Mitte des 19. Jahrhunderts hatte sich die europäische Fremdherrschaft auf einige Handelsniederlassungen und befestigte Forts an der Küste beschränkt.

Die Erforschung Nordwestafrikas war bereits bis 1835 abgeschlossen, doch der Rest des Kontinents war unbekannt. Was war im Inneren Afrikas verborgen? Wo entsprang der Nil?

Der Reiz des Unbekannten lockte viele Forscher an, die sich in das Innere Afrikas aufmachten:

- **James Richardson** durchquerte ab 1849 die Sahara von Tripolis bis an den Tschad-See und weiter nach Nordnigeria.

■ Begleitet wurde er von dem Deutschen **Heinrich Barth** (1821–1865), der nach dem Tod des Engländers die Expedition fortführte und weiter in den Niger sowie in den Sudan reiste und Timbuktu erreichte, von wo aus er 1855 nach London zurückkehrte. Barth gilt als einer der wenigen Forschungsreisenden, die den Afrikanern mit großer Unvoreingenommenheit begegneten und bereit waren, beispielsweise mit den Vertretern des afrikanischen Islam in einen interkulturellen Dialog einzutreten. Diese Haltung war im 19. Jahrhundert sehr ungewöhnlich und passte so gar nicht zu den kolonialistischen Ambitionen, die in den nächsten Jahrzehnten die Geschichte Afrikas nachhaltig beeinflussen sollten.

Abbildung 2-5: Heinrich Barth, um 1865

Quelle: Gustav v. Schubert, Heinrich Barth, NN 1895

■ **Richard Francis Burton** (1821–1890) und **John Hanning Speke** (1827–1864) suchten gemeinsam nach den Quellen des Nils. Sie entdeckten 1858 den Tanganjika-See. Speke ging allein nach Norden weiter und entdeckte im selben Jahr den Viktoria-See. Burton reiste zum Nigerdelta und nach Dahomey (dem heutigen Benin) und führte die Erstbesteigung des Kamerunbergs durch. Beide britischen Forscher waren entschiedene Rassisten. (Zitat Burton: *„Die Erforschung des Negers ist die Erforschung primitivster menschlicher Denkvorgänge.“*)

■ Der schottische Missionar und Afrikaforscher **David Livingstone** (1813–1873) durchreiste von 1853 bis 1856 das südliche Afrika vom Sambesi-Fluss nach Loanda (Luanda; Hauptstadt des heutigen Angola) und entdeckte dabei die Victoriafälle. 1859 gelangte er zum Njassa-See. In seiner letzten Expedition, die 1866 in Sansibar begann, erreichte er das Südufer des Tanganjika-Sees, wo er Henry Morton Stanley (s. u.) traf. Das eigentliche Ziel David Livingstones war es, dem Sklavenhandel entgegenzuarbeiten und die Eingeborenen für den

Abbildung 2-6: David Livingstone

Quelle: H.F. Helmolt (ed.), History of the World, New York 1901

Landbau und insbesondere den Anbau von Baumwolle zu gewinnen. Dieses Ziel konnte er nicht erreichen. Vor seinem Tod am Bangweulu-See im Norden des heutigen Sambia soll er die Gründung einer christlichen Nation in diesem Gebiet proklamiert haben.

- Der britisch-amerikanische Journalist **Henry Morton Stanley** (1841–1904) wurde mit der Suche des verschollenen Livingstone beauftragt. Nachdem er ihn gefunden hatte, reiste er mit ihm zusammen zum Nordende des 673 km langen Tanganjika-Sees. Von 1874 bis 1877 folgte Stanley dem Kongo-Fluss vom heutigen Sambia aus bis zu seiner Mündung in den Atlantischen Ozean. Dabei entwickelte er sich zu einem der rücksichtslosesten Afrikaforscher. Stanley versuchte, Zentralafrika und das Kongo-Gebiet dem britischen Kolonialreich zuzuschlagen, doch England war nicht interessiert. Wohl aber König Leopold II. von Belgien. Er nahm Stanley unter Vertrag, der von 1878 bis 1890 mit fragwürdigen Methoden Land entlang des Kongos mitsamt der Arbeitskraft seiner Bewohner für Leopold in Besitz brachte. Stanley gründete auch die Stadt Leopoldville, das heutige Kinshasa. Letztlich waren es die Aktivitäten Stanleys, die dafür sorgten, dass König Leopold II. den riesigen Kongo auf der Kongo-Konferenz im Jahr 1884 als seinen Privatbesitz (!) zugesprochen bekam.
- Der deutsche Forscher **Gustav Nachtigal** (1834–1885) bereiste von 1869 bis 1874 von Tripolis aus den Fessan (im heutigen Libyen), das Tibesti-Gebiet (im heutigen Tschad), das Sultanat Bornu (im heutigen Nigeria) und Darfur (im heutigen Sudan) und erreichte schließlich Khartum, die Hauptstadt des damals von Ägypten besetzten Sudan. 1884 wurde Nachtigal zum Reichsbeauftragten für Togo und Kamerun, die er für das Deutsche Reich in Besitz nahm. Dem Kolonialismus gegenüber blieb er jedoch kritisch eingestellt.
- Der Portugiese **Alexandre Alberto da Rocha de Serpa Pinto** (1846–1900) war der Leiter einer von Portugal ausgerüsteten Expedition, die 1877 von Benguela im heutigen Angola nach Bihé zog und die Oberläufe des Sambesi bis zu den Victoriafällen erkundete. 1885 erforschte er die Gegend westlich des Njassa-Sees, im Gebiet der heutigen Staaten Sambia und Malawi.

2.3.5 Kolonialismus und Imperialismus

Zeitgleich mit den Entdeckungsreisen in das Innere Afrikas entwickelte sich in Europa und Amerika eine erhebliche Nachfrage nach Elfenbein, Naturkautschuk, Tee, Kaffee, Metallerzen und anderen Rohstoffen aus Afrika.

Damals waren erst etwa 10 Prozent der Landfläche Afrikas unter europäischer Kontrolle. Die wichtigsten Kolonien waren Algerien (Frankreich), die Kapkolonie (Großbritannien) und Angola (Portugal).

Außerdem hatte die Amerikanische Kolonialisierungsgesellschaft *(American Colonization Society)* seit 1822 an der westafrikanischen Pfefferküste ehemalige afroamerikanische Sklaven aus den Vereinigten Staaten angesiedelt. Die Amerikaner wollten über dieses Projekt den Grundstein zu einem eigenen Kolonialreich legen. Das gelang ihnen jedoch nicht. Stattdessen erklärte sich Liberia 1848 unter dem Eindruck einer möglichen britischen Invasion für unabhängig. Damit war Liberia der erste dekolonisierte Staat Afrikas.

Die bald verstärkt einsetzende Kolonisation wurde von technischen und medizinischen Fortschritten begünstigt. Dabei spielten Verbesserungen in der Nautik, in der Kommunikation (Telegrafie) und im Transportwesen (Eisenbahn) die wichtigste Rolle.

Mit dem Gründerkrach von 1873, der die Börsen stark und nachhaltig fallen ließ, begann in Europa eine lange Depression, die mit zunehmendem Protektionismus und Schrumpfungen der Märkte einherging. Der Blick der herrschenden Eliten richtete sich nun zunehmend ins Ausland. Überschüssiges Kapital konnte dort aus mehreren Gründen gewinnbringender eingesetzt werden als in der Heimat: Erstens gab es in anderen Kontinenten billigere Arbeitskräfte, zweitens herrschte weniger Wettbewerb, und drittens konnten Rohstoffe gefördert werden, die es hierzulande nicht gab. Die Gründung von Kolonien versprach außerdem neue Absatzmärkte für heimische Produkte und eine gute Möglichkeit, die chronisch defizitären Handelsbilanzen zu entlasten.

Afrika bot insbesondere Kupfer, Baumwolle, Kautschuk, Kaffee, Tee und Zinn. Mit Ausnahme von Südafrika wurde in Afrika aber nur wenig Kapital investiert.

Der eigentliche Wettlauf der europäischen Mächte um Afrika und die Hochphase des Imperialismus begannen, als die Franzosen 1881 ein Protektorat in Tunesien errichteten und die Briten ein Jahr später Ägypten besetzten. Parallel hatte König Leopold II. von Belgien seine Ansprüche auf den Kongo angemeldet. Deutschland, das noch keine Kolonien besaß, wollte nach Gründung des Deutschen Reichs ebenso mit von der Partie sein.

So kam es auf Einladung des deutschen Reichskanzlers Otto von Bismarck 1884/85 zur sogenannten Kongo-Konferenz in Berlin (engl.: *Berlin Conference*). Sie hatte für den afrikanischen Kontinent weit reichende Folgen, die teilweise bis in die Gegenwart fortwirken.

Abbildung 2-7: Zeichnung von den Teilnehmern der Kongo-Konferenz 1884

Quelle: Allgemeine Illustrierte Zeitung, 1884, Zeichner: Adalbert von Rößler

Während der Konferenz wurden folgende Punkte beschlossen und in der sogenannten Kongoakte festgeschrieben:

- „Prinzip der Effektivität“: Grundsatz, dass nur jene Macht das Recht auf Erwerb einer Kolonie haben sollte, die sie tatsächlich in Besitz nahm.
- Der Kongofreistaat wurde als Privatbesitz der *Kongogesellschaft* von Leopold II. bestätigt.
- Handelsfreiheit der teilnehmenden Staaten im Einzugsgebiet des Kongo-Flusses, des Njassa-Sees und der Gebiete östlich davon südlich des 5. nördlichen Breitengrades
- internationales Verbot des Sklavenhandels
- Freigabe der Flüsse Kongo und Niger für die Schifffahrt

Man kann sich leicht vorstellen, was daraufhin geschah. Der Wettlauf um die afrikanischen Länder entbrannte mit voller Kraft. Die europäischen Großmächte, allen voran Großbritannien und Frankreich, aber auch Portugal, Deutschland, Italien und Spanien machten sich auf, um Land in Besitz zu nehmen. Afrika wurde in Kolonien aufgeteilt. Die Grenzlinien wurden oft willkürlich gezogen und entsprachen nur selten völkischen oder sprachräumlichen Grenzen.

Bevor wir den weiteren Wettlauf um Afrika untersuchen, gehen wir in der Geschichte zurück und begeben uns ans südliche Ende des Kontinents. Dort hatten sich seit 1652 Siedler zumeist niederländischer, aber auch französischer und deutscher Abstammung am Kap der Guten Hoffnung niedergelassen. Nachdem die Kapkolonie, eine Gründung der Niederländischen Ostindien-Kompanie, 1806 endgültig in die Hände der Briten gefallen war, verließen die Buren (so wurden die weißen, *Afrikaans* sprechenden Nachfahren der ersten Kolonisten genannt) ab 1835 das Kapland. Hauptgrund war die Abschaffung der Sklaverei durch die Briten. Im sogenannten Großen Treck zogen die Buren nach Nordosten und gründeten im Landesinneren die Burenrepubliken. Nach einer wechselhaften Geschichte mit vielen kriegerischen Auseinandersetzungen zwischen Briten, Buren, Zulu und Xhosa wurden 1910 die Burenrepubliken Oranje-Freistaat und Transvaal (Südafrikanische Republik) mit den britischen Besitzungen Kapkolonie und Natal zur Südafrikanischen Union zusammengeschlossen.

Im selben Jahr, als die Kongo-Konferenz zu Ende ging, brach in Südafrika der Goldrausch aus. 1886 wurde Johannesburg gegründet. Der sogenannte Witwatersrand, ein 200 km langer Höhenzug in der damaligen Burenrepublik Transvaal, sollte sich in der Folge als weltweit größte Lagerstätte für sekundäres Gold und ebenso als größte Lagerstätte für Platin erweisen.

In der Südafrikanischen Union wurden Regelungen zur Diskriminierung von Farbigen und Schwarzen eingeführt und ab 1948 als Politik der Rassentrennung (Apartheid) institutionalisiert. Trotz großen internationalen Widerstands und Handelsembargos gelang es dem Apartheid-Regime, das Prinzip der Rassentrennung bis 1989 aufrechtzuerhalten. Ohne den enormen Reichtum an Bodenschätzen wäre das nicht gelungen.

Wenig bekannt ist die Tatsache, dass die Apartheid-Politik nicht auf Südafrika beschränkt war. Italien gelang – nach einem ersten erfolglosen Versuch im Jahr 1895 – unter Mussolini die Eroberung Äthiopiens. Während der kurzen Besetzung zwischen 1935 und 1941 führten die Italiener dort ein System der Rassentrennung ein.

Kehren wir zurück in das ausgehende 19. Jahrhundert, als sich die Kolonisierung Afrikas nach der Kongo-Konferenz beschleunigte. Die europäischen Großmächte lieferten sich einen beispiellosen Wettlauf, der mit zahlreichen kriegerischen Auseinandersetzungen einherging. Die besetzten Gebiete erhielten zunächst den Status eines Protektorats. Später wurden viele Protektorate in Kolonien umgewandelt.

Einige Jahre vor Ausbruch des Ersten Weltkriegs waren nur noch die zwei Staaten Abessinien (nach der Befreiung aus der italienischen Kolonialherrschaft) und Liberia sowie die Siedlungskolonien Oranje-Freistaat und Transvaal unabhängig.

Abbildung 2-8: Die Kolonialmächte vor dem Ersten Weltkrieg

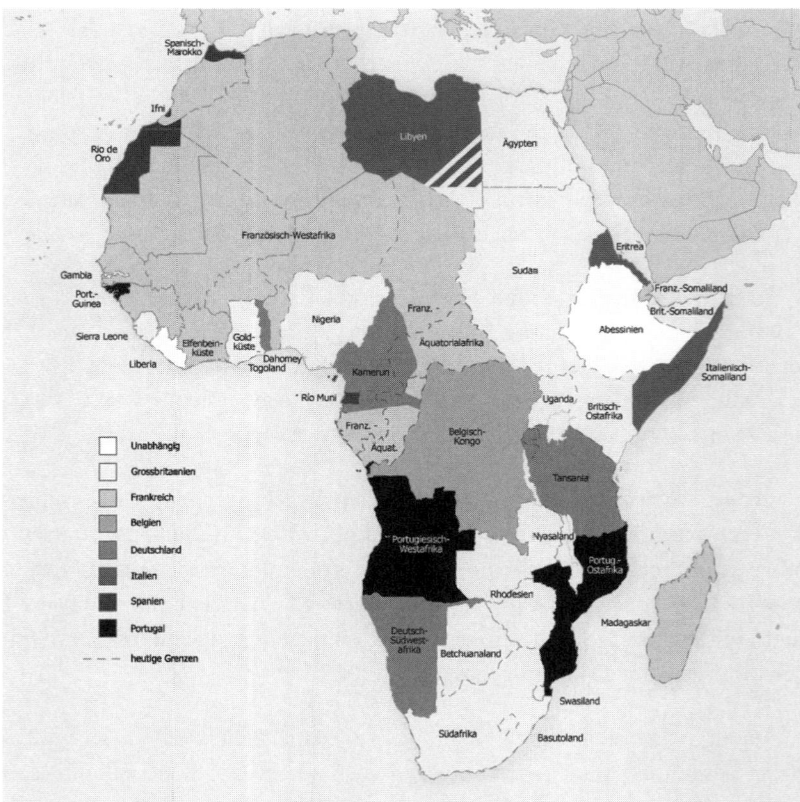

Quelle: Perconte; in: Wikipedia, Stichwort „Afrika – Kolonisation", 26.09.2007

In den folgenden Tabellen sind die Kolonien der europäischen Mächte und die heutigen Staaten mit dem Datum ihrer Unabhängigkeit aufgeführt.[7]

Tabelle 2-6: Britische Kolonien

Land	Protektorat	Kolonie	Treuhandgebiet	Heutiger Staat	Unabh. seit
Ägypten	1882/1914			Ägypten	1922
Britisch-Westafrika					
Gambia	1816	1843/88		Gambia	1965
Sierra Leone	1788	1808		Sierra Leone	1961
West-Togo			1919/22	Ghana	1957
Goldküste	1821/43	1874/1901			
Nigeria	1861/85	1886/1900		Nigeria	1960
Brit.-Kamerun			1919/22	Kamerun bzw. Nigeria	1960
Britisch-Zentralafrika					
Nordrhodesien	1891			Sambia	1964
Nyassaland	1889/91			Malawi	1965
Südrhodesien	1891	1923		Simbabwe	1980
Britisch-Südafrika					
Betschuanaland	1885	1895		Botswana	1966
Basutoland	1868	1884		Lesotho	1966
Swasiland	1890/1903			Swasiland	1968
Kapkolonie	1806/14	1853/72		Republik Südafrika	1931
Natal	1843	1856			
Oranje-Freistaat	1848/52	1900/07			
Transvaal	1877/81	1900/06			

7 Quellen: Der große Ploetz, Freiburg 1998 , S. 1158; eigene Erhebungen

Land	Protektorat	Kolonie	Treuhandgebiet	Heutiger Staat	Unabh. seit
Britisch-Ostafrika					
Uganda	1894			Uganda	1962
Kenia	1895	1920		Kenia	1963
Tanganjika			1919/20	Tansania	1961
Sansibar	1890				1963
Mauritius	1810	1814		Mauritius	1968
Seychellen	1814	1903		Seychellen	1976
Brit.-Somaliland	1884/87			Somalia	1960
Anglo-ägypt. Sudan	1899/36			Sudan	1956

Tabelle 2-7: Französische Kolonien

Land	Protektorat	Kolonie	Treuhandgebiet	Heutiger Staat	Unabh. seit
Französisch-Marokko	1912			Marokko	1956
Algerien		1847/1900 Département		Algerien	1962
Tunesien	1881			Tunesien	1956
Französisch-Westafrika					
Mauretanien	1903	1920		Mauretanien	1960
Senegal	1783/1817	1894		Senegal	1960
Frz.-Guinea	1881/88	1893		Guinea	1958
Elfenbeinküste	1845/89	1893		Côte d'Ivoire	1960
Ost-Togo			1919/22	Togo	1960
Dahomey	1863/82	1892		Benin	1960
Frz.-Sudan	1883/92	1920		Mali	1960

Land	Protektorat	Kolonie	Treuhandgebiet	Heutiger Staat	Unabh. seit
Obervolta	1897	1919		Burkina Faso	1960
Niger	1900	1922		Niger	1960
Französisch-Äquatorialafrika					
Tschad	1900	1920		Tschad	1960
Ubangi-Chari	1894	1911/20		Zentralafr. Republik	1960
Frz.-Kamerun			1919/22	Kamerun	1960
Gabun	1839	1854		Gabun	1960
Frz.-Kongo	1882	1910		Rep. Kongo [Kongo-Brazzaville]	1960
Französisch-Ostafrika-Besitzungen					
Madagaskar	1885/95	1896		Madagaskar	1960
Komoren	1843/86	1912		Komoren	1975
Réunion	1767	1793		Gehört zu Frankreich	
Frz.-Somaliland	1862/88	1896		Dschibuti	1977

Tabelle 2-8: Belgische Kolonien

Land	Privatbesitz Leopolds II.	Belgische Kolonie	Treuhandgebiet	Heutiger Staat	Unabh. seit
Belgisch-Kongo	1881/85	1908		Dem. Rep. Kongo	1960
Ruanda-Burundi			1919/22	Ruanda Burundi	1962 1962

Tabelle 2-9: Deutsche Kolonien

Land	Protektorat	Kolonie	Verlust	Heutiger Staat	Unabh. seit
Togo	1884	1905	1918	Togo Ghana	1960 1957
Kamerun	1884		1918	Kamerun, Nigeria	1960
Deutsch-Südwestafrika	1884	1893	1918	Namibia	1990
Deutsch-Ostafrika	1885	1891	1918	Tansania	1961

Tabelle 2-10: Portugiesische Kolonien

Land	Protektorat	Kolonie	Heutiger Staat	Unabh. seit
Port.-Guinea	1466	1879	Guinea-Bissau	1974
Kapverden	1495	1822	Kapverden	1975
São Tomé und Príncipe	1522/1753	1835	São Tomé und Príncipe	1975
Angola	1570/1571	1885	Angola	1975
Moçambique	1507/1558	1752/1891	Mosambik	1975

Tabelle 2-11: Spanische Kolonien

Land	Protektorat	Überseeprovinz	Heutiger Staat	Unabh. seit
Spanisch-Marokko	1912		Marokko	1956
Spanisch-Sahara	1885	1958	Westsahara (int. nicht anerkannt), von Marokko besetzt seit 1975	

Land	Protektorat	Überseeprovinz	Heutiger Staat	Unabh. seit
Rio Muni	1877/1885		Äquatorialguinea	1968
Fernando Póo	1778/1885			
Annobón	1778/1885			

Tabelle 2-12: Italienische Kolonien

Land	Protektorat	Kolonie	Treuhandgebiet	Heutiger Staat	Unabh. seit
Libyen	1911/12	1934		Libyen	1951
Eritrea	1885	1890		Eritrea	1993
Abessinien	1935–42	1936		Äthiopien	1942
Ital.-Somaliland	1889	1905	1949	Somalia	1960

Nach dem Ersten Weltkrieg wurden die deutschen Besitzungen neu verteilt. Sonst blieben die kolonialen Strukturen bis über das Ende des Zweiten Weltkriegs hinaus unangetastet. Ägypten gewann als einziger Staat bereits 1922 seine Unabhängigkeit.

Die Kolonisierung führte zu starken Veränderungen in den politischen und wirtschaftlichen Systemen wie auch in den Sozialstrukturen Afrikas. Die regionale Vielfalt des vorkolonialen Zeitalters wurde durch relativ uniforme politische Modelle und Wirtschaftsstrukturen ersetzt. Staatsgrenzen waren für viele afrikanische Völker etwas völlig Neues.

Die Kosten des Verwaltungsapparats mussten durch Finanzmittel gedeckt werden, die in Form von Steuern und Zwangsarbeit erhoben wurden. Um Recht und Ordnung aufrechtzuerhalten, bedienten sich die Kolonialherren teilweise brachialer Methoden.

Die Kolonialmächte bauten ihre Verwaltung auf unterschiedliche Weise auf. Die Franzosen, Belgier und Portugiesen etablierten direkte Herrschaftsformen, d. h. sie besetzten sämtliche wichtigen Stellen in ihrer Bürokratie mit europäischen Beamten, selbst in den entlegensten Winkeln. Die traditionellen politischen und wirtschaftlichen Systeme wurden zerschlagen.

Die Briten zogen hingegen die wesentlich kostengünstigere indirekte Form der Verwaltung vor und gliederten die lokalen Führer in die Kolonialadministration ein, wodurch diese einen großen Teil ihrer Macht verloren.

Eine besondere Rolle in der Entwicklung der afrikanischen Kolonien spielte der Aufbau der Infrastruktur. Eisenbahnen wurden gebaut, um das große Transportproblem zu lösen. Dabei ging es zunächst vor allem um die Ermöglichung schneller Truppenbewegungen, später auch um Gütertransporte. Die landwirtschaftlichen Kerngebiete und die Schürfregionen des Bergbaus sollten strategisch günstig mit den Häfen und Verwaltungszentren verbunden und die Transportkosten gesenkt werden.

Auf eine Orientierung der Trassenführung an traditionellen Handelsrouten wurde verzichtet. Dies erwies sich in der nachkolonialen Phase zunehmend als Nachteil. Der Verlauf der Eisenbahnrouten begünstigt bis heute internationale Wirtschaftsstrukturen und betont einseitig die Rolle Afrikas als Rohstofflieferant für den Westen, während die Integration der nationalen Volkswirtschaften eher behindert wird.

2.3.6 Unabhängigkeitsbewegung

Während des Zweiten Weltkriegs verschlechterten sich die Lebensbedingungen in den Kolonien drastisch. Kampfhandlungen fanden zwar nur in Nordafrika und am Horn von Afrika statt, doch die Krieg führenden Kolonialmächte forcierten die Ausbeutung ihrer Kolonien, um die Aufrüstung zu beschleunigen und zusätzliche Finanzmittel für die Kriegführung zu mobilisieren. Viele Konsum- und Investitionsgüter wurden knapp; ihre Preise stiegen.

Der Wille der Afrikaner zur Unabhängigkeit nahm stetig zu. Nach über 50 Jahren Kolonialherrschaft hatten immer mehr Menschen Zugang zu Bildung. Die Einbeziehung Einheimischer in Wirtschaft und Verwaltung der Kolonien sowie die Tätigkeit zahlreicher christlicher Missionare führten dazu, dass mit der Zeit eine neue afrikanische Elite heranwuchs. Beamte, erfolgreiche Unternehmer und gebildete Missionsschüler, aber auch Angehörige der traditionellen Eliten gehörten zu denjenigen, die die Unabhängigkeitsbestrebungen in zahlreichen Ländern unterstützten. Eine wachsende Anzahl von Afrikanern hatte inzwischen auch an europäischen und amerikanischen Universitäten studiert. Dort wurden sie mit demokratischem Gedankengut konfrontiert und entsprechend politisch geprägt.

Nach dem Ende des Zweiten Weltkriegs waren Großbritannien und Frankreich wirtschaftlich, politisch und militärisch stark geschwächt. Ressourcen wurden aus den Kolonien abgezogen. Parallel dazu sorgte ein wachsender Widerstand gegen die Kolonialherrschaft dafür, dass die Kosten für deren Aufrechterhaltung stiegen.

Nun kam auch die neue Situation in der Weltpolitik ins Spiel. Die USA und die Sowjetunion stiegen zu Supermächten auf; beide waren erklärte Gegner des Kolonialismus. Das Selbstbestimmungsrecht der Völker wurde zu einem wesentlichen Pfeiler amerikanischer Außenpolitik, und über die neu gegründeten Vereinten Nationen wurde der Druck auf die Kolonialstaaten, ihre Kolonialreiche aufzulösen, immer größer.

Im Rest der Welt war die Entkolonialisierung bereits in vollem Gange; die ehemaligen lateinamerikanischen, asiatischen und arabischen Kolonien hatten bereits ihre Unabhängigkeit erlangt und waren Mitglieder der Vereinten Nationen geworden. Der Protest in Afrika gegen die andauernde Kolonialherrschaft wuchs. Die Kolonialmächte versuchten gegenzusteuern – Frankreich durch eine stärkere Anbindung der Kolonien an das Mutterland, was bis zum erleichterten Erwerb der französischen Staatsbürgerschaft reichte, und Großbritannien durch Zugeständnis von mehr Autonomie. Doch die Aktivitäten nationaler Befreiungsbewegungen verstärkten sich weiter, wozu auch eine größere Pressefreiheit beitrug.

Die nordafrikanischen Staaten wurden als Erste in die Unabhängigkeit entlassen, zunächst Libyen im Jahr 1951. Fünf Jahre später folgten Marokko, Tunesien und der Sudan. 1957 wurde mit Ghana der erste Staat Schwarzafrikas selbständig. Sein Präsident Kwame Nkrumah wurde zur Zentralfigur der afrikanischen Unabhängigkeitsbewegung.

Danach ging es Schlag auf Schlag. Allein 1960 wurden 17 Staaten unabhängig, die meisten davon gehörten zum französischen Kolonialreich. Bis 1968 erhielten auch die meisten britischen Kolonien ihre nationale Souveränität.

Der Machtwechsel vollzog sich in der Regel unblutig. Eine Ausnahme waren die sogenannten Siedlerkolonien. In diesen Ländern hatte sich eine relativ große Zahl von Europäern dauerhaft niedergelassen. In den beiden britischen Siedlerkolonien Südrhodesien/Simbabwe und Namibia dauerte der Unabhängigkeitsprozess sehr lange (bis 1980 bzw. 1990) und war mit langjährigen militärischen Konflikten verbunden. Die von Portugal erst 1975 nach dem Sturz der dortigen

Militärdiktatur in die Unabhängigkeit entlassenen Kolonien Mosambik und Angola hatten in der Folge mit sehr langen Bürgerkriegen zu kämpfen, die jeweils bis zum völligen wirtschaftlichen Zusammenbruch führten.

Während meiner Reisen habe ich mit mehreren Afrikanern über ihre koloniale Vergangenheit gesprochen und sie nach einer differenzierten Einschätzung der Kolonialmächte befragt. Die Gesprächsergebnisse sind sehr aufschlussreich: Die Unterdrückung war in den belgischen Kolonien am stärksten zu spüren, dicht gefolgt von Portugal. Die französischen Kolonialherren verhielten sich nicht ganz so schlimm, und die Briten waren – relativ gesehen – am humansten.

Interessanterweise spiegelt sich diese Reihenfolge heute in der Wirtschaft wider. In einem Ranking bezüglich des Umfeldes geschäftlicher Tätigkeit rangieren die ehemaligen britischen Kolonien ganz oben, gefolgt von den portugiesisch- und französischsprachigen Ländern. Den letzten Rang belegt die Demokratische Republik Kongo, also der ehemalige Belgisch-Kongo.

Auch in der Börsenentwicklung in den Ländern südlich der Sahara zeigt sich diese Differenzierung: Zunächst wurden in den ehemals britischen Ländern Wertpapiermärkte gegründet, so z. B. in Kenia bereits 1954, in Nigeria 1960 und in Botswana 1989. Die Regionalbörse im französischsprachigen Teil Westafrikas wurde 1998 in Abidjan gegründet. In Mosambik wurde der Grundstein 1999 gelegt, doch besteht hier noch ein erheblicher Entwicklungsbedarf. Angola sollte ursprünglich 2007 folgen, doch der Starttermin wird wohl (erneut) verschoben. In der Demokratischen Republik Kongo steht noch kein Starttermin fest.

2.3.7 Auswirkungen des Kolonialismus

Um es ganz klar zu sagen: Die Folgen des Kolonialismus sind bis heute deutlich zu spüren. Sie beeinflussen das wirtschaftliche und politische Denken und Handeln in Afrika. Nur langsam kann sich das Selbstverständnis der Afrikaner, vor allem der jüngeren Generation, von den Belastungen der Vergangenheit befreien.

Der Kolonialstaat und seine Vertreter traten in erster Linie als Unterdrücker, Ausbeuter und Kontrolleure in Erscheinung. Widerstand war zwecklos. Keine der Widerstandsbewegungen, die gelegentlich nach dem Ersten Weltkrieg und zunehmend nach dem Zweiten Weltkrieg initiiert wurden, hatte zunächst Erfolg.

Das Bewusstsein, zu einer Unterschichtkultur zu gehören, die Ohnmacht, etwas an den bestehenden Verhältnissen der Unterdrückung ändern zu können, das Leiden des Volkes unter der ungerechten Behandlung, das Ausgesetztsein gegenüber staatlicher Willkür und die starke Benachteiligung der Afrikaner gegenüber den Europäern sorgten für tief sitzende Gefühle von Angst und Verunsicherung, Groll und Hass, Bitterkeit und Verzweiflung. Das hatte dramatische Folgen für den afrikanischen „Mindset", auf den in Kapitel 7.4 noch näher eingegangen wird.

Der Kolonialismus hatte aber auch positive Auswirkungen. Der Aufbau der Basisinfrastruktur wäre ohne die technischen und finanziellen Ressourcen der Kolonialmächte in so kurzer Zeit nicht möglich gewesen. Die afrikanische Bevölkerung profitierte von der Einführung bzw. Expansion eines Bildungswesens. Die Verbesserung der medizinischen Versorgung hatte eine drastische Abnahme der Sterblichkeitsraten zur Folge.

2.3.8 Staatsformen nach der Unabhängigkeit

Nach der Unabhängigkeit, die für viele Staaten quasi über Nacht kam, übernahmen die nationalen Eliten der afrikanischen Nationen die wesentlichen Aufgaben in Staatspolitik, Wirtschaft und Verwaltung. Die Vorbereitung der Afrikaner auf ihre Unabhängigkeit durch die Kolonialmächte, z. B. durch Einführung demokratischer Strukturen in begrenztem Ausmaß gegen Ende der fünfziger Jahre, war viel zu kurz gewesen.

Nach den Staatsgründungen wurden folgende politische Ideen angestrebt bzw. verwirklicht[8]:

Der **Panafrikanismus** wollte die Einigung der durch die kolonialen Grenzziehungen zersplitterten Regionen Afrikas durchsetzen. Ein weiteres Ziel war die Emanzipation der Schwarzen in den USA und auf den Antillen. Kwame Nkrumah, der spätere erste Präsident Ghanas, war während seiner Studienaufenthalte in den USA und Großbritannien von den Führern der panafrikanischen Kongressbewegung nachhaltig beeinflusst worden, und so schloss er sich, nach seiner Rückkehr in sein Heimatland im Jahr 1947, der ghanaischen

---

[8] Quelle: Simone Kopfmüller, Politische Ideen der Unabhängigkeitsbewegung; in: Informationen zur politischen Bildung 264, Bonn 2001

Unabhängigkeitsbewegung an. 1957 wurde Ghana als erster Staat Schwarzafrikas unabhängig. Nkrumah vertrat als charismatischer Führer aktiv das Konzept einer Konföderation der afrikanischen Länder mit einem gemeinsamen Wirtschaftsplan, einer gemeinsamen Militär- und Verteidigungsstrategie und einer einheitlichen Außenpolitik. Die 1963 gegründete „Organisation Afrikanischer Einheit" setzt jedoch nur ein sehr abgeschwächtes Konzept eines losen Zusammenschlusses um.

Die Ideen des **Sozialismus** fassten in einigen Ländern gewissermaßen als Erwiderung auf die als Unterdrückung und Ausbeutung erfahrenen westlich-kapitalistischen Entwicklungsstrategien Fuß. Julius Nyerere, der erste Präsident Tansanias nach der politischen Unabhängigkeit 1961, entwickelte den *Ujamaa-Sozialismus*, dessen zentrales Element das Konzept der *self-reliance* war. Tansania sollte auf seine eigenen Kräfte vertrauen, bevorzugt den Binnenmarkt – unter Betonung des ländlichen Raumes – entwickeln und auf kurzfristige Exporterfolge verzichten. Dies sollte durch Vergesellschaftung der Produktionsmittel in Genossenschaften, durch Schaffung gleicher Einkommens- und Vermögensverhältnisse der Bevölkerung sowie durch eine Neuorientierung des Erziehungswesens erreicht werden. Der bis in die achtziger Jahre hinein verfolgte Ansatz trug maßgeblich zu einem gesteigerten Selbstbewusstsein der Entwicklungsländer in Afrika und auch anderen Kontinenten bei.

Nachwirkungen sind in Tansania bis heute zu spüren: So können Investoren noch kein Eigentum an Land erwerben, und die Pachtzeiten sind mit 25 bis 30 Jahren auch sehr kurz.

1967, im selben Jahr, als Präsident Nyerere die Prinzipien des *Ujamaa-Sozialismus* in der Arusha-Deklaration niederlegte, verkündete der erste Präsident Sambias, Kenneth Kaunda, seine Konzeption des **Sambischen Humanismus**. Seine Ideen wurden vom christlichen Glauben und von Mahatma Gandhis Lehre der Gewaltlosigkeit beeinflusst und sahen eine sozialistische Gesellschaft als Zwischenstadium auf dem Weg zur Verwirklichung des Humanismus vor. Der Mensch sollte eine zentrale Stellung innehaben und die Bevölkerung in Entscheidungs- und Entwicklungsprozesse aktiv mit eingebunden werden. Das tatsächlich herrschende Einparteiensystem konnte dieser Forderung allerdings nicht gerecht werden, weil – wie anderswo in Afrika auch – vor allem die herrschende Elite profitierte.

Weder Tansania noch Sambia ist es gelungen, die Ökonomien ihrer Nationen nachhaltig zu entwickeln und die Armut spürbar zu vermindern.

Auch die Länder, die marxistischem Gedankengut gegenüber aufgeschlossen waren und einen eigenen **Afro-Marxismus** entwickelten, waren hierbei nicht erfolgreich. Hierzu gehören Äthiopien, Angola und Mosambik. Die Führer dieser Länder wollten durch eine Organisierung der „kolonialen Massen“, also der Landbevölkerung, durch ein Einparteiensystem und eine zentrale Planwirtschaft den Kapitalismus stürzen. Aufgrund der wirtschaftlichen Rückständigkeit und der mangelnden „proletarischen Basis“ konnte dies in Afrika jedoch nicht funktionieren.

Weder die sozialistisch noch die afro-marxistisch orientierten politischen Führungen strebten übrigens eine außenpolitische Hinwendung zum Ostblock oder eine Unterstützung seitens der Sowjetunion und ihrer Vasallenstaaten an.

Kommen wir nun zu den absolutistischen Alleinherrschern. Bis zu den achtziger Jahren waren viele Länder südlich der Sahara Diktaturen, die sich durch folgende Eigenschaften beschreiben lassen:

- staatliche Willkür
- häufige Putsche bzw. Putschversuche
- Menschenrechtsverletzungen
- fehlende Rechtssicherheit
- mangelnde Bürgerrechte
- keine Pressefreiheit
- Selbstbereicherung der Machthaber und ihrer Klans
- ausufernde Korruption
- teure Prestigeprojekte ohne erkennbaren Nutzen für die Bevölkerung
- Misswirtschaft
- verfehlte Entwicklungsstrategien
- Strangulierung der Privatwirtschaft

Einer der gewissenlosesten Herrscher war Mobutu Sese Seko.[9] 1965 stürzte er mit Hilfe des Militärs und des amerikanischen Geheimdienstes CIA die de-

[9] Daniel Stroux, in: Informationen zur politischen Bildung 264, Bonn 2001

mokratisch gewählte Regierung von Kongo (Kinshasa) und benannte den Staat 1967 in Zaire um. Er befriedete das Land, das durch Bürgerkrieg zu zerfallen drohte, und errichtete ein absolutistisches Herrschaftssystem. Er erfand die Staatsideologie des „Mobutismus" und erhob die Einheitspartei zur „Kirche". Von den USA erhielt das Mobutu-Regime jährlich mehrere 100 Millionen Dollar, denn zum einen bekannte sich Mobutu zum Westen und machte das Land zum Bollwerk gegen die sozialistisch-kommunistisch orientierten Nachbarstaaten, und zum anderen versorgten die USA die angolanischen Rebellen der UNITA (Nationalunion für die völlige Unabhängigkeit Angolas; port.: *União Nacional para a Independência Total de Angola*) unter Jonas Savimbi mit Waffen; dies sollte die sozialistische Regierung Angolas schwächen. Außerdem spielte natürlich der enorme Rohstoffreichtum Zaires, darunter kernwaffenfähiges Uran, eine wichtige Rolle. 1973 wurden alle Ausländer komplett enteignet. Viele Unternehmen brachen unter den neuen Besitzern zusammen, die Wirtschaft des Landes litt erheblich. Das Regime war bürokratisch total überladen und unproduktiv. Posten in Politik und Verwaltung wurden vor allem als Freibrief für persönliche Bereicherungen angesehen. Unter Mobutu gab es zeitweise bis zu 600.000 das Volk ausplündernde Staatsdiener; nach Ansicht der Weltbank wären 45.000 Beamte ausreichend gewesen. Enorme Mittel wanderten auf persönliche schwarze Konten Mobutus, unter anderem in der Schweiz. Sein Immobilienbesitz wurde zeitweise auf acht Milliarden Dollar geschätzt. Mobutus persönliches Leben im Luxus hatte absolute Priorität, die Probleme des Landes waren weniger wichtig. Nach dem Ende des Kalten Krieges im Jahr 1990 und dem Wegfall der großzügigen finanziellen Unterstützungen musste Mobutu das Land öffnen. 1993 wurde er von dem Rebellenführer Laurent-Désiré Kabila gestürzt. Heute ist sein Sohn und Nachfolger Joseph Kabila der inzwischen demokratisch gewählte Präsident des in „Demokratische Republik Kongo" umbenannten Landes.

Noch gewalttätiger war Jean-Bédel Bokassa, der sich 1966 an die Spitze der Zentralafrikanischen Republik putschte, und – mit Hilfe der französischen Armee und später mit finanzieller Unterstützung Libyens – seine Gegner durch Inhaftierung und Mord beseitigte. Morde, Folterungen und Prügelstrafen waren an der Tagesordnung. Selbst Kinder wurden massakriert, woran Bokassa persönlich beteiligt gewesen sein soll. Erstaunlicherweise hielt Frankreich lange zu Bokassa und stützte ihn durch Waffenlieferungen – im Tausch gegen Uran. Bokassas Größenwahn und Machthunger kannte keine Grenzen. 1972 ernannte er sich zum Präsidenten auf Lebenszeit, bevor er sich 1976 sogar zum Kaiser krönen ließ. Drei Jahre später wurde er durch einen Putsch des ehemaligen Präsidenten Dacko gestürzt, und das Zentralafrikanische Kaiserreich wurde wieder zur Republik.

Einige Diktaturen bestanden bzw. bestehen über einen sehr langen Zeitraum:

- Félix Houphouët-Boigny, der erste Präsident der Elfenbeinküste, regierte von 1960 bis 1993, davon bis 1990 in einem Einparteiensystem.
- Mobutu Sese Seko war 28 Jahre lang in Zaire an der Macht.
- 1963 durch einen Putsch an die Macht gekommen, regierte Étienne Gnassingbé Eyadéma in Togo bis zu seinem Tod im Jahr 2005. 1990 war er kurzzeitig entmachtet worden, kehrte aber zwei Jahre später mit Hilfe des Militärs an die Macht zurück.
- Robert Mugabe regiert Simbabwe seit seiner Unabhängigkeit im Jahr 1980.
- Omar Bongo regiert seit 1967 in Gabun, seit 1993 demokratisch gewählt. Der Bongo-Klan kontrolliert bis heute politisch und wirtschaftlich das ganze Land.

Was mag in diesen Diktatoren vorgegangen sein? Ein Jesuit formulierte es sehr treffend: „Apokalyptische Geister der Gewinnmaximierung machen den Menschen zum Raubtier." Auch die Psychologie liefert eine logische Erklärung. Wie so oft im Leben wird das Opfer zum Täter. Aus dem Unterdrückten wird der Unterdrücker, aus dem Ausgebeuteten der Ausbeuter. Aus psychologischer Sicht kann es nicht überraschen, dass sich manche afrikanischen Präsidenten zu rücksichtslosen, kleptomanischen und korrupten Machthabern entwickelten. Sie sind bei den ehemaligen Kolonialherren in eine gute Schule gegangen.

Eigentlich sollte ja der Dienst am Staat die höchste Priorität für gewählte Volksvertreter haben, wie es der Begriff Staatsdiener nahelegt. Doch wer die Macht hat, will sie auch auskosten. An die Macht zu kommen, bedeutete allzu oft die Gelegenheit, jetzt endlich selbst „dran" zu sein, sich persönlich zu bereichern und andere auszubeuten. Dabei begannen einige der Despoten mit viel Idealismus. Robert Mugabe beispielsweise wurde bei seiner Wahl 1980 in Simbabwe als Befreier gefeiert, und er tat sich in den ersten Jahren seiner Amtszeit als kluger Führer und Sprecher des südlichen Afrika hervor. Erst später führten Menschenrechtsverletzungen und ein zunehmend despotischer Regierungsstil zum Ausschluss Simbabwes aus dem Commonwealth und zum wirtschaftlichen Niedergang des ehemals blühenden, sich selbst versorgenden Landes.

Die Ära der Diktatoren in Afrika ist vorbei. Der Weg zur Demokratisierung ist in vollem Gange. Ich denke, dass dieser Prozess ebenso unumkehrbar ist wie der Transformationsprozess der osteuropäischen Länder nach der Wende.

Für Investoren ist das eine gute Nachricht. Es wird zwar noch eine Weile dauern, bis es sich im Westen herumgesprochen haben wird, dass die politischen Verhältnisse nicht so schlimm sind wie ihr Ruf und sich kontinuierlich weiter verbessern, doch in diesen Zeiten lassen sich gute Investments tätigen – bevor die große Masse des internationalen Kapitals kommt und die Unternehmensbewertungen in die Höhe treibt.

2.3.9 Demokratisierung

Ende der achtziger Jahre waren in Schwarzafrika nur Botswana und Mauritius funktionierende Demokratien, mit Einschränkung auch Simbabwe und der Senegal. Südafrika war zwar formell eine Demokratie, doch genossen nur die Weißen ihre Privilegien, während die mehrheitlich schwarze Bevölkerung systematisch diskriminiert und unterdrückt wurde.

1990 war das Jahr der Wende. Der Fall des Eisernen Vorhangs und die Auflösung des Ost-West-Konflikts führten dazu, dass viele afrikanische Staaten keine Unterstützung mehr aus dem Osten oder Westen bekamen – Afrika war nun ja kein Spielball von machtpolitischen Überlegungen mehr. Russland und Kuba zogen sich völlig von dem Kontinent zurück.

Auch die westlichen Industrieländer verloren das Interesse an Afrika. Osteuropa, Russland und China waren viel interessanter. Sowohl der Osten als auch der Westen kündigten ihre Unterstützung autoritärer Machthaber, die sich gegenüber dem jeweiligen Block loyal verhielten, auf. Entwicklungshilfen und militärische Unterstützungsleistungen wurden drastisch zurückgefahren oder versiegten ganz. Die westlichen Staaten forderten stattdessen demokratische Reformen, Schutz der Menschenrechte, Rechtsstaatlichkeit und Hinwendung zur Marktwirtschaft ein.

Das Scheitern des Sozialismus und der Sturz der Diktatoren in Osteuropa wurden von oppositionellen Kräften in Afrika als willkommene Demonstrationseffekte geschickt ausgenutzt. Warum sollte die Transformation nicht auch in Afrika gelingen?

1990 wurde auch Namibia unabhängig. Die dort durchgeführten demokratischen Wahlen hatten Signalcharakter. Noch im gleichen Jahr wurde das politische System in Benin geändert; dort wurde eine Nationalversammlung nach historischem französischem Vorbild abgehalten, die zu demokratischen Wahlen und zur Abwahl des Präsidenten führte. Ein Jahr später musste Sambias Präsident Kaunda auf wachsenden Druck hin Wahlen ermöglichen; der neu gewählte Präsident Frederick Chiluba leitete dann eine Verfassungsreform ein.

Von 1990 bis 1997 fanden in Schwarzafrika mehr als 40 demokratische Wahlen statt. Im Gegensatz zu früheren Wahlen, bei denen meist nur ein einzelner Kandidat zur Wahl oder Wiederwahl anstand, handelte es sich jetzt ausnahmslos um Mehrparteienwahlen. Die Ablösung der autoritären Regime wurde dadurch begünstigt, dass sie jeglichen Fortschritt in der Entwicklung verhindert bzw. autoritär unterbunden hatten. Überzogene Entwicklungspläne waren gescheitert und hatten stattdessen zu einer umfassenden staatlichen Verschuldung geführt. Die politisch mündiger werdende Bevölkerung wurde immer unzufriedener mit den desolaten Verhältnissen.

Trotz mancher Rückschläge im Demokratisierungsprozess ist die Entwicklung nicht aufzuhalten. Demokratisches Denken gewinnt in Afrika immer mehr an Dynamik und schließt insbesondere die folgenden Aspekte mit ein:

- Akzeptanz der Meinungsvielfalt
- Beteiligung der Bürger, insbesondere durch Wahlen
- Kultur des Dialogs
- gutes Regieren (Good Governance)
- Transparenz und Rechenschaftspflicht
- Überwindung von Stammesdenken

Wie wird es weitergehen auf dem Weg zur Demokratie?

- In einigen Ländern haben sich die demokratischen Strukturen bereits über einen längeren Zeitraum gefestigt. Hierzu gehören u. a. Südafrika, Botswana, Malawi, Ghana, Mali und Benin.

- Andere Länder, wie z. B. Kenia, Tansania und Nigeria, haben noch Defizite, doch hat sich die Situation in den letzten 20 Jahren erheblich verbessert.
- Eine dritte Ländergruppe, zu der u. a. Somalia und – trotz der zuletzt durchgeführten „demokratischen" Wahlen – die Demokratische Republik Kongo zählen, hat noch einen weiteren Weg vor sich.

2.3.10 Länderübergreifende Zusammenschlüsse

Es grenzt an ein Wunder, dass es zu Beginn der sechziger Jahre, als ein Großteil der afrikanischen Staaten unabhängig wurde, nicht zu Unruhen, schweren Grenzkonflikten und Bürgerkriegen kam, ähnlich wie im Europa des 19. Jahrhunderts. Denn die kolonialen Grenzen waren aus Sicht der Afrikaner oft willkürlich von fremden Mächten gezogen und ihnen in der Kolonialzeit aufgezwungen worden, wobei viele ethnisch und sprachlich zusammengehörende Territorien getrennt wurden.

Es ist dem Weitblick der meist in Europa ausgebildeten jungen Führer der jungen afrikanischen Staaten zu verdanken, dass diese Konflikte ausgeblieben sind. Sie rechneten selbstkritisch damit, dass die Versuchung für die neuen Machthaber groß sein würde, die kolonialen Grenzverläufe zu korrigieren. Andererseits sahen sie voraus, dass die Bereitschaft, vom eigenen Gebiet etwas abzugeben, sehr gering sein würde. Deshalb verfolgten sie von Anfang an eine Politik der Nichteinmischung in die inneren Angelegenheiten anderer Staaten und betonten die Unverletzlichkeit ihrer Grenzen.

Bereits 1963 wurde die Organisation für Afrikanische Einheit (OAU; engl. *Organisation of African Unity*) gegründet und ein Jahr später hielt diese ein Gipfeltreffen ab. In der sogenannten Kairo-Deklaration verständigten sich die nationalen Regierungen darauf, dass die kolonialen Grenzziehungen nicht angetastet werden sollten, jedenfalls nicht mit Gewalt. Dieser Grundsatz wurde in den folgenden Jahrzehnten mit großer Konsequenz durchgehalten.

Die Afrikanische Union (AU; engl. *African Union*) ist eine internationale Organisation, die 2002 auf Initiative des libyschen Revolutionsführers Muammar al-Gaddafi die Nachfolge der OAU antrat. Ziel der Afrikanischen Union mit Sitz in Addis Abeba (Äthiopien), der mit Ausnahme von Marokko alle 54 afrikanischen Staaten angehören, ist eine Kooperation auf allen Gebieten. Geplant sind unter anderem ein afrikanischer Gerichtshof und eine gemeinsame Währung. Bis dahin ist aber noch ein langer Weg zurückzulegen.

Gegenwärtig steht die Wirtschaft im Vordergrund. Das wirtschaftliche Entwicklungsprogramm der AU heißt Neue Partnerschaft für Afrikas Entwicklung (NEPAD; engl.: *New Partnership for Africa's Development*).

Das Grundsatzpapier von NEPAD führt als Ziele auf:

- verstärktes Wachstum
- nachhaltige Entwicklung
- Ausrottung der Armut
- Integration Afrikas in den Globalisierungsprozess

Als Voraussetzungen für diese Ziele werden insbesondere Frieden, Sicherheit, Demokratie und „gutes Regieren" (*Good Governance*) genannt.

In der praktischen Umsetzung sollen ausgewählte Sektoren wie Energie, Transport oder Informationstechnologie gestärkt werden. Die Industrienationen sollen Zuschüsse geben und in Infrastruktur, Humankapital und Modernisierung der Landwirtschaft investieren.

NEPAD steht – ebenso wie die AU – für eine Kehrtwende im Verhältnis zwischen Afrika und der übrigen Welt. Erstmalig erkennen die afrikanischen Regierungen ihre Eigenverantwortung, z. B. hinsichtlich der Korruption, an und machen nicht mehr einseitig die ehemaligen Kolonialmächte für die missliche Lage vieler afrikanischer Länder verantwortlich.

Es ist gut und richtig, dass Afrika anfängt, die eingefahrene Opferrolle abzulegen und einen eigenen Weg zu gehen. NEPAD wurde mit seinen Zielen und Plänen von Afrikanern für Afrikaner geschaffen; die Initiative entspringt nicht, wie so viele Programme in der Vergangenheit, Auflagen des IWF oder der Weltbank.

Besonders hervorzuheben ist der Aspekt, dass bei NEPAD die Themen Benchmarking und Best Practice Beachtung finden. Das bedeutet, dass man bei der Problemlösung gezielt nach Methoden und Praktiken Ausschau hält, die in anderen (auch nichtafrikanischen) Ländern bereits funktionieren und erfolgreich eingesetzt werden.

2.4 Bevölkerung

Stellen Sie sich den afrikanischen Kontinent als ein farbenfrohes Bodenmosaik aus einer Vielzahl von Völkern, Volksgruppen und einheimischen Sprachen vor. Im Norden sind die Mosaiksteine größer, und es gibt nur wenige ethnische oder sprachliche Grenzen. Südlich der Sahara hingegen werden die Strukturen vielfältiger, und neben einigen großen Steinen, die bestimmende dominierende Völker und Sprachen verkörpern, gibt es zahlreiche kleine und kleinste Mosaiksteinchen mit unterschiedlichen Formen und Farben.

In der Kolonialzeit wurde über dieses ursprüngliche Mosaik gewissermaßen eine mehr oder weniger transparente Folie gelegt, die sehr viel größere Einheiten aufweist mit Grenzen, die in der Realität mitunter über hunderte von Kilometern schnurgerade verlaufen und denen man sofort ansieht, dass sie auf dem Reißbrett entstanden sind. Diese Folie weist nur sehr wenige Farben auf, die die verschiedenen Amtssprachen kolonialen Ursprungs bzw. völkerübergreifenden Verkehrssprachen symbolisieren: vor allem Englisch, Französisch, Portugiesisch und Arabisch und mit geringen Anteilen auch Afrikaans, Spanisch und Deutsch. Daneben haben sich auch einige afrikanische Sprachen als länderübergreifende Verkehrssprachen (Lingua franca) etabliert, wie z. B. das Swahili (Kisuaheli) in Ostafrika, das Hausa rund um den Tschad-See oder das Amharisch in Äthiopien.

2.4.1 Völker und Sprachen

Afrika ist ein Vielvölkerkontinent. Allein in den Staaten südlich der Sahara werden zwischen 1200 und 2000 verschiedene Sprachen gesprochen. Die Angabe einer genauen Zahl ist nicht möglich, da zum einen die Grenzen zwischen Sprachen und Dialekten fließend sind und zum anderen viele Sprachen bzw. Sprachgruppen noch zu wenig erforscht sind.

Auf dem afrikanischen Kontinent werden sechs Sprachfamilien unterschieden:

- Afro-Asiatische Sprachen
- Nilo-Saharische Sprachen
- Niger-Kongo-Sprachen (früher: Niger-kordofanische Sprachen)
- Bantu-Sprachen (bedeutendste Untergruppe der Niger-Kongo-Sprachen)
- Khoi-San-Sprachen
- Austronesische Sprachen

Tabelle 2-13: Sprachfamilien (Spracheinheiten)

Sprachfamilie [Anzahl der Sprachen]	Untergruppe [Anzahl der Sprachen]	Bekannte Völker bzw. Sprachen	Verbreitungsgebiet in Afrika	Anzahl Sprecher
Afro-Asiatisch [350]	Semitisch (u. a. Arabisch)	Arabische Nordafrikaner	N-Afrika, Äthiopien	261 Mio. (incl. Naher Osten)
	Berberisch	Berber (u. a. Tuareg)	NW-Afrika	14 Mio.
	Kuschitisch	Amharisch	NO-Afrika	38 Mio.
	Omotisch		Äthiopien, Sudan	4 Mio.
	Tschadisch (u. a. Hausa)		Rund um den Tschad-See	31 Mio.
Nilo-Saharisch [200]	Ostsudanisch, Zentralsudanisch u. a.	Massai, Samburu	Sudan; N-Tschad, N-Benin, Niger, NO-Nigeria, Kenia, Uganda	35 Mio.
Niger-Kongo [1400]			Länder südlich der Linie Dakar – Mombasa	Insges. 400 Mio., davon:
	Bantu [500]	Kikuyu, Ganda, Shona, Ndebele, Xhosa, Sotho, Zulu, Kongo, Ovambo, Bemba, Swazi, Tsonga, Luba	S-Kamerun, Kongo, SW-Uganda, SO-Kenia und alle Länder südlich davon	210 Mio.
	West-Benue-Kongo [73]	Yoruba, Igbo, Edo	O-Nigeria, W-Kamerun	48 Mio.
	Atlantisch [50]	Ful, Wolof	W-Afrika, v. a. Senegal, W-Guinea, Guinea-Bissau	38 Mio.
	Mande [60]		Gambia, Mali, Guinea, W-Elfenbeinküste	22 Mio.
	Kwa [75]	Akan, Ewe, Baule, Fon	Küstengebiet zwischen Elfenbeinküste und Nigeria	21 Mio.

Sprachfamilie [Anzahl der Sprachen]	Untergruppe [Anzahl der Sprachen]	Bekannte Völker bzw. Sprachen	Verbreitungsgebiet in Afrika	Anzahl Sprecher
	Gur (Voltaisch) [75]	Mòoré	Burkina Faso, N-Elfenbeinküste bis N-Benin	15 Mio.
	Adamawa-Ubangi [158]		Zentralafr. Rep., S-Tschad, O-Kamerun	8 Mio.
	Sonstige			19 Mio.
Khoi-San [28]		Khoi-Khoi (früher: Hottentotten) San („Buschmänner")	Südafrika, Namibia, Botswana, Angola	0,3 Mio.
Austronesisch	Malagasy		Madagaskar, Komoren, Réunion	9 Mio.

Aus der Tabelle wird klar, wie vielfältig und verzweigt die Ethnien und Sprachen Afrikas sind. Wer in Afrika unterwegs ist, sollte sich bewusst machen, dass Englisch, Französisch oder Portugiesisch für die afrikanischen Völker nur Zweitsprachen sind. Sprachliche Fähigkeiten eines Muttersprachlers sollte man nicht voraussetzen. Es kommt hinzu, dass die einheimischen Sprachen eine völlig andere Struktur (Grammatik, Phonetik) aufweisen als die europäischen Sprachen.

Die Verbreitung der Amtssprachen bzw. Verkehrssprachen zeigt ein völlig anderes Bild. Hier spiegeln sich die ehemaligen Kolonialreiche wider. Dies zeigt die Abbildung auf der nächsten Seite.

In einigen Ländern ist die Amtssprache nicht gleichzeitig auch die übliche Verkehrssprache. In Namibia beispielsweise sprechen die meisten Menschen Afrikaans, gefolgt von Deutsch; erst dann folgt Englisch.

Südafrika ist nach Indien das Land mit den meisten offiziellen Landessprachen. Es gibt insgesamt 11 von ihnen: Englisch, Afrikaans, isiZulu, Siswati, isiNdebele, Sesotho, Nördliches Sotho, Xitsonga, Setswana, Tshivenda und isiXhosa.

Abbildung 2-9: Offizielle Landessprachen

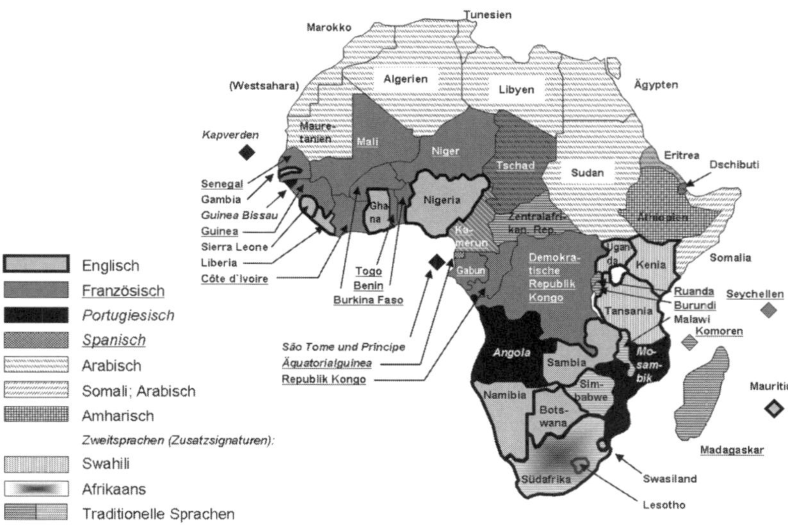

Quelle: Trans Africa Invest

Aus ethnischer Sicht ist der Begriff „Schwarzer Kontinent" übrigens irreführend. Die negriden Völker beginnen erst südlich der Sahara. Es ist dieser Teil Afrikas, der auch als Schwarzafrika bekannt ist.

Wie reagieren wir Europäer auf die Bewohner Afrikas? Vorurteile gegenüber farbigen Mitmenschen sind oft tief verwurzelt. In unserer Heimat erleben wir, dass Afrikaner oft von Angehörigen unserer weißen Rasse abgelehnt, diskriminiert, mit abfälligen Vorurteilen tituliert oder sogar verfolgt werden. Wir erleben, dass Schwarzafrikaner deutlich sichtbar unqualifizierte oder gering qualifizierte Tätigkeiten ausführen, während sie im gehobenen gesellschaftlichen Umfeld nur selten zu finden sind. Wer bei den Hauptsehenswürdigkeiten in Paris, Straßburg und anderen französischen Städten den vielen Straßenhändlern und Andenkenverkäufern begegnet ist, weiß, wovon ich spreche. Diese Wahrnehmungen laufen oft unbewusst ab. Eine bewusste Auseinandersetzung mit diesen Gedanken, die für eine Einstellungsänderung notwendig wäre, findet deshalb oft nicht statt.

Lassen Sie mich an dieser Stelle eine sehr deutliche Warnung aussprechen. Schwarzafrikaner sind sehr feinfühlige Menschen. Sie erfassen ihr Gegenüber intuitiv auf eine Weise, die den meisten Europäern fremd ist.

Aus dieser Perspektive betrachtet ist es überhaupt nicht verwunderlich, dass Geschäfte in Afrika auf der Beziehungsebene gemacht werden. Versucht man, rein sachlich und „geschäftsmäßig" zu bleiben und die persönliche Ebene auszuklammern, wie es bei vielen westlichen Managern üblich ist, wird man in Afrika scheitern.

Schwarzafrikaner können mit ihrem Geist spüren, was andere Personen denken, ob sie wohlwollend oder ablehnend sind. Ihre geistigen Antennen reichen dabei über das Erfassen von Signalen der Körpersprache hinaus. Vor allem kulturelle Vorurteile, rassistisches Gedankengut und imperialistische Tendenzen erkennen sie oft mit traumwandlerischer Sicherheit.

Falls Sie dunkelhäutige Menschen insgeheim als minderwertig betrachten, gleich aus welchem Grund, wird das ein Afrikaner in der Regel registrieren, selbst wenn Ihnen das weitgehend unbewusst ist. Ich rate jedem, der in Afrika Geschäfte machen will, sich mögliche verborgene Vorurteile bewusst zu machen und sie als ungerechtfertigte Vor-Urteile ad acta zu legen.

Wenn Sie Ihre potenziellen Geschäftspartner oder Kunden in Afrika als gleichwertige Menschen ansehen und ihnen mit derselben Achtung und Ehrerbietung begegnen, die Sie selbst von anderen erwarten, haben Sie gute Chancen auf eine reelle Partnerschaft.

Deutsche Spitzenpolitiker haben das begriffen. Sie legen Wert auf einen Dialog „in gleicher Augenhöhe". Das unselige Wort Entwicklungshilfe ist durch den viel treffenderen Begriff Entwicklungszusammenarbeit ersetzt worden. Die Bundesministerin für wirtschaftliche Zusammenarbeit und Entwicklung Heidemarie Wieczorek-Zeul hat sich bei einem Besuch in Namibia bei dem Volk der Herero öffentlich dafür entschuldigt, dass das Deutsche Kaiserreich im Jahr 1904 die Herero im damaligen Deutsch-Südwestafrika im Rahmen eines bewaffneten Konflikts in die Kalahariwüste getrieben hatte, wo ca. 65.000 Menschen verdursteten. Dieses erstmalige Bekenntnis eines deutschen Volksvertreters zur politischen und moralischen Schuld der deutschen Kolonialverwaltung ist in Afrika nicht unbemerkt geblieben.

Die vorstehenden Ausführungen beziehen sich auf die Menschen, die in den Ländern südlich der Sahara leben. Die Araber in den nordafrikanischen Staaten haben eine ganz andere Mentalität. Näheres hierzu erfahren Sie in Kapitel 7.4.

2.4.2 Religionen

Die Religion spielt in Afrika eine viel größere Rolle im Alltag, als dies in den westlichen Ländern der Fall ist. Religiosität umfasst praktisch alle Lebensbereiche und hat für die Menschen eine ganz zentrale Bedeutung.

Man unterscheidet drei wesentliche Glaubensrichtungen:

- Das Christentum ist mit ca. 417 Millionen Gläubigen[10] die am weitesten verbreitete Religion. Sie herrscht in den Küstenregionen Westafrikas, in den Hochländern Ostafrikas sowie in Zentral- und Südafrika vor.
- Der Islam ist vorherrschend in den Staaten Nordafrikas, den Ländern in der Sahelzone, am Horn von Afrika und in den Gebieten entlang der afrikanischen Ostküste.
- Neben diesen beiden Hauptreligionen gibt es zahlreiche traditionelle afrikanische Religionen. Oft sind sie mit christlichen und/oder islamischen Inhalten vermischt (Synkretismus).

Daneben nehmen einzelne Volksstämme auch jüdische Wurzeln für sich in Anspruch. Hierzu gehören insbesondere die Igbo (Ibo) in Nigeria, ein Teil des Yoruba-Volkes in Nigeria, die Tutsi in Uganda, Ruanda und Burundi sowie die Lemba in Simbabwe und Südafrika. Von der internationalen jüdischen Gemeinschaft werden allerdings ausschließlich die Beta Israel in Äthiopien offiziell als Juden anerkannt.

Minderheiten von Hindus gibt es vor allem in den Küstenstädten Ostafrikas, wo viele Inder eingewandert sind (z. B. Durban). Auf Mauritius ist die Hälfte der Bevölkerung hinduistischen Glaubens.

Die Christianisierung Nordafrikas begann zur Zeit des Römischen Reiches und endete im 7. Jahrhundert mit der Ausbreitung des Islam. Nach Schwarzafri-

[10] Quelle: Idea Spektrum, Zeitschrift der Evangelischen Nachrichtenagentur Idea e.V., 2007

ka wurde das Christentum während der Kolonialzeit von europäischen Missionaren gebracht, zunächst ab dem 15. Jahrhundert von katholischen Portugiesen, ab dem 19. Jahrhundert dann auch von protestantischen Missionaren und im 20. Jahrhundert auch von Evangelisten amerikanischer Pfingstkirchen.

Eine Sonderrolle spielt Äthiopien. Hier wurde das Christentum im 4. Jahrhundert zur Staatsreligion erhoben und blieb dies bis 1974, als das marxistische Derg-Regime an die Macht kam und kurz darauf den gesamten Besitz der Kirche verstaatlichte. Erst 1994 wurde offiziell die Trennung von Staat und Kirche erklärt. Heute ist die Äthiopisch-Orthodoxe Tewahedo-Kirche Äthiopiens, die bis 1950 ein Teil der Koptischen Kirche Ägyptens war, ein autonomer Zweig der orientalisch-orthodoxen Kirchen. Mehr als die Hälfte der Einwohner Äthiopiens, vor allem des zentralen Hochlandes, sind Christen.

Wie groß die Bedeutung des tatsächlich gelebten Christentums in einigen Ländern südlich der Sahara ist, habe ich auf eindrückliche Weise in Sambia persönlich erlebt. Nach einem sonntäglichen Gottesdienstbesuch in der Hauptstadt Lusaka fiel mir der enorm starke Autoverkehr auf, der durchaus der alltäglichen Rushhour entsprach. Ich fragte meinen Freund und Geschäftspartner, warum das so sei. Er lachte und sagte: „Ganz einfach: Die Kirche ist aus, und jetzt fahren die Leute entweder nach Hause oder zum Einkaufen." Der Glaube begegnet Ihnen im afrikanischen Alltag auf vielfältige Weise: So werden in einer der größten Supermarktketten Sambias ausschließlich spirituelle Lieder als Hintergrundmusik abgespielt, und in den Kleinbussen wird vor jedem Fahrtantritt ein Gebet gesprochen. Das ist übrigens auch in Nigeria nicht anders.

Der Anteil der Menschen, die nicht nur auf dem Papier einer christlichen Glaubensgemeinschaft angehören, sondern in einer lebendigen Beziehung mit Jesus Christus leben, ist in Schwarzafrika ungleich höher als im christlichen Abendland. Während in Deutschland der Anteil auf etwa 2 Prozent der Bevölkerung geschätzt wird, dürfte er in Ländern wie Sambia (das bereits als christliche Nation gegründet wurde) oder Simbabwe zwischen 30 und 50 Prozent liegen.

Man kann leider nicht davon ausgehen, dass alle diese Christen grundehrliche Menschen sind. Viele von ihnen sind so arm, dass sie buchstäblich täglich um ihre Existenz kämpfen müssen. Betrügereien, Diebstähle und Korruption sind oft untrennbar mit dem Lebensunterhalt verknüpft. Besonders in Nigeria sollte man vorsichtig sein.

Die Konkurrenzsituation von Christentum und Islam ist in den Übergangsstaaten von besonderer Bedeutung. Die Grenze zwischen den dominant islamischen Gebieten und den mehrheitlich christlich geprägten Regionen verläuft oft mitten durch die Nationalstaaten. Die Karte zeigt die islamisch dominierten Gebiete (Flächenfärbung) und die Gebiete mit starken islamischen Minderheiten (Karomuster).

Abbildung 2-10: Der Islam in Afrika

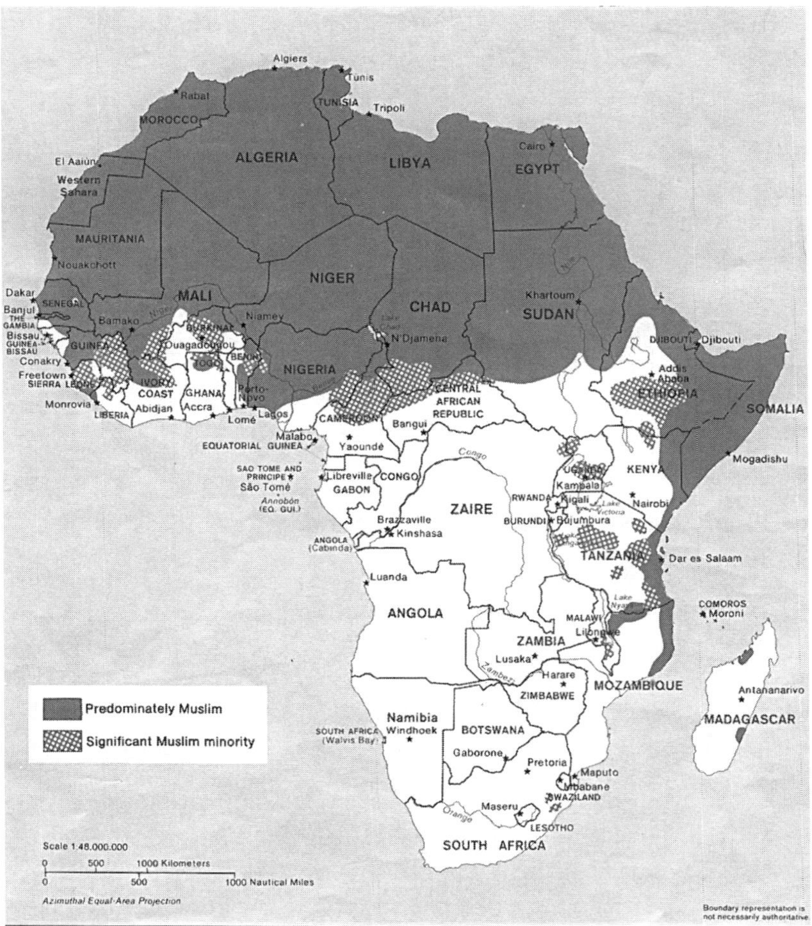

Quelle: Perry-Castañeda Library, University of Texas at Austin, www.lib.utexas.edu, 26.09.2007

Im Sudan ist die Situation am explosivsten. Der größtenteils von Nichtmoslems (Christen und Animisten) bewohnte Südteil des Landes kämpft schon seit 1955 gegen die Unterdrückung durch den Nordsudan und gegen den Islam als Staatsreligion. Im Jahr 2005 wurde schließlich die autonome Region Südsudan gebildet, deren 9 Millionen Einwohner 2011 in einem Referendum über ihre Unabhängigkeit entscheiden sollen.

Auch in Nigeria ist die Trennung zwischen dem christlichen Süden und dem islamischen Norden besonders brisant und hat schon zu erheblichen Konflikten geführt. In den nördlichen Bundesstaaten wurde sogar das islamische Recht, die Scharia, eingeführt. Manche Beobachter fürchten sogar eine Teilung des Landes. Auch in den Staaten westlich von Nigeria ist diese Religionsgrenze spürbar.

Kenia, das etwa 20 Prozent Muslime hat, die vor allem an der Küste leben, wurde 1989 von Muslimen aus Arabien als strategischer Brückenkopf für die weitere Islamisierung Afrikas auserkoren. Bei diesen Bestrebungen ist viel Geld mit im Spiel. So bieten beispielsweise Stiftungen mit islamischem Hintergrund armen Studenten großzügige Stipendien an – unter der Bedingung, dass sie vorher zum Islam konvertieren. Weiterhin setzen die islamischen Staaten des Nahen Ostens langfristig auf ein stärkeres Bevölkerungswachstum der Muslime im Vergleich zu den Christen und auf eine daraus resultierende Verschiebung der Machtverhältnisse.

2.4.3 Altersstruktur, Lebenserwartung und demografische Entwicklung

Der Unterschied zwischen Europa und Afrika hinsichtlich Altersstruktur, Lebenserwartung und demografischer Entwicklung könnte nicht größer sein:

- Während die europäischen Bevölkerungen rapide altern, sind die afrikanischen Bevölkerungen jung.
- Die hohe Lebenserwartung in den westlichen Industrienationen, die mit bester medizinischer Versorgung, guter Ernährung und geringer Kindersterblichkeit zusammenhängt, ist in Afrika nicht zu finden. Hier ist die Lebenserwartung geringer als auf jedem anderen Kontinent. Gründe hierfür gibt es viele: mangelnde Hygiene, wenige Ärzte, mangelnder Zugang zu sauberem Trinkwasser, hohe Exposition zu Krankheiten (hauptsächlich HIV/AIDS, aber auch Malaria und andere Tropenkrankheiten).

- Trotz hoher Sterblichkeit von Kindern, aber auch Erwachsener (hauptsächlich als Folge von HIV/AIDS) wachsen die Einwohnerzahlen vieler afrikanischer Länder stark an. Überbevölkerung ist für immer mehr Staaten ein großes Problem, z. B. in Ägypten, Nigeria, Ruanda, Burundi. Auf der anderen Seite gibt es Flächenstaaten wie Sambia, Angola oder Mosambik, die bei höherer Produktivität der Landwirtschaft ein Mehrfaches ihrer derzeitigen Bevölkerungen ernähren könnten.
- Dagegen sind in Europa einige Länder mit zukünftig schrumpfenden Bevölkerungen und damit verbundenen vielfältigen Problemen konfrontiert.

Die typische Bevölkerungspyramide eines Entwicklungslandes in Afrika hat eine sehr breite Basis, eine rasche und kontinuierliche Verjüngung nach oben und eine sehr schwach ausgeprägte Spitze. Da sich die Häufigkeitsverteilung von oben nach unten hin exponentiell verbreitert und nicht linear verläuft, handelt es sich hier nicht um die ideale Pyramidenform, sondern um eine Pagode.

Die Bevölkerungspyramide von Niger steht stellvertretend für viele andere Länder dieser Kategorie.

Abbildung 2-11: Bevölkerungspyramide von Niger

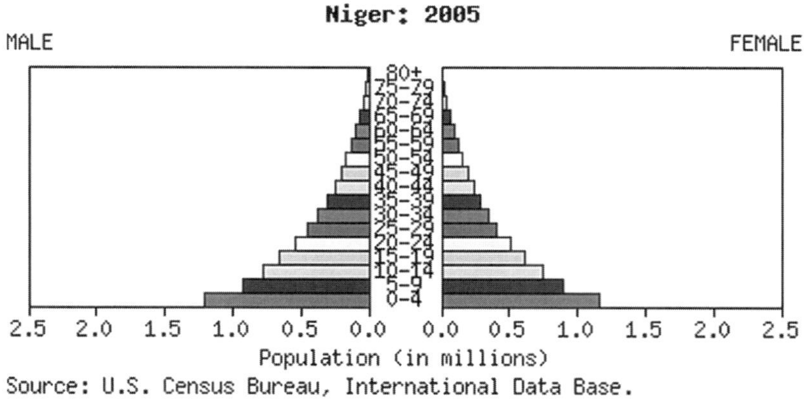

Quelle: US. Census Bureau, International Data Base

Tabelle 2-14: Demografische Kennziffern 2010

	Einwohnerzahl (Mio.)	< 15 Jahre	> 65 Jahre	Lebenserwartung**	Fertilität*	Bevölkerungswachstum p.a. 2000–2010
Deutschland	82,3	13,5 %	20,4 %	78,7 Jahre	1,42	0,0 %
Schweiz	7,6	15,4 %	16,6 %	80,4 Jahre	1,46	0,5 %
Österreich	8,2	14,3 %	18,1 %	78,9 Jahre	1,39	0,1 %
USA	309,2	20,0 %	13,0 %	77,7 Jahre	2,11	0,9 %
Südafrika	43,3	27,6 %	5,8 %	43,3 Jahre	2,02	–0,2 %
Ägypten	84,3	31,0 %	4,9 %	71,0 Jahre	2,61	1,8 %
Nigeria	145,0	42,1 %	3,2 %	46,7 Jahre	5,33	2,9 %
Dem. Rep. Kongo	70,8	46,7 %	2,5 %	51,1 Jahre	6,11	3,1 %
Uganda	32,5	49,4 %	2,1 %	51,6 Jahre	6,57	3,4 %

*) Durchschnittliche Anzahl von Kindern, die eine Frau unter der Voraussetzung gebärt, dass sie bis zum Ende ihres fruchtbaren Alters lebt

**) Zahlen von 2005[11]

Quelle: Schätzung: US Census Bureau 2006, online unter: www.census.gov/ipc/www/idb/ 26.09.2007

Welche mittel- und langfristigen Auswirkungen hat die demografische Entwicklung auf Afrika, insbesondere auf die Wirtschaft?

Eines ist klar: Die Wirtschaft wird in absoluten Zahlen expandieren, allein schon auf Grund des Bevölkerungswachstums. Eine echte ökonomische Expansion findet aber erst dann statt, wenn die wirtschaftliche Wachstumsrate nachhaltig über der demografischen Wachstumsrate liegt. Dies ist in den meisten afrikanischen Ländern seit einigen Jahren eindeutig der Fall.

Der enorm hohe Anteil der jungen Bevölkerung stellt die Staaten vor besondere Herausforderungen im Hinblick auf Bildung und berufliche Ausbildung. Ein entscheidender, begünstigender Faktor in diesem Zusammenhang

[11] Quelle: www.welt-auf-einen-blick.de/bevoelkerung/lebenserwartung.php, 25.09.07

ist das Internet. Die Anzahl der Internet-Cafés und der Internet-Nutzer nimmt in Afrika rapide zu. Neue technologische Ansätze, die derzeit in der Entwicklung sind, werden in Zukunft die rasche Verbreitung von Internetzugängen zu sehr geringen Kosten ermöglichen. Für Afrika kommt dies einer Revolution gleich.

Ähnliches gilt bei der Telekommunikation. Die Ära der Festnetzleitungen wird, wie in Russland und vielen asiatischen Staaten auch, in Afrika einfach übersprungen. Die Anzahl der Afrikaner, die über ein Mobiltelefon verfügen, explodiert förmlich. Die Mobilfunksparte gehört zu den am schnellsten wachsenden Wirtschaftszweigen auf dem Schwarzen Kontinent.

Telefonische Erreichbarkeit und Zugang zum Internet werden dafür sorgen, dass immer größere Bevölkerungsanteile Afrikas Anschluss an die Welt haben. Ich könnte mir gut vorstellen, dass die Lernkurve der gebildeten Afrikaner schneller ansteigen wird, als man das im Westen erwartet. Als logische Folge davon werden sich die Rahmenbedingungen für die Wirtschaft und die Finanzmärkte im Allgemeinen und für das Unternehmertum im Besonderen kontinuierlich verbessern.

Die in Ländern anderer Kontinente in der Vergangenheit beobachtete Verstädterung, die mit der Industrialisierung Einzug gehalten hatte, kann auch in Afrika beobachtet werden, obwohl der Anteil der städtischen Bevölkerung in den meisten Ländern noch sehr niedrig ist. Vor allem die hohe Arbeitslosigkeit und die damit verbundene große Armut in vielen ländlichen Bereichen sorgen allerdings für eine stetige Zunahme der Landflucht. Die großen Städte, darunter vor allem das Verwaltungs- und Geschäftszentrum des jeweiligen Landes, wachsen schnell und unkontrolliert. An den Stadträndern bilden sich große Slums.

Eine wichtige Frage ist die Tragfähigkeit der einzelnen Länder. Damit ist gemeint, wie viele Menschen durch die Landnutzung nachhaltig ernährt werden können. Ein häufig anzutreffender Kenntnisstand in Europa ist dergestalt, dass sich Afrika nicht selbst ernähren kann und deshalb dauerhaft auf Nahrungsmittelimporte angewiesen ist. Das trifft zwar in der Gegenwart für viele Länder zu, ist aber nur ein Teil der Wahrheit. Unter günstigeren Bedingungen (Mechanisierung der Landwirtschaft, Düngung, künstliche Bewässerung, wirtschaftlichere Anbaumethoden) könnte Afrika sogar große Mengen an Nahrungsmitteln exportieren!

Zwei Beispiele: Sambia ist flächenmäßig fast doppelt so groß wie Deutschland, hat aber nur 11,5 Millionen Einwohner. Das Land ist so fruchtbar, dass ein Mehrfaches der eigenen Bevölkerung ausreichend ernährt werden könnte. Mir sind Schätzungen bekannt, nach denen Sambia eine Anzahl von Menschen ernähren könnte, die im dreistelligen Millionenbereich liegt. Diese Reserven bedeuten ein enormes Potenzial – in erster Linie für die Landwirtschaft, aber auch für die gesamte Volkswirtschaft Sambias und darüber hinaus für Länder wie Indien und China, die ihre Tragfähigkeitsgrenze bereits überschritten haben.

In der Demokratischen Republik Kongo liegen viele der ehemaligen Felder brach, weil der lokalen Bevölkerung während der bürgerkriegsähnlichen Zustände von den Rebellen verboten worden war, ihre Felder zu bestellen. Sie können sich leicht vorstellen, dass Nahrungsmittel unter diesen Bedingungen extrem teuer sein müssen. Und das sind sie auch. Auch hier gilt: Die Möglichkeiten für Unternehmer und Investoren sind mit Händen zu greifen.

Viele Länder in den klimatisch begünstigten, d. h. ausreichend feuchten Regionen Afrikas liegen hinsichtlich der Nahrungsmittelproduktion weit unter ihren Möglichkeiten und bieten daher genug Raum, um auch deutlich mehr Menschen zu ernähren. Auf der anderen Seite gibt es aber auch Staaten, deren Tragfähigkeit bereits erreicht oder sogar überschritten wurde. Sie sind zwei Gruppen zuzuordnen:

- Länder mit einer hohen Bevölkerungsdichte, die sich u. a. auf Grund sehr günstiger Klima- und Bodenverhältnisse einstellen konnte. Hierzu gehören z. B. Nigeria, aber auch die ostafrikanischen Staaten Ruanda und Burundi. In den beiden Kleinstaaten sind die verfügbaren Anbauflächen fast komplett landwirtschaftlich genutzt, und Reserven sind auf mögliche Produktivitätszuwächse begrenzt. Auch Ägypten kann man als Teil dieser Gruppe betrachten, denn der Anbau in dem extrem trockenen Land beschränkt sich auf einen wenige Kilometer breiten Streifen entlang des Fremdlingsflusses Nil und sein breites Delta an der Mittelmeerküste.
- Länder in ariden Zonen, wo Landwirtschaft nur sehr eingeschränkt möglich ist. Zu dieser Ländergruppe gehören die Staaten in den Wüstengebieten, also beispielsweise Libyen, Mauretanien, der Tschad, Somalia, Namibia und Botswana.

Länder, die nicht einer dieser beiden Gruppen angehören, könnten sich im Prinzip selbst versorgen oder haben dies – wie im Falle von Simbabwe – in der Vergangenheit bereits gekonnt. Bis zur Selbstversorgung ist es allerdings ein sehr langer und steiniger Weg.

Kommen wir auf einen weiteren Aspekt der demografischen Situation zu sprechen, nämlich auf die geringe durchschnittliche Lebenserwartung. Die Ursachen sind klar: Unterernährung, mangelnde Hygiene, fehlender Zugang zu sauberem Trinkwasser, tropische Krankheiten sowie mangelhafte oder gänzlich fehlende medizinische Versorgung.

Hinzu kommt die besonders im südlichen Afrika grassierende Seuche HIV/AIDS. Die folgende Abbildung zeigt eine Simulation des Altersaufbaus nach Altersgruppen und Geschlecht der sieben am stärksten von HIV/AIDS betroffenen Länder (Botswana, Simbabwe, Swasiland, Lesotho, Namibia, Sambia und Südafrika) mit und ohne den Einfluss von HIV/AIDS 2025. Dabei simulieren die äußeren Umrisse der Bevölkerungspyramide (schraffierte und schwarze Balken) diejenige Bevölkerungsentwicklung , die sich theoretisch ohne den dezimierenden Einfluss von HIV/AIDS ergeben würde. Realistischerweise muss man aber mit der Krankheit rechnen und von den inneren Umrissen (nur schraffierte Balken) ausgehen.

Abbildung 2-12: Bevölkerungspyramide Südliches Afrika mit und ohne HIV/AIDS

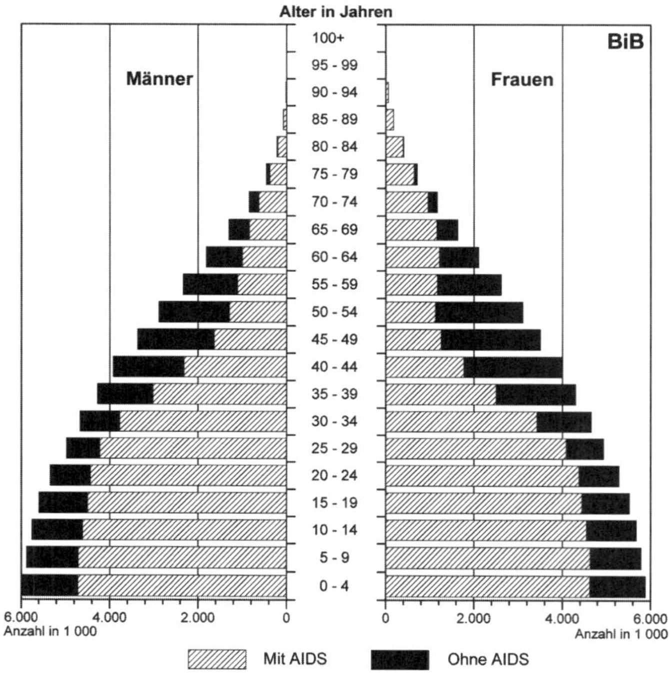

Quelle: Materialien zur Bevölkerungswissenschaft, Heft 117, Bundesinstitut für Bevölkerungsforschung beim Statistischen Bundesamt, Wiesbaden 2005

Das alles bedeutet, dass alte Menschen rar werden in Afrika. Damit fällt auch die gesamte Rentenproblematik weg, die Europa zunehmend belastet. Da es in den meisten afrikanischen Ländern keine Sozialversicherungssysteme gibt, ist dies ohnehin eine theoretische Überlegung.

Ein besonderer Problemfall sind die vielen AIDS-Waisen, deren Unterhalt größtenteils von mildtätigen Organisationen übernommen werden muss, denn die ohnehin armen Dorfgemeinschaften wie auch die Familien von Verwandten sind oft nicht in der Lage, diese Kinder zu ernähren. Es ist daher zu hoffen, dass die positive Wirtschaftsentwicklung an diesen Menschen nicht vorbeigeht und die Situation in Zukunft entschärfen wird.

Es ist schon paradox: Wir Menschen im alten Europa, aber auch in Japan und China werden immer älter, und der schon derzeit zu beobachtende Pflegenotstand wird zukünftig zu einem noch viel größeren, kaum lösbaren Problem. Manche europäische Regierungen ersinnen allerlei Methoden, wie man jungen Familien das Kinderkriegen wieder schmackhaft machen könnte.

Uns fehlen die Kinder, und in Afrika fehlen die Eltern. Immer mehr afrikanische Kinder wachsen ohne Bezugspersonen, vor allem Väter, auf, wodurch ihnen ein ganz wesentlicher Entwicklungsbaustein fehlt. (Viele Männer arbeiten in der Stadt oder sind Wanderarbeiter und leben während des größten Teils des Jahres von ihren ländlichen Familien getrennt.) Gesamtstaatlich fehlt den Ländern mit sehr jungen Bevölkerungen eine Vielzahl von Lehrern, Mentoren und Beratern, die über Lebenserfahrungen, Kontakte und Wissen verfügen und dies an die junge Generation weitergeben können.

In Europa ist es umgekehrt. Wie viele ältere Menschen gibt es hierzulande, die ihren Beruf vorzeitig aufgeben mussten, weil die Großkonzerne nur junge Mitarbeiter einstellen und Ältere unbeachtet ihres hohen Nutzens für das Unternehmen entlassen? Ich kenne eine Bank, die vor einigen Jahren einfach eine Grenzlinie von 53 Jahren zog. Allen leitenden Mitarbeitern, die älter waren, wurde gekündigt. Und so geht es in vielen Konzernen. Männer und Frauen über 45 Jahren haben nach einem Verlust ihrer Arbeitsstelle kaum eine Chance, auf dem deutschen Arbeitsmarkt einen neuen Job zu finden. Auch viele Senioren über 65 Jahren sind noch in voller Kraft und würden sich über eine neue Verantwortung freuen – in der Wirtschaft, als Lehrer/in, als Arzt/Ärztin, als Kinderbetreuer/in usw.

Wenn wir anfangen würden, wirklich global zu denken, kämen wir auf ganz einfache Lösungen von zahlreichen unlösbar erscheinenden Problemen. Ältere

Menschen aus Europa könnten in Afrika neue Aufgaben wahrnehmen, neue Lebensinhalte finden und wirklich helfen – auch wenn es nur für sechs Monate im Jahr ist. Junge Menschen aus Afrika, die in ihrer Heimat auf Grund der hohen Arbeitslosigkeit keine Perspektive haben, könnten nach Europa kommen und Berufe wahrnehmen, deren Stellen hier nicht in ausreichender Menge zu besetzen sind, z. B. in der Altenpflege. Von dem verdienten Geld könnten sie einen Teil in die Heimat schicken und auf diese Weise zusätzlich zu einer positiven Entwicklung beisteuern.

Um einen derartigen Austausch von jungen und älteren Menschen zwischen Europa und Afrika zu ermöglichen, müssten zahlreiche Gesetze und Verordnungen geändert werden, wie z. B. die Einwanderungsgesetze, die Bedingungen für Rentenempfänger (diese müssten sich z. B. in Afrika dauerhaft aufhalten dürfen, ohne ihren Rentenanspruch zu verlieren), Bedingungen für Krankenversicherungen und vieles mehr. Das ist nicht einfach, aber es ist zu machen.

Vielleicht ist die gezielte Vermischung von kontinentübergreifenden jungen und alten Bevölkerungen sogar die einzige Alternative, die wir haben, um die vor uns liegenden Probleme zu bewältigen.

Abbildung 2-13: Kinder in Afrika: Welche Zukunft haben sie?

Foto: Hartmut Sieper

2.4.4 Bildungsniveau

Wie bereits im vorangegangenen Abschnitt erwähnt, ist das Bildungsniveau in Afrika sehr niedrig. Die meisten Länder sind mit Ostasien zu vergleichen.[12]

Eines der Millenniums-Entwicklungsziele ist die Grundbildung für alle. Das bedeutet, dass bis 2015 erreicht werden soll, dass alle Kinder auf der Welt eine Grundschulausbildung erhalten. Für Afrika bedeutet das, dass bis dahin 1,6 Millionen zusätzliche Lehrer gebraucht werden.

Die Länder Afrikas südlich der Sahara sind noch weit von diesem Ziel entfernt. Die durchschnittliche Einschulungsquote 2001/02 lag bei 62,2 Prozent, die Rate für den Abschluss der Volksschule lag bei nur 52,9 Prozent. 2004 gingen noch immer 38 Prozent der Kinder nicht in die Schule. Die meisten von ihnen kommen aus armen Familien auf dem Land und haben eine ungebildete Mutter.

Die Bildungskrise in Afrika südlich der Sahara wird durch die HIV/AIDS-Epidemie verstärkt. Die UNESCO schätzt, dass dort allein im Jahr 1999 etwa 860.000 Kinder ihre Lehrer durch AIDS verloren haben. Durch den Tod der an AIDS erkrankten Lehrer mussten zum Beispiel in der Zentralafrikanischen Republik 107 Grundschulen geschlossen werden. In Burkina Faso, Mali und Niger können weniger als 25 Prozent der jungen Menschen lesen und schreiben.

Die Aussichten für eine deutliche Verbesserung der Bildungssituation sind nicht besonders gut. Was bedeutet das für Unternehmer und Investoren? Für Unternehmer heißt das in erster Linie, dass sie der Rekrutierung geeigneter Fach- und Führungskräfte, die in vielen afrikanischen Ländern sehr dünn gesät sind, eine besonders hohe Bedeutung zumessen müssen.

Auf der anderen Seite sind die Arbeitslosenraten (bzw. der Anteil der Menschen, die im sogenannten informellen Sektor arbeiten) in den meisten afrikanischen Staaten sehr hoch. Viele dieser Menschen können lesen und schreiben und eignen sich für einfache Tätigkeiten. Insbesondere für den Aufbau von Produktionsstätten stehen genügend Arbeitskräfte zu sehr niedrigen Löhnen zur Verfügung.

[12] Quelle: Bundesministerium für wirtschaftliche Zusammenarbeit und Entwicklung, www.bmz.de

2.5 Regionale Wirtschaftsgemeinschaften

Verschiedene afrikanische Staaten haben sich zu unterschiedlichen Wirtschaftsgemeinschaften zusammengeschlossen. Sie folgen damit vergleichbaren Trends in anderen Teilen der Welt.

Für Investoren ist es wichtig, sich mit den gegenwärtigen Auswirkungen wie auch mit den zukünftigen Plänen dieser Wirtschaftsgemeinschaften vertraut zu machen.

Die wichtigen Wirtschaftsgemeinschaften sind:

- COMESA – Common Market for Eastern and Southern Africa
- EAC – East African Community
- ECCAS – Economic Community of Central African States
- ECOWAS – Economic Community of West African States
- SADC – Southern African Development Community
- Arabische Liga

Abbildung 2-14: Wirtschaftsgemeinschaften

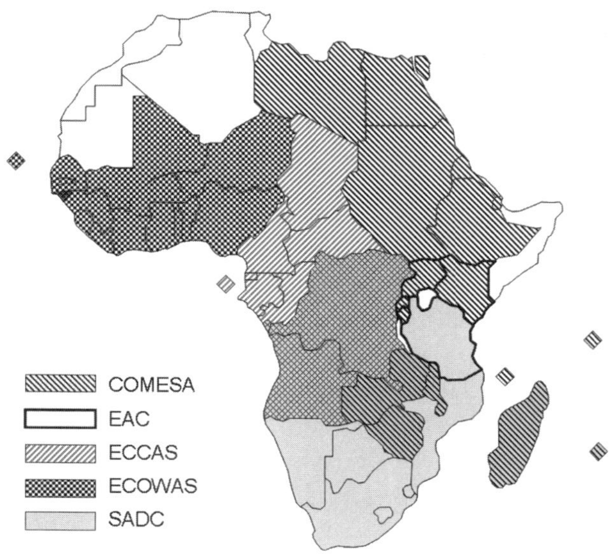

Quelle: Trans Africa Invest

Aus der Karte wird deutlich, dass manche Länder gleichzeitig mehreren Wirtschaftsgemeinschaften, die ähnliche Ziele verfolgen, angehören. In der Praxis erwachsen daraus Probleme. Insbesondere die Doppelmitgliedschaft der Länder Angola, Madagaskar, Malawi, Mauritius, Sambia, Simbabwe und Swasiland sowohl bei COMESA als auch SADC führt zu Interessenkonflikten.

2.5.1 COMESA

Der 1994 gegründete **Gemeinsame Markt für das Östliche und Südliche Afrika** (engl. *Common Market for Eastern and Southern Africa*) ist eine regionale Organisation mit Sitz in Lusaka, Sambia.

Das Hauptziel der COMESA besteht in der Schaffung einer Freihandelszone, die inzwischen 13 Mitglieder hat, sowie einer Zollunion. Die Schaffung eines gemeinsamen Marktes soll den Ländern wirtschaftliche Vorteile bringen.

In den COMESA-Mitgliedsstaaten leben über 400 Millionen Menschen.

2.5.2 EAC

Die 2001 gegründete **Ostafrikanische Gemeinschaft** (engl. *East African Community*) mit Sitz in Arusha, Tansania, die die Länder Kenia, Uganda und Tansania, seit 1. Juli 2007 auch Ruanda und Burundi umfasst, strebt ebenfalls eine Wirtschafts- und Zollunion an. Auch die Schaffung gemeinsamer Organe der fünf Staaten gehört zu den Planungszielen.

Seit 2005 besteht eine Zollunion mit einem gemeinsamen Außenzoll, aber nur theoretisch. Denn während Kenia und Uganda Mitglied der COMESA sind, hat sich Tansania für die SADC entschieden und ist zwecks Vermeidung einer Doppelmitgliedschaft aus der COMESA ausgeschieden. Da alle drei einander gebietsmäßig überlappenden Wirtschaftsgemeinschaften Zollunionen anstreben, verwundert es nicht, dass in Ostafrika weiterhin interne Grenzkontrollen und Zollformalitäten stattfinden. Es wurde aber eine Übergangsregelung vereinbart, die einen langsamen Abbau von Zöllen für die Exporte einer Anzahl von kenianischen Produkten nach Tansania und Uganda bis 2010 vorsieht.

Weiterhin ist für 2009 die Einführung einer gemeinsamen Währung, des East African Shilling, geplant.

2.5.3 ECCAS

Die **Wirtschaftsgemeinschaft der zentralafrikanischen Staaten** (engl.: *Economic Community of Central African States, ECCAS;* frz.: *Communauté Économique des États d'Afrique Centrale, CEEAC*) mit Sitz in Libreville, Gabun, strebt eine enge wirtschaftliche Kooperation zwischen ihren Mitgliedern an. Das letztendliche Ziel ist die Schaffung eines gemeinsamen Marktes mit einer gemeinsamen Währung. Außerdem soll ein „autonomer Finanzierungsmechanismus" etabliert werden.

Die Organisation wurde bereits 1985 gegründet, war jedoch wegen finanzieller Schwierigkeiten einerseits und des Konfliktes im Kongo andererseits über lange Jahre inaktiv. Während der Auseinandersetzungen in der Demokratischen Republik Kongo standen die beiden ECCAS-Mitglieder Angola und Ruanda auf verschiedenen Seiten. In der ECCAS-Wirtschaftsgemeinschaft leben insgesamt 121 Millionen Menschen

2.5.4 ECOWAS

Die 1975 gegründete **Westafrikanische Wirtschaftsgemeinschaft** (engl.: *Economic Community of West African States*) ist eine regionale Wirtschaftsvereinigung mit Sitz in Abuja, Nigeria. Derzeit gehören ihr 15 Mitglieder an. Dabei hat Nigeria eine starke Vormachtstellung. Innerhalb des ECOWAS-Gebietes leben insgesamt 252 Millionen Menschen.

Die Integrationsbestrebungen der ECOWAS-Mitglieder beschränken sich nicht auf wirtschaftliche Ziele, sondern beziehen auch die politische Ebene mit ein. So wurden 2001 ein gemeinsames westafrikanisches Parlament und ein gemeinsamer westafrikanischer Gerichtshof eingerichtet.

Für 2005 war die Einführung einer gemeinsamen westafrikanischen Währung, des Eco, geplant. Sie wurde jedoch auf unbestimmte Zeit verschoben, denn nur wenige Staaten waren in der Lage, die vereinbarten Konvergenzkriterien zu erfüllen. Da die frankophonen Staaten der Region derzeit wenig Interesse zeigen, sich von ihrer Gemeinschaftswährung CFA-Franc zu trennen, planen jetzt die englischsprachigen Staaten Nigeria, Ghana, Gambia, Guinea und Sierra Leone die Einführung des Eco für das Jahr 2009. Innerhalb der ECOWAS gibt es noch eine eigene, frankophone Gemeinschaft ähnlicher Struktur, die **Westafrikanische Wirtschafts- und Währungsunion** (frz.: *Union Economique et Monétaire Ouest Africaine*, abgekürzt UEMOA), die gegenwärtig noch in Konkurrenz zur größeren Organisation steht.

2.5.5 Zentralafrikanische Wirtschafts- und Währungsunion

Zur Zentralafrikanischen Wirtschafts- und Währungsunion (frz. *Communauté Economique et Monétaire de l'Afrique Centrale*, abgekürzt CEMAC) gehören die französischsprachigen Länder

- Tschad
- Kamerun
- Zentralafrikanische Republik
- Äquatorialguinea
- Gabun
- Republik Kongo (Kongo-Brazzaville)

Ihre Gemeinschaftswährung ist der zentralafrikanische CFA-Franc, der – ebenso wie der westafrikanische CFA-Franc – im Verhältnis von 655,957 CFA-Francs je Euro an die europäische Gemeinschaftswährung gekoppelt ist.

Abbildung 2-15: Zentralafrikanische Wirtschafts- und Währungsunion

Quelle: Trans Africa Invest

Die Zentrale der Zentralafrikanischen Zentralbank (frz.: *Banque des Etats de l'Afrique Centrale*, kurz BEAC) befindet sich in Yaoundé, der Hauptstadt von Kamerun.

2.5.6 SADC

Die 1992 gegründete **Südafrikanische Entwicklungsgemeinschaft** (engl. *Southern African Development Community*) mit Sitz in Gaborone, Botswana, ist eine regionale Organisation zur wirtschaftlichen und politischen Integration im südlichen Afrika. Ihr gehören derzeit 14 Mitgliedsstaaten mit insgesamt 234 Millionen Menschen an.

Ein Teil der Mitgliedsstaaten hat bereits vor langer Zeit ein gemeinsames Zollabkommen im südlichen Afrika realisiert: Schon 1910 gründeten die Südafrikanische Union, Botswana (damals noch Betschuanaland), Swasiland und Lesotho (damals noch Basutoland) eine Zollunion, die heute die älteste noch bestehende Zollunion der Welt ist. 1969 wurde die **Südafrikanische Zollunion** (engl.: *Southern African Customs Union, SACU*) auf eine neue vertragliche Grundlage gestellt. Namibia ist seit seiner Unabhängigkeit eigenständiges Mitglied.

Es ist vorgesehen, dass die SACU später in einer größeren Zollunion aufgehen soll. Außerdem wird eine gemeinschaftliche Währung innerhalb der nächsten 20 Jahre angestrebt.

Die Europäische Union arbeitet mit den SADC-Staaten eng zusammen und strebt mit allen Teilnehmerstaaten den Abschluss von sogenannten Partnerschafts-Abkommen an.

2.5.7 Arabische Liga

Der bereits 1945 gegründeten **Arabischen Liga** mit Sitz in Kairo gehören 21 Staaten in Asien und Afrika sowie das international nicht anerkannte Palästina an. In Afrika sind folgende Staaten Mitglieder: Ägypten, Algerien, Dschibuti, Komoren, Libyen, Marokko, Mauretanien, Somalia, der Sudan und Tunesien. Eritrea hat den Status eines Beobachters.

Die Ziele des Verbunds sind weniger integrativ als die Ziele der weiter oben aufgeführten regionalen Wirtschaftsgemeinschaften. Die Arabische Liga will die Unabhängigkeit und Souveränität der Mitgliedsstaaten wahren und die arabischen Außeninteressen durchsetzen. Außerdem sollen die Beziehungen der Mitglieder auf politischem, kulturellem, sozialem und wirtschaftlichem Gebiet gefördert werden. Weiterhin wird die Anerkennung Palästinas als unabhängiger Staat angestrebt.

Abbildung 2-16: Staaten der Arabischen Liga

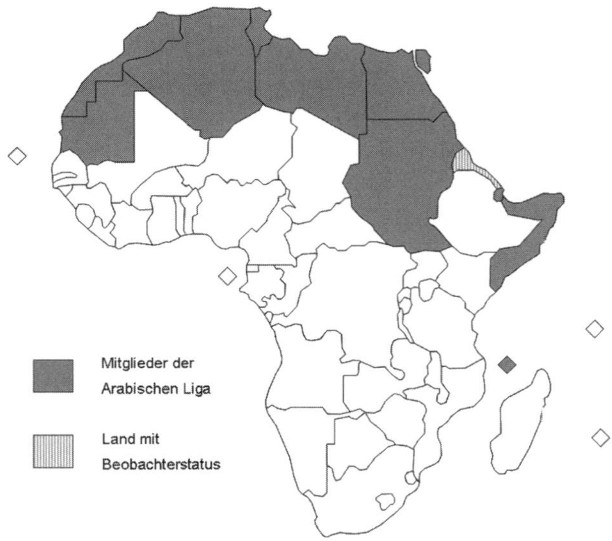

Quelle: Trans Africa Invest

Kapitel 3

Afrika im Entwicklungszyklus der Emerging Markets

Wer als Investor oder Unternehmer in die afrikanischen Märkte einsteigen will, interessiert sich natürlich für die längerfristigen Perspektiven. In diesem Kapitel soll untersucht werden, welche Entwicklungszyklen Entwicklungs- und Schwellenländer im Allgemeinen und die Länder Afrikas im Besonderen aufweisen.

Bevor wir in die Thematik einsteigen, ist es sinnvoll, sich einen Überblick über die verschiedenen Begriffe in deutscher und englischer Sprache und ihre genaue Bedeutung zu verschaffen.

3.1 Begriffsbestimmungen

Was ist ein Emerging Market? Investoren in aller Welt sind mit diesem Begriff vertraut, doch nur wenige können ihn genauer definieren. Ebenso verhält es sich mit den Wörtern Entwicklungsland und Schwellenland.

Wir wollen folgende Begriffsgruppen klären:

- Erste, Zweite und Dritte Welt (politische Klassifizierung)
- Industrieländer, Schwellenländer, Entwicklungsländer (sozioökonomische Klassifizierung)

- *Developed country, newly industrialized country, developing country, least developed country* (sozioökonomische Klassifizierung)
- *Developed markets, emerging markets, frontier markets* (Klassifizierung der Kapitalmärkte)

3.1.1 Politische und historische Klassifizierungen

Die Begriffe Erste, Zweite und Dritte Welt wurden nach dem Zweiten Weltkrieg geprägt, als es zwei große politische Blöcke gab: die kapitalistischen Länder im Westen einerseits („Erste Welt“) und die Sowjetunion und die kommunistischen bzw. sozialistischen Länder des Ostblocks („Zweite Welt“) andererseits. Länder, die keinem dieser Blöcke angehörten, wurden unter dem Begriff „Dritte Welt“ zusammengefasst. Da praktisch alle diese Länder damals nur gering entwickelt waren, wurde die Dritte Welt zum Synonym für Unterentwicklung. Inzwischen ist dieser Begriff eigentlich überholt, wird aber im normalen Sprachgebrauch weiterhin benutzt.

Im Gegensatz zu dieser politischen Unterscheidung haben die Begriffe „Alte Welt“ und „Neue Welt“ einen historischen Kontext: Nachdem Amerika von den Europäern entdeckt worden war, wurden diese beiden Begriffe zur geografischen Abgrenzung verwendet.

3.1.2 Sozioökonomische Klassifizierungen

Die Einteilung der Länder nach sozioökonomischen Merkmalen ist für unsere Belange besser geeignet:

Ein **Industrieland** ist ein technisch hoch entwickelter Staat mit einer bedeutenden eigenen industriellen Produktion von Gütern und einem hohen durchschnittlichen Pro-Kopf-Einkommen (über 10.000 US-Dollar pro Kopf im Jahr 2004). Kein Land in Afrika gehört in diese Kategorie.

Genau genommen ist die Abgrenzung der Industrieländer zu den Staaten der anderen beiden Gruppen eigentlich eine Negativdefinition: Industrieländer sind „reiche“ Staaten, die *keine* Entwicklungs- oder Schwellenländer sind.

Zu den Industrieländern in diesem Sinne gehören:

- die Mitgliedsstaaten der Organisation für wirtschaftliche Zusammenarbeit und Entwicklung (OECD); die Türkei ist zwar OECD-Mitglied, gehört jedoch zu den Schwellenländern.
- einige europäische Kleinstaaten mit einem hohen sozialen Standard (Andorra, Liechtenstein, Monaco, San Marino)
- die reichen Ölförderländer am Persischen Golf
- die Länder Russland, Japan, Südkorea, Singapur und Taiwan

Zuordnungsschwierigkeiten bestehen bei den **Transformationsländern**, den ehemaligen sozialistischen Ländern Osteuropas, die nicht zur EU gehören (Weißrussland, die Ukraine, Albanien, Mazedonien, Serbien, Bosnien-Herzegowina und Montenegro). Diese Staaten haben das Niveau von Industrieländern noch nicht erreicht, sind aber andererseits auch keine Schwellenländer mehr.

In Veröffentlichungen werden Industrieländer häufig als „OECD-Staaten und übrige marktwirtschaftlich organisierte Industriestaaten“ bezeichnet.

Eigentlich müsste man inzwischen die meisten Industrieländer als „Dienstleistungsländer“ bezeichnen, weil der tertiäre Wirtschaftssektor (Dienstleistungen) inzwischen bedeutender geworden ist als der sekundäre Wirtschaftssektor (Industrie, Verarbeitung). Der primäre Wirtschaftssektor, zu dem der Bergbau einerseits und die Land- und Forstwirtschaft andererseits gehören, macht in den meisten Industrieländern nur noch einen geringen Anteil an der gesamten Wertschöpfung aus.

Schwellenländer (engl.: *Newly Industrialized Countries* oder *Economies*[1]) sind Länder, die den Status der Industrieländer noch nicht erreicht haben, sich aber makroökonomisch deutlich von den übrigen beiden Ländergruppen abheben. Eine beginnende oder bereits laufende Industrialisierung ist das entscheidende Merkmal. Der verarbeitende Sektor entwickelt sich gut, die Märkte sind relativ frei und ermöglichen den Warenaustausch mit anderen Weltregionen. Die Arbeitsproduktivität ist mit derjenigen der Industrieländer vergleichbar, das Lohnniveau liegt jedoch sehr niedrig. Große Industriekonzerne sind entstanden, die international tätig sind. Der *Human Development Index* dieser Länder, der neben der Wirtschaftsleistung eines Landes (BIP in Kaufkraftparität [US-Dollar]

[1] Der englischsprachige Begriff *Newly Industrializing Economies* entstand in den 1970er Jahren und bezog sich ursprünglich auf die asiatischen Tigerstaaten.

pro Einwohner) auch die Lebenserwartung und den Bildungsgrad berücksichtigt, weist mittlere bis hohe Werte auf.

Für den Begriff des Schwellenlandes gibt es unterschiedliche Abgrenzungskriterien, so dass es verschiedene Länderlisten gibt. Die vom deutschen Bundesministerium für wirtschaftliche Zusammenarbeit und Entwicklung (BMZ) und der Europäischen Union entwickelte Liste enthielt 30 Länder. Diese Liste wurde jedoch international nicht anerkannt und deshalb wieder zurückgezogen.

Weithin akzeptiert ist die Kategorisierung der Weltbank und des Internationalen Währungsfonds. Nach ihr gehören die folgenden Länder zu den Schwellenländern:

- in Amerika: Mexiko und Brasilien
- in Asien: Indien, China, Thailand, Indonesien, die Philippinen und die Türkei
- in Afrika: Südafrika

Alle übrigen Länder, die weder ein Industrieland noch ein Schwellenland sind und auch nicht den Transformationsländern zugeordnet werden können, gelten im deutschen Sprachraum als Entwicklungsländer oder unterentwickelte Länder. Die Schweizer Direktion für Entwicklung und Zusammenarbeit (DEZA) vermeidet die Bezeichnung „Entwicklungsland“ zugunsten des Begriffs „Partnerland“.

Die Klassifizierung im englischen Sprachraum geht jedoch weiter. Sie unterteilt die Entwicklungsländer in zwei weitere Gruppen:

- Least Developed Countries
- Developing Countries

Zu den **am wenigsten entwickelten Ländern** (*Least Developed Countries*, LDC[2]), die manchmal auch als Länder der Vierten Welt bezeichnet werden, ge-

[2] Um eine mögliche Verwechslung der *Least Developed Countries* mit den *Less Developed Countries* zu vermeiden, werden die Erstgenannten auch mit LLDC abgekürzt. Dieses Kürzel wiederum kann aber mit den *Landlocked Developing Countries* (Binnenländer) verwechselt werden, die die gleiche Buchstabenfolge benutzen.

hören nach einer Definition der Vereinten Nationen diejenigen Staaten, die die folgenden drei Kriterien erfüllen:

1. Bruttoeinkommen (*Gross National Income*) pro Einwohner von weniger als 750 US-Dollar; um die Liste zu verlassen, muss das Bruttoeinkommen über 900 US-Dollar steigen
2. Schwache Entwicklung der Human Resources (gemessen an Ernährung, Gesundheit, Erziehung und Alphabetisierungsgrad der Erwachsenen)
3. Wirtschaftliche Anfälligkeit, basierend u. a. auf unsicherer Agrarproduktion, instabilem Export von Gütern und Dienstleistungen, geringer ökonomischer Größe und Belastung durch Naturkatastrophen

Von den anfänglichen LDC-Ländern konnten inzwischen zwei Staaten diese Ländergruppe verlassen: Botswana im Jahr 1994 und die Kapverdischen Inseln im Jahr 2007.

Die **sich entwickelnden Länder** (*Developing Countries* oder *Less Developed Countries)* sind die Restmenge, die nach Abzug der anderen Ländergruppen übrig bleibt.

Abbildung 3-1: Klassifizierung der afrikanischen Länder nach sozioökonomischen Kriterien

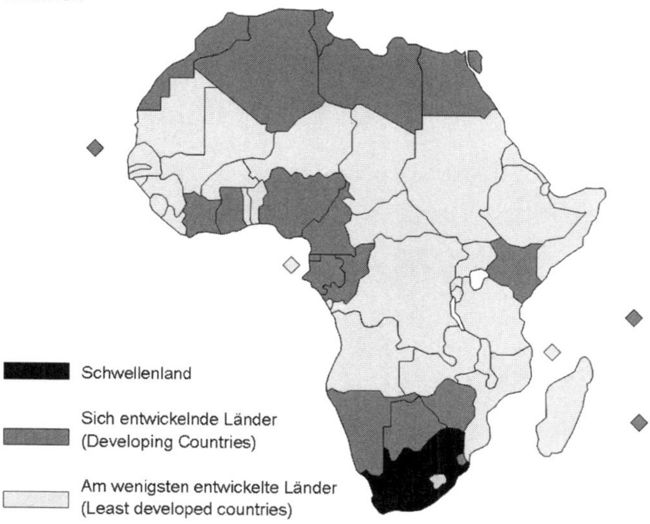

Quelle: Weltbank, IWF; Eigene Darstellung

Folgende Länder Afrikas gehören zu den sich entwickelnden Ländern:

- Nordafrika: Marokko, Algerien, Tunesien, Libyen, Ägypten
- Westafrika: Elfenbeinküste, Ghana, Nigeria, Kapverden
- Zentralafrika: Kamerun, Äquatorialguinea, Gabun, Republik Kongo
- Südliches Afrika: Namibia, Botswana, Simbabwe, Swasiland
- Ostafrika: Kenia, Seychellen, Mauritius

Unter den *Developing Countries* findet man in Afrika die meisten derjenigen Länder außerhalb Südafrikas, die über Wertpapiermärkte verfügen.

Die Wirtschaftsleistung pro Kopf der Bevölkerung liegt in Afrika insgesamt auf einem sehr niedrigen Niveau, wobei es große Unterschiede zwischen den einzelnen Ländern gibt. Die höchsten Werte weisen Länder mit geringen Bevölkerungszahlen und hohen Einnahmen aus dem Export von Bodenschätzen auf (Libyen, Gabun und Äquatorialguinea: Erdöl; Botswana: Diamanten); die absoluten Zahlen geben deshalb ein verzerrtes Bild wieder. Die armen Teile der Bevölkerung dieser Länder sind nicht notwendigerweise reicher als ihre Nachbarn.

Abbildung 3-2: Bruttoinlandsprodukt pro Kopf der Bevölkerung

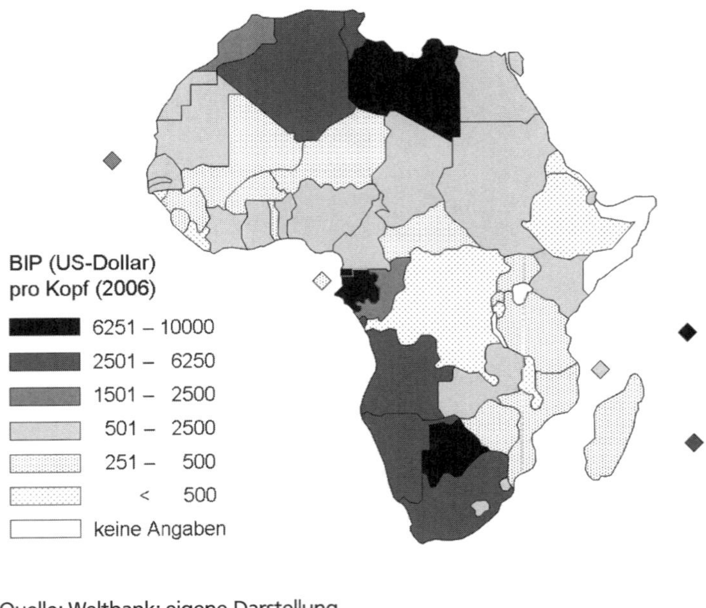

Quelle: Weltbank; eigene Darstellung

Wenn man die BIP-Daten nach Kaufkraftparitäten berechnet, ergeben sich für die afrikanischen Länder höhere Werte. (Landesspezifische Daten: Siehe Kapitel 8.)

3.1.3 Klassifizierungen unter Kapitalmarkt-Gesichtspunkten

Banken, Fondsgesellschaften und Finanzdienstleistungsunternehmen haben die Länder der Welt wiederum nach anderen Kriterien eingeteilt.

Der Begriff ***Emerging Markets*** wurde erstmals von dem Weltbank-Ökonomen Antoine van Agtmael geprägt. Er bezeichnet Länder, die sich in einer Übergangsphase zwischen sich entwickelnden Ländern (*Developing Countries*) und entwickelten Ländern (*Developed Countries*) befinden. Dieser Sachverhalt lässt sich nicht an exakten sozioökonomischen oder geografischen Kriterien festmachen.

In Afrika gehören nur drei Länder zu den *Emerging Markets* im engeren Sinne: Südafrika, Marokko und Ägypten. Dies sind auch die Länder mit den Börsen mit der höchsten Marktkapitalisierung auf dem Schwarzen Kontinent.

Um einzelne sich besonders dynamisch entwickelnde Staaten innerhalb dieser Ländergruppe hervorzuheben, prägte man den Begriff „*Rapidly Developing Economies*"; zu diesen Ländern gehören z. B. die Vereinigten Arabischen Emirate, Chile und Malaysia.

Der in der Investmentszene inzwischen häufig gebrauchte Begriff „BRIC-Länder" bezieht sich auf die rasch wachsenden, großen, bevölkerungsreichen und strategisch wichtigen Länder **B**rasilien, **R**ussland, **I**ndien und die Volksrepublik **C**hina. Das Kürzel BRIC, das sich aus den Anfangsbuchstaben dieser Länder zusammensetzt, wurde 2003 von Jim O'Neill, dem Leiter der volkswirtschaftlichen Abteilung der US-Investmentbank Goldman Sachs, geprägt.

Ende 2005 brachte Goldman Sachs eine weitere Studie heraus, in der die nächsten elf Länder mit besonders günstigen Investmentaussichten beschrieben wurden. Die Gruppe der *Next Eleven* beinhaltet in Afrika die Staaten Ägypten und Nigeria. Allein die Zugehörigkeit dieser beiden Staaten zu der Next-11-Gruppe könnte in den kommenden Jahren zu massiven Zuflüssen internationalen Kapitals führen.

Goldman Sachs nutzte zwar Indikatoren wie makroökonomische Stabilität, politische Reife, Offenheit der Märkte, Investitionsfreiheit und Qualität der Erziehung, doch zu denselben elf Ländern gelangt man auch durch eine viel einfachere Vorgehensweise. Man nehme eine Liste der bevölkerungsreichsten Länder der Erde, ziehe alle Industrieländer (USA, Japan, Deutschland) und BRIC-Länder ab, klammere außerdem diejenigen Länder aus, die (noch) keine Börse haben (Äthiopien, Demokratische Republik Kongo), und schon kommt man zu den *Next 11*.

Wenn die aktuellen Wachstumsraten sich weiter fortsetzen, werden im Jahr 2050 bereits drei afrikanische Länder zu den Top Ten der Bevölkerungsrangliste gehören: Nigeria mit dann geschätzten 289 Millionen Einwohnern, die Demokratische Republik Kongo (187 Millionen) und Äthiopien (183 Millionen). Diese Menschen ernähren zu können, gehört zu den großen Aufgaben der vor uns liegenden Jahrzehnte.

Abbildung 3-3: Afrikanische Länder mit Kapitalmärkten

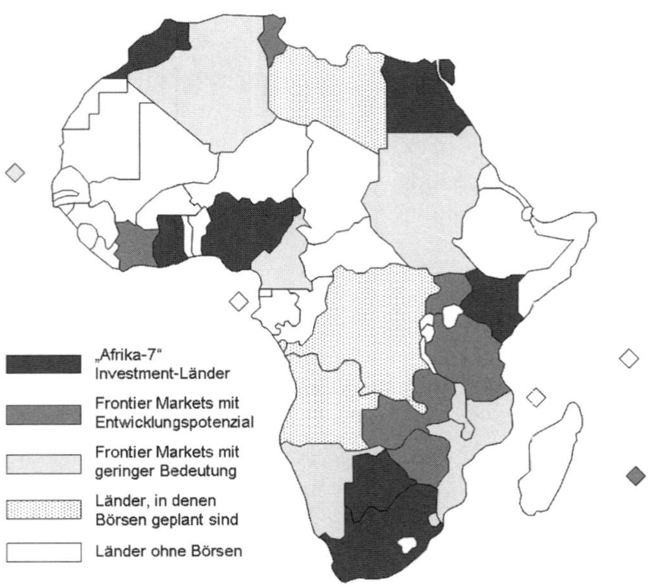

Quelle: Trans Africa Invest

Neben den *Emerging Markets* im engeren Sinne und Nigeria als Next-11-Land gibt es aber noch etliche weitere Länder Afrikas, die Wertpapierbörsen haben. Auch hierfür haben die Investoren inzwischen einen Begriff gefunden: *Frontier Markets*. Diese Pioniermärkte sind die „Märkte von übermorgen", die derzeit noch über eine sehr geringe Marktkapitalisierung verfügen. Ich bin aber davon überzeugt, dass gerade hier hervorragende Chancen auf langfristig überdurchschnittliche Wertentwicklungen bestehen.

Eine Ländergruppe, die für immer mehr Fonds zum Investitionsziel wird, wird als Afrika-7 bezeichnet. Dazu gehören die Staaten Südafrika, Ägypten, Nigeria, Kenia, Botswana, Ghana und Marokko.

3.2 Dependenztheorie: Im Teufelskreis der Abhängigkeit

Nach der Dependenztheorie (Dependenz = Abhängigkeit) führt das Ungleichgewicht zwischen den kapitalistischen Industriestaaten und den strukturschwachen Entwicklungsländern zu einer langfristigen wirtschaftlichen Abhängigkeit der Entwicklungsländer von den Industrieländern. Das führt zu einer Unterentwicklung, aus der sich die Entwicklungsländer nicht aus eigener Kraft befreien können.

Die Hauptursache liegt in der historischen Entwicklung. Während des Zeitalters des Kolonialismus beuteten die Kolonialmächte Europas ihre Kolonien gezielt aus. Die Wirtschaft und die Infrastruktur in den Kolonien wurden ganz auf die Bedürfnisse des Mutterlandes ausgerichtet, und Politik und Verwaltung dienten vor allem dazu, Macht auszuüben und die Kontrolle zu behalten. Die Wertschöpfung im Land war gering, denn vor allem wurden mineralische Rohstoffe abgebaut und als Erze nach Europa verschifft sowie bestimmte in Europa benötigte Agrarprodukte angebaut und ebenfalls in unverarbeitetem Zustand ausgeführt. Auch nach der politischen Unabhängigkeit blieb es bei der wirtschaftlichen und finanziellen Abhängigkeit der ehemaligen Entwicklungsländer von den Industriestaaten.

Als ich als Student zum ersten Mal diesen perfiden Abhängigkeitsmechanismus und die Aussichtslosigkeit der ökonomischen Situation der Entwicklungsländer erkannte, war ich sehr betroffen. Wir Europäer sind es, die Afrika über

Jahrhunderte ausgebeutet haben, und anstatt den inzwischen längst unabhängigen Entwicklungsländern reelle Chancen auf den Weltmärkten einzuräumen, machen wir das genaue Gegenteil. Die Ausbeuterei geht munter weiter.

Zwei Beispiele mögen stellvertretend sein für viele weitere:

- Agrarsubventionen einerseits und Schutzzölle andererseits machen es vielen Agrarstaaten in Afrika, Lateinamerika und Asien unmöglich, für ihre Produkte auf den westlichen Märkten angemessene und faire Preise zu erlangen. Die Baumwollfarmer in den USA beispielsweise werden so hoch subventioniert, dass die qualitativ sehr hochwertige Baumwolle aus Westafrika keine Chance hat, in Amerika verkauft zu werden – völlig unabhängig von den gerade herrschenden Baumwollpreisen.
- Kaffee wird aus Äthiopien, Kenia, Uganda, Ruanda und Burundi ausgeführt. Allerdings handelt es sich dabei nicht um gerösteten, geschweige denn fertig konfektionierten Kaffee, sondern um die rohen Kaffeebohnen, für die keine hohen Preise erzielt werden. Ein nicht unwesentlicher Teil dieses Kaffees wird in Hamburg verarbeitet und veredelt. Nachdem der größte Teil der Wertschöpfung in deutschen Kaffeeröstereien und internationalen Nahrungsmittelkonzernen hängen bleibt, kehrt der fertige Kaffee in die Regale von kenianischen Supermärkten zurück. So funktioniert es auch in den meisten anderen Kaffeeländern. Bei der Besichtigung einer Kaffeeplantage in Costa Rica stellte ich die Frage, wo auf der Welt der beste Kaffee gemacht würde. Die Antwort lautete: in Hamburg.

Kommen wir nun auf die finanzielle Situation vieler Entwicklungsländer zu sprechen. Durch die einseitige Ausrichtung ihrer Volkswirtschaften auf Rohstoffe waren (und sind) die Länder stark von den Rohstoffpreisen auf den Weltmärkten abhängig. Nachdem die Preise für Metalle, Energierohstoffe und Agrargüter in den achtziger und neunziger Jahren stark gefallen waren, konnten die Länder nur überleben, indem sie im reichen Ausland hohe Schulden aufnahmen und Nahrungsmittel, Energie und Konsumgüter importierten – natürlich zu hohen Preisen, sofern es sich um veredelte Produkte handelte, was meistens der Fall war.

In der Folge nahm die finanzielle Belastung für Zinsen und Tilgung dramatisch zu. Der ehemalige Präsident Nigerias, Olu-Segun Obasanjo, wurde einmal gefragt, was er für die schlimmste Sache der Welt hielte. Er antwortete sehr klar und bestimmt: „... den Zinseszinseffekt".

Er hat Recht. Die Kredite der Geberländer, von Weltbank und IWF erwiesen sich als ein neues und sehr geeignetes Mittel, um die Entwicklungsländer in fortdauernder Abhängigkeit zu halten. Die Bibel bringt das Abhängigkeitsverhältnis auf den Punkt: Der Schuldner ist Sklave des Gläubigers.

Gestatten Sie mir an dieser Stelle eine kleine Abschweifung zu den Ländern des Westens: Die Schuldknechtschaft ist hier in der Zwischenzeit noch viel schlimmer geworden als in Afrika, nur merkt es kaum einer. In der derzeit noch mächtigsten Nation der Welt, den Vereinigten Staaten von Amerika, sind der Staat, viele Unternehmen, die meisten Gebietskörperschaften und zahllose Privathaushalte dermaßen stark verschuldet, dass es nur eines kleinen Störfeuers bedarf, um das Kartenhaus in sich zusammenfallen zu lassen, etwa nachhaltig fallende Immobilienpreise, steigende Zinsen oder US-Dollar verkaufende asiatische Notenbanken. Diese Schuldner stecken so tief in den roten Zahlen, dass viele ihre Schulden nicht mehr zurückzahlen können – nie mehr. Es wird so kommen, wie es in den letzten Jahrhunderten immer wieder der Fall war, wenn der *Point of no Return*, der Punkt, von dem an es kein Zurück mehr gibt, überschritten war: Nicht die Schuldner werden die Zeche bezahlen, sondern die Gläubiger. Ich fürchte, dass Inhaber von vermeintlich sicheren US-Staatsanleihen mit AAA-Ratings eines Tages zu diesen Gläubigern gehören werden.

Im Gegensatz dazu werden sich Anteilseigner von afrikanischen Unternehmen in Ländern, die heute als politisch unsicher gelten und von der Investmentbranche komplett gemieden werden, vermutlich über eine gute Wertentwicklung freuen können.

Zurück zu den Entwicklungsländern. Selbst heute ist deren Abhängigkeit von den Industrienationen immer noch in einem erschreckend hohen Maße gegeben. Lesen Sie hierzu einige Beispiele, die nachdenklich machen:

- Das Ölland Nigeria verfügt nur über geringe Raffineriekapazitäten, kann also das Benzin, das im eigenen Land gebraucht wird, nicht selbst herstellen. Stattdessen wird Rohöl ausgeführt und Benzin importiert. Viel sinnvoller wäre es, die gesamte Wertschöpfung im eigenen Land zu haben.
- Die Minenindustrie in Sambia und im Kongo benötigt große Mengen an Schwefelsäure, um Kupfer und Kobalt aus den geförderten Erzen herauszulösen. Statt die Schwefelsäure vor Ort zu produzieren, wird sie zu hohen Preisen importiert. Außerdem fallen Transportkosten in erheblicher Höhe an.

- Nahrungsmittel sind in vielen Staaten Zentralafrikas knapp und werden zu hohen Preisen importiert. Wer Geflügel züchten will, benötigt zum Start seines Geschäfts Küken – natürlich aus Europa, und natürlich zu hohen Preisen.
- Möbel werden in vielen westafrikanischen Staaten gebraucht, um Schulen, Krankenhäuser, Verwaltungen, Unternehmen und Privathaushalte auszustatten. Produktionskapazitäten sind kaum vorhanden, also muss aus Europa importiert werden.
- Zement ist viel teurer als in Europa. Das wirkt als Bremse im Bausektor. Alternative Baustoffe, die im Land selbst produziert werden können, könnten die Situation verbessern.

Ich will es nun aber nicht bei der kritischen Beurteilung der Dependenz belassen und mich weiterhin dem Lamentieren hingeben. Vielmehr will ich Sie für die enormen Möglichkeiten sensibilisieren, die die derzeitige Situation für Unternehmer und Investoren bereithält. Aus den soeben dargestellten Situationen ergeben sich unmittelbar einige einfache Geschäftsideen. Ein paar davon sind nur für Großkonzerne geeignet, andere können auch von findigen Einzelunternehmern bzw. Kleinunternehmen verwirklicht werden:

- Bau einer Erdölraffinerie in Nigeria
- Bau einer Schwefelsäurefabrik im Kupfergürtel von Sambia
- Bau einer Geflügelzucht mit Spezialisierung auf die Produktion von Küken
- Bau einer Sägerei im waldreichen Liberia, am besten in Verbindung mit einer Möbelfabrik
- Bau einer kleinen Tonziegelfabrik an einer der zahlreichen Tongruben in Nigeria

Das Schöne an all diesen Geschäftsideen besteht darin, dass die Abnehmer bereits da sind. Kundenakquisition wird kein Problem sein, da die Märkte die Produkte dringend benötigen. Importsubstitution ist das große, übergeordnete Thema.

Die Chancen sind groß, dass aus kleinen Firmen mit der richtigen Geschäftsidee, einer soliden Kapitalausstattung und guten Managern vor Ort in wenigen

Jahren größere und profitable Unternehmen werden, die recht bald sogar an einer afrikanischen Börse eingeführt werden könnten. Ich habe persönlich mit einigen Börsenchefs gesprochen. Hier besteht ein riesiges Potenzial, das im Westen noch nicht einmal ansatzweise erkannt wird.

Hier noch ein spezieller Tipp für unternehmerisch denkende Leute aus der Private-Equity- und Venture-Capital-Branche: Wenn es so weit sein wird, dass die Geschäfte in Europa und Amerika schwerer werden – und diese Zeit wird kommen, da bin ich mir sicher –, dann schauen Sie nach Afrika.

3.3 Wege aus der Abhängigkeit

Wie können sich die unterentwickelten Länder aus ihrer misslichen Lage befreien? Welche Entwicklungspfade sind sinnvoll und möglich?

Wir wollen uns einen kurzen Überblick über die wichtigsten Entwicklungstheorien und -strategien verschaffen.

3.3.1 Entwicklungstheorien

Die **Modernisierungstheorie** nach Rostow nimmt für alle Länder eine ähnliche Entwicklung an. Demnach soll das wirtschaftliche Wachstum in fünf Stadien erfolgen:

1. traditionelle Gesellschaft
2. Anlaufphase
3. Take-off-Phase
4. Reifephase
5. Phase des Massenkonsums

Die Entwicklungsländer folgen diesem Modernisierungsmodell jedoch nicht, vielmehr stehen sich dort moderne Technologien (z. B. Mobilfunk, Internet) und zurückgebliebene Wirtschaftssektoren (z. B. Landwirtschaft) unvermittelt und unverbunden gegenüber.

Im Grunde besagt die Modernisierungstheorie, dass die Entwicklungsländer unterentwickelt sind, solange sie sich nicht aus den Fesseln ihrer Traditionen befreien und sich an die Denkmuster und Handlungsweisen der entwickelten Länder anpassen können. Nur dann seien sie in der Lage, ähnlich zu produzieren und zu konsumieren wie die Industriestaaten.

Die größte Schwäche der Modernisierungstheorie besteht darin, dass sie kulturelle, naturräumliche und klimatische Unterschiede völlig außer Acht lässt. Die Länder und Regionen der Welt haben aber ihre eigenen, gottgegebenen individuellen Merkmale. Sinnvolle Entwicklungsstrategien müssen sich an diesen Gegebenheiten orientieren.

Außerdem hatte die Industrialisierung in Europa unter ganz anderen Bedingungen stattgefunden, als sie heute in den Entwicklungsländern anzutreffen sind. So ist Letzteren z. B. die Eroberung von Kolonien nicht möglich.

Die **Wachstumstheorie** nach J. Friedmann verknüpft die Dependenztheorie mit der Modernisierungstheorie. Sie geht von einer starken räumlichen Polarisation aus und nimmt im weiteren Verlauf der Raumentwicklung einen Ausgleich der regionalökonomischen Gegensätze durch Bildung einer Multikernstruktur an.

Hierbei unterteilt Friedmann die Entwicklung in vier Phasen:

1. In der vorindustriellen Phase existieren einzelne Wirtschaftsräume weitgehend isoliert und unabhängig voneinander. Die ökonomischen Wachstumsraten sind niedrig.
2. Sobald die Industrialisierung beginnt, überflügelt ein urbaner Verdichtungsraum die anderen Siedlungen durch Zunahme industrieller Betriebe, der Bevölkerung und der Infrastruktur. Diese „Primatstädte" (Hauptzentren) ziehen bevorzugt Arbeitskräfte, Rohstoffe und Kapital an, was zu einer Vernachlässigung des Hinterlandes führt. Fast immer ist diese „Primatstadt" die Hauptstadt des jeweiligen Landes.
3. Mit fortschreitender Industrialisierung profitieren allmählich auch die übrigen Städte von dem Aufschwung. Sie übernehmen Entwicklungsimpulse aus dem Hauptzentrum, da sich dort zunehmend wirtschaftliche Nachteile (Platzmangel, hohe Immobilienpreise, hohe Löhne) einstellen.

4. Bis zur spätindustriellen Phase haben sich bei fortgesetzter guter Konjunktur die ausgleichenden Wachstumseffekte fortgesetzt und zu einer relativ gleichmäßigen räumlichen Entwicklung eines größeren Wirtschaftsraumes geführt.

In den Industrieländern lassen sich diese Entwicklungsphasen sehr gut nachvollziehen, und auch in den Schwellenländern sind entsprechende Ansätze erkennbar. Ein gutes Beispiel hierfür ist China: Waren es am Anfang im Wesentlichen drei Hauptzentren, nämlich Beijing, Shanghai und Hongkong (das bis 1997 britische Kronkolonie war), so kam es in der Folge in immer mehr Städten, vor allem an der Küste, zu Industrieansiedlungen. Teilweise entstanden sogar völlig neue Agglomerationszentren, so z. B. in der Sonderwirtschaftszone Shenzhen. Inzwischen hat sich die Entwicklung weiter ins Landesinnere ausgedehnt.

3.3.2 Entwicklungskerne in afrikanischen Staaten

Welche Schlussfolgerungen können aus der Wachstumstheorie für Afrika gezogen werden?

Eine wichtige Erkenntnis besteht darin, dass es sinnvoll ist, Investitionen in den frühen Phasen der Entwicklung auf das Hauptzentrum zu konzentrieren, vor allem wenn es einen großen Abstand zu den nächstgrößeren Oberzentren aufweist. Ein-Kern-Länder wie Frankreich und Großbritannien – „erst kommt Paris bzw. London, und dann lange gar nichts" – bilden die perfekte Vorlage dafür.

Afrikanische Staaten, die diesem Ein-Kern-Muster folgen, sind beispielsweise:

- Ägypten (80,3 Mio. Einwohner) Kairo (15,9 Mio. Einwohner)
- Algerien (33,3 Mio.) Algier (5,9 Mio.)
- Sudan (39,4 Mio.) Khartum (8,4 Mio.)
- Angola (12,3 Mio.) Luanda (4,0 Mio.)
- Simbabwe (12,3 Mio.) Harare (1,9 Mio.)
- Kenia (12,3 Mio.) Nairobi (3,9 Mio.)
- Ghana (12,3 Mio.) Accra (3,5 Mio.)

Die Einwohnerzahlen der Städte beziehen sich, soweit nicht anders angegeben, auf den jeweiligen Agglomerationsraum.

Mehr-Kern-Länder wie Deutschland, die USA, Indien oder China haben komplexere Strukturen. In Deutschland gibt es eine alte Industrieregion als größten Ballungsraum (Ruhrgebiet), ein politisches Zentrum (Berlin), ein Finanzzentrum (Frankfurt am Main), Handelszentren (z. B. Hamburg) und Hightech-Zentren (z. B. München).

Zu den afrikanischen Staaten mit Mehr-Kern-Struktur gehören:

- Südafrika (44,0 Mio. E.):
  Finanz- und Bergbauzentrum: Johannesburg (7,4 Mio. E.)
  Hauptstadt: Pretoria (2,2 Mio. E.)
  Handels- und Geschäftszentren: Kapstadt (4,7 Mio. E.)
  Handelszentrum: Durban (3,4 Mio. E.)

- Nigeria (135,0 Mio. E.)
  Finanz- und Geschäftszentrum: Lagos (11,6 Mio. E.)
  Hauptstadt: Abuja (180.000 E.; Federal Capital Territory: 1,5 Mio. E.)
  Zentrum der Ölindustrie und Überseehafen: Port Harcourt (1,5 Mio. E.)
  Weitere Regionalzentren: Ibadan (4,7 Mio. E.), Kano (4,0 Mio. E.)
  Weitere neun Städte mit mehr als 1 Mio. Einwohnern

- Sambia (11,5 Mio. E.):
  Hauptstadt, Finanz- und Geschäftszentrum: Lusaka (2,4 Mio. E.)
  Bergbauzentrum: Copperbelt mit den Städten Ndola, Kitwe, Chingola, Mufulira, Luanshya (zusammen 1,1 Mio. E.; ohne Umland)
  Tourismuszentrum: Livingstone (98.000 E.)

- Marokko (33,8 Mio. E.):
  Finanz- und Geschäftszentrum: Casablanca (3,2 Mio. E.)
  Hauptstadt: Rabat (1,6 Mio. E.)
  Handelszentrum: Tanger (670.000 E.)
  Kulturzentren (alte Königstädte): Fès (947.000 E.); Marrakech (823.000 E.), Meknès (536.000 E.)
  Tourismuszentrum (Badetourismus): Agadir (678.000 E.)

Für Mehr-Kern-Länder gibt es aus unternehmerischer Sicht mehrere sinnvolle Investitionsstrategien:

- Konzentration auf das wichtigste Geschäfts- bzw. Finanzzentrum
- Angebot von komplementären Dienstleistungen unter Ausnutzung von Marktlücken; Beispiel: Finanzdienstleistungen in den Industriestädten des sambischen Kupfergürtels
- Nutzung der Nachfrage und Kaufkraft von Oberzentren, die von Wettbewerbern, die einseitig auf das Hauptzentrum ausgerichtet sind, vernachlässigt werden; Beispiel: Häuserbau in den Millionenstädten Nigerias

3.3.3 Entwicklungsstrategien

Welche prinzipiellen Ansätze gibt es zur Lösung der Unterentwicklung? Im Folgenden werden die wichtigsten Strategien vorgestellt:

Vorrangige Förderung der Industrialisierung

Dieser auf der Wachstumstheorie basierende Ansatz stellt die Förderung der Schwerindustrie (nach dem Vorbild der ehemaligen Sowjetunion) oder der Konsumgüterindustrie, damit Importe aus den Industrieländern durch eigene Produktionen ersetzt werden können, in den Mittelpunkt. Dabei hofft man – wie bei anderen Entwicklungsstrategien auch –, dass der wirtschaftliche Aufschwung sukzessive in die unteren Schichten der Gesellschaft durchsickern wird (Trickle-down-Effekt).

Diese im Großen und Ganzen sinnvolle Strategie kann oft wegen mangelnden Know-hows und Kapitals nicht praktisch umgesetzt werden.

Vorrangige Förderung der Agrarentwicklung

Kerngedanke dieser auf der Modernisierungstheorie aufbauenden Strategie ist die möglichst rasche Anhebung der Produktivität der Agrarwirtschaft, z. B. durch Bodenreformen (Neuverteilung des Landes, Bildung von Agrarkollektiven), Mechanisierung, verbesserte Methoden der Bodenbearbeitung, Einsatz von Kunstdüngern, Pflanzenschutzmitteln und gentechnisch verändertem Saatgut.

Diese Maßnahmen sind jedoch alle sehr kapitalintensiv und erfordern außerdem eine gründliche Ausbildung der in der Landwirtschaft Beschäftigten. Zahlreiche Ansätze dieser Art, die die besondere afrikanische Mentalität unberücksichtigt gelassen haben, sind kläglich gescheitert.

Durchführung von Infrastrukturmaßnahmen

Infrastrukturmaßnahmen sind derzeit ein großes Thema in Afrika, denn der Mangel an geeigneten Transportmitteln und schnellen Transportwegen wurde zutreffenderweise als wesentliches Hemmnis für eine positive Wirtschaftsentwicklung erkannt.

Da diese sehr teuren Infrastrukturmaßnahmen von kaum einem Land aus eigener finanzieller Kraft geschultert werden können, stellt die Sicherstellung der Finanzierung die größte Herausforderung dar.

Dabei beschreiten die Staaten unterschiedliche Wege, um ausländisches Kapital zu mobilisieren:

- Angola hat sich einen großen Teil des Straßenbaus, der Instandsetzung der funktionsuntüchtigen Eisenbahnlinie vom Atlantischen Ozean nach Sambia (Benguela-Bahn), des Hafen- und Flughafenausbaus von den Chinesen bezahlen lassen. China hat in den letzten Jahren über 4 Milliarden Dollar in den Ausbau der angolanischen Infrastruktur investiert. Die Rückzahlung der Kredite erfolgt über künftige Erdölförderungen.

- Sambia setzt, wie viele andere Länder auch, auf Öffentlich-private Partnerschaften (*Public Private Partnerships*; PPP). Die Regierung ermöglicht den Bau z. B. einer Straße oder einer Brücke, und der ausländische Finanzpartner darf während der Betriebszeit Mautgebühren von den Benutzern erheben. Auf diese Weise soll beispielsweise der Bau einer Brücke über den Sambesi finanziert werden, um für den geplanten länderübergreifenden Kavango-Sambesi-Nationalpark die erforderlichen Transportmöglichkeiten zu schaffen.

- Erdöl- und Bergbaugesellschaften müssen einen Teil ihrer Investitionen in den Bau humanitärer Einrichtungen (Krankenhäuser, Schulen, Kinderheime) stecken; andernfalls bekommen sie bei Ausschreibungen von Bohr- bzw. Schürflizenzen nicht den Zuschlag.

Neben Investitionen in den Transport- und Bausektor steht auch der Telekommunikationsbereich in der Prioritätenliste der Infrastrukturmaßnahmen ganz oben. Ein funktionierendes Kommunikationssystem (Telefon, Internet) ist eine unabdingbare Voraussetzung jeder Entwicklung. Ohne entsprechende Bildung und Zugang zu Informationen würde ein Anschluss Afrikas an den Weltmarkt Wunschdenken bleiben.

Fokussierung der Technologie auf arbeitsintensive Prozesse

Das Konzept der „angepassten Technologie“ setzt an der Wachstumstheorie an. Es sieht vor, den vielen verfügbaren Arbeitskräften in Entwicklungsländern dadurch einen Arbeitsplatz zu verschaffen, indem man arbeitsintensive Produktionsprozesse favorisiert. Dies entspricht in der Regel einem technologischen Rückschritt und ist insofern fragwürdig. Denn ohne internationale Wettbewerbsfähigkeit ist ein guter Markterfolg nur schwer vorstellbar bzw. müsste dieser über Schutzzölle oder durch Subventionen künstlich ermöglicht werden.

Viel wichtiger ist folgende Beobachtung: Viele Entwicklungsländer haben sich schon an die „neuen Technologien“ aus den Industrieländern gewöhnt und sind nicht bereit, diese wieder aufzugeben. Ein gutes Beispiel hierfür ist die gescheiterte Bemühung einiger Initiativen, im Westen nicht mehr benötigte Rechner der vorigen oder vorvorigen Generation in die Länder Osteuropas zu günstigen Preisen zu verkaufen oder sogar zu verschenken. Die Computernutzer haben sehr schnell erkannt, dass sie mit Hilfe veralteter Technologien nicht wettbewerbsfähig sein können.

Das ist auch in Afrika nicht anders. Hüten wir uns also davor, veraltete Produkte in Bereichen anzubieten, wo es auf höchste Leistungsfähigkeit ankommt!

Sobald allerdings höchste technische Leistung mit größerer Empfindlichkeit und Anfälligkeit einhergeht, gehen die Uhren in Afrika etwas anders. Nehmen Sie beispielsweise Kraftfahrzeuge. Die modernen Autos mit hoch gezüchteter Elektronik sind für Staubstrecken im afrikanischen Busch nicht unbedingt die beste Wahl. In diesem Umfeld ist ein Wagen mit alter, aber robuster Technik, die im Schadensfall auch noch mit einfachen Hilfsmitteln von einem Dschungelmechaniker repariert werden kann, in jedem Fall vorzuziehen.

Veränderungen der Weltmarktbedingungen

Diese auf der Dependenztheorie beruhende Entwicklungsstrategie sieht eine Umstrukturierung des Weltmarktes vor. Wenn Industrie- und Entwicklungsländer zu gleichwertigen Handelspartnern gemacht werden, etwa durch Verzicht auf Agrarsubventionen, Schutzzölle und ähnliche protektionistische Maßnahmen, werden die Entwicklungsländer nicht weiter durch die Industrieländer ausgebeutet, zumindest nicht mehr so stark wie bisher.

Da der machtpolitische Einfluss der Industrieländer auf die Gestaltung des Welthandels und die Festlegung seiner Regeln sehr groß ist und andererseits bei den reichen Nationen nur geringe Bereitschaft vorhanden ist, auf einen Teil ihres Reichtums zu Gunsten der Entwicklungsländer zu verzichten, ist eine konsequente und nachhaltige Umsetzung dieser Strategie derzeit nur schwer vorstellbar. Das wahrscheinliche Szenario ist ein langes, zähes Ringen um jeden einzelnen Punkt, der die Lage der Entwicklungsländer verbessern könnte.

3.4 Das Phasen-Modell nach Faber

Eines der besten Bücher über die Kapitalmärkte, das ich je gelesen habe, ist „Zukunftsmarkt Asien“ von Marc Faber (erschienen 2004 im FinanzBuch Verlag).

Abbildung 3-4: Lebenszyklus der Emerging Markets

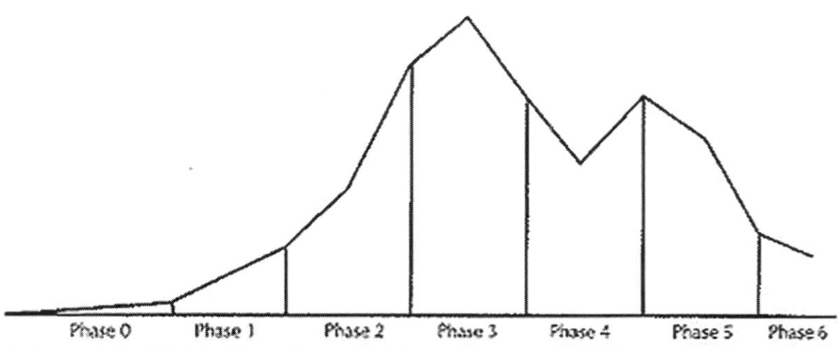

Quelle: Marc Faber, Zukunftsmarkt Asien, München 2003, S. 94

Der Schweizer Börsenexperte und Querdenker mit Wohnsitz in Hongkong und Thailand hat ein Modell entwickelt, das den Entwicklungszyklus der Emerging Markets hervorragend beschreibt.

In seinem Modell, das sich an den Aktienkursentwicklungen der Schwellen- und Entwicklungsländer orientiert, beschreibt Faber typische Ereignisse, die in dem jeweiligen Markt in der betreffenden Phase stattfinden, sowie Symptome, die häufig zu beobachten sind. Abschließend nennt er konkrete Beispiele.

Der Entwicklungszyklus besteht aus folgenden Phasen:

- Phase 0: Nach dem Crash
- Phase 1: Der Zündfunke
- Phase 2: Der Erholungszyklus
- Phase 3: Der Boom
- Phase 4: Zweifel am Abwärtstrend
- Phase 5: Die Realisierung
- Phase 6: Die Kapitulation und der Boden

Dabei sind die Phasen in der Regel nicht klar erkennbar, sondern tendieren dazu, komplex und verschwommen zu sein. Phasenübergänge finden nur langsam und schrittweise statt und sind in der Praxis keineswegs so deutlich wahrzunehmen, wie es auf dem schematischen Bild dargestellt ist.

Langfristig orientierte Anleger steigen am besten in Phase 0 oder 1 ein und spätestens in Phase 3 wieder aus.

Bevor wir uns der Frage zuwenden, in welchen Phasen sich die afrikanischen Märkte aktuell befinden, wollen wir uns einige Phasen genauer anschauen.

Tabelle 3-1: Kennzeichen der frühen Phasen des Lebenszyklus

Indikator	**Phase 0**	**Phase 1**	**Phase 2**
Konjunktur	lange Stagnation oder reale Schrumpfung	beginnt in ausgewählten Sektoren anzuziehen	zieht allgemein an
Arbeitslosigkeit	hoch	beginnt zu fallen	fällt
politische und soziale Situation	instabil	verbessert sich	verbessert sich weiter
rechtliche Situation	unübersichtlich, teilweise lückenhaft, geringe Rechtssicherheit	wird kalkulierbarer (z. B. Einführung von Eigentumsrechten)	verbessert sich weiter
Wirtschaftspolitik		Anreize (z. B. Immobilienerwerb und Unternehmensgründungen durch Ausländer, Aufhebung von Handelsbarrieren)	weitere Anreize
Steuerpolitik		Steuersenkungen, begünstigte Behandlung ausländischer Direktinvestitionen	
Währungspolitik		Aufhebung von Devisenkontrollen, ggf. Währungsreform	
Liquiditätslage	schlecht	verbessert sich (steigende Exporte, Kapitalrückführung, Auslandsinvestitionen)	verbessert sich weiter
Privatisierung	keine	ganze Wirtschaftszweige	Trend hält an
Finanzinstrumente		Privatisierungen von Staatsbetrieben bereichern den Kurszettel	Neuemissionen (Aktien, Anleihen) erreichen Rekordmarken, Länderfonds werden aufgelegt
Immobilienpreise	niedrig	beginnen zu steigen	steigen um ein Vielfaches

Indikator	Phase 0	Phase 1	Phase 2
Reales Pro-Kopf-Einkommen	gleichbleibend oder fallend	beginnt zu steigen	steigt
Unternehmensgewinne	sinkend	erheblich verbessert	steigend, mit zunehmenden Zuwachsraten
ausländische Direkt- oder Portfolio-Investitionen	keine	wenige weitsichtige Ausländer interessieren sich für Joint Ventures und Direktinvestitionen	stark steigend
Kapitalfluss	Kapitalflucht; heimische Ersparnisse sind nicht im eigenen Land investiert	keine Kapitalflucht mehr	Kapitalzu- bzw. -rückfluss
Hotelbelegung	30 %	70 %	voll mit Ausländern; neue Hotels werden gebaut
Tourismus	wenig (unsicher)	verbessert sich	Land wird zum bevorzugten Reiseziel
Handelsvolumen an den Aktienmärkten	extrem niedrig	sehr niedrig	beginnen zu steigen
Aktienkurstendenz	seitwärts; Ausbildung einer Basis	beginnen plötzlich zu steigen	stark steigend
Aktienbewertung	stark unterbewertet im Vergleich zu anderen Assets in der Welt	noch unterbewertet	große Zuflüsse ausländischer Fonds treiben Aktien in die Überbewertung
Interesse ausländischer Fondsmanager	kaum Besuche	einige Contrarians beginnen zu investieren	
Presse	sehr negative Schlagzeilen		sehr positiv; Lawine von positiven Länderreports
Kreditbedingungen	streng	gelockert	günstiger werdend
Kreditvolumen	schrumpfend	von niedrigem Niveau aus steigend	umfassende Kreditexpansion
Projekte	keine	große Infrastrukturprojekte	Bauboom in der wirtschaftlichen Hauptstadt

Indikator	Phase 0	Phase 1	Phase 2
Aktivitäten ausländischer Broker	keine		eröffnen Büros; schreiben viele positive Länderreports
Interesse des Publikums an Investorenkonferenzen	kein Interesse	geringes Interesse	steigendes Interesse

In Phase 0 ist das wirtschaftliche, politische und soziale Umfeld größtenteils negativ. Die Aktienmärkte führen ein Schattendasein, wenn es denn überhaupt schon Börsen gibt; nur wenige Gesellschaften sind notiert, die Marktkapitalisierung und die Umsätze sind äußerst niedrig. Mangel ist überall erkennbar, aber es gibt keine Investoren. Touristen ist das Land zu gefährlich. Die lokale Arbeitslosigkeit ist hoch, Kredite sind nur schwer zu bekommen und extrem teuer.

Nach Faber ist die Phase 0 in Ländern zu finden, die zunächst einen Boom erfahren haben, auf den dann eine Krise gefolgt ist.

In Afrika gab es in den siebziger Jahren so manchen Rohstoffboom. Als dann die Rohstoffpreise an den Weltmärkten ab den achtziger Jahren stark nachgaben, fiel ein Rohstoff-Land nach dem anderen in die Krise. Ein gutes Beispiel ist Sambia, dessen Kupferlastigkeit im Export nach dem Ende des damaligen Rohstoffzyklus zu einer hohen Staatsverschuldung führte. Viele afrikanische Länder veramten.

Es darf allerdings auch nicht übersehen werden, dass die allermeisten afrikanischen Staaten erst Anfang der sechziger Jahre unabhängig wurden und kaum Zeit hatten, ein funktionierendes Staatswesen und Wirtschaftssystem aufzubauen. Viele Länder Schwarzafrikas haben die Phase 0 noch nie verlassen.

Um von der Phase 0 in die Phase 1 einzutreten, bedarf es eines Zündfunkens. Katalysatoren, die den Zyklus ins Rollen bringen, können externe Faktoren sein, wie z. B. Preisanstiege wichtiger Rohstoffe, die Entdeckung neuer Rohstofflagerstätten oder die Verwendung neuer Erfindungen.

Es müssen aber auch in der Wirtschaftspolitik Anreize geschaffen werden, wie z. B. die Zulassung von Immobilienerwerb und Unternehmensgründungen durch Ausländer oder die Aufhebung von Handelsbarrieren. Steuersenkungen, die begünstigte Behandlung ausländischer Direktinvestitionen oder die Aufhebung von Devisenkontrollen spielen ebenfalls eine wichtige Rolle.

In der Folge verbessert sich die schlechte Liquiditätslage zusehends durch steigende Exporte, Kapitalrückführung von Expatriates und zunehmende Auslandsinvestitionen. Die Wirtschaft erwacht aus ihrer Lethargie und geht in eine Wachstumsphase über.

Dieses Wachstum ist zunächst noch recht langsam und beschleunigt sich später in den Phasen 2 und 3. In ausgewählten Sektoren ist bereits in Phase 1 ein starkes Wachstum zu verzeichnen.

In der Phase 2 werden Geschäftsleute und Investoren immer optimistischer. Die Unternehmensgewinne steigen, ebenso die Aktienkurse, die Immobilienpreise, die Löhne und die Zinsen. (In Ländern mit Hyperinflation sieht die Erholung anders aus: Hier sinken nach einer Währungsreform Inflation und Zinsen.)

Kommen wir nun zu einer Einschätzung der afrikanischen Länder. In welcher Phase befinden wir uns in den wichtigsten Staaten des Schwarzen Kontinents im 2. Halbjahr 2007?

- Südafrika befindet sich meiner Meinung nach im Übergang von Phase 1 zu Phase 2, in Teilbereichen der Wirtschaft ist das Land sicher auch schon weiter. Darauf deuten u. a. die liquide Börse und die stark gestiegenen Immobilienpreise hin, ebenso die hohen Auslandsinvestitionen, das Bildungswesen, der Tourismus, die positive Berichterstattung in den Medien und viele weitere Aspekte.
- Die ölreichen Länder Afrikas weisen zum Teil phänomenale Wachstumsraten auf. Hiervon auf eine Positionierung in Phase 1 oder sogar 2 zu schließen, wäre jedoch voreilig. In den meisten dieser Länder nimmt nämlich nur ein sehr eng begrenzter, wenn auch volumenmäßig sehr dominanter Anteil der Wirtschaft am Boom teil, während die anderen Sektoren und der größte Teil der Bevölkerung von dem Aufschwung überhaupt nichts mitbekommen.
- Botswana befindet sich eindeutig in Phase 1 und setzt zum Übergang in Phase 2 an. Mehr von dieser eindrucksvollen Erfolgsstory erfahren Sie in Kap. 8.13.

- Kenia befindet sich gleichzeitig in mehreren Phasen. Bezüglich des Tourismus ist das Land längst in Phase 2, hinsichtlich der Kapitalmärkte und einiger Regionen (Nairobi, Mombasa, Nationalparks im Südosten) in Phase 1 und in anderen Sektoren und Regionen noch in Phase 0.

- Simbabwe ist mitten in Phase 6 unterwegs. Daran ändert auch die eindrucksvolle Performance des Aktienmarktes nichts, denn der Run auf Aktien hat viel mehr mit der Flucht des lokalen Kapitals aus dem zerfallenden, hyperinflationierten und nicht frei konvertiblen Zim-Dollar zu tun als mit der strategischen Investition in gute Unternehmen. Das Ende der Ära von Staatspräsident und Alleinherrscher Robert Mugabe ist bereits abzusehen (die nächsten Wahlen werden im April 2008 stattfinden), und dann wird sich Phase 0 anschließen. Wie schnell danach der Übergang zu Phase 1 erfolgen wird, hängt von einer Vielzahl von Einflussfaktoren ab und lässt sich seriös nicht kalkulieren.

- Nigeria ist ein Riesenmarkt mit einer kontinuierlich wachsenden Mittelschicht und großen unternehmerischen Energien. Der Ölreichtum führte bereits zu einer signifikanten Verbesserung der Staatsfinanzen. Der Wirtschaftsaufschwung hat sich inzwischen auf andere Branchen (z. B. Bauindustrie, Telekommunikation) ausgeweitet. Nigeria dürfte sich auf der Schwelle zu Phase 1 befinden.

- Von den Ländern Nordafrikas befinden sich Ägypten, Marokko und Tunesien in Phase 1, während Algerien und Libyen noch in Phase 0 sind.

- Die übrigen Länder Schwarzafrikas mit Wertpapierbörsen befinden sich – mit Ausnahme von Mauritius (Phase 1) – in Phase 0, wobei sich einige Staaten (insbesondere Sambia und Ghana) schon dem Übergang zu Phase 1 nähern.

- Angola befindet sich teilweise in Phase 0, teilweise in Phase 1. Riesige Infrastrukturmaßnahmen sind angelaufen, finanziert durch die Chinesen. Die Hauptstadt Luanda gehört zu den teuersten Städten weltweit; selbst ein schäbiges, heruntergekommenes Hotelzimmer kostet leicht 200 bis 300 EUR pro Nacht. Viele ausländische Geschäftsleute sind hier zu finden, jeder will am Ölboom verdienen. Das deutet auf Phase 1 hin. Auf der anderen Seite liegt die Arbeitslosigkeit bei 80 Prozent, die Rechtssicherheit ist gering, und die öffentliche Infrastruktur ist nach 30 Jahren Bürgerkrieg weitgehend zerstört. Die Gründung von Unternehmen ist äußerst langwierig, kompliziert und kostenintensiv. Diese Rahmenbedingungen sprechen eher für Phase 0. Wir dürfen gespannt sein, wie sich die angolanische Börse entwickeln wird, wenn sie wie geplant in Kürze gegründet wird.

- Die Demokratische Republik Kongo befindet sich in weiten Bereichen (mit Ausnahme der Minenaktivitäten) im Übergang zwischen Phase 6 und Phase 0. Kapitalmärkte existieren noch nicht. Von einem funktionierenden Staatswesen zu sprechen, wäre verfrüht. Unsicherheit ist an der Tagesordnung. Hinsichtlich seiner Bodenschätze dürfte das ehemalige Zaire allerdings der reichste Staat Afrikas sein. Ich halte diesen schlafenden Riesen daher langfristig für äußerst interessant.

3.5 Die Entwicklung der Marktkapitalisierung

In der Einleitung beschrieb ich bereits den dramatischen Anstieg der Marktkapitalisierungen der osteuropäischen Börsen nach der Wende. Innerhalb weniger Jahre wurden Anstiege von einstelligen Milliardenbeträgen (in US-Dollar gerechnet) auf zwei- oder sogar dreistellige Milliardenbeträge verzeichnet. Dabei zeigte sich ein enger Zusammenhang zur Größe der Volkswirtschaften bzw. zur Einwohnerzahl einerseits und dem Entwicklungsstand des jeweiligen Marktes andererseits. Die größte Marktkapitalisierung hat derzeit Russland, gefolgt von Polen, Tschechien und Ungarn. Die Marktkapitalisierungen der Börsen in Rumänien, der Ukraine und Kasachstan liegen noch deutlich unter denjenigen der Börsen in Prag und Budapest, obwohl die Einwohnerzahlen dieser Länder erheblich höher sind als die von Tschechien und Ungarn. Hierin dokumentiert sich der relative Rückstand in der wirtschaftlichen Entwicklung dieser Länder.

Anfang der neunziger Jahre, als der Eiserne Vorhang fiel und die osteuropäischen Börsen nacheinander starteten, hatten andere Emerging Markets, wie z. B. Mexiko, Chile, Indien oder die Türkei, bereits eine vergleichbare Entwicklung hinter sich. Auch hier hatten sich innerhalb von weniger als zehn Jahren die Marktkapitalisierungen ihrer Aktienbörsen mehr als verzehnfacht.

Der nächste (und letzte) Kontinent, bei dem eine ähnliche Entwicklung stattfinden wird, ist Afrika. Ich könnte mir gut vorstellen, dass
(a) relativ weit entwickelte Länder,
(b) rohstoffreiche Länder und
(c) bevölkerungsreiche Länder
hohe zweistellige und teilweise dreistellige Milliardenbeträge an Marktkapitalisierung bis Anfang/Mitte des nächsten Jahrzehnts erreichen werden.

(Dies kann natürlich nur dann gelten, wenn der US-Dollar nicht so massiv an Außenwert verlieren wird, dass seine Inflationierung die Vergleichbarkeit der Zahlen mit den heutigen Verhältnissen in Frage stellt. Tatsächlich nehme ich jedoch an, dass wir bis Mitte des kommenden Jahrzehnts eine massive Dollarkrise und möglicherweise bereits eine Weltwährungsreform erlebt haben werden.)

Welche Investoren investieren wann? Zur Beantwortung dieser Frage ist es hilfreich, die Politik der Investmentfonds unter die Lupe zu nehmen.

Um in das Radar von international anlegenden Emerging-Market-Investmentfonds zu gelangen, sind die folgenden Marken wichtig:

- Marktkapitalisierung: über 50 Mrd. US-Dollar
- Jahresumsatz: über 10 Mrd. US-Dollar

Im Jahr 2004 wiesen nur 20 Emerging Markets[3] eine Marktkapitalisierung von mehr als 50 Mrd. US-Dollar auf. Sie vereinigten 96 Prozent der gesamten Mittel der weltweit anlegenden Emerging-Market-Fonds auf sich, während auf die restlichen 39 Länder insgesamt nur 4 Prozent des Kapitals entfielen.[4]

Ein ähnliches Bild ergab sich hinsichtlich des zweiten Kriteriums. In Afrika verfügte einzig Südafrika über eine Liquidität, die den Anforderungen institutioneller Anleger genügte. Alle anderen afrikanischen Märkte lagen weit unter der kritischen Marke.

Trotz der kräftigen Steigerungen in den letzten Jahren sind die Börsen Afrikas immer noch ziemlich niedrig kapitalisiert. Alle börsennotierten Aktiengesellschaften zusammen bringen es auf eine Marktkapitalisierung von rund 870 Milliarden Dollar, wovon allein 600 Milliarden Dollar auf Südafrika entfallen. Die 270 Milliarden Dollar, die auf den restlichen Kontinent entfallen, stellen einen lächerlich geringen Wert dar. Zum Vergleich: Das Ölunternehmen Exxon Mobil ist mehr wert als alle börsennotierten Aktiengesellschaften außerhalb Südafrikas zusammen.

[3] Hier im weiteren Sinne gemeint, also inklusive der Frontier Markets.

[4] Quelle: EmergingPortfolio.com Fund Research; Standard & Poor's (2005)

Abbildung 3-5: Marktkapitalisierung Afrika 2006 (in Mrd. US-Dollar)

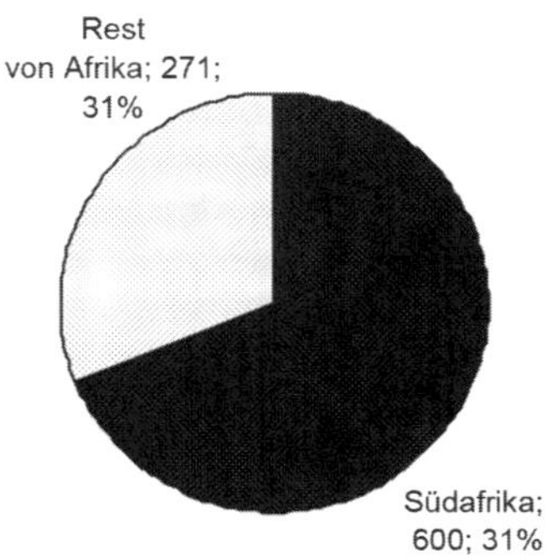

Quelle: Daten der verschiedenen afrikanischen Börsen; eigene Darstellung

Abbildung 3-6
Marktkapitalisierungen an den Börsen (ohne Südafrika) 2006 (in Mrd. US-Dollar)

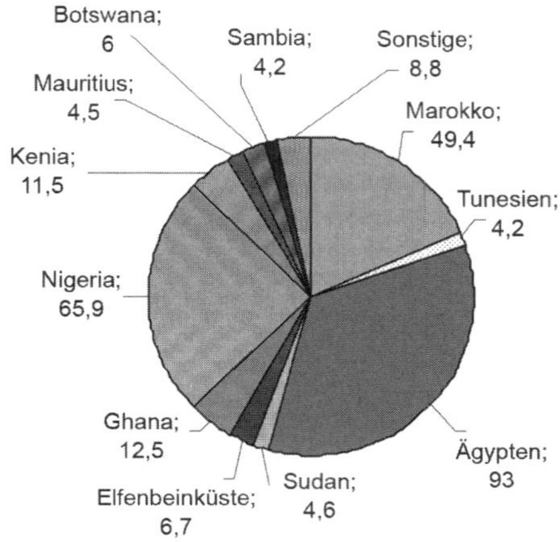

Quelle: Daten der verschiedenen afrikanischen Börsen; eigene Darstellung

Solange die Kapitalmärkte klein und illiquide sind, machen die inländischen Anleger und Spekulanten den Löwenanteil aus, und es operieren dort nur wenige Pioniere aus dem Ausland. Selbst an der recht weit entwickelten Nairobi Stock Exchange entfallen weniger als 15 Prozent der Umsätze auf ausländische Anleger.

Die Verflechtung der schwarzafrikanischen Kapitalmärkte mit den internationalen Börsen in Amerika, Europa und Asien ist noch sehr gering. Gerade hierin sehe ich eine enorme Chance. Während die internationalen Märkte wegen der Immobilien- und Hypothekenkrise in den USA sehr nervös sind und im August 2007 teilweise erhebliche Kurseinbrüche zu verzeichnen hatten, blieben die Börsen auf dem Schwarzen Kontinent davon ziemlich unbeeindruckt, ausgenommen Südafrika und Ägypten. Selbst wenn die wenigen ausländischen Investmentgesellschaften und Hedgefonds, die in Afrika angelegt haben, bei weiter zunehmendem Liquiditätsbedarf Aktien verkaufen sollten, dürften genug inländische Käufer da sein, um das Material problemlos aufzufangen.

Sollte die internationale Krise an den Finanzmärkten sich ausweiten, werden viele Anleger Afrika entdecken. Davon bin ich fest überzeugt.

3.6 Investitionen contra Entwicklungshilfe

Kommen wir zurück auf das Thema Entwicklung, mit dem wir dieses Kapitel begonnen haben.

Die Entwicklungshilfe oder besser Entwicklungszusammenarbeit (dies ist der modernere und treffendere Begriff, der auch von der deutschen Bundesregierung verwendet wird) steht im Brennpunkt vieler Diskussionen.

Ist die traditionelle Entwicklungshilfe sinnvoll oder nicht? Ich möchte hier ein paar Pro- und Kontra-Argumente diskutieren:

Befürworter der Entwicklungszusammenarbeit verweisen gerne auf die unbestreitbaren Erfolge der Arbeit von Weltbank, Internationalem Währungsfonds und anderen Organisationen. Viele Investitionen in wichtige Infrastrukturmaßnahmen und sinnvolle Entwicklungshilfeprojekte wären definitiv nicht zustande gekommen, wenn diese Finanzinstitutionen nicht als Initiator, Lead-Investor, Förderinstitution oder Garant aufgetreten wären. Andererseits werden in vielen dieser Projekte nur Symptome behandelt, während die Ursachen von Missständen nicht beseitigt werden. Oft werden Fehlentwicklungen durch die Leistung von Entwicklungshilfe – häufig ungewollt – sogar verstetigt.

Hier setzen viele Entwicklungshilfekritiker an. Die Überzeugung einiger afrikanischer Politiker und Aktivisten, Afrika könne sich selbst am besten helfen, und die daran anknüpfenden Forderungen, die internationalen Organisationen sollten sich komplett zurückziehen, teile ich allerdings nur bedingt. Wenn dieser Rückzug zu plötzlich erfolgt, könnte das destabilisierende Auswirkungen haben.

Langfristig sollten aber alle Hilfen für Afrika deutlich zurückgefahren werden. Die Anstrengungen der internationalen Organisationen – ganz gleich, ob es sich um IWF, Weltbank, einzelstaatliche Entwicklungshilfeorganisationen, gemeinnützige Hilfswerke oder Spendenorganisationen handelt – sollten sich außerdem auf diejenigen Kernbereiche konzentrieren, wo sich die betreffenden Länder selbst unter den größten Anstrengungen und bei optimalem Verlauf (noch) nicht selbst helfen können bzw. wo diese Prozesse viel zu lange dauern würden.

Zu diesen Kernbereichen gehören u. a. der Bildungssektor, das Gesundheitswesen, die Effektivitäts- und Effizienzsteigerung in der Landwirtschaft, der Aufbau guter Regierungs- und Verwaltungsstrukturen, der Einsatz nützlicher Technologien und die Entwicklung industrieller Fertigungskapazitäten. Auch für große, teure und komplexe Infrastrukturprojekte, wie z. B. den Bau von Kraftwerken und die Einführung von Versorgungssystemen für Strom, Wasser und Kanalisation, ist Unterstützung von außerhalb Afrikas nötig.

Abbildung 3-7: Eine Schule in Sambia

Foto: Hartmut Sieper
In vielen Ländern Afrikas wird ein großer Teil der Bildungs- und Ausbildungsarbeit von Kirchen und gemeinnützigen Organisationen geleistet. Abgebildet ist eine Bibelschule im Norden Sambias.

Hier gibt es durchaus erhebliche Unterschiede. Nehmen wir beispielsweise den Gesundheits- oder Bildungssektor. Dort sind massive Hilfeleistungen nicht nur dringend notwendig, um den Armutskreislauf zu durchbrechen, sondern sie helfen auch der Wirtschaft, ohne ihr auf ungewollte Weise zu schaden. Das gilt für das nationalökonomische Niveau ebenso wie für die lokale Ebene. Eine verbesserte Gesundheitsversorgung der Bevölkerung trägt dazu bei, die volkswirtschaftlichen Krankheitskosten zu reduzieren. Ein besseres Bildungssystem hilft, den hohen Bedarf an qualifizierten Arbeitskräften zu decken. In dem langfristigen Wirtschaftsaufschwung, an dessen Anfang Afrika meiner Meinung nach steht, werden ausgebildete Fach- und Führungskräfte dringend benötigt. Lesen und schreiben zu können bildet eine Grundvoraussetzung für jede höherwertige Ausbildung.

Privatwirtschaftliche Aktivitäten kommen in den Sektoren Gesundheit und Bildung regelmäßig nicht zustande, weil eine Gewinnorientierung entweder per se auszuschließen ist (wie z. B. beim Bau von Schulen, Krankenhäusern und Waisenhäusern) oder nur sehr bedingt möglich und nur sehr langfristig zu realisieren ist. Beim Bau von kommerziell lohnenden Infrastrukturprojekten (z. B. Bau von Kraftwerken) kann und sollte hingegen bevorzugt die private Wirtschaft die Entwicklungsmaßnahmen tragen. Öffentliche Mittel sollten sich hier möglichst auf die Absicherung politischer Risiken beschränken, etwa in Form von Garantiezusagen.

Die kostenlose Abgabe von Nahrungsmitteln und Gütern des täglichen Bedarfs an arme Bevölkerungsgruppen ist hingegen kritisch zu beurteilen. Sie ist zwar gut gemeint, hat aber oft unerwünschte Nebenwirkungen. Im Extremfall können durch spendenfinanzierte Lebensmittel und Kleidungsstücke ganze Branchen gefährdet werden. Einige afrikanische Länder haben diese bittere Erfahrung bereits machen müssen. Es sollte deshalb genauer und umfassender analysiert werden, welche Auswirkungen eine zu beschließende Entwicklungsmaßnahme auf die Situation vor Ort hat.

Ich denke, dass die rein finanzielle Entwicklungshilfe in der derzeitigen Form im Bereich der Wirtschaft eher schädlich als nützlich ist. Sobald Geld fließt, muss die zweckbestimmte Verwendung kontrolliert werden können. Dies ist jedoch kaum möglich. Deshalb versickert so viel in den Taschen korrupter Politiker und Funktionäre und kommt so wenig dort an, wo die Gelder eigentlich hin sollen. Durch die ungerechtfertigten Bereicherungen wiederum sitzen die betreffenden Personen tendenziell eher fester im Sattel als vorher, denn sie können ja mehr Leute „günstig stimmen". Kein Wunder also, dass der Korruption so schwer beizukommen ist.

Ein weiterer wesentlicher Aspekt der Problematik liegt darin, dass umfangreiche Hilfslieferungen oder Finanzhilfen den Herrschenden die Verantwortung abnehmen, selbst für ihr Land zu sorgen. Würden die Hilfen ausbleiben und sich die Situation im Land drastisch verschlechtern, so würden die lokalen Bevölkerungen sehr schnell erkennen, dass sie schlecht regiert werden, und korrupte Regimes könnten sich nicht so lange halten.

Im Falle von Naturkatastrophen, Hungersnöten, Kriegen und Flüchtlingsdramen verhält es sich natürlich anders. Hier kommt es darauf an, die schlimmsten Auswirkungen möglichst schnell und unbürokratisch zu mildern und die aktuellen Lebensbedingungen der betroffenen Menschen kurzfristig zu verbessern. In vielen Fällen ist im Anschluss an die Sofortmaßnahmen eine Aufbauhilfe sinnvoll, die langfristige, nachhaltige Ziele verfolgt und strukturelle Änderungen herbeiführen soll.

3.7 Die Rolle der Wirtschaft in der Entwicklungszusammenarbeit

In der Entwicklung der afrikanischen Länder spielen Partnerschaften zu Industrieländern eine sehr wichtige Rolle.

Klassische Projekte der zwischenstaatlichen Entwicklungszusammenarbeit benötigen in den Partnerländern meist eine staatliche Struktur als Träger. Wichtige Impulse zur Stärkung der Privatwirtschaft in Entwicklungsländern werden durch die langen Bearbeitungszeiten von Projektanträgen behindert. Vom Eingang des Antrags bis zum Beginn der Projektimplementierung vergehen durchschnittlich drei Jahre. Das ist zwar vor dem Hintergrund der politischen Prozesse verständlich, denn der entwicklungspolitische Dialog der Bundesregierung mit den jeweiligen Partnerländern wird in Form von Arbeitsgesprächen, Regierungskonsultationen und Regierungsverhandlungen geführt, die einfach eine gewisse Zeit benötigen, doch ist dies für die Privatwirtschaft meistens nicht akzeptabel. Auch den Bedürfnissen der Entwicklungsländer ist mit einer zeitnäheren und flexibleren Umsetzung von Projekten mehr geholfen.

Die Arbeitsgemeinschaft Entwicklungspolitik der Deutschen Wirtschaft (AGE) kommt daher in einem Positionspapier[5] zu der Überzeugung, dass eine stärkere Einbeziehung der privaten Wirtschaft in die Entwicklungszusammenarbeit deren Qualität erheblich verbessern wird.

Bei den Anstrengungen, die Millennium-Entwicklungsziele zu verwirklichen, hat sich gezeigt, dass das Wachstum in solchen Ländern am größten war, in denen es starke privatwirtschaftliche Initiativen gibt und die Förderung der privatwirtschaftlichen Entwicklung sowie die Integration in die weltwirtschaftliche Arbeitsteilung Ziele der Politik sind.

---

[5] „Die Rolle der Wirtschaft in der Entwicklungszusammenarbeit stärken" vom 24.10.2005. Die AGE ist das entwicklungspolitische Sprachrohr von acht Spitzenverbänden der deutschen Wirtschaft, des Bundes Katholischer Unternehmer (BKU) sowie der Durchführungsorganisationen der Wirtschaft.

Da in den vergangenen Jahrzehnten die Trägheit und mangelnde Effizienz von Projekten mit staatlicher Trägerschaft zunehmend deutlich geworden sind, sollte die Entwicklungszusammenarbeit vermehrt auf die Kooperation mit privatwirtschaftlichen und zivilgesellschaftlichen Partnern setzen. Hierzu gehören:

- einzelne Unternehmen
- Spar- und Kreditgenossenschaften
- Mikrofinanzinstitute
- Unternehmerverbände, besonders von Kleinunternehmern und des Mittelstandes
- Industrie- und Handelskammern
- Ländervereine usw.

In Entwicklungsländern sind Öffentlich-private Partnerschaften (*Public Private Partnerships*) von besonderer Bedeutung. Viele Projekte, vor allem im Infrastruktur-Bereich, sind als PPP-Projekte ausgelegt. Von klassischen PPP-Projekten in Industrieländern unterscheiden sich PPP-Projekte in der Entwicklungszusammenarbeit grundsätzlich dadurch, dass die Nutzer in der Regel nicht im Stande sind, den für den Unterhalt des Projektes notwendigen Finanzierungsbeitrag bereitzustellen. PPP-Projekte in der Entwicklungszusammenarbeit sind daher besonders komplex und auf das Vertrauen der unterschiedlichen Partner angewiesen.

Derzeit werden weniger als ein Prozent des entwicklungspolitischen Haushalts Deutschlands in PPP-Projekte investiert. Das muss sich ändern, wenn es zu einer beschleunigten und effizienteren Durchführung von Maßnahmen der Entwicklungszusammenarbeit kommen soll. Die Handlungsmaxime sollte sein: weniger Staat und Bürokratie, und mehr Privatinitiative.

Eine zukunftsgerichtete Entwicklungspolitik sollte neben der Kooperation mit den Regierungen der Entwicklungsländer stärker auf eine Partnerschaft mit privatwirtschaftlichen und zivilgesellschaftlichen Akteuren setzen. Diese Partnerschaften können neben der multilateral-staatlichen und der bilateral-staatlichen Entwicklungszusammenarbeit zu einem dritten Pfeiler der deutschen Entwicklungszusammenarbeit werden.

Die entwicklungspolitischen Organisationen der privaten Wirtschaft im Überblick

- Arbeitsgemeinschaft Entwicklungspolitik der Deutschen Wirtschaft (AGE)
  Kontakt: http://www.age-berlin.de/

  Sie wird getragen von den folgenden Institutionen:
  Bundesverband der Deutschen Industrie (BDI)
  Deutscher Industrie- und Handelskammertag (DIHK)
  Bundesverband deutscher Banken (BdB)
  Bundesverband des Deutschen Groß- und Außenhandels (BGA)
  Zentralverband des Deutschen Handwerks (ZDH)
  Arbeitsgemeinschaft der Ländervereine
  Außenhandelsvereinigung des Deutschen Einzelhandels (AVE)
  Verband unabhängig beratender Ingenieure und Consultants e. V. (VUBIC)

- Bund Katholischer Unternehmer e.V. (BKU)/AFOS-Stiftung für Unternehmerische Entwicklungszusammenarbeit (vormals: „Afrika Fonds Selbständigkeit") Kontakt: http://www.bku.de/

- Deutscher Genossenschafts- und Raiffeisenverband (DGRV)
  Kontakt: http://www.dgrv.de/

- Senior Experten Service GmbH (SES)
  Kontakt: http://www.ses-bonn.de/

- SEQUA GmbH
  Kontakt: http://www.sequa.de/

- Sparkassenstiftung für internationale Kooperation
  Kontakt: http://www.sparkassenstiftung.de/

Zu den öffentlichen Förderern der Entwicklungszusammenarbeit gehören die Entwicklungsbank der Kreditanstalt für Wiederaufbau (KfW) und die zur KfW Bankengruppe gehörende Deutsche Investitions- und Entwicklungsgesellschaft (DEG).

Die **KfW Entwicklungsbank** unterstützt schwerpunktmäßig den öffentlichen Sektor in den Entwicklungs- und Transformationsländern beim Ausbau der sozialen und wirtschaftlichen Infrastruktur sowie beim Umwelt- und Ressourcenschutz. Die Förderung zielt auf eine dauerhafte Verbesserung der Lebensbedingungen der Bevölkerung der Entwicklungsländer. Bekämpfung der

Armut, Stärkung der nachhaltigen wirtschaftlichen Leistungsfähigkeit und Unterstützung von strukturellen Veränderungen sind zentrale Förderaufgaben. Die Förderung durch Kredite und Zuschüsse aus Haushaltsmitteln des Bundes ergänzt die KfW Entwicklungsbank, soweit möglich, aus eigenen Mitteln.

Die 1962 gegründete **Deutsche Investitions- und Entwicklungsgesellschaft** finanziert und strukturiert Investitionen privater deutscher Unternehmen in Entwicklungs- und Schwellenländern. Als eines der größten Entwicklungsfinanzierungsinstitute für die Förderung der Privatwirtschaft stellt die DEG langfristiges Kapital zu marktorientierten Konditionen zur Verfügung. Dabei engagiert sich die DEG ausschließlich in Projekten, die entwicklungspolitisch sinnvoll, rentabel und umwelt- und sozialverträglich sind.

Die Agrarwirtschaft ist einer ihrer Schwerpunkte. Die DEG berät einheimische Unternehmen, die Agrarprodukte anbauen und weiterverarbeiten sowie deutsche und internationale Unternehmen, die Standorte in Entwicklungsländern unterhalten oder aufbauen wollen.

In vielen Projekten arbeiten KfW und DEG mit der **Gesellschaft für Technische Zusammenarbeit** (**GTZ**) zusammen. Die GTZ unterstützt komplexe Reformen und Veränderungsprozesse in Entwicklungs- und Transformationsländern. Ihre Aktivitäten zielen darauf ab, die Lebensbedingungen und Perspektiven der Menschen nachhaltig zu verbessern.

Die GTZ arbeitet im Auftrag der Bundesregierung und für andere öffentliche und private, nationale wie internationale Auftraggeber, etwa EU, Weltbank oder UN-Organisationen sowie auch für Unternehmen der Privatwirtschaft. Hauptauftraggeber ist das Bundesministerium für wirtschaftliche Zusammenarbeit und Entwicklung.

Kapitel 4

Afrika im Brennpunkt von Großmachtinteressen

Über lange Zeit hat sich keine westliche oder asiatische Großmacht für den afrikanischen Kontinent interessiert, jedenfalls nicht aus wirtschaftlichen Gründen oder aus geopolitischer, strategischer Sicht heraus. Seit der Unabhängigkeit der meisten afrikanischen Staaten in den sechziger Jahren waren es eher besorgte Blicke, die nach Afrika hinübergeworfen wurden. Dürrekatastrophen, Bürgerkriege, Flüchtlingsdramen, Völkermorde, Apartheidpolitik, HIV/AIDS. Politische Unsicherheiten überall.

Seit einigen Jahren allerdings hat sich die Perspektive gewandelt, sind aus besorgten Blicken begehrliche geworden. Der fortschreitende Demokratisierungsprozess, die hohen Rohstoffpreise und der enorme Rohstoffreichtum lenken zunehmende Aufmerksamkeit auf Afrika. Auf einmal betritt ein vergessen geglaubter Kontinent die Weltbühne, und vieles spricht dafür, dass er von dort so schnell nicht wieder abtreten wird.

Afrika ist wieder interessant geworden – für politische Großmächte, die ihre Interessensphäre erweitern wollen, für internationale Rohstoffkonzerne, für Geschäftsleute der unterschiedlichsten Branchen und natürlich auch für Glücksritter zweifelhafter Gesinnung. Afrika droht erneut zum Spielball von fremden Interessen zu werden.

4.1 Die Interessen Chinas

Schätzungen zufolge wurde alleine im Jahr 2006 von China eine Gesamtsumme von 11,7 Mrd. Dollar in Afrika investiert. Im Jahr 2007 sollen es zwei Milliarden mehr sein. Der Handel zwischen China und dem afrikanischen Kontinent wuchs 2006 um mehr als 40 Prozent gegenüber dem Vorjahr; im Vergleich zu 2001 ergibt sich ein kumuliertes Plus von 450 Prozent. Inzwischen ist China nach den USA und Frankreich zum drittgrößten Partner Afrikas geworden. China beabsichtigt, seinen Warenaustausch mit Afrika in den kommenden drei Jahren auf 100 Mrd. US-Dollar zu verdoppeln.

Die Hauptzielländer der chinesischen Interessen waren bisher die erdölreichen Staaten Angola, Nigeria, der Tschad und der Sudan. Konkret hat das Reich der Mitte bereits für mehrere Milliarden Dollar Ölfelder in Nigeria und Angola erworben. Im Sudan wurde eine Raffinerie errichtet, und auch die Restaurierung der während des angolanischen Bürgerkriegs weitgehend zerstörten 1000 Kilometer langen Benguela-Bahn geht auf das Konto der Chinesen. Diese Eisenbahn verbindet den sambischen Kupfergürtel mit dem Atlantik. Auch in Nigeria sind die Chinesen am Bau von neuen Eisenbahnlinien beteiligt.

Der Westen sieht es mit wachsendem Unbehagen, dass China sich den Zugang zu afrikanischem Öl verschafft und spricht dem Land der Mitte mitunter sogar die Berechtigung dazu ab. Doch aus chinesischer Sicht sieht die Rechnung ganz anders aus: Die Staaten der Europäischen Union kaufen 36 Prozent des afrikanischen Öls und die USA 33 Prozent, während es bei China nur 9 Prozent sind. 95 Prozent der Ölexporte Nigerias gehen an westliche Ölgesellschaften. Zudem liegt der Handel der G8 mit Afrika beim Vierfachen des Umsatzes der afrikanisch-chinesischen Geschäfte.

Wie wichtig China für Afrika geworden ist, habe ich Ende 2006 hautnah in Israel erlebt. Anlässlich der jährlich stattfindenden internationalen Handelskonferenz des israelischen Premierministers wollte ich ein Gespräch mit dem Präsidenten eines westafrikanischen Staates führen, der auch für einen Vortrag vorgesehen war. Kurz vorher wurden alle Termine abgesagt, weil der chinesische Staatspräsident zum dritten China-Afrika-Kooperationsforum nach Beijing eingeladen hatte. 48 afrikanische Delegationen waren präsent, davon 41 mit ihren Staats- oder Regierungschefs, um mit China über Pakete von Hilfen, Investitionen, Handelsprojekten, Kreditgewährungen und Schuldenerlassen zu verhandeln. Ich kann mir gut vorstellen, wie eine lange Reihe afrikanischer Präsidenten Schlange gestanden hat, um mit den Oberhäuptern des bevölkerungsreichsten Staates der Welt zu sprechen.

Das Gefühl, das ich dabei empfinde, ist durchaus zwiespältiger Natur. Auf der einen Seite werden in Afrika endlich die dringend notwendigen Infrastrukturprojekte gestartet, die für eine erfolgreiche Wirtschaftsentwicklung eine unbedingte Voraussetzung sind. Hier wurde in der Tat ein wichtiger Startschuss gegeben. Auf der anderen Seite sind diese Projekte im Kontext eines viel größeren Zusammenhangs zu sehen. Es geht um die Ausübung von Macht, um die Sicherung von Chinas ureigenen Interessen. Westliche Politiker und Unternehmer sehen die Aktivitäten Chinas in Afrika teilweise mit einem arglosen Auge, teilweise aber auch mit einem besorgten Blick. Wir Deutsche bzw. Europäer laufen Gefahr, den Wettlauf zu verlieren – den Wettlauf um Marktanteile, um gute und gefestigte Handelsbeziehungen mit einer Vielzahl afrikanischer Staaten, die den beteiligten Ländern aus beiden Kontinenten eine Fülle wechselseitigen Nutzens bringen könnten.

Neben den Politikern nahmen an dem China-Afrika-Kooperationsforum auch 1500 chinesische und afrikanische Unternehmer teil und berieten über Kooperationen in den Bereichen Landwirtschaft und Wasserwirtschaft, Bauwesen, Energie, Verkehrsinfrastruktur sowie Automobile.[1] Hier werden die unternehmerischen Claims für die Zukunft abgesteckt.

Die vielen Milliarden Dollar, die von China nach Afrika fließen, dienen nämlich vor allem einem Zweck: der Beschaffung von Rohstoffen. Dabei verfolgen die Chinesen einen sehr pragmatischen Weg, der sich grundlegend von den Verhaltensweisen des Westens unterscheidet. Während nämlich westliche Geldgeber ihre Kreditzusagen, Schuldenerlasse und Fördermittel an die Erfüllung bestimmter politischer Bedingungen knüpfen, insbesondere an die Beachtung von Menschenrechten, gute Regierungsführung und die Durchführung von Reformen im Wirtschafts- und Finanzwesen, verfolgt China hingegen eine Politik der Nicht-Einmischung in innere Angelegenheiten anderer Länder. Zweifelhafte Regimes wie diejenigen des Sudans oder Simbabwes werden gezielt unterstützt. Die Chinesen haben durch Ausübung ihres Vetorechts im UN-Sicherheitsrat viele internationale Sanktionen gegen diese Staaten bereits verhindert.

Das grundlegende Prinzip der chinesischen Diplomatie, die strikte Trennung von Politik und Wirtschaft, kommt in Afrika gut an. Der ugandische Staatschef Yoweri Museveni brachte es beim Afrika-Gipfel in Beijing auf den Punkt: „Die regierenden Klassen des Westens sind arrogant und überheblich. Sie mischen

[1] Quelle: www.emfis.de, 4.11.06

sich in die Angelegenheiten anderer Leute ein, während die Chinesen bloß mit dir handeln." Auch der Präsident von Botswana, Festus Mogae, erklärte, dass China Afrika als ebenbürtig betrachte und auch dementsprechend behandle, was man von vielen westlichen Staaten nicht sagen könne.

Doch die Geschäfte Chinas mit Afrika sind recht einseitig. Nutzen ziehen daraus vor allem die Chinesen. Die Menschen in Afrika profitieren, wenn überhaupt, nur indirekt davon. Arbeitsplätze entstehen nur in unzureichendem Maß, denn wenn die Chinesen Straßen und Eisenbahnen, Kraftwerke und Staudämme, Häfen und Flughäfen bauen, bringen sie hierzu bevorzugt ihre eigenen Arbeiterbrigaden mit. Viele der schätzungsweise 80.000 chinesischen Entwicklungsarbeiter in Afrika schuften übrigens praktisch kostenlos, weil sie in Wirklichkeit Wehrdienstleistende sind. Ich habe von Berichten gehört, dass chinesische „Ölarbeiter" in Nigeria unter ihrem Blaumann Waffen tragen. Das ist einer der Gründe, warum es für westliche Unternehmer unmöglich ist, unter reinen Kostengesichtspunkten mit chinesischen Firmen zu konkurrieren.

Ein anderer Grund für eine bessere Positionierung chinesischer Unternehmen im Wettbewerb, vor allem bei Großprojekten, liegt darin, dass sich viele Konzerne aus dem Reich der Mitte noch ganz oder überwiegend in Staatseigentum befinden, so beispielsweise PetroChina und Sinosure. Diesen Firmen fällt es mit Hilfe flankierender staatlicher Unterstützung viel leichter, an lukrative Aufträge zu kommen. Im Gegensatz dazu unterliegen amerikanische Unternehmen oft bestimmten Restriktionen der US-Regierung.

Die afrikanischen Länder bezahlen China für die Durchführung der Infrastrukturprojekte meistens in Form von Rohstofflieferungen, vor allem von Erdöl und Metallen. Damit läuft Afrika Gefahr, wie in früheren Kolonialzeiten in der Rohstoff-Falle gefangen zu werden. Große Mengen an Rohprodukten werden zu niedrigen Preisen nach China exportiert, und ein Großteil der Wertschöpfung findet in Asien statt. Statt unabhängiger zu werden, begibt sich Afrika in neue Abhängigkeiten. An einer eigenständigen Verarbeitung der Rohstoffe auf afrikanischem Boden ist China nicht interessiert, auch wenn es einzelne Projekte wie den Bau einer Raffinerieanlage in Nigeria fördert und das bevölkerungsreiche Land von Benzinimporten unabhängiger macht.

Der kenianische Sozialwissenschaftler Isaac Mbeche hat das Dilemma klar erkannt und stellte auf dem Weltsozialgipfel in Nairobi die kritische Frage: „Will die chinesische Regierung eine ernsthafte Partnerschaft mit den Ländern Afrikas, oder will sie nur Afrikas Rohstoffe ausbeuten?"

Auf der anderen Seite werden Unmengen billiger Konsumgüter wie Kleidung, Plastikprodukte oder Elektrogeräte aus China importiert. Auf den ersten Blick ist das für viele afrikanische Verbraucher zwar günstig, weil sie sich jetzt Dinge leisten können, die vorher für sie zu teuer waren. Das gilt beispielsweise für Motorräder aus chinesischer Produktion. Andererseits haben Billigimporte chinesischer Kleidungsstücke vielerorts den heimischen Textil-Sektor zerstört. Nicht nur viele afrikanische Produzenten mussten aufgeben, auch die lokalen Kleinhändler gehörten zu den Verlierern. Denn der Import wird nur über chinesische Händlernetze abgewickelt.

Auch die mangelnde Qualität chinesischer Artikel sowie niedrige Löhne, mangelnde Sicherheit und schlechte Arbeitsbedingungen in chinesischen Unternehmen werden in Afrika zunehmend zum Gegenstand kritischer Diskussionen. Untertagebauminen, die von chinesischen Firmen betrieben werden, zählen zu den gefährlichsten Arbeitsplätzen der Welt.

Lassen Sie mich einen der in Afrika kursierenden Chinesenwitze erzählen: Ein Afrikaner kauft in einem chinesischen Geschäft ein Paar Schuhe. Als er nach einigen Kilometern Fußmarsch seine Hütte erreicht, lösen sich die Absätze. Am nächsten Tag bringt er entrüstet die kaputten Schuhe in den Schuhladen und verlangt sein Geld zurück. „Diese Schuhe haben Sie nicht bei uns gekauft!", bekommt er zu hören. Er beteuert das Gegenteil und präsentiert sogar seinen Kassenzettel. Der chinesische Verkäufer beharrt jedoch auf seiner ablehnenden Haltung. Es könne wirklich nicht sein, dass diese Schuhe hier gekauft wurden. „Warum denn nicht?", fragt der frustrierte Käufer. Der Chinese antwortet: „Wenn diese Schuhe bei uns gekauft worden wären, hätten Sie es damit bestimmt nicht bis zu Ihrem Haus geschafft!"

Angesichts der minderen Qualität zahlreicher chinesischer Produkte hat deutsche Wertarbeit einen unschätzbaren Vorteil. Die Marke „Made in Germany" ist überall in Afrika wohlbekannt. Deutsche Produkte gelten als fortschrittlich, zuverlässig und langlebig, und sie genießen einen hervorragenden Ruf. Hinzu kommt, dass die deutschsprachigen Länder keine problematische koloniale Vergangenheit haben wie England, Frankreich und Portugal. Ich möchte an dieser Stelle erneut betonen: Die Türen für Unternehmer aus Deutschland und angrenzenden Ländern stehen in Afrika weit offen!

4.2 China – USA: Im Wettstreit um die Vorherrschaft

Um das, was in Afrika derzeit passiert, richtig einordnen zu können, ist es erforderlich, einige grundlegende geopolitische Überlegungen anzustellen.

Das Ringen zwischen China und den USA um die Vorherrschaft in der Welt hat viele Facetten.

Mit ihrer politischen Macht und militärischen Präsenz sowie mit ihrem großen technologischen Vorsprung sind die Amerikaner unangefochten die Nummer eins in der Welt. Wirtschaftlich und finanziell sieht es allerdings ganz anders aus. Die wirtschaftlichen Handlungsoptionen der USA als weltgrößte Schuldnernation werden immer geringer. Immer klarer wird es vielen Marktteilnehmern rund um den Erdball, dass Amerika seine Schulden auf normalem Weg niemals zurückzahlen kann. Die Last der Zinsen und Zinseszinsen ist so groß geworden, dass an ordnungsgemäße Tilgung schon lange nicht mehr zu denken ist. Stattdessen wird eifrig die Gelddruckmaschine bedient. Die Geldmenge in den USA wächst mit atemberaubenden 13 Prozent pro Jahr. Dies wird die Inflation in den nächsten Jahren kräftig anheizen – allen gegenteiligen Beteuerungen der Notenbanken und notorischen Gesundbeter der Finanzindustrie zum Trotz. Die Tage des US-Dollars als Weltleitwährung sind gezählt. Viele Anzeichen sprechen dafür, dass der Sturz vom Währungsthron nicht mehr lange auf sich warten lassen wird.

An dieser Stelle kommen die Volksrepublik China und die anderen asiatischen Staaten mit hohen Handelsbilanzüberschüssen ins Spiel, also vor allem Südkorea, Taiwan und Japan. Diese Staaten sind es nämlich, die das amerikanische Defizit zu großen Teilen finanzieren. China hat inzwischen Devisenreserven von über einer Billion US-Dollar aufgehäuft. Angesichts dieser gigantischen Reserven nimmt sich selbst der eine Milliarde umfassende chinesisch-afrikanische Entwicklungsfonds, den das Reich der Mitte in den nächsten Jahren auf fünf Milliarden aufstocken will, sehr bescheiden aus.

Die Chinesen könnten jederzeit auf den roten Knopf drücken und einen sofortigen Kollaps des Weltfinanzsystems auslösen. Das Mittel wäre ganz einfach: Sie bräuchten nur große Mengen an US-Staatsanleihen unlimitiert auf den Markt werfen. Auch die kapitalstärksten internationalen Investoren wären nicht in der Lage, diese riesigen Mengen an Anleihen aufzukaufen und den zu erwartenden drastischen Kursverfall amerikanischer Treasuries wie auch des US-Dollars zu verhindern. Vermutlich würde ohnehin jeder potenzielle Interessent tunlichst Abstand davon nehmen, weil es taktisch äußerst unklug wäre, sich gegen einen dermaßen potenten Verkäufer zu stemmen. Letzten Endes müsste also der amerikanische Staat selbst eingreifen und die Anleihen mit elektronisch geschöpften neuen Dollars „monetisieren". Ein sofortiger und totaler Vertrauensverlust in die US-Währung wäre die Folge, und weltweit würde unter den Anlegern Angst und Panik ausbrechen. Vermutlich würde dann auch ein Derivate-Crash stattfinden, ein allgemeiner Run auf die Banken ausgelöst und das totale finanzielle Chaos hereinbrechen.

Die USA sind sich der bedrohlichen Lage, in der sie sich befinden, durchaus bewusst. Letztlich sind sie dem Wohlwollen Chinas und der anderen asiatischen Überschussländer ausgesetzt. Das macht die Amerikaner politisch erpressbar. Ich kann mir deshalb durchaus vorstellen, dass im Falle einer Okkupation Taiwans durch die Volksrepublik China die USA nicht militärisch eingreifen würden. Die zahnlos gewordene militärische Schutzmacht Taiwans müsste es einfach geschehen lassen.

Doch wie realistisch sind diese Horrorszenarien? China operiert nicht nur aus einer Position der Stärke heraus, sondern hat selber mit vielfältigen Problemen zu kämpfen. Der Binnenmarkt ist noch längst nicht weit genug entwickelt, um ein Wegbrechen der USA als Hauptabnehmer der billigen chinesischen Produkte verkraften zu können. China kann sich auch nicht selbst ernähren und ist von Lebensmittelimporten abhängig. Das trockene Land hat zudem mit einem riesigen Wassermangelproblem zu kämpfen. Hinzu kommen die enormen Disparitäten zwischen den boomenden Städten, vor allem an der Küste, und den armen ländlichen Regionen. Hunderte von Millionen Chinesen leben in bitterer Armut; viele von ihnen sind arbeitslos. Die sozialen Spannungen sind enorm und nehmen immer weiter zu. Entscheidend ist aber, dass die „Produktionsfabrik der Welt" nicht über genug Rohstoffe und Energie verfügt und deshalb in starkem Maße abhängig vom Ausland ist. Erst wenn die eigene Rohstoffbasis gesichert sein wird und der chinesische Binnenmarkt groß genug ist, wäre es für die Chinesen vertretbar, auf den roten Knopf zu drücken und den Wirtschafts- und Finanzkrieg gegen die USA für sich zu entscheiden.

Die Hürden, die überwunden werden müssten, um diese Ziele zu erreichen, sind jedoch extrem hoch. Der Weg von China zum Erdöl und Erdgas des Persischen Golfs ist weit, und auch viele Metalle muss China importieren. Auf absehbare Zeit dürfte China nicht zum Selbstversorger in Sachen Rohstoffe und

Energie werden. Für das Weltfinanzsystem und die Vormachtstellung der USA bedeutet das eine Entwarnung – aber nicht auf Dauer.

Die Erweiterung der eigenen Rohstoffbasis ist deshalb Chinas wichtigste strategische Aufgabe. Da die Lagerstätten in den anderen Kontinenten, vor allem in den rohstoffreichen Ländern Kanada, Australien und Russland, längst in fester Hand sind, steht Afrika im Brennpunkt des Interesses Chinas. Für viele internationale Rohstoffkonzerne waren die politischen und wirtschaftlichen Risiken in den Ländern des Schwarzen Kontinents in den vergangenen Jahrzehnten zu hoch, was dazu führte, dass sie in Afrika nur sehr verhalten und selektiv investierten. Deshalb gibt es gerade in Afrika noch viele Schätze zu heben.

4.3 Die Amerikaner in Afrika

Die Vereinigten Staaten von Amerika haben die strategische Bedeutung Afrikas erkannt. Bis 2015 soll ein Viertel des amerikanischen Erdöls aus Afrika kommen. Deshalb versuchen Lobbyisten seit 2002, die US-Regierung dazu zu bewegen, eine militärische Präsenz in Afrika aufzustellen, um gegen konkurrierende Nationen – vor allem China – einen Vorteil zu erlangen und um neue Erdölfördergebiete für die US-Ölindustrie zu sichern.

Von besonderer Bedeutung in diesem Zusammenhang ist der Golf von Guinea. Er befindet sich im Zentrum eines „westafrikanischen Öl-Dreiecks", das im Norden bis in den Tschad reicht, im Süden hinunter nach Angola und im Westen über Nigeria hinaus bis an die westafrikanische Küste.

Inzwischen haben die USA damit begonnen, ein neues Regionalkommando der US-Streitkräfte in Afrika aufzubauen. Das **United States Africa Command** (**AFRICOM**) will im September 2008 die volle Operationsbereitschaft herstellen und dann das Oberkommando über US-amerikanische Operationen auf dem gesamten afrikanischen Kontinent, mit Ausnahme von Ägypten, übernehmen. Das neue US Afrika-Kommando soll zwar vorrangig mit humanitären Hilfsoperationen und Maßnahmen zur Bewältigung von Katastrophen und Krisen betraut werden, doch das eigentliche Interesse der Amerikaner dürfte militärischer und wirtschaftlicher Art sein. Außerdem soll das Kommando verhindern, dass sich Terroristen in instabilen afrikanischen Ländern einnisten, wie dies in Somalia bereits der Fall ist. Sitz des neuen Kommandos soll zunächst Stuttgart sein. Innerhalb eines Jahres soll AFRICOM in ein afrikanisches Land verlegt werden.

Theresa Whelan, die für Afrika zuständige Vize-Staatssekretärin im Pentagon, bringt die neue Strategie Washingtons auf den Punkt: „Afrika hat eine wachsende strategische Bedeutung für die globale Sicherheit.“ General William Ward, der Oberkommandierende von AFRICOM, äußert auch einen konkreten Wunsch: „Ich hätte gerne einige Vorposten in Afrika. Die Welt hat sich verändert und wir müssen unsere eigene Sicherheit garantieren.“[2]

Einige Staaten Afrikas, darunter die ehemalige amerikanische Kolonie Liberia, begrüßen den neuen Kurs der USA. Staatsoberhäupter anderer afrikanischer Staaten hingegen, wie der libysche Staatschef Muammar el-Gaddafi, lehnen AFRICOM hingegen vehement ab. Auch Südafrika, Botswana und Algerien haben bereits erklärt, dass sie als Standort nicht in Frage kommen. Die Gefahr einer neokolonialen Intervention Amerikas ist nicht von der Hand zu weisen – vor allem dann nicht, wenn sich die USA zunehmend bedrängt fühlen sollten.

Auch auf die Finanzindustrie hat die US-Regierung schon eingewirkt. Vor dem Hintergrund chinesischer Aktivitäten in den von den USA als Schurkenstaaten klassifizierten Ländern Sudan und Simbabwe wurde die weltgrößte Investmentgesellschaft, der US-Konzern Fidelity Investments, unmissverständlich dazu aufgefordert, seine Anteile an dem chinesischen Unternehmen PetroChina zu veräußern.

In den nächsten Jahren dürfte es sehr spannend werden, die Aktionen der Volksrepublik China und der USA auf afrikanischem Boden zu verfolgen. Diese könnten durchaus zum Nachteil des Schwarzen Kontinents gereichen, wenn man an ein Suaheli-Sprichwort denkt: „Wenn die Elefanten kämpfen, leidet das Gras.“

4.4 Der Einfluss der Araber

Der zunehmende arabische Einfluss hat auf den ersten Blick einen gänzlich anderen Hintergrund. Es geht primär um die Expansion des Islam als Weltreligion. Das, was sich in den Staaten Westafrikas südlich der Sahara abspielt, kann durchaus als Fortsetzung der Islamisierungsbestrebungen gelten, die im frühen Mittelalter ihren Anfang nahmen. Das Ringen zwischen islamischen und

[2] Quelle: St. Galler Tagblatt, Online-Ausgabe vom 28.09.2007

christlichen Bevölkerungsgruppen bestimmt zunehmend die politische Szene, insbesondere in solchen Staaten, die nicht eindeutig von einer der beiden Gruppen dominiert werden. Hierzu gehören Nigeria und die Elfenbeinküste. Der islamische Norden und der christliche Süden existieren nicht friedlich nebeneinander, sondern liegen im Wettstreit miteinander. Im islamisch dominierten Norden Nigerias wurde inzwischen die Scharia, der islamische Gesetzeskodex, eingeführt, während im Süden weiterhin das bisherige Rechtssystem Gültigkeit behält: ein Staat – zwei Rechtssysteme: Das ist eine Gemengelage, wo Konflikte vorprogrammiert sind.

Auch entlang der Ostküste Afrikas gewinnt der Islam an Einfluss. Die Bevölkerungen an den Küsten Kenias, Tansanias sowie im Norden von Mosambik sind bereits überwiegend moslemisch.

Da die USA für viele arabische Staaten der Staatsfeind Nummer eins ist, steht zu befürchten, dass Konflikte zwischen der pro-israelischen Weltmacht USA und arabischen Interessengruppen, vor allem radikalen Islamisten, zukünftig auch auf afrikanischem Boden ausgetragen werden.

Bei den Portfolioinvestitionen in afrikanischen Unternehmen spielen arabische Gelder bereits heute eine große Rolle. Die Interessen gelten hauptsächlich „handfesten" Investments, insbesondere Immobilien. Die kräftig sprudelnden Öleinnahmen werden den Ländern am Persischen Golf in Zukunft noch mehr Möglichkeiten geben, ihr Kapital zu exportieren. Besonders die Länder Ostafrikas und Nordafrikas werden als Investitionsziele auserkoren; geografisch liegen sie praktisch vor der Haustür der Scheichs.

Von arabischen Investitionen liest man indes relativ wenig in der Presse. Das hat einen ganz einfachen Grund: Investoren aus arabischen Ländern sind extrem verschwiegen. Sie wollen sich nur sehr ungern in die Karten schauen lassen und arbeiten lieber im Verborgenen. Da die großen Investmentgesellschaften, wie z. B. die Abu Dhabi Investment Authority (ADIA) oder die Kuwait Investment Authority (KIA), nicht börsennotiert sind, unterliegen sie keinen Berichtspflichten.

Vorsichtigen Schätzungen zufolge dürften beide Investmentgesellschaften Vermögenswerte von je über 500 Milliarden Dollar verwalten. Neben diesen staatlichen Fonds existiert noch eine größere Anzahl von Family Offices, die die privaten Vermögen reicher Herrscherfamilien und Clans verwalten.

4.5 Internationale Finanzorganisationen

Zu den internationalen Finanzorganisationen mit sehr weit reichendem Einfluss in den Entwicklungsländern zählen die Weltbankgruppe und der Internationale Währungsfonds (IWF oder IMF, *International Monetary Fund*). Beide wurden im Jahr 1944 auf der Bretton-Woods-Konferenz gegründet. Sie spielen international eine entscheidende entwicklungs- und ordnungspolitische Rolle bei der Bereinigung wirtschaftlicher Schwierigkeiten ihrer Mitgliedsstaaten.

4.5.1 Weltbankgruppe

Die Weltbankgruppe umfasst die folgenden fünf Organisationen, die jeweils eine eigene Rechtspersönlichkeit besitzen, sich aber im Eigentum der Mitgliedstaaten befinden[3]:

- Internationale Bank für Wiederaufbau und Entwicklung (*International Bank for Reconstruction and Development* – IBRD; auch: *World Bank*)
- Internationale Entwicklungsorganisation (*International Development Association* – IDA)
- Internationale Finanz-Corporation (*International Finance Corporation* – IFC)
- Multilaterale Investitions-Garantie-Agentur (*Multilateral Investment Guarantee Agency* – MIGA)
- Internationales Zentrum für die Beilegung von Investitionsstreitigkeiten (*International Center for Settlement of Investment Disputes* – ICSID)

Die gemeinsame Kernaufgabe der einzelnen Institutionen besteht darin, die wirtschaftliche Entwicklung von weniger entwickelten Mitgliedsländern durch finanzielle Unterstützung, Beratung und technische Hilfe zu fördern und so zur Umsetzung der internationalen Entwicklungsziele beizutragen. Insbesondere soll der Anteil der Armen an der Weltbevölkerung bis zum Jahr 2015 um die Hälfte reduziert werden. Die Mittel zur Kreditvergabe schöpft die Weltbank aus dem Verkauf von Anteilsscheinen, die jedes Mitgliedsland entsprechend der Stärke seiner Volkswirtschaft kaufen muss.

[3] Quelle: Weltbank, www.worldbank.org

Oberstes Entscheidungsgremium der Weltbankgruppe ist der jährlich tagende Gouverneursrat, in dem jedes Mitgliedsland einen Sitz hat. Bei Abstimmungen hängt das Stimmgewicht eines Landes von der Höhe seiner Beteiligung am Kapital der Bank ab. Die Industrieländer haben dadurch ein deutliches Übergewicht. Die USA, Japan, Frankreich, Großbritannien und Deutschland kommen gemeinsam auf einen Stimmenanteil von 37,4 Prozent.

Die 1956 gegründete IFC hat die Aufgabe, das Wachstum des privaten Sektors in den weniger entwickelten Ländern zu fördern und bei der Mobilisierung von Inlands- und Auslandskapital Hilfe zu gewähren. Zu diesem Zweck übernimmt sie ohne Garantien des jeweiligen Landes Beteiligungen an privaten Unternehmen beziehungsweise gewährt diesen Kredite.

Der Auftrag der Multilateralen Investitions-Garantie-Agentur (MIGA) besteht in der Förderung ausländischer Direktinvestitionen in Entwicklungsländern, welche die Unterstützung des Wirtschaftswachstums, den Abbau der Armut und die Verbesserung der Lebensumstände der Bevölkerung zum Ziel haben. Die MIGA bietet Versicherungen (Garantien) gegen politische Risiken an, um Investitionen gegen potenzielle politische Risiken abzusichern. Dadurch bekommen Investoren das Vertrauen und das Gefühl von Sicherheit, das sie brauchen, um das Wagnis von Investitionen in Entwicklungsländern einzugehen.

Die MIGA hat mit dem Garantieprogramm für kleine und mittlere Unternehmen (SIP) ein Garantieprogramm speziell für kleine und mittelgroße Investoren (KMI) aufgelegt, die in kleine und mittelständische Unternehmen (KMU) in aufstrebenden Volkswirtschaften investieren. Einzelheiten zu diesem Programm werden in Kapitel 7.3.10 beschrieben.

4.5.2 Internationaler Währungsfonds

Der Internationale Währungsfonds ist eine Sonderorganisation der Vereinten Nationen. Er ist eine Schwesterorganisation der Weltbank-Gruppe und hat seinen Sitz in Washington D.C., USA.

Zu den Aufgaben des IWF gehören:

- Förderung der internationalen Zusammenarbeit in der Währungspolitik
- Ausweitung des Welthandels

- Stabilisierung von Wechselkursen
- Kreditvergabe
- Überwachung der Geldpolitik
- Technische Hilfe

Der IWF hat zurzeit 185 Mitgliedsländer, deren Stimmrecht sich nach ihrem Kapitalanteil richtet. Die Beschlüsse im IWF müssen mit einer Mehrheit von 85 Prozent getroffen werden. Die USA und die EU-Staaten verfügen über eine Sperrminorität.

4.5.3 Konsens von Washington

Unter dem Begriff **Washington Consensus** versteht man eine Reihe von wirtschaftspolitischen Maßnahmen, die Regierungen zur Förderung von wirtschaftlicher Stabilität und Wachstum durchführen sollten. Dieses Konzept wurde auf einer internationalen Konferenz in Washington D.C. erarbeitet und wird seitdem von IWF und Weltbankgruppe propagiert und gefördert.

Die folgenden zehn Instrumente sollen nicht nur zur weltweiten Erreichung eines hohen wirtschaftlichen Wachstums, sondern auch zu einer signifikanten Reduzierung der Armut beitragen und eine Nivellierung der Einkommensverteilung zur Folge haben[4]:

- Haushaltsdiziplin
- Priorität der öffentlichen Ausgaben auf Bildung, Gesundheit und Infrastruktur; Abbau von Subventionen
- Steuerreform zur Senkung der Steuersätze und Erweiterung der Bemessungsgrundlage
- vom Markt bestimmte positive Zinsraten zur Verhinderung von Kapitalflucht
- wettbewerbsfähige Wechselkurse
- Liberalisierung der Handelspolitik

[4] Quelle: Wikipedia

- Offenheit für ausländische Direktinvestitionen
- Privatisierung
- Deregulierung und Entbürokratisierung
- Schutz des Privateigentums

Dieser Maßnahmenkatalog ist schlüssig und umfassend. Wenn diese Empfehlungen sachgerecht umgesetzt werden, fördern sie sicherlich ein gerechter verteiltes und nachhaltigeres Wachstum der betroffenen Volkswirtschaften.

Wie diese Maßnahmen allerdings tatsächlich umgesetzt werden, steht auf einem anderen Blatt. Der Nobelpreisträger Joseph E. Stiglitz behauptet in seinem Buch „Die Chancen der Globalisierung“, dass der *Washington Consensus* auf idealisierten Annahmen beruhe – u. a vollständiger Wettbewerb und vollständige Informationen –, die insbesondere für die Entwicklungsländer weit von der Wirklichkeit entfernt und daher kaum relevant seien.[5] Als ein Beleg für diese Behauptung wird die Volksrepublik China angeführt: Dieses Land hat eine erstaunliche wirtschaftliche Entwicklung vollzogen, obwohl es sich nicht an diese Empfehlungen gehalten habe.

4.5.4 Kritische Betrachtungen

Die „Bretton Woods“-Institutionen IWF und Weltbankgruppe und ihre Politik erfreuen sich nicht überall auf der Welt großer Beliebtheit, sondern werden auch von verschiedenen Seiten kritisiert. Die Argumente der Kritiker sollen im Folgenden kurz wiedergegeben werden.

Die Bekämpfung der Wirtschafts- und Währungskrisen in Argentinien (1998–2002) und Ostasien (1997) durch den IWF wird von manchen Kritikern als unzureichend angesehen. Sie behaupten, dass die Programme des IWF die Krise noch verschärft hätten.

Nach Ansicht vieler Globalisierungskritiker betreiben IWF und Weltbank eine neoliberale Politik, die den Interessen der Schwellen- und Entwicklungsländer nicht wirklich dient.

[5] Joseph Stiglitz: Die Chancen der Globalisierung. Bonn 2006, S. 51

Nichtregierungsorganisationen (NRO; *Non-governmental Organisations*, NGO) kritisieren den häufig an Kreditbewilligungen gekoppelten Zwang zur Privatisierung von Elementen der öffentlichen Daseinsvorsorge, da die betroffenen Regierungen dadurch die Kontrolle verlieren. Weil in den Schuldnerländern in aller Regel kein oder zu wenig inländisches Kapital aufgebracht werden könne, um zum Beispiel die Wasserversorgung oder das Bildungswesen in eigener Regie zu privatisieren, würden diese Bereiche dann unter die Kontrolle internationaler Anleger fallen. (Diese Ängste sind allerdings nicht nur in den Entwicklungsländern berechtigt; auch in europäischen Ländern ist die Privatisierung etwa der Wasserversorgung sehr umstritten.)

Ein weiteres Argument gegen die Politik von IWF und Weltbank besteht darin, dass z. B. die in Finanzkrisen vergebene IWF-Nothilfe Schwellenländer dazu verführe, zu hohe Schulden aufzunehmen.

Viele Schwellenländer, insbesondere in Asien, stellen die amerikanisch-europäische Dominanz von IWF und Weltbank in Frage, die sich in der Stimmengewichtung in diesen Institutionen niederschlage. Die heutige Stimmenverteilung erscheint tatsächlich etwas antiquiert, da sie die Struktur der Weltwirtschaft der 1950er Jahre reflektiert. Aus heutiger Sicht mutet es schon merkwürdig an, dass Frankreich mehr Stimmen im IWF-Verwaltungsrat hat als China und die Stimmen Belgiens oder der Schweiz gewichtiger sind als diejenigen Brasiliens. An der Fortdauer dieser vor allem europäischen und amerikanischen Interessen dienenden Quotenstruktur wird deutlich, dass die faktische Ausübung wirtschaftlicher Macht und Kontrolle eine wichtige Motivation der „Bretton Woods"-Institutionen und ihrer dominierenden Mitgliedsstaaten darstellt. Eine grundlegende Reform der Quotenstruktur scheiterte bislang stets am Widerstand der Europäer.

4.5.5 Weitere Finanzinstitutionen

Es gibt noch weitere potenzielle Geldgeber für Projekte in Entwicklungsländern. Zu den internationalen Institutionen gehören:

- Afrikanische Entwicklungsbank (*African Development Bank Group*)
- Europäische Investitionsbank (*European Investment Bank*, EIB)
- *Industrial Development Corporation* (IDC)

Die **Afrikanische Entwicklungsbank Gruppe** (*African Development Bank Group*) mit Hauptsitz in Abidjan (Côte d'Ivoire) umfasst die drei Teilorganisationen:

- *African Development Bank* (ADB, auch: AfDB), gegründet 1964
- *African Development Fund* (ADF, auch: AfDF), gegründet 1972
- *Nigeria Trust Fund* (NTF), gegründet 1976

Die Aufgabe der Afrikanischen Entwicklungsbank besteht in der Förderung der wirtschaftlichen Entwicklung und des sozialen Fortschritts in den insgesamt 53 afrikanischen Mitgliedsländern durch Vergabe von Krediten. Projekte mit überregionalen Entwicklungsimpulsen haben Vorrang.

Die **Industrial Development Corporation** wurde 1940 gegründet, um das wirtschaftliche Wachstum und die industrielle Entwicklung in Südafrika zu fördern. Inzwischen hat die IDC ihr Tätigkeitsgebiet auf den gesamten Kontinent ausgedehnt. Der private Sektor wird als entscheidender Treiber von wirtschaftlichem Wachstum gesehen. Bei der Förderung von Projekten wird auf die Implementierung der BEE-Regeln (*Black Economic Empowerment*; siehe Kapitel 8.1.4) besonderer Wert gelegt. Die IDC bietet finanzielle Unterstützungen unterschiedlicher Art an, u. a. in Form von langfristigem Wagniskapital als Eigenkapital oder Fremdkapital mit nachrangiger Besicherung, teilweise sogar ohne Besicherung.

Kapitel 5

Zukunftsbranchen in Afrika

Afrika ist eine Wachstumsregion. In vielen afrikanischen Ländern finden Sie eigentlich alles, was zu einem klassischen, langfristigen Bullenmarkt dazugehört:

- Die Preise der Hauptexportgüter steigen auf den Weltmärkten (Rohstoffe)
- Lokale Währungen haben ihre Schwächephasen überwunden
- Aktienmärkte sind noch nicht auf dem Radar internationaler Großanleger
- Die Anlagerisiken werden überschätzt
- Die Mainstream-Medien beginnen erst langsam, über die Märkte zu berichten
- Es gibt noch kaum spezialisierte Investmentfonds oder Anlagezertifikate
- Die erzielbaren Renditen bei geschäftlichen Projekten sind hoch
- Die Finanzmärkte (Banken, Versicherungen) sind noch unterentwickelt
- Technologiesprünge erlauben es rückständigen Ländern, rasch aufzuholen (Mobilfunk, Internet)
- Das politische Umfeld stabilisiert sich
- Kriegerische Auseinandersetzungen wurden beendet
- Die Kaufkraft der lokalen Bevölkerung beginnt zu steigen
- Neue Aktienbörsen werden gegründet, bestehende Börsen werden professionalisiert

- Die Verschuldungssituation verbessert sich
- Die Inflationsraten sinken deutlich
- Die Wirtschaft hat Nachholbedarf in fast allen Bereichen

In Deutschland liegen solche traumhaften Wachstumsraten, wie sie manche afrikanischen Länder seit Jahren zu verzeichnen haben, schon lange zurück. Die Periode in der deutschen Geschichte, mit der die heutige Situation in Afrika – trotz der zweifellos bestehenden Unterschiede – am ehesten vergleichbar ist, ist die Nachkriegszeit. Die Infrastruktur war zerstört, die Ersparnisse der Bevölkerung waren durch eine Währungsreform vernichtet. Lebensmittel wurden knapp. Politisch gab es mit der Gründung der Bundesrepublik Deutschland einen demokratischen Neuanfang nach der vorausgegangenen Diktatur des Nazi-Regimes und den Jahren der Besatzungszeit. Die Verpflichtungen in Form von Reparationszahlungen an die Siegermächte wurden durch den Marshall-Plan, das wichtigste wirtschaftliche Wiederaufbauprogramm der USA, ersetzt.

Was war das Ergebnis? Eine über mehr als zehn Jahre boomende Wirtschaft, ein beispielloser ökonomischer und technischer Aufschwung, der die meisten Beobachter verblüfft hatte, und eine kräftige Börsenhausse, die von 1949 bis 1961 dauerte.

Manche Aspekte der Ausgangssituation Deutschlands nach dem Ende des Zweiten Weltkriegs haben Ähnlichkeiten mit den aktuellen Verhältnissen in einigen afrikanischen Staaten.

In diesem Kapitel wollen wir uns die wichtigsten Wirtschaftssektoren anschauen. Welche Branchen sind für unternehmerische Aktivitäten am interessantesten? Wo liegen die günstigsten Chance-Risiko-Verhältnisse? Welche Bestimmungsfaktoren sind zu beachten?

5.1 Förderung von Rohstoffen

Auf den besonderen Ressourcenreichtum Afrikas und die Rohstoffe Erdöl, Erdgas, Kohle, Uran, Metalle und Diamanten wurde bereits in den Kapiteln 2.2.1 bis 2.2.5 hingewiesen.

Aufgrund der stark angezogenen Rohstoffpreise stehen Bodenschätze im Brennpunkt des Interesses von Investoren aller Schattierungen. Insofern gehören der gesamte Bergbausektor sowie die vor- und nachgelagerten Branchen zu den attraktivsten Wirtschaftssektoren in Afrika:

- Exploration (geophysikalische Messungen und Datenauswertungen, Probebohrungen)
- Projektentwicklung (Landerwerb, Konzessionen, Durchführbarkeitsstudien)
- Erzförderung im Tagebau und Untertagebau
- Ölförderung auf dem Land und offshore
- Zulieferindustrien (Bohrgeräte, Erdbewegungsmaschinen)
- Ingenieurbüros
- Analyselabors

Abbildung 5-1: Goldwaschen nach alter Tradition

Foto: Hartmut Sieper
Obwohl heute modernste Technologien zur Goldgewinnung eingesetzt werden, übt die Suche nach Erzen und Metallen, insbesondere nach Gold, noch immer eine besondere Faszination auf Menschen aus

Die Bergbauindustrie ist eine sehr kapitalintensive Branche. Bereits lange bevor eine Mine in Produktion geht, sind zwei- bis dreistellige Millionenbeträge in die Exploration und Projektentwicklung geflossen. Nur ein geringer Prozentsatz von neu entdeckten Vorkommen kommt jemals in die Produktionsphase.

Deshalb bleiben viele junge Explorationsunternehmen auf der Strecke; einige werden von großen Gesellschaften übernommen, und nur wenige schaffen den langen, steinigen und kostspieligen Weg zum produzierenden Unternehmen.

Erfahrene Aktienanleger wissen das und investieren entweder in ein ganzes Bündel von Exploratoren, um ihr unternehmensspezifisches Investmentrisiko zu streuen, oder sie vertrauen die Aktienauswahl anerkannten Rohstoffexperten an.

Direktinvestitionen in die Exploration und Förderung von Rohstoffen kommen nur für spezialisierte Großunternehmen in Frage. Viele von ihnen haben ihre Wurzeln in rohstoffreichen Ländern wie Südafrika, Kanada, Australien, Brasilien oder den USA. Da viele Rohstoffgesellschaften auch an der Londoner Börse notiert werden und gerade afrikanische Gesellschaften ihren Hauptsitz oft in Großbritannien haben, gibt es auch in der Londoner City eine große Anzahl von Bergbauexperten.

Deutsche Unternehmen haben im Rohstoffsektor Seltenheitswert; in Afrika sind sie bislang kaum anzutreffen. Dabei hat Deutschland eine lange Tradition im Bergbau, vor allem im Steinkohleabbau, und verfügt über eine gute Expertise, besonders im technischen Bereich. Länder wie Nordrhein-Westfalen oder das Saarland könnten sinnvolle Entwicklungspartnerschaften mit rohstoffreichen Ländern oder Regionen eingehen. Deutsche Geologen und Bergbauingenieure, die hierzulande nur schwer einen guten Job finden, könnten weltweit eingesetzt werden. Ich bin davon überzeugt, dass hier noch erhebliche Potenziale für lukrative Projekte in aller Welt bestehen, die für alle Beteiligten Gewinn bringend wären.

Neben den kapitalintensiven Großprojekten, die Konzernen und internationalen Konsortien vorbehalten sind, gibt es auch Betätigungsfelder für kleine und mittlere Unternehmen. Zwei von vielen Möglichkeiten will ich kurz anreißen:

- Minengesellschaften, die über keine eigenen Prüflabors verfügen, müssen derzeit drei bis sechs Monate auf die Ergebnisse von Probebohrungen warten – so lang ist der Rückstau an unbearbeiteten Aufträgen in spezialisierten Prüflabors. Neu zu errichtende Analyselabors würden sofort ihren Markt finden – vor allem an Standorten, an denen es noch keine Labors gibt. Da Zertifizierungen in der Rohstoffbranche eine entscheidende Rolle spielen, ist auf diesen Punkt ein besonderes Augenmerk zu richten.
- Große Minengesellschaften beschäftigen oft Tausende von Mitarbeitern, die versorgt werden müssen – oft an Standorten, die weit entfernt von jeder größeren Stadt sind. Es besteht Bedarf an Wohnraum, Einkaufsmöglichkeiten, Strom- und Wasserversorgung, Schulen, Krankenhäusern und vielen weiteren Dingen. Auch in diesem Umfeld ergeben sich gute Geschäftsmöglichkeiten.

5.2 Infrastruktur

Infrastruktur ist etwas, das in weiten Teilen Afrikas unterdimensioniert, veraltet, zerstört oder noch gar nicht vorhanden ist. Wirtschaften ohne die notwendige Basisinfrastruktur ist allerdings nicht möglich. Insofern kommt dem Aufbau, dem Ausbau und der Instandsetzung von Infrastruktur eine Schlüsselrolle beim afrikanischen Wirtschaftsaufschwung zu.

Im Einzelnen geht es um folgende primären Infrastruktur-Elemente:

- Verkehr:

  Verkehrswege: Straßen und Schienen, Brücken und Tunnel

  Verkehrsmittel: Personen- und Lastkraftwagen, Eisenbahnen

  Umschlagplätze: Häfen, Flughäfen
- Wasser:

  Wassergewinnung: Brackwasseraufbereitung, Meerwasserentsalzung, Stauseen, Brunnen, Anzapfung von Flüssen

  Wasserspeicherung: Staudämme, Zisternen

  Versorgung mit Trinkwasser: Quantität und Qualität (Keimfreiheit)

  Wasserverteilung

  Abwasser: Entsorgung, Reinigung, Aufbereitung

- Gebäude:
  für die öffentliche Verwaltung
  für die Privatwirtschaft: (Industrie- und Gewerbebau)
  für den Tourismus (Hotels, Gästehäuser)
  für die Wohnbevölkerung (Häuser, Mietwohnungen)
- Energie:
  Energieerzeugung: Nutzung der Energieträger Erdöl, Kohle, Wasserkraft, Biomasse, Solarenergie v. a. zur Erzeugung von Elektrizität[1]; zentral (Kraftwerke) und dezentral (Generatoren, lokale Nutzung regenerativer Energiequellen)
  Verteilung: zentral (Stromnetze) und dezentral (Insellösungen)
  Speicherung: Staudämme

Zur Infrastruktur im weiteren Sinne gehört auch die Telekommunikation (Festnetz und Mobilfunk; Internet). Dieser Bereich wird in Kapitel 5.4 besprochen. Auch die Energiewirtschaft und die Bauindustrie sind Gegenstand von eigenen Abschnitten (Kapitel 5.3 bzw. 5.5).

5.2.1 Verkehrsinfrastruktur

Für die rasche und dauerhafte Entwicklung der Wirtschaft ist der Bau von Straßen und Eisenbahnlinien von entscheidender Bedeutung. Insbesondere geht es dabei um folgende Verbindungen:

- zwischen Produktionsstandorten (z. B. Minen, Plantagen, Fabriken) und den lokalen bzw. regionalen Abnehmermärkten, insbesondere den Ballungszentren
- zwischen Produktionsstandorten und geeigneten Verschiffungshäfen
- zwischen den Hauptzentren (Hauptstadt, Verwaltungs-, Handels- und Finanzzentren) untereinander (auch grenzüberschreitend) und den Oberzentren
- zwischen Verkehrsknotenpunkten (z. B. Anbindung von Häfen und Flughäfen an die nächstgelegenen Ballungszentren)

[1] Die Erzeugung von Wärme ist im überwiegend heißen Afrika kaum von Bedeutung.

- zwischen Flughäfen bzw. Ballungsregionen und populären Fremdenverkehrszentren

Die Finanzierung dieser Maßnahmen übersteigt die Leistungsfähigkeit der meisten afrikanischen Länder bei weitem. Externe Finanzquellen sind also dringend erforderlich.

Die Chancen für die Realisierung zahlreicher Infrastrukturmaßnahmen sind jedoch im Moment so günstig wie selten. Große internationale Adressen legen Fonds auf, die bevorzugt oder sogar ausschließlich in Infrastrukturprojekte investieren.

Hierfür stehen erhebliche Mittel bereit. Eine Grundvoraussetzung für die Finanzierung besteht allerdings darin, dass die Erzielung einer positiven Rendite sichergestellt wird, etwa in Form von Mautgebühren.

Öffentlich-private Partnerschaften (*Public Private Partnerships*, PPP) sind häufig der Weg zur Realisierung großer Infrastrukturprojekte. Wenn etwa ein westlicher Konzern ein Kraftwerk baut mit allem, was dazugehört (Staudamm, Verteilerstationen, Transformatoren, Überlandleitungen, Zufahrtsstraßen), dann könnten langfristige Stromlieferverträge mit staatlich garantierten Abnahmemengen und -preisen geschlossen werden, um das Investmentrisiko überschaubar zu halten. Internationale Finanzorganisationen könnten Ausfallbürgschaften für politische Risiken übernehmen.

Einen anderen Weg hat die Volksrepublik China eingeschlagen: Das Reich der Mitte hat über 4 Milliarden US-Dollar in Angola investiert. Mit diesem Geld werden Straßen und Häfen gebaut, Flughäfen erweitert und Eisenbahnlinien repariert (s. u.). Die Absicherung der Kredite erfolgt über künftige Ölförderungen Angolas.

Infrastrukturprojekte aller Art sind aufgrund der großen Summen (häufig handelt es sich um dreistellige Millionenbeträge in Dollar) das Betätigungsfeld von Großkonzernen und internationalen Konsortien. Kleine und mittlere Unternehmen haben, wenn überhaupt, als Subunternehmer in ausgewählten Gewerken Aussicht auf Erfolg.

Abbildung 5-2: Industrieanlagen und Verkehrswege im Raum Johannesburg

Foto: Hartmut Sieper
Voll erschlossene und verkehrstechnisch gut angebundene Industriegebiete wie in Südafrika sind in den meisten afrikanischen Ländern (noch) nicht vorhanden

Einige ausgewählte Infrastrukturprojekte sollen Streiflichter auf die enormen Möglichkeiten in Afrika werfen:

Algerien will seine komfortable finanzielle Situation (hohe Exporterlöse aus der Ölförderung; Devisenreserven in Höhe von 70 Prozent des Bruttoinlandsproduktes; geringe Außenverschuldung von nur 4 Prozent) dazu nutzen, die gesamte Infrastruktur des Landes zu verbessern. Zu den geplanten Projekten gehören der Bau der 1200 km langen Ost-West-Autobahn, die Nord-Süd-Eisenbahnstrecke von Mécheria nach Bechar, der Ausbau des Flughafens Algier, der Bau der Metro in Algier und der Ausbau der Hafeninfrastruktur.

Sambia plant den Bau einer neuen Eisenbahnlinie von den großen Kupferminen des Landes zu dem angolanischen Hafen Lobito. Durch diesen „Kupferkorridor“ sollen die geförderten Rohstoffe zum Atlantik transportiert und von dort in alle Welt verschifft werden. Für die USA ist dies von besonderem Interesse, da sich die Transportwege deutlich verkürzen; bisher werden die sambischen Erze über mosambikanische Häfen am Indischen Ozean verschifft. An der Finanzierung des 235 Millionen US-Dollar teuren Projekts sind u. a. die Development

Bank of Southern Africa und die U.S. Trade and Development Agency (USTDA) interessiert. Der durch Sambia verlaufende Teil der Trasse ist bereits fest geplant und soll binnen drei Jahren bis 2010 fertig gestellt sein.

In **Südafrika** müssen Häfen, Flughäfen, Bahnstrecken und Straßen dringend ausgebaut sowie Kraftwerke, Staudämme und Pipelines neu gebaut werden. Hinzu kommen die Vorhaben im Zusammenhang mit der Fußballweltmeisterschaft 2010. Konkrete Projekte sind beispielsweise der auf 2 Milliarden Euro geschätzte Bau der Gautrain, einer Schnellbahn zwischen Johannesburg, dem internationalen Flughafen und Pretoria, der Bau von zwei Wärmekraftwerken, der Neubau eines internationalen Flughafens bei Durban und der Ausbau der Flughäfen von Johannesburg und Kapstadt.

In der Republik Kongo ist die wirtschaftlich bedeutende, 609 Kilometer lange Eisenbahnlinie zwischen Brazzaville und dem Atlantik-Hafen von Pointe-Noire seit ihrer Inbetriebnahme im Jahr 1934 kaum instand gehalten worden. Die auf der Strecke transportierte Fracht hat in den vergangenen Jahren stark abgenommen. In der Hauptstadt Brazzaville werden wegen Unterbrechungen des Bahntransports regelmäßig wichtige Waren wie Zement und Brennstoff knapp.

Nigeria will die zunehmenden Exporterlöse aus der Erdölförderung für Infrastrukturmaßnahmen in den Bereichen Eisenbahnen, Kraftwerke und Erdölwirtschaft verwenden. Die öffentlichen Investitionsausgaben sollen im Budget 2007 um fast 40 Prozent gegenüber dem Vorjahr erhöht werden. Für 3 Milliarden US-Dollar wollen die Chinesen die Eisenbahn rehabilitieren. Eine indische Investorengruppe will bis 2010 Düngemittelfabriken mit einem Investitionsvolumen von 100 Millionen US-Dollar bauen.

Kenia will sein mangelhaftes Straßennetz – einer der größten Hemmfaktoren für die örtliche Wirtschaft – verbessern und dafür bis 2009 etwa 276 Millionen US-Dollar investieren. Weitere 100 Millionen US-Dollar sollen in den Flughafenausbau fließen.

Angola will bis Ende 2008 für 2 Milliarden US-Dollar rund 5300 Kilometer neue Straßen bauen; bis 2011 sollen insgesamt 14.000 Straßenkilometer neu gebaut werden. Das Nationale Straßeninstitut (Instituto Nacional de Estradas de Angola) als durchführende Behörde will außerdem 120 im Krieg zerstörte Brücken wieder aufbauen sowie zahlreiche Schulen, Krankenhäuser und Polizeistationen rehabilitieren. Außerdem wurde mit der Instandsetzung des nationalen Eisenbahnnetzes begonnen; hier sind hauptsächlich chinesische Firmen über den China International Fund beteiligt. Bis 2011 sollen die Hauptschienenverbindungen des Landes wieder in Betrieb sein. Weitere 200 Millionen US-Dollar sind für die Errichtung eines Industriekomplexes zur Herstellung von Zement und Klinkersteinen vorgesehen.

5.2.2 Wasserversorgung

Die regionalen Unterschiede hinsichtlich der Verfügbarkeit von Wasser sind in Afrika besonders groß. Das eine Extrem bilden die außerordentlich trockenen großen Wüsten- und Steppengebiete der Sahara und der angrenzenden Wüsten in Nord-afrika sowie der Namib und der Kalahari im südwestlichen Afrika, während die immerfeuchten Regenwälder West- und Zentralafrikas das andere Extrem darstellen. Dazwischen gibt es diverse Übergangszonen, darunter Savannengebiete, die periodisch von Dürren heimgesucht werden. Wasser ist insgesamt ein großes Thema für den afrikanischen Kontinent. Die derzeit zu beobachtende Erderwärmung und die zu erwartenden Klimaverschiebungen werden die Brisanz noch erhöhen.

Abbildung 5-3: Wasser – die entscheidende Ressource

Foto: Hartmut Sieper
Nicht überall ist Wasser so reichlich vorhanden wie in den Drakensbergen in Südafrika

Große Variationsbreiten in Menge und jahreszeitlicher Verteilung der Niederschläge führen in weiten Gebieten zu stark schwankenden Ernteerträgen, was die dortige Landwirtschaft generell zu einem schwierigen Geschäft macht. Die künstliche Bewässerung empfindlicher Pflanzen wie z. B. Zuckerrohr ist eine Notwendigkeit; wenn jedoch die gespeicherten Wasservorräte zur Neige gehen, sind die Grenzen erreicht. Während ich diese Zeilen schreibe, leidet der Südosten wieder einmal unter einer lang anhaltenden Trockenheit. Die Stauseen in Swasiland haben Wasserreserven für nur noch zwei Monate. Rationierungen sind bereits in Kraft getreten. Ernteausfälle sind zu erwarten.

Manche Gebiete leiden nicht nur unter wiederkehrenden Dürreperioden, sondern zusätzlich unter Übernutzung des Bodens und des Grundwassers. Langfristig sinkende Grundwasserspiegel sind die Folge.[2]

Die **Länder Nordafrikas** decken einen Teil ihres Trinkwasserbedarfs aus unterirdischen Wasserreservoiren fossilen Ursprungs. Da diese Reserven nicht erneuerbar sind, haben die Maghreb-Länder mit dem Bau von Meerwasserentsalzungsanlagen in großem Maßstab begonnen. Algerien allein will im Rahmen eines bis zum Jahr 2019 angelegten Programms Anlagen bauen, die alle großen Städte an der Küste mit Trinkwasser versorgen sollen; 13 dieser Anlagen wurden bereits international ausgeschrieben, und zwar meist als Betreibermodelle auf der Basis Bauen – Besitzen – Betreiben (*Build – Own – Operate*, BOO). Tunesien plant den Bau von fünf Meerwasserentsalzungsanlagen und zehn Anlagen zur Aufbereitung von Brackwasser. Selbst das energiearme Marokko will in den nächsten beiden Jahren zwei Meerwasserentsalzungsanlagen in Betrieb nehmen.

Ein sehr ambitioniertes Großprojekt ist im **nördlichen Zentralafrika** geplant.[3] Zur Rettung des bereits stark geschrumpften und von der vollständigen Austrocknung bedrohten Tschad-Sees soll Wasser aus dem Ubangi-Fluss, einem Nebenfluss des Kongo-Flusses, über einen 70 bis 150 Kilometer langen Kanal herangeführt werden. Die Staats- und Regierungschefs der vier Anrainerstaaten des Sees – **Nigeria, Kamerun, Tschad** und **Niger** – haben das *Inter-Basin Water Transfer Project* (IBWT) im Juli 2005 verkündet. Das Projekt hat einigen Charme. Da das natürliche Gefälle von der Entnahmestelle am zukünf-

[2] Dies ist keineswegs ein spezifisch afrikanisches Phänomen. Viele Länder Asiens und auch manche Gegenden Europas haben ähnliche Probleme.

[3] Quelle: Roland Wohlleben, bfai; Commission du Bassin du Lac Tchad, N'Djamena

tigen Palambo-Stausee am Ubangi-Fluss bis zum Einzugsgebiet des Schari-Flusses ausgenutzt werden kann, sind keine Pumpen und Schleusen notwendig. Auf dem Territorium der **Zentralafrikanischen Republik** soll außerdem ein 300-MW-Wasserkraftwerk gebaut werden, das entlegene Regionen der beiden Kongo-Staaten mitversorgen kann. Der Kanal soll schiffbar sein. In der Kleinstadt Bouca, wo der erst in Teilstücken existierende Transafrican Highway den späteren Wasserweg kreuzen wird, soll ein kompletter Binnenhafen mit Container-Terminal und Gewerbeflächen entstehen. Weiterhin soll der Kanal über einen weiteren, ebenfalls schiffbaren Kanal mit dem Niger-Flusssystem verbunden werden. Von diesem neuen Wasserweg werden auch Kamerun und Nigeria profitieren.

Dieses Projekt ist für europäische Unternehmen sehr interessant, denn die beteiligten Länder verfügen nicht über die für Planung, Entwurf, Durchführung und Betrieb erforderlichen hochqualifizierten Ingenieure und Techniker. Deshalb ist hier mit Aufträgen für die Branchen Verkehrsinfrastruktur, Stromerzeugung und die Bewässerungslandwirtschaft zu rechnen, später auch für die Agro-Industrie.

Das mit Abstand wasserreichste Land Afrikas ist die **Demokratische Republik Kongo**. Doch trotz des großen Überflusses an dem kostbaren Nass haben viele Menschen keinen Zugang zu gesundheitlich unbedenklichem Trinkwasser bzw. müssen für sauberes Wasser viel bezahlen. Eine zentrale Wasserversorgung zweifelhafter Qualität haben nur die Städte.

Mangelnder Zugang zu sauberem Trinkwasser und unzureichende Hygiene sind entscheidende Gründe dafür, dass die Menschen unter Krankheiten leiden, und stellen damit ein enormes Hindernis für eine positive Entwicklung dar.

In der Wasserversorgung liegen enorme Chancen für europäische Unternehmen. Das gilt nicht nur für städtische Versorgungsanlagen, die in vielen Metropolen Afrikas unterdimensioniert, veraltet und sanierungsbedürftig sind. Auch in den ländlichen Gebieten, die oftmals überhaupt keine Wasserversorgung haben, sind billige, robuste und dezentral einsetzbare Technologien gefragt. Optimal ist eine Energieversorgung über Solarzellen, um vom öffentlichen Stromnetz unabhängig zu sein, das in Dörfern auf dem Land oft nicht existent ist.

Bei der Verwirklichung der Millennium-Entwicklungsziele bildet der Sektor Wasserversorgung einen der Schwerpunkte Deutschlands in der Entwicklungszusammenarbeit mit etlichen afrikanischen Staaten. Deshalb sollten deutsche Unternehmen gerade in diesem Bereich gute Chancen haben. Wir von Trans Africa Invest sind diesbezüglich bereits mit innovativen kleinen Unternehmen aus dem Bereich der Trinkwasserdesinfizierung aktiv, und die ersten Geräte sind schon in der Demokratischen Republik Kongo im Testeinsatz.

In Harare, der Hauptstadt **Simbabwes**, ist die Wasserversorgung fast völlig zusammengebrochen. Defekte in einem Klärwerk haben dazu geführt, dass die ungeklärten Abwässer in den Chivero-See fließen, der wiederum als Trinkwasserreservoir dient. Darüber hinaus stammen die Leitungen aus der britischen Kolonialzeit und verlieren über Leckagen einen erheblichen Teil des Wassers. Das System wurde außerdem für einige Hunderttausend Einwohner ausgelegt und nicht für die weit über eine Million Menschen, die heute in Harare leben. Auch anderswo im Land ist die Situation prekär. Ein erheblicher Teil des Mülls der Städte Simbabwes gelangt in Teiche und Bäche, weil die Müllfahrzeuge wegen akuten Benzinmangels nicht einsatzfähig sind.

Lesotho ist ganz von südafrikanischem Territorium umgeben. Wasser ist der bedeutendste Rohstoff des kleinen Berglandes. Eines der größten Wasserprojekte Afrikas soll Johannesburg mit Wasser aus Lesotho versorgen. Der Ausbau soll Arbeitsplätze schaffen, infrastrukturell das Landesinnere erschließen und touristischen Projekten dienen.

5.3 Energiewirtschaft

Die Perspektiven für die Energiewirtschaft sind in einigen Ländern Afrikas hervorragend. Nachhol- und Entwicklungsbedarf gibt es im Prinzip überall in Afrika, doch nur dort, wo eine Finanzierung möglich ist, ergeben sich echte unternehmerische Chancen.

Afrika steht hinsichtlich seiner Elektrifizierung noch ganz am Anfang. Weite Teile des Kontinents, vor allem die ländlichen Gebiete, haben noch keinen Zugang zu elektrischem Strom.

Abbildung 5-4: Elektrifizierung in Afrika

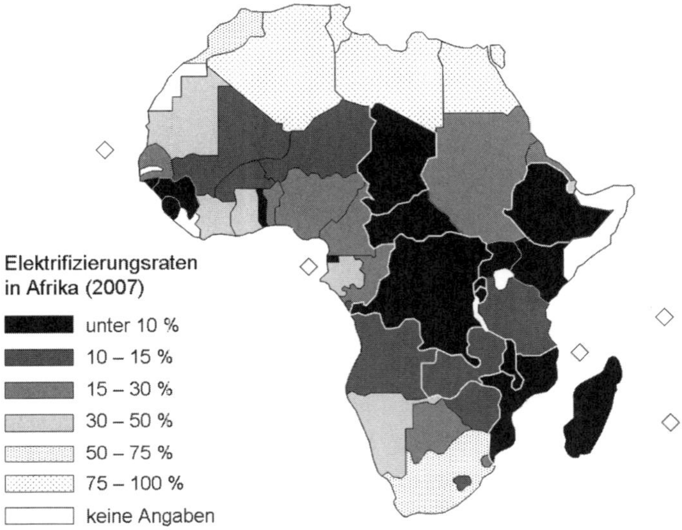

Quelle: Lahmeyer International; SAFRI; DIHK; Präsentationen auf der Südafrika-Roadshow in Hanau, 18.09.2007. eigene Darstellung

Auf der anderen Seite ist die Nachfrage nach Strom da. Ein riesiger Markt wartet darauf, erschlossen und bedient zu werden.

Von den weltweit installierten 3754,1 Gigawatt elektrischer Leistung befinden sich nur 103,7 Gigawatt in Afrika. Das entspricht einem Anteil von gerade mal 2,8 Prozent. Weitaus die größten Kapazitäten hat die Republik **Südafrika** mit 40,5 Gigawatt, gefolgt von **Ägypten** mit 17,1 Gigawatt. Den Rest, rund 46,2 Gigawatt, teilen sich 47 weitere Staaten.

Nach Angaben der Internationalen Energieagentur (IEA) wurden im Jahr 2004 weltweit 17.450 Terawattstunden Strom erzeugt; davon stammten 3 Prozent oder 540 Terawattstunden aus afrikanischen Kraftwerken. Damit wird auf dem gesamten afrikanischen Kontinent etwa so viel Energie produziert wie allein in Deutschland.

Energieknappheit ist das ganz große Thema in weiten Gebieten Afrikas. Der Strombedarf in **Nigeria** ist jetzt schon so groß, dass er die Kapazitäten der Elektrizitätserzeugung bei weitem übersteigt. Wegen der häufigen Stromausfälle laufen in dem Land Unmengen von Generatoren, die mit Diesel betrieben werden.

Ähnliche Zustände herrschen in Angola und vielen weiteren Staaten Afrikas. In **Ghana**, das seine Energie zum großen Teil aus der Staustufe des Volta-Flusses bezieht, wurde schon öfters die Energiezuteilung gekürzt, so dass Industriebetriebe, u. a. auch die Goldminen, zeitweise ihren Betrieb einstellen mussten. Im **südlichen Afrika** ist spätestens 2010 mit einer ernsten Energieknappheit zu rechnen. In **Simbabwe** werden neue Unternehmensgründungen nur genehmigt, wenn die Energieversorgung gesichert ist.

Wie gewaltig die Herausforderungen einerseits, aber auch die Chancen andererseits sind, lässt sich gut am Beispiel **Angola** belegen. Wie bereits erwähnt, ist Angola das wachstumsstärkste Land der Welt.

Der Boom wird gespeist durch die stark ansteigende Erdölförderung bei steigendem Weltmarktpreis und durch die lebhafte Wiederaufbautätigkeit seit dem Ende des Bürgerkriegs.

Aktuell sind maximal 20 Prozent der Bevölkerung Angolas mit öffentlichem Strom versorgt. Drei der 18 Provinzen sind noch gar nicht an das Stromnetz angeschlossen; hier gibt es selbst in den Provinzhauptstädten zum Teil überhaupt keinen Strom (Beispiel: Uige).[4] Der Großteil der Stromversorgung wird mit Hilfe individueller Generatoren sichergestellt, die mit Diesel betrieben werden. Luanda verbraucht 65 Prozent des nationalen Stromaufkommens. Außerhalb der Hauptstadt benötigen 90 Prozent aller Unternehmen für ihren Betrieb einen Generator. Stromausfälle kommen häufig, oft täglich und mehrstündig vor.

Es gibt drei regionale Stromnetze in Angola, die nicht miteinander verbunden sind. Das Nordnetz erzeugt im Prinzip genug Strom, hat sogar Überkapazitäten, doch der Transport von den Kraftwerken zu den Verbrauchern funktioniert nicht; von 2000 Kilometern Stromleitungen mit einer Spannung von mehr als 60 kV funktionierte 2003 nur die Hälfte. Im Zentralnetz sind weniger als ein Viertel der veralteten Stromleitungen funktionsfähig. Strom und Kraftstoffe werden weiterhin in erheblichem Umfang staatlich subventioniert.

In den kommenden Jahren will Angola zwei Milliarden US-Dollar in den Ausbau der Kraftwerkskapazitäten und in die Instandsetzung und Erweiterung des Leitungsnetzes investieren. Das Land verfügt über riesige ungenutzte Was-

[4] Quelle: Energiewirtschaft Angola 2007, Bundesagentur für Außenwirtschaft, www.bfai.de

serkraftkapazitäten; erst 3 Prozent des Potenzials werden bislang genutzt. Mehrere Kraftwerke befinden sich derzeit im Bau, die noch im Jahr 2007 ans Netz gehen sollen. Dadurch soll vor allem die große Versorgungslücke in Luanda gedeckt werden. Weitere Kraftwerke, darunter ein Großprojekt über 1,5 Milliarden US-Dollar, werden ausgeschrieben. Weiterhin ist die Errichtung einer Erdölraffinerie geplant. Dadurch will Angola zukünftig jährlich 500 Millionen US-Dollar an Treibstoffimporten sparen. Ursprünglich wollten die Chinesen die Raffinerie als Joint-Venture-Partner errichten und betreiben, doch wollten sie die raffinierten Kraftstoffe ausschließlich für die Heimat produzieren. Für die angolanische Regierung war das inakzeptabel, und so wird das Vorhaben jetzt unter alleiniger Regie des Staatskonzerns Sonangol vorangetrieben. Angolas größtes Einzelvorhaben im Energiesektor schließlich ist das 4 Milliarden US-Dollar umfassende Flüssiggasprojekt Angola LNG, das 2010 in Betrieb genommen werden soll.

So weit die Ausführungen zu Angola. Wie bereits erörtert, ist die Jagd nach Rohstoffen in vollem Gange. Viele neue Minen nehmen in den nächsten Jahren die Produktion auf. Die Metallgewinnung aus Erzen ist ein sehr energieintensiver Prozess. Deshalb gehört eine gesicherte Energieversorgung zu den unabdingbaren Voraussetzungen für den Minenbetrieb, zur Not durch eigens dafür gebaute Kraftwerke.

Besonders energieaufwändig ist die Produktion von Aluminium. In **Mosambik** verbraucht MOZAL, eine der modernsten Aluminiumhütten der Welt, die sich in australischem Besitz befindet, doppelt so viel Strom wie der Rest des Landes. Pro Jahr werden 600.000 Tonnen Rohmaterial aus Australien dort verarbeitet. Der niedrige Strompreis in Mosambik ist der Hauptstandortfaktor.

Neben der Ingangsetzung von neuen Minen benötigen auch alle anderen Wirtschaftsbereiche zunehmend Strom, der bereits jetzt schon Mangelware ist. So erhebt sich die kritische Frage, ob die in Angriff genommenen und zukünftig geplanten Projekte überhaupt realisierbar sind, oder ob sie am Energiemangel scheitern werden. Haben die überaus optimistischen Projektplaner die Bodenhaftung verloren?

Auf den ersten Blick könnte man zu dem Ergebnis kommen, dass Afrika dabei ist, sich zu übernehmen. Doch das Energieproblem des Kontinents ist lösbar. Die Anstrengungen laufen in zwei Hauptrichtungen: Zum einen ist der Bau von neuen Kohlekraftwerken geplant, darunter das Mmamabula-Projekt in

Botswana, das 2011 ans Netz gehen soll und das Land zu einem Stromexporteur machen wird, das Mchuchuma-Großkraftwerk im Südwesten Tansanias und die Reaktivierung einer Kohlemine im Süden Sambias. Zum anderen soll verstärkt auf die Wasserkraft gesetzt werden.

Bei der Nutzung der Wasserkraft spielen die Flüsse Afrikas bereits eine wichtige Rolle. Große Staudämme werden bereits zur Stromerzeugung genutzt:

- Nil: Assuan-Staudamm (Ägypten),
- Sambesi: Kariba-Staudamm (Sambia; Simbabwe); Cahora-Bassa-Staudamm (Mosambik)
- Kongo: Inga-Staudämme (Demokratische Republik Kongo)
- Niger: Kainji-Staudamm (Nigeria)
- Volta: Akosombo-Staudamm (Ghana)

Das Potenzial ist allerdings noch lange nicht erschöpft. Vielmehr bestehen erhebliche Reserven, und die Nutzung der Wasserkraft soll gezielt ausgebaut werden. Das gilt nicht nur für Angola, sondern auch für andere Länder.

In diesem Zusammenhang ist die **Demokratische Republik Kongo** von zentraler Bedeutung. Auf Grund einer geografischen Besonderheit ist das Potenzial des Kongo zur Energieerzeugung riesig. Normalerweise haben Flüsse in ihrem Oberlauf, wenn sie noch wenig Wasser führen, das größte Gefälle und sind in ihrem Unterlauf, wenn zahlreiche Nebenflüsse die mitgeführte Wassermenge stark zunehmen lassen, eher flach. Beim Kongo-Fluss ist das anders. Denn dieser riesige Strom fällt gerade an seinem Unterlauf, in der Nähe der Acht-Millionen-Metropole Kinshasa und 150 Kilometer von der Mündung entfernt, über 100 Meter in die Tiefe. Diese und weitere Stromschnellen machen ihn für Schiffe unpassierbar.

Bereits 1972 und 1982 ließ der damalige Diktator Mobutu an dieser Stelle die beiden Wasserkraftwerke Inga I und Inga II bauen, die Kinshasa mit Strom versorgen. Von hier aus läuft die längste Gleichstromleitung der Welt 1725 Kilometer quer durch das Land in die im Südosten liegende Kupferregion Shaba (Katanga), wo die Minengesellschaften große Strommengen benötigen. Die Infrastruktur dieser beiden Dämme ist jedoch so weit heruntergekommen und die aufgestauten Gewässer sind so stark verschlammt, dass die Kapazitäten derzeit nur zu 30 Prozent genutzt werden können. Eine Gruppe europäischer Konzerne will mit Unterstützung der Weltbank 550 Millionen Dollar in die Wiederherstellung investieren.

Doch das ist noch längst nicht alles. Schon bald soll nämlich Inga III mit einer zusätzlichen Kapazität von 3500 Megawatt gebaut werden. Inga III wiederum ist auch nur eine Stufe des finalen Projekts „Grand Inga", das etwa 50 Milliarden Dollar kosten soll und am Ende mit der gigantischen Kapazität von 39.000 MW mehr als doppelt so viel Strom generieren wird wie der berühmte Drei-Schluchten-Damm am Jangtsekiang in China. Diese Energiemenge wird ausreichen, um die Energieknappheit in Afrika zu beseitigen.

Dies wiederum wird bedeuten, dass Afrika sein Erdöl, das in wachsenden Mengen aus dem Meeresboden gefördert wird, über die Raffinierung zu Benzin hinaus kaum für die eigene Energieerzeugung nutzen muss, sondern zum größten Teil exportieren kann. Man kann sich leicht vorstellen, dass dies zum Turbolader für die wirtschaftliche Entwicklung der ölreichen Länder werden kann.

Erneuerbare Energien

Afrika könnte sogar zukünftig Energie nach Europa liefern. Nach Einschätzung der EU-Kommission hat der Kontinent die Perspektive, sich als Großexporteur von Biokraftstoffen auf den europäischen Märkten zu etablieren. Dadurch würden die Staaten des Kontinents ein zusätzliches Einkommen erwirtschaften. Die klimatischen Voraussetzungen für den Anbau sehr ertragsstarker Pflanzen für die Erzeugung von Ethanol, wie etwa Zuckerrohr, sind in den tropischen Gebieten jedenfalls günstig.

Auch bei Windkraft, Solarenergie, Biomasse und Geothermie schreibt die EU dem Kontinent ein erhebliches Potenzial zu. In den vergleichsweise dünn besiedelten afrikanischen Staaten eignen sich Solaranlagen und Windparks besonders gut, denn sie ermöglichen Insellösungen weitab von öffentlichen Stromnetzen.

5.4 Telekommunikation und Internet

Afrika beherbergt einige der attraktivsten Mobilfunkmärkte der Welt. Mit durchschnittlichen Wachstumsraten von jährlich 65 Prozent expandiert der Mobilfunkmarkt in Afrika seit zehn Jahren fast doppelt so schnell wie im Rest der Welt.

Demgegenüber bleibt der Festnetzsektor mit Penetrationsraten von unter 3 Prozent in den meisten afrikanischen Ländern unterentwickelt. Daran wird sich vermutlich auch nichts ändern, denn Afrika macht es großen Ländern wie Russland oder Indien nach, die das technologische Stadium der Festnetzkommunikation einfach übersprungen haben und direkt in das Mobilfunkzeitalter katapultiert wurden.

Auch der Breitbandsektor spielt nur eine untergeordnete Rolle. Das könnte sich mittelfristig aber ändern, vor allem dann, wenn Betreibergesellschaften in neue Wireless-Technologien wie WiMAX investieren, die keine Ausweitung oder Verbesserung des derzeitigen Festnetzes voraussetzen.

5.4.1 Mobilfunk

Das Wirtschaftsmagazin Business Monitor International hat 21 afrikanische Länder hinsichtlich ihrer Chancen und Risiken im Telekommunikationsmarkt untersucht. Gegenstand der Marktanalyse war ausschließlich der für Investoren hochattraktive Mobilfunkmarkt. Methodisch wurden die Märkte in sechs Kategorien bewertet und anschließend aus dem ungewichteten Durchschnitt der Bewertungen die Rangfolge gebildet.

Tabelle 5-1: Marktattraktivität afrikanischer Länder: Mobilfunk

	Langfristiges Risiko		Telekommunikationsmarkt				Gesamt-Score	Rang
	Wirtschaft	Politik	Marktreife	Wachstumspotenzial	Wettbewerb	Regulierung		
Südafrika	6,0	7,5	7	5	9	5	6,58	1
Uganda	7,0	6,0	1	8	8	8	6,33	2
Tansania	4,5	5,5	2	8	9	7	6,00	3
Ägypten	6,5	6,5	3	8	7	5	6,00	
Botswana	6,0	7,5	6	1	6	9	5,92	5
Senegal	6,5	6,0	3	7	7	5	5,75	6
Algerien	6,5	6,5	6	5	6	4	5,67	7
Marokko	6,5	6,5	5	5	6	5	5,67	
Elfenbeinküste	5,0	3,0	3	8	7	6	5,33	9
Mauritius	7,0	9,0	6	1	6	3	5,33	
Ghana	4,0	6,5	3	8	7	3	5,25	11
Nigeria	4,5	5,0	3	8	7	4	5,25	
Gabun	5,0	7,0	6	1	7	5	5,17	13
Tunesien	6,0	6,5	7	2	6	3	5,08	14
Kenia	5,0	5,5	3	8	5	4	5,08	
Mali	7,0	8,0	2	6	6	1	5,00	16
Mosambik	4,0	8,0	2	8	4	3	4,83	17
Angola	7,5	4,0	3	8	4	2	4,75	18
Kamerun	5,5	4,5	2	5	6	5	4,67	19
Sudan	4,5	3,5	2	8	6	4	4,67	
Mauretanien	4,5	4,5	4	4	6	4	4,50	21

Quelle: Business Monitor International;
http://www.pri-center.com/documents/bmi/Africa_Business_Environment_Rankings.pdf

Die ersten beiden Kategorien beziehen sich auf die mittelfristigen wirtschaftlichen und politischen Aussichten. Je geringer das Risiko, umso höher ist die vergebene Punktzahl. Dabei sind die Unterschiede von Land zu Land recht stark. Nimmt man beispielsweise die beiden ehemaligen portugiesischen Kolonien Angola und Mosambik, so fällt auf, dass bei Angola das wirtschaftliche Risiko als sehr gering (7,5 von 10 Punkten), das politische (4,0 Punkte) jedoch als hoch eingestuft wird. In Mosambik ist es genau umgekehrt. Dieses Land wird als politisch stabil, wirtschaftlich aber als anfällig eingestuft.

Die dritte und vierte Kategorie betreffen die Attraktivität des Mobilfunkmarktes im engeren Sinne. Bewertet werden einerseits die aktuelle Marktreife, gemessen an der Anzahl der Mobilfunkteilnehmer in Relation zur Gesamtbevölkerung des Landes, und zum anderen das verbleibende Wachstumspotenzial. Afrika hat eine Bevölkerung von rund 700 Millionen Menschen, doch in den meisten Staaten liegt die Durchdringungsrate noch unter 20 Prozent. Dies führt dazu, dass mehr als der Hälfte der untersuchten Länder ein maximales Wachstumspotenzial zugebilligt wird (Maximalwert = 8). Logischerweise wird das Wachstumspotenzial umso geringer, je weiter ein Land in seiner Marktreife vorgedrungen ist.

Andererseits wird das mögliche Wachstum aber auch durch schlechte Wettbewerbsbedingungen und mangelhafte Regulierung gebremst bzw. verhindert. Ein extremes Beispiel hierfür ist Mali. Hier gibt es keine unabhängige Regulierungsbehörde, und der Staat trifft sämtliche Entscheidungen. Der einzige Betreiber ist in staatlicher Hand. Auch in Mosambik und Angola sind die Betreiber Staatsunternehmen. Privatisierungen sind nicht geplant, weshalb Investoren in diesen Ländern keine Möglichkeit haben, am Wachstum zu partizipieren.

Im Gegensatz hierzu verfolgen Uganda und Tansania im Telekommunikationsmarkt eine liberale Politik. Tansania hat vier Betreiber, die alle in privater Hand sind, und in Uganda kommen zu den bestehenden drei Betreibergesellschaften durch Ausschreibung zwei weitere Anbieter hinzu. Diese beiden Staaten, wie auch Botswana, geben den Lizenzinhabern die volle Freiheit hinsichtlich der Auswahl der Übertragungswege. Alle diese Länder haben unabhängige Regulierungsbehörden, die von staatlicher Einflussnahme weitestgehend frei sind. So ist es nicht verwunderlich, dass die ausländischen Direktinvestments hier auf einem hohen Niveau liegen, ähnlich wie beim Spitzenreiter Südafrika.

Die nordafrikanischen Länder liegen – mit Ausnahme des noch wenig entwickelten und daher wachstumsstarken Ägypten – auf einem mittleren Bewertungsniveau. Hier war das Wachstum in den vergangenen Jahren sehr stark gewesen. Algerien wies das höchste Wachstum weltweit auf, was zu einer Durchdringungsquote von inzwischen 70 Prozent geführt hat. Ähnlich hohe Raten weisen die Länder Botswana und Gabun auf. Damit dürften die Wachstumsraten in den nächsten Jahren nicht mehr so hoch ausfallen.

Der Mobilfunkmarkt hat einige der größten Erfolgsgeschichten Afrikas zu bieten. Nehmen wir als Beispiel den botswanischen Mobilfunkprovider Mascom Wireless Botswana. Die Gesellschaft wurde mit Hilfe der strategischen Partner Portugal Telecom und der TSM (Simbabwe; heute Econet) gegründet und begann ihre Tätigkeit 1998. 2004/05 verkauften die beiden Partner ihre Beteiligung ganz bzw. teilweise an MTN (Südafrika), der klaren Nummer eins im afrikanischen Mobilfunkmarkt. Die Wertentwicklung von Mascom Wireless ist atemberaubend: Der Unternehmenswert hat sich seit der Gründung mehr als verdreißigfacht und lag im Jahr 2006 bei 1,2 Milliarden US-Dollar.

Botswana hat bei der Liberalisierung des Telekommunikationsmarktes übrigens ein weltweit beispielloses Tempo vorgelegt: Von der Ankündigung bis zur Realisierung vergingen nur sechs Monate. Dieses Beispiel unterstreicht eindrucksvoll, dass man die afrikanische Bürokratie – wie vieles auf diesem Kontinent – nicht verallgemeinern darf. Nicht überall ist sie langsam und kompliziert; manchmal gehen die Dinge überraschend schnell und unbürokratisch.

Der südafrikanische Telekom-Konzern MTN ist seit der Übernahme der im Libanon ansässigen Telekomgesellschaft Investcom für 5,5 Milliarden Dollar zu einem der weltgrößten Mobilfunkbetreiber in den Emerging Markets aufgestiegen.

Da moderne Kommunikationsmittel dabei helfen können, die Wirtschaft auch der ärmsten Länder anzukurbeln, haben die Vereinten Nationen das „Millenium Villages"-Projekt gestartet und 79 afrikanische Dörfer mit Mobiltelefonen ausgestattet. In absehbarer Zeit sollen nach dem Willen der UNO eine halbe Million der „Ärmsten der Armen" von einem Handy Gebrauch machen können. Aufgrund positiver Erfahrungen in der Vergangenheit ist damit zu rechnen, dass Afrikaner unternehmerisch tätig werden, sobald die notwendige Technologie zu erschwinglichen Kosten verfügbar ist.

Auch Computer sollen die Armen bekommen. Nicholas Negroponte, der frühere Direktor des Medienforschungszentrums des *Massachusetts Institute of Technology* (MIT), hat das Projekt „*One Laptop per Child*" („Ein Laptop pro Kind") gestartet. Schüler in Entwicklungsländern sollen einen robusten mobilen Computer bekommen, der nicht mehr als 100 Dollar kosten soll.[5]

In **Namibia** sorgt zunehmender Wettbewerb für frischen Wind im Mobilfunksektor. Nachdem im August 2006 der Mobilfunkbetreiber Powercom die zweite Betreiberlizenz des Landes erhalten und den Bau von mehr als 100 Übertragungsstationen zugesagt hatte, wurde auch der bisherige Monopolist Mobile Telecommunication (MTC) aktiv. Die Tochtergesellschaft von Telecom Namibia plant die Installierung der neuesten Technologie (3G), die den Kunden die Nutzung von Hochgeschwindigkeitsinternet via Mobiltelefon ermöglicht. Über mehr als 250 Übertragungsstationen erreicht MTC fast 90 Prozent der Bevölkerung.

Auch die ADSL-Technologie *(Asymmetric Digital Subscriber Line)* kommt nach Namibia.

Im September 2006 unterschrieb das Unternehmen mit dem chinesischen Unternehmen Huawei Technologies einen Vertrag über die Lieferung von 7000 Standard-ADSL-Stationen, die im ganzen Land verteilt werden sollen.

5.4.2 Internet

Kommen wir nun zum Thema Internet – einem der entscheidenden Fortschrittskatalysatoren für den afrikanischen Kontinent.

Anfang 2006 betrug die Internet-Durchdringungsrate in Afrika rund 4 Prozent gegenüber 2,6 Prozent im Vorjahr. Seitdem verschiedene Breitband-Initiativen gestartet wurden, nimmt die Zahl der Staaten, die kommerzielle ADSL-Dienste anbieten, stark zu. Ende 2005 waren es bereits 21 Staaten. Relativ am besten sind die Länder Südafrika, Namibia, Botswana, Libyen, Tunesien, Ägypten, Kap Verde, Algerien, Gabun und Marokko angebunden.[6]

[5] Quelle: Spiegel Online, www.spiegel.de

[6] Bericht „African Broadband and Internet Markets" von Research and Markets, in: Bundesagentur für Außenwirtschaft, www.bfai.de

Tabelle 5-2: Marktpotenzial Internet

Land	Jahr	Anzahl Internet-Nutzer (in Mio.)	in Prozent der Bevölkerung
Marokko	2006	6,1	18,1 %
Mauritius	2006	0,2	14,4 %
Tunesien	2006	1,3	12,6 %
Südafrika	2005	5,1	11,6 %
Simbabwe	2006	1,2	9,9 %
Ägypten	2006	6,0	7,5 %
Kenia	2006	2,8	7,5 %
Nigeria	2006	8,0	5,9 %
Namibia	2005	0,1	3,9 %
Botswana	2005	0,1	3,3 %
Sambia	2005	0,3	2,9 %
Ghana	2006	0,6	2,7 %
Uganda	2006	0,8	2,5 %
Côte d'Ivoire	2006	0,3	1,7 %
Tansania	2005	0,9	1,0 %
Mosambik	2005	0,2	0,9 %
Angola	2005	0,1	0,7 %
Kongo, Dem. Rep.	2006	0,2	0,3 %
Zum Vergleich:			
Deutschland	2006	38,6	46,8 %
Österreich	2006	4,2	51,2 %
Schweiz	2006	4,4	57,7 %

Quelle: CIA Factbook, www.cia.gov

Der größte Problempunkt bei der Entwicklung des Internets in Afrika ist die noch mangelhafte Anbindung des Kontinents an Überseenetzkabel. Derzeit verläuft erst ein Kabel von Kapstadt aus an der afrikanischen Westküste entlang. Für

Durchleitungen in andere Länder werden von den Küstenstaaten teilweise sehr hohe Preise verlangt, so etwa von der südafrikanischen Telkom für die Durchleitung nach Botswana.

Zwei neue Überseekabel sollen die Situation entschärfen: das EASS *(East African Submarine System)* entlang der afrikanischen Ostküste sowie das WAFS *(West African Festoon System)* im Westen des Kontinents.

In den Jahren 2007/2008 soll eine Durchführbarkeitsstudie aktualisiert werden, die den Anschluss der SADC-Staaten an das bereits beschlossene *Eastern Africa Submarine Cable* (EASSy) zum Gegenstand hatte. Außerdem sollen Umwelt- und Sozialverträglichkeitsstudien sowie Pläne für die Projektdurchführung in jedem Mitgliedsstaat erstellt werden.

Es ist zu erwarten, dass spätestens nach dem noch ausstehenden Anschluss vieler Länder via Glasfaserkabel an den Rest der Welt eine beschleunigte Entwicklung hin zur verstärkten Nutzung von Computertechnologie, Internet und E-Mail stattfinden wird. Das sollte in den nächsten zwei bis drei Jahren geschehen. Die derzeit noch sehr niedrigen Penetrationsraten der Internetnutzung werden dann schnell der Vergangenheit angehören.

Abbildung 5-5: Computerarbeit in Afrika

Foto: Hartmut Sieper
Der PC gehört auch in Afrika längst zum beruflichen Alltag

Es ist mehr als offensichtlich: Alle Geschäftsbereiche, die mit dem Internet, Computerhardware und Software zu tun haben, stehen vor einem großen Boom. Große Chancen warten auf Investoren und Geschäftsleute. Viele erfolgreiche Börsenstorys wird es geben; die Grundlagen werden jetzt gelegt.

5.5 Bauwirtschaft

Die Bauwirtschaft ist eine der interessantesten Branchen in Afrika. Sie profitiert von folgenden Faktoren:

- wachsender Anteil einkommensstärkerer Mittelschichten
- starkes Bevölkerungswachstum
- Angebotsdefizit an qualitativ hochwertigen Häusern
- staatliche Fördermaßnahmen für Billigsthäuser
- gerade beginnende Hypothekenkreditmärkte
- zunehmende Anzahl von Ausländern, die mit der wachsenden Wirtschaft ins Land kommen
- zahlungskräftige Expatriates, die aus dem Exil zurückkehren

Je nachdem, ob es sich um den Wohnungsbau handelt (wobei man hier wieder zwischen hochpreisigen, mittelpreisigen und tiefpreisigen Segmenten unterscheidet) oder ob Bürohäuser oder Hotels errichtet werden sollen, gibt es unterschiedliche Marktgegebenheiten und -aussichten, die außerdem von Land zu Land beträchtlich differieren können.

Im Folgenden will ich ein paar Geschäftsmöglichkeiten grob umreißen.

5.5.1 Baumaterialien

Die starke Nachfrage nach Baumaterialien hat bereits zu erstaunlichen Verzerrungen geführt. So ist in vielen afrikanischen Ländern Zement fast doppelt so teuer wie bei uns, obwohl das Verdienstniveau der Bevölkerung um Größenklassen niedriger liegt als bei uns. An einigen Orten dominiert ein einzelner Zementkonzern so stark das Geschäft, dass eine Preiskonkurrenz kaum möglich ist.

Das macht das Bauen vergleichsweise teuer. Doch man könnte auch auf die Idee kommen, einheimische Materialien zu verwenden.

In **Nigeria** oder **Sambia** gibt es Ton in Hülle und Fülle, und man braucht auch keine Multimillionendollar-Anlagen wie bei der Zementproduktion. Die Herstellung von Tonziegeln ist nämlich vergleichsweise einfach. Wenn man die potenziellen Häuslebauer bzw. die zwischengeschalteten Bauträger oder Projektentwickler von den Vorteilen von Tonziegeln überzeugen kann (gute bauphysikalische Eigenschaften, niedrigere Gestehungskosten, komplette Wertschöpfung vor Ort), sollte man daraus ein gutes Geschäftsmodell entwickeln können. In einem der Projekte, die wir bei Trans Africa Invest bearbeiten, geht es genau darum.

Eine andere Möglichkeit ist die Sandsteingewinnung in **Lesotho**. Die Geologie dieser kleinen Bergenklave in Südafrika im südlichen Teil des Kontinents ist einzigartig. Die Nachfrage nach Sandsteinen als Baumaterial ist so groß, dass das Material derzeit aus dem Irak, aus Indien und Italien importiert wird. Lieferfristen von sechs Wochen sind die Regel. Mit einem Investment von einigen Millionen Euro könnte man einen Steinbruch aufbauen, der über eine geschätzte Lebensdauer von 15 bis 25 Jahren verfügen sollte und auf einen vorhandenen Absatzmarkt trifft. Nur 25 Prozent des Kapitals müsste als Eigenkapital eingesetzt werden, der Rest würde von einer südafrikanischen Entwicklungsgesellschaft als nicht zu besichernder Kredit für 10 bis 15 Jahre zur Verfügung gestellt werden.

5.5.2 Wohnungsbau

Im Wohnungsbau ergeben sich Perspektiven unterschiedlichster Art.

In den waldreichen Gegenden **Zentral-** und **Westafrikas** könnte eine moderne Herstellungsweise von Bauelementen für den Fertigbau nach dem Vorbild deutscher Fertighaushersteller eine Option sein, am besten in Verbindung mit einem Sägewerk.

Schier unglaublich ist die mangelhafte Arbeitsqualität von Handwerkern. Das gilt überraschenderweise auch und gerade in **Südafrika**. Ein Freund von mir berichtete mir von seinem Albtraum, auf seinem Grundstück in der Nähe von Johannesburg ein ganz einfaches Nebengebäude mit zwei Räumen zu errichten. Sobald die Arbeiter unbeaufsichtigt sind, wird einerseits das Arbeitstempo drastisch reduziert, und andererseits wird buchstäblich Mist gebaut. Eine frisch hochgemauerte Wand musste wieder eingerissen werden, weil sie total schief war. Ich habe sie mit eigenen Augen gesehen. Manche Mauervorsprünge in der geraden Wand betrugen 10 Zentimeter, mal vor, mal zurück. Dabei wäre es so einfach: Einfach eine lange gerade Latte senkrecht mit einer Wasserwaage ausrichten und entlang dieses Lots nach oben bauen.

Und hier kommt die Geschäftsidee: Maurer aus Deutschland, Tschechien und Polen, tut euch zu kleinen Teams zusammen, geht nach Südafrika und meldet dort ein Gewerbe an, bringt den Arbeitern einige einfache, aber grundlegende Dinge bei, seid während der Bautätigkeiten präsent, und schon seid ihr im Geschäft. Macht Werbung für Qualitätsarbeit „Made in Germany", bietet eure Handwerksleistungen, nachdem ihr etabliert seid, durchaus zu hohen Preisen an. Sobald sich eure gute Arbeit herumspricht, bekommt ihr Aufträge genug. Schlechtwetter ist in Südafrika übrigens unbekannt, Winterpausen wie in Mitteleuropa gibt es nicht.

Die nächsten Geschäftsideen sind eine oder mehrere Nummern größer. Die folgenden Empfehlungen richten sich an Bauträger und Projektentwicklungsgesellschaften.

In **Südafrika** sollen ganze Stadtteile mit Häusern des untersten und des mittleren Preissegments entstehen. Mittlere Preise bedeuten in diesem Fall eine Summe von 200.000 Rand pro Haus, das sind etwa 22.000 Euro. Es werden Bauträger gesucht, die in der Lage sind, 500 Einheiten gleichzeitig zu bauen. Das Besondere an dem Projekt ist seine Finanzierung: Der Staat vergibt nämlich verlorene Zuschüsse von 50.000 Rand für Käufer der untersten Einkommensgruppe. Diese werden jedoch nicht dem Hauskäufer zugeteilt, sondern der Bauträger kann sie als Finanzierungsbaustein in sein Vermarktungskonzept einbauen.

Im *Low Cost Housing*-Bereich sollen die Ärmsten (mit einem Monatseinkommen von weniger als 1000 Rand) sogar nach einem neuen Gesetz Häuser geschenkt bekommen können. Die zu bauenden Häuser dieser Kategorie sind allerdings extrem einfach. Sie verfügen über kein fließendes Wasser und keine sanitären Anlagen, nur über elektrischen Strom.

Auch im Hochpreissegment gibt es erhebliche Chancen. In **Nigeria**, einem riesigen Markt mit derzeit 120 Millionen Einwohnern, sind gute Wohnhäuser absolute Mangelware. Viele Mieter mit höheren und mittleren Einkommen würden gerne in eigenen Häusern leben, doch gute Angebote sind rar. In Lagos und Abuja gibt es eine Handvoll guter Projekte mit einstöckigen oder mehrstöckigen

Wohngebäuden. In den vielen übrigen Städten des großen Landes wartet hingegen ein großer, aufnahmebereiter Markt.

5.5.3 Gewerbebau

Gehen wir über zum Bau von Bürogebäuden. Auch hier besteht in vielen Hauptstädten ein akuter Mangel, der sich bei weiter günstiger Konjunktur noch verstärken sollte. Was meinen Sie, was in Harare, der Hauptstadt **Simbabwes**, passieren wird, wenn sich die politische Situation – etwa nach der bevorstehenden Abdankung von Robert Mugabe aus Altersgründen – plötzlich gravierend zum Positiven verändern sollte? Wo finden die ganzen Diplomaten und Geschäftsleute, die dann aus dem Ausland in das ausgeblutete Land strömen, angemessene Wohnhäuser und Büroflächen? Auch wenn nur ein kleiner Teil der über eine Million Exil-Simbabwer aus Südafrika, London oder Amerika in ihr Land zurückkehrt, wird es hier einen enormen Bedarf an Bauleistungen geben.

Abbildung 5-6: Bürogebäude im Regierungsviertel in Gaborone

Foto: Hartmut Sieper
Moderne Bürogebäude bestimmen zunehmend das Erscheinungsbild von Geschäfts- und Verwaltungszentren in afrikanischen Hauptstädten wie hier in Gaborone. Abgebildet ist das Gesundheitsministerium von Botswana.

In Khartum, der Hauptstadt des **Sudans**, soll ein ganz neuer Stadtteil nach dem Vorbild der Mega-Projekte der Stadtentwicklung von Dubai aus dem Boden gestampft werden. Für das 650.000 Quadratmeter umfassende Geschäftsviertel „Al-Moghran" am Zusammenfluss von Blauem und Weißem Nil sind 44 Bürohochhäuser, 18 Hotels und 700 Appartements geplant. Das Wohnviertel erstreckt sich über mehr als 6 Millionen Quadratmeter und beinhaltet u. a. 650 Einzelhäuser, mehr als 7000 Appartements, mehr als 70.000 Quadratmeter Geschäftsfläche für Handel und Dienstleistungen und einen 18-Loch-Golfplatz. Eine arabische Investorengruppe hat mit dem auf 4 Milliarden US-Dollar veranschlagten Projekt schon begonnen und die ersten Grundstücke und Immobilienobjekte bereits verkauft.

Großprojekte wie Al-Moghran versprechen für europäische Unternehmen vielfältige Geschäftschancen im Hoch- und Tiefbau sowie bei der Infrastruktur. Von potenziellem Interesse sind diese Möglichkeiten für Spezialisten und Berater, für Lieferanten von Technologie, für Anbieter von Bauleistungen und Betreiber von z. B. kommunalen Diensten. Vor allem aber entstehen neue potente Kundenkreise für Zulieferer und Ausstatter von Wohnungen, Hotels und Büros sowie für Dienstleistungsunternehmen aller Art.

5.5.4 Hotels

Auch der Bau und der Betrieb von Hotels sind viel versprechende Geschäftskonzepte. In **Nairobi** sind die verfügbaren Hotels häufig ausgebucht. Ein Vertreter vom Kenya Tourist Board hat mir in einem Gespräch deutlich zu verstehen gegeben, dass die kenianische Regierung den Bau weiterer Hotels in der Hauptstadt ausdrücklich begrüßen würde.

In **Gaborone**, der Hauptstadt Botswanas, besteht ein akuter Mangel an Luxushotels. Für ein Fünfsternehotel werden strategische Partner gesucht, die in das aus meiner Sicht aussichtsreiche Projekt einsteigen.

Noch viel ausgeprägter ist der Bedarf an Hotelunterkünften in **Luanda**, der Hauptstadt Angolas. Die Zimmer, die es dort gibt, sind in lausigen Hotels mit schlechten Einrichtungen und noch schlechterem Service. Dafür sind die Preise unangemessen hoch. Ich habe von Managern gehört, die 300 Dollar für ein heruntergekommenes Einzelzimmer zahlen mussten. Die Marktlücke wurde bereits erkannt: Das Sana Luanda Royal Hotel, ein Fünfsternehotel in der angolanischen Hauptstadt, befindet sich bereits im Bau.

Abbildung 5-7: Hotelbau an der Küste Südafrikas

Foto: Hartmut Sieper
Für Hotels in guten Lagen in den Wirtschaftszentren und in Tourismusgebieten besteht noch ein großer Markt

Wer es meistert, sich in dem zugegebenermaßen sehr schwierigen angolanischen Markt zu etablieren – allein die offiziellen Gebühren für eine Geschäftsgründung belaufen sich auf fast 7000 Dollar, mehr als in jedem anderen afrikanischen Staat –, dürfte mit Investitionen in Hotelbauten, Pensionen und Gästehäusern ein gutes Geschäft machen. Die größten Herausforderungen bei einem solchen Unternehmen dürften die Versorgungslage (Luanda ist hinsichtlich der Lebenshaltungskosten eine der teuersten Städte der Welt, weil praktisch alles aus dem Ausland importiert wird), die mangelnde Verfügbarkeit von ausgebildeten Kräften, die Korruption und die Großstadtkriminalität sein. Man muss also zusätzliche Kosten für Ausbildung und Training von Servicepersonal, für die Einstellung und Kontrolle von Sicherheitskräften und viele andere Dinge einkalkulieren.

Ein inzwischen weit verbreitetes, längst nicht auf Afrika beschränktes Problem ist der „Schwund" an leicht zugänglich (oberirdisch) verlegten Strom- und Telefonkabeln. Die hohen Metallpreise machen besonders den Diebstahl von Kupferleitungen zu einem einträglichen Geschäft. Bei meinem letzten Aufenthalt in Südafrika berichtete mir meine Landlady, dass die Erreichbarkeit per Festnetz in ihrem Haus aktuell nicht gegeben sei, weil die Leitungen der ganzen Straße über Nacht geklaut worden waren.

5.5.5 Einkaufszentren

Einkaufszentren versprechen ebenfalls, ein gutes Geschäft zu werden. In Südafrika sind Shopping Malls nach amerikanischem Vorbild bereits seit langem üblich, doch jetzt fangen südafrikanische Firmen an, in andere Länder zu expandieren. Das hier abgebildete Shopping Center, das von der lokalen Bevölkerung hervorragend angenommen wird, befindet sich in Sambia. Viele Städte überall in Afrika könnten sich als lohnende Standorte für den Bau und Betrieb von Einkaufszentren erweisen.

Abbildung 5-8: Einkaufszentrum nach südafrikanischem Vorbild in Lusaka

Foto: Hartmut Sieper
Shopping Malls wie hier in Lusaka werden zukünftig in vielen afrikanischen Städten entstehen

Auf die Geschäftsmöglichkeiten im Zusammenhang mit dem Tourismus gehe ich in Kapitel 5.10 näher ein.

Welche Schritte sollte ein mittelständischer Bauunternehmer aus Mitteleuropa tun, um Geschäftsmöglichkeiten in Afrika zu prüfen? Die erste Empfehlung lautet: Informieren Sie sich möglichst gründlich, z. B. über die Handwerkskammer, die Industrie- und Handelskammer oder die für bestimmte Länder zuständigen Außenhandelskammern. Besuchen Sie das Land bzw. die Region und sprechen Sie mit einheimischen Behörden, Unternehmern, Beratern und sonstigen Marktkennern. Schauen Sie sich vor Ort um und nehmen Sie die positiven und negativen Gegebenheiten mit wachem Verstand wahr. Fragen Sie sich, welche Trends zu erwarten sind, und halten Sie besonders Ausschau nach Marktlücken oder Nischen, die Sie besser besetzen können als ortsansässige Marktteilnehmer. Besuchen Sie Messen, die von deutschen Bundesbehörden, nichtstaatlichen Organisationen, Interessengemeinschaften, Berufsverbänden organisiert oder gesponsert werden.

Ich gebe Ihnen ein praktisches Beispiel: In **Algerien** verzeichnete der Bausektor in den letzten beiden Jahren ein Wachstum von über 7 Prozent. Die in einem langen Bürgerkrieg heruntergewirtschaftete Infrastruktur des nordafrikanischen Landes soll schnellstmöglich wieder aufgebaut werden. Straßen, Eisenbahnen, Universitäten, Flughafen und Metro sollen instand gesetzt, ausgebaut und erweitert werden. 65 neue Krankenhäuser sind geplant. Die Ost-West-Autobahn soll über 1200 Kilometer ausgebaut werden. Ein neuer Hafen soll im Großraum Algier entstehen. Neue Wohnungen müssen ebenfalls gebaut werden. Das sind interessante Perspektiven, nicht wahr? Aber wie kommt man in den Markt hinein?

Die einfachste Möglichkeit besteht darin, eine Fachmesse vor Ort zu besuchen, sei es als Aussteller oder zunächst nur als Besucher. Ein guter und kostengünstiger Kompromiss könnte auch die Vertretung auf einem Gemeinschaftsstand sein. Das Bayerische Staatsministerium für Wirtschaft, Infrastruktur, Verkehr und Technologie war im November 2007 mit einem Firmengemeinschaftsstand auf dem „*5. Salon International des Travaux Public*“ in Algier vertreten. Das ist die wichtigste algerische Messe für öffentliche Arbeiten und den Bausektor. Eine solche Veranstaltung bietet eine hervorragende Möglichkeit, sich mit dem Markt vertraut zu machen, Kontakte zu potenziellen Auftraggebern zu knüpfen und relativ schnell eine Entscheidung zu treffen, ob sich der Aufwand lohnt, ernsthaft in Algerien zu expandieren. Diese Aktion erfordert nur einen geringen Zeitaufwand und ein paar tausend Euro Investition.

Fachmessen dieser Art gibt es überall in Afrika. Gehen Sie hin und machen Sie sich Ihr eigenes Bild von den Möglichkeiten Ihrer Branche auf dem Schwarzen Kontinent.

5.6 Konsumgüter

Mit steigendem Lebensstandard geben Afrikaner mehr Geld für Konsumgüter aus. Die wachsende Mittelschicht in bevölkerungsreichen Ländern wie Südafrika oder Nigeria verfügt inzwischen über eine enorme Kaufkraft.

In Südafrika ist die „Black Diamonds" genannte schwarze Mittelschicht seit 2005 um 30 Prozent gewachsen. 12 Prozent der Schwarzen vereinigen 54 Prozent der Kaufkraft der schwarzen Bevölkerung auf sich. Diese belief sich 2006 auf 180 Milliarden Rand (etwa 18 Milliarden Euro).

Welche Konsumgüter kaufen die Haushalte mit einem höheren verfügbaren Einkommen? Das Kaufverhalten unterscheidet sich nicht generell von dem Verhalten europäischer Verbraucher. Autos, Fernseher, Haushaltsgeräte, Kleidung, Schuhe, Computer erfreuen sich großer Beliebtheit. In heißen Regionen kommen Klimaanlagen hinzu und in Gebieten mit mangelhafter Stromversorgung Generatoren.

Aus der wachsenden Nachfrage nach Konsumgütern aller Art ergeben sich vielfältige Geschäftsmöglichkeiten. Einige seien hier kurz skizziert.

In afrikanischen Ländern, wo die Menschen regelmäßig weite Strecken zu Fuß zurücklegen müssen, bieten Fahrräder einen echten Kundennutzen. In **Angola** plant ein angolanisch-vietnamesisches Gemeinschaftsunternehmen den Bau einer Fahrradfabrik in Luanda.

In **Botswana** könnte sich der Aufbau einer Schuhproduktion lohnen. Die Länder der SADC-Region bieten einen Markt von etwa 70 Millionen Menschen. Die Nachfrage nach Schuhen guter Qualität ist so groß, dass Südafrika allein diese Nachfrage nicht bedienen kann. Es gibt zwar Produzenten in China und Sambia, doch bestehen hier Qualitätsprobleme.

Waldreiche Länder in West- und Zentralafrika wie z. B. **Liberia**, die **Côte d'Ivoire** oder **Kamerun** bieten gute Voraussetzungen für den Aufbau von Möbelfabriken. Eine nachhaltig betriebene Forstwirtschaft in Verbindung mit einer lokalen Möbelindustrie hat große Aussicht auf Erfolg, denn Möbel werden von Behörden, Unternehmen und Privathaushalten so stark nachgefragt, dass sie in großen Mengen und zu hohen Preisen aus Europa importiert werden müssen. Lokale Schreiner haben zwar die Expertise, einfache Möbel herzustellen, doch große Stückzahlen zu vernünftigen Preisen können sie nicht produzieren, da ihnen der Maschinenpark und das nötige Betriebskapital fehlen. Ein aufmerksamer Unternehmer wird hierin sofort eine Chance wittern: Mit einigen einfachen Holzbearbeitungsmaschinen, die man z. B. in Deutschland auf dem Gebrauchtmaschinenmarkt erstehen kann, könnte er in Afrika schon ein kleines Unternehmen starten, das bei guter Qualität der dort gefertigten Möbel keine Absatzprobleme haben dürfte. Im Gegensatz zu den gesättigten und schwierigen Märkten für Möbel in Europa bietet sich in Afrika ein völlig anderes Marktumfeld.

Die Regierung in Liberia etwa hat diese Chancen klar erkannt und wirbt für den Aufbau von Sägewerken und Möbelfabriken. Mit der Produktion könnte nicht nur die lokale Nachfrage bedient werden, sondern es würden sich darüber hinaus Exportchancen in benachbarte Staaten Westafrikas ergeben.

Doch so einfach, wie es auf den ersten Blick klingt, ist die Umsetzung dieser Geschäftsidee natürlich nicht. Es ist nämlich nicht genug Energie vor Ort verfügbar – ein Problem vieler Länder Afrikas. Wer ein Sägewerk errichten will, muss also auch die Energieversorgung sicherstellen, etwa durch den Bau eines Staudamms samt den erforderlichen Anlagen zur Energieerzeugung. Hier wird also die gemeinschaftliche Anstrengung verschiedener Unternehmen, Regierungsstellen und Fördermittelgeber nötig sein.

Abbildung 5-9: Zuschneiderin in einer kleinen Manufaktur in Südafrika

Foto: Hartmut Sieper
Das verarbeitende Gewerbe hat in Afrika noch großen Nachholbedarf

Steht der verarbeitende Sektor in Afrika vor einer großen Zukunft? Werden jetzt überall auf dem Kontinent kleine und große Fabriken entstehen, die einfache Konsumartikel produzieren? Leider ist das nicht unbedingt der Fall, denn ein großer Teil der zunehmenden Kaufkraft der Bevölkerung wird von billigen Importprodukten abgeschöpft. Vor allem die Volksrepublik China hat Afrikaner als dankbare Abnehmer für ihre Billigwaren entdeckt. Das ist – neben dem lockenden Rohstoffreichtum – ein weiterer Grund, warum das Reich der Mitte in Afrika so aktiv ist.

Motorräder werden bereits zu Preisen von unter 1000 US-Dollar verkauft. Billigkleidung aus Fernost hat die lokale Textilindustrie vielerorts schon weitgehend zerstört. (Eine vergleichbare Wirkung haben übrigens Kleiderspenden aus den Industrieländern, die an die arme Bevölkerung verteilt werden; viele Kleidungsstücke werden sofort zu Dumpingpreisen auf den örtlichen Märkten weiterverkauft.)

Auf die geringe Qualität von Importwaren aus China habe ich bereits in Kapitel 4.1 hingewiesen. Die mangelhafte Verarbeitung vieler chinesischer Waren spricht sich immer weiter herum, und so nehmen manche afrikanischen Staaten, wie z. B. Angola, gegenüber China eine zunehmend kritische Haltung ein. Das eröffnet Unternehmen aus Mitteleuropa zusätzliche Chancen, denn die in manchen afrikanischen Ländern vorzufindende einseitige Ausrichtung auf China wird nicht gerne gesehen.

Auch Konsumgüterkonzerne westlicher Prägung haben die enormen Chancen, die Afrika bietet, längst erkannt.

In **Kenia** investiert Unilever Kenya Ltd, eine Tochtergesellschaft des niederländischen Unilever-Konzerns, in die Aufrüstung ihrer Produktionsstätte in Nairobi zu einem regionalen Produktionszentrum. Das bis 2000 als East African Industries bekannte Unternehmen fabriziert Nahrungsmittel, Wasch- und Reinigungsmittel sowie Körperpflegeprodukte. Unilever Kenya erzielt bereits 40 Prozent seines Umsatzes in den Nachbarländern.

Das sehr erfolgreiche börsennotierte Unternehmen East African Breweries Ltd. (EABL) will in **Ostafrika** expandieren und dafür rund 50 Millionen US-Dollar investieren. Zur breit aufgestellten EABL-Unternehmensgruppe gehören zwei Bierbrauereien in Kenia und Uganda, eine Spirituosenfabrik, eine Malzfabrik und ein Glasproduzent. Im Heimatmarkt Kenia muss die bisherige Stellung als Monopolist nach der jetzt erfolgten Marktöffnung gegen neue Wettbewerber aus anderen Ländern der Wirtschaftsgemeinschaft COMESA (siehe Kapitel 2.5.1) verteidigt werden. In Uganda will der Konzern von einem stabilen Wirtschaftswachstum und steigenden Konsumausgaben profitieren und erhöht dort die Marketingausgaben.

5.7 Landwirtschaft

Im Afrika südlich der Sahara leben etwa 70 Prozent der Bevölkerung direkt oder indirekt von der Landwirtschaft (einschließlich Vieh-, Forst- und Fischereiwirtschaft). Deshalb ist eine positive und nachhaltige Entwicklung dieses Sektors von überragender Bedeutung für die Tragfähigkeit und Breite des derzeit zu beobachtenden wirtschaftlichen Aufschwungs. Ohne massives landwirtschaftliches Wachstum ist eine wirksame Reduzierung der Armut nicht denkbar.

Doch die Maßnahmen der letzten Jahre, sogar Jahrzehnte, haben im Bereich der Landwirtschaft insgesamt zu enttäuschenden Resultaten geführt. Viele Milliarden US-Dollar sind in unterschiedlichste Projekte investiert worden, von denen die meisten keine nachhaltigen Erfolge vorweisen konnten und viele buchstäblich versandet sind. Insgesamt stagniert die Entwicklung im afrikanischen Agrarsektor. Das zeigt sich in vielfältiger Art und Weise; in erster Linie sind zu nennen:

- geringe Produktivität der landwirtschaftlichen Arbeitskräfte
- geringe Produktivität des Bodens
- Degradation der natürlichen Ressourcen (z. B. durch Entwaldung, Erosion, Versalzung)
- unzureichende Transportsysteme
- unzureichende Verarbeitungsmöglichkeiten

Wo liegen die hauptsächlichen Entwicklungshemmnisse für die afrikanische Landwirtschaft? Warum haben so viele Strukturanpassungsprogramme nicht funktioniert bzw. nicht zu den erhofften Ergebnissen geführt? Die Einflussfaktoren lassen sich wie folgt zusammenfassen:

- klimatische Faktoren, vor allem häufige Dürren, die teilweise katastrophale Auswirkungen hatten, aber auch Überschwemmungen
- politische Faktoren, z. B. Regierungskrisen, Putsche, Kriege und Unruhen;
- unzureichende Investitionen in Agrarforschung und -beratung als Folge des seit Mitte der 80er Jahre sinkenden Engagements der Geberorganisationen
- Vernachlässigung von Bildungs- und Infrastrukturmaßnahmen, die der ländlichen Bevölkerung direkt zugute kommen
- allgemeine Benachteiligung des Agrarsektors in der Entwicklungspolitik durch afrikanische Regierungen
- ineffiziente Regierungsstrukturen (Poor Governance)
- Agrarprotektionismus der OECD-Länder

Die Landwirtschaft in Afrika ist ein sehr komplexes und vielschichtiges Themengebiet, und es sind sehr viele Aspekte bei der Erklärung der aktuellen Situation, der Ursachen und der Möglichkeiten zur Bekämpfung der Misere zu berücksichtigen. Im Rahmen dieses Buches kann nicht detailliert darauf eingegangen werden. Aus der Fülle des verfügbaren Materials habe ich deshalb ein Konzept herausgegriffen, das für die Evaluierung von Investitionsmöglichkeiten im Landwirtschaftssektor besonders geeignet erscheint.

Der Verein für Entwicklungsökonomische Forschungsförderung (EEF) e.V. hat unter der Mitwirkung der KfW Entwicklungsbank drei agrarökonomische „Standardprodukte" abgeleitet, die für die unterschiedlichen Naturräume und Zielgruppen geeignete Handlungsanweisungen für Investitionsmaßnahmen, Strukturierung der Trägerschaft und Finanzierungen geben.[7]

1. Naturschutzkomplexe (NSK)

- Zielsetzung: Erhalt der Artenvielfalt mit den Anrainern
- Zielgruppe: globale Gesellschaft; Anrainer
- Naturraum: schutzwürdige (Wald-)Gebiete
- Investitionsmaßnahmen: Managementpläne; Parkinfrastruktur; Kompensationsmaßnahmen für Anrainer

[7] Quelle: Christoph Kessler, Finanzielle Zusammenarbeit im Bereich Landwirtschaft & Naturressourcen in Afrika, 2004; in: http://www.verein-eff.de/proceedings/tagungsband_2004.pdf

- nationaler Träger: Naturschutzbehörde
- sonstige Partner: Naturschutz-Nichtregierungsorganisationen (NRO); Gesellschaft für Technische Zusammenarbeit (GTZ); Privatsektor (für Tourismus)
- Finanzierung: Zuschuss, Trustfunds; Eigenkapital von (oder Darlehen an) Tourismusunternehmen
- Hauptwirkungen: Naturschutz, Friedenssicherung; Armutsminderung bei Anrainern

2. Subsistenzorientierte ländliche Entwicklungsvorhaben (SLE)

- Zielsetzung: Erhalt der natürlichen Ressourcen zur Ernährungssicherung
- Zielgruppe: Arme und Ärmste im ländlichen Raum
- Naturraum: degradierte, marginale Regionen
- Investitionsmaßnahmen: Erosionsschutz; ländlicher Wegebau; Kleinbewässerung; dörfliche Wasserversorgung; Tierhaltung

Abbildung 5-10: Subsistenzfarmer in Sambia

Foto: Hartmut Sieper
Die Familie dieses Bibelschulleiters in Sambia ernährt sich von eigenem Anbau

- nationaler Träger: Landwirtschaftsministerium
- sonstige Partner: GTZ; NRO
- Finanzierung: Zuschuss; Investitionsfonds bei offenen Programmen
- Hauptwirkungen: Vermeidung von Hunger und Abwanderung, Befriedigung der Grundbedürfnisse

3. Marktorientierte ländliche Entwicklungsvorhaben (MLE)

- Zielsetzung: Produktions- und Einkommenssteigerung
- Zielgruppe: Landwirte, ländliche (Klein-)Unternehmer
- Naturraum: landwirtschaftliche Gunststandorte
- Investitionsmaßnahmen: Bewässerungsanlagen; Pflanzmaterial (für Dauerkulturen); Verarbeitung und Vermarktung
- nationaler Träger: Bank; Bewässerungsgesellschaft; Ministerium
- sonstige Partner: Privatsektor
- Finanzierung: Darlehen (oder Zuschuss); Fondslösungen; Eigenbeitrag von (oder Darlehen an) Privatsektor
- Hauptwirkungen: Einkommen, Armutsminderung, Wirtschaftswachstum

Welche dieser Entwicklungsansätze für potenzielle Investoren und Unternehmer interessant sind, hängt vor allem von deren primärer Motivation ab:

- Renditeorientierte Investoren werden vor allem Projekte aus dem zuletzt genannten Bereich favorisieren, da hier eine konsequente Marktorientierung verfolgt wird. Geeignete Länder, in denen MLE angesiedelt werden können, sind: Kenia, Ghana, Senegal, Côte d'Ivoire, Kamerun und Mali. Hier kommt es auf eine gute Einbindung des privaten Sektors an, beispielsweise durch öffentlich-private Partnerschaften.
- Für Unternehmer aus tourismusnahen Bereichen kommen in erster Linie die Naturschutzkomplexe für Engagements in Frage. Hauptzielländer sind die SADC-Staaten und Tansania, daneben auch Namibia, Benin, Madagaskar, Côte d'Ivoire und Kamerun. Die Hauptherausforderung besteht in der Sicherstellung eines nachhaltigen Finanzierungsmodells für die geplanten Maßnahmen.

- Ethisch orientierte Investoren, die für ihr finanzielles Engagement keine Rendite oder Rückzahlung erwarten, engagieren sich am besten in subsistenzorientierten ländlichen Entwicklungsvorhaben in Ländern wie Äthiopien, Mauretanien, Burkina Faso, Mali oder Madagaskar.

Das Potenzial für große Fortschritte in der Landwirtschaft ist in den einzelnen Ländern sehr unterschiedlich. Es orientiert sich in erster Linie an den naturräumlichen und klimatischen Gegebenheiten (Häufigkeit und Regelmäßigkeit von Niederschlägen, Bodenqualität) und an der Bevölkerungsdichte in den agrarisch nutzbaren Gebieten.

In Ländern wie **Ägypten**, wo es nur eine kleine landwirtschaftlich nutzbare Fläche entlang des Nils gibt und gleichzeitig viele Menschen auf engem Raum leben, sind die Möglichkeiten weitestgehend ausgeschöpft. Auch die **Sahelzone** gehört zu den Problemgebieten; der überweidete und ausgemergelte Boden gibt nicht viel mehr her.

Auf der anderen Seite gibt es relativ dünn besiedelte Flächenstaaten, deren Möglichkeiten noch nicht annähernd ausgereizt sind. Hierzu gehören **Sambia, Angola** und **Mosambik**; aber auch **Simbabwe** hätte unter einer guten Regierungsführung großes Potenzial.

Sambia hat fruchtbare Böden und verfügt über riesige Wasservorkommen. Statt immer wieder Nahrungsmittel zu importieren, könnte das Land, in dem nur 11,5 Millionen Menschen auf einer Fläche von der dreifachen Größe Deutschlands leben, theoretisch landwirtschaftliche Produkte in großen Mengen exportieren. Aus verschiedenen internen und externen Gründen konnte dieses Potenzial bislang wenig ausgeschöpft werden. Von dem Potenzial von etwa 420.000 Hektar Ackerfläche mit künstlicher Bewässerung werden gegenwärtig nur 50.000 Hektar genutzt. Bis zum Jahr 2015 soll dieser Anteil auf 90.000 Hektar erweitert werden. Zur Verbesserung der ländlichen Infrastruktur sollen Straßen und Brücken gebaut werden. Die Regierung in Lusaka will zukünftig mehr ausländische Farmer nach Sambia locken. Viele weiße Farmer, die aus dem Nachbarland Simbabwe vertrieben wurden, haben in Sambia bereits eine neue Bleibe gefunden und geben ihr wertvolles Know-how über den Anbau von Tabak und Mais weiter. Die Pacht bzw. der Erwerb von Land gestaltet sich allerdings häufig schwierig, weil neben der lokalen Administration auch die Stammesführer (Chiefs) bei der Landvergabe ein Stimmrecht haben.

Eine Schlüsselrolle bei der Professionalisierung der Landwirtschaft spielt die Ausbildung der Bauern. Der vielerorts anzutreffende sehr niedrige Kenntnisstand über effiziente Saat-, Landbearbeitungs- und Erntemethoden ist – neben dem Mangel an Finanzmitteln für Bewässerung, Maschinen, Saatgut und Dünger – ein wesentlicher Grund für die geringe Agrarproduktivität.

Gott sei Dank gibt es inzwischen viele gute Ansätze, um das Ausbildungsproblem anzugehen. Beispielhaft ist das 2003 gegründete Entwicklungsprogramm NAMPAADD des Landwirtschaftsministeriums von **Botswana**. Die Abkürzung NAMPAADD steht für *National Masterplan For Arable Agriculture and Dairy Development.*

Unter dem Motto „Gute Lösungen für profitable Landwirtschaft" wurden Musterfarmen aufgebaut, auf denen modernste Bewirtschaftungsmethoden zum Einsatz kommen. Farmer aus der näheren und auch weiteren Umgebung werden immer wieder eingeladen (und hin- und hertransportiert), um sich die einzelnen

Abbildung 5-11: Plakat des landwirtschaftlichen Masterplans NAMPAADD in Botswana

Foto: Hartmut Sieper
Das Ausbildungsprogramm NAMPAADD hat in Botswana zu beeindruckenden Produktivitätssteigerungen geführt – im hier abgebildeten Regenfeldbau ebenso wie in Gebieten mit künstlicher Bewässerung

Schritte bei der Aussaat, der Pflege und ggf. der Bewässerung der Pflanzen und schließlich der Ernte anzusehen, so dass sie das Gelernte dann auf ihren eigenen Gehöften anwenden können. Dabei helfen „Eltern-Farmer" den ihnen zugeteilten lernbereiten „Kinder-Farmern". Ein weiteres Ziel ist der Aufbau von landwirtschaftlichen Dienstleistungszentren, wo man beispielsweise Traktoren mieten kann.

Die Ergebnisse können sich sehen lassen: Der Hektarertrag ist beim Regenfeldbau von einer Tonne auf 3 bis 4 Tonnen pro Jahr gestiegen, in künstlich bewässerten Gebieten von 33 auf 40 Jahrestonnen. Bei der Milchproduktion konnte der Ertrag von 10 bis 15 auf 33 Liter pro Kuh und pro Tag gesteigert werden.

Ein äußerst wichtiger Punkt für die Entwicklung des Agrarsektors in Afrika ist die Erweiterung der Wertschöpfungskette. Bislang werden vor allem Rohprodukte in mehr oder weniger unverarbeitetem Zustand z. B. nach Europa exportiert. Die Erlöse sind bescheiden, denn die Be- und Verarbeitung der Rohprodukte und die damit verbundene erhebliche Wertsteigerung finden außerhalb Afrikas statt.

Kaffee und Tee sind gute Beispiele hierfür. Nur geringe Mengen dieser Genussmittel werden in den Erzeugerländern auch zu Endverbraucherprodukten verarbeitet. Der weitaus größte Teil der Ernte wird in rohem Zustand nach Europa verschifft und beispielsweise in Hamburg (Kaffee) oder Großbritannien (Tee) zu den bekannten Kaffee- und Teesorten westlicher Nahrungsmittelkonzerne verarbeitet, veredelt und verpackt. Wenn die fertigen Teebeutel und Kaffeebohnen dann in kenianischen Supermärkten zu hohen Preisen verkauft werden, hat nur ein Bruchteil der Wertschöpfung, etwa 20 Prozent, im eigenen Land stattgefunden. Nach dem Willen der kenianischen Regierung soll sich dies mittelfristig ändern. Dabei ist die Modernisierung in der Plantagenwirtschaft nicht unumstritten: Die anstehende Einführung von Pflückmaschinen auf Teeplantagen in Kenia erlaubt zwar den Plantagenbesitzern eine höhere Effizienz bei der Teeernte, doch dabei gehen zahlreiche Arbeitsplätze von Teepflückern verloren.

Ein weiteres Beispiel: Um im südlichen Afrika Geflügelzuchten aufzubauen, müssen Küken teuer aus Europa importiert werden, denn es gibt nicht genügend Zuchtbetriebe. Ein ostdeutsches Ehepaar, das vor vielen Jahren nach Mosambik ausgewandert ist, hat dort eine Geflügelzucht aufgebaut, die blendend funktioniert und voll ausgelastet ist. Die große Nachfrage kann nur teilweise bedient werden, und es gibt noch viel Raum für weitere Betriebe dieser Art.

In Sambia arbeitet Trans Africa Invest an einem Geschäftskonzept, das modulartig aufgebaut ist und schrittweise den Aufbau eines kompletten Wirtschaftskreislaufs rund um die Produktion von Geflügelfleisch zum Ziel hat. Dabei werden auch neue Wege zur lokalen Herstellung von Dünger beschritten, um mittelfristig die teuren Düngemittelimporte zu ersetzen. Anstelle des Baus von Fabriken nach westlichem Vorbild soll die lokale Landbevölkerung als Zulieferer bzw. selbständige Subunternehmer in das Geschäftsmodell integriert werden.

Viele afrikanische Regierungen haben die Problematik der geringen Wertschöpfung im eigenen Land erkannt und ermuntern Investoren gezielt, in die Lebensmittelverarbeitung (Food Processing) zu investieren. Ich halte das nicht nur für eine gute Sache, die der beschleunigten wirtschaftlichen Entwicklung Afrikas dient, sondern auch für eine Quelle vieler lohnender Geschäftskonzepte.

Die Viehwirtschaft gehört im erweiterten Sinne zur Landwirtschaft. Die wichtigsten Länder, in denen Vieh gezüchtet wird, sind:

- für Rindfleisch: Südafrika, Nigeria, Sudan, Äthiopien, Kenia
- für Schaffleisch: Algerien, Sudan, Marokko, Südafrika, Nigeria
- für Geflügelfleisch: Südafrika, Ägypten, Marokko, Algerien, Nigeria

Abbildung 5-12: Viehzucht in Südafrika

Foto: Hartmut Sieper
Die weiten Flächen auf der zentralen Hochebene Südafrikas eignen sich sehr gut zur Rinderzucht

In der Tierproduktion stellt die in Afrika endemische, von der Tsetsefliege übertragene Trypanosomiasis (Schlafkrankheit) bis heute einen Faktor dar, der die Rinderzucht auf bestimmte Regionen (vor allem höher gelegene oder trockene Gebiete) beschränkt. Auch der Einsatz von z. B. Zugochsen in der Feldbestellung ist dadurch begrenzt.

In Simbabwe, einer Nation mit langer Viehzüchter-Tradition, ist der Bestand an Rindern durch die große Wirtschaftskrise stark zurückgegangen. Während Rindfleisch früher billiger war als Geflügelfleisch, ist es inzwischen doppelt so teuer geworden.

5.8 Forstwirtschaft

Vor allem in den waldreichen Staaten Zentralafrikas (Kamerun, Gabun, Republik Kongo, Demokratische Republik Kongo), aber auch in einigen Ländern Westafrikas (Guinea, Sierra Leone, Liberia) gehört die Holzproduktion zu den

Abbildung 5-13: Holzverarbeitung

Foto: Hartmut Sieper
Sägewerke und Holzverarbeitung bieten in waldreichen Gegenden Afrikas gute Geschäftsmöglichkeiten. Abgebildet ist die Holzverladung im Sägewerk von Bulembu, dem höchstgelegenen Ort in Swasiland.

wichtigen Industriezweigen. Bisher werden aber überwiegend Rohhölzer, darunter viele wertvolle und seltene Tropenhölzer, nach Europa, Amerika und Asien exportiert. Eine Verarbeitung zu veredelten Produkten wie zum Beispiel Möbel, die von afrikanischen Konsumenten abgenommen werden, findet noch viel zu wenig satt. Hier gibt es für Investoren und Geschäftsleute vielfältige Möglichkeiten.

In **Liberia** generierte die Holzwirtschaft vor dem Bürgerkrieg etwa 12 Prozent der Staatseinnahmen.

Nachdem der 2003 von der internationalen Gemeinschaft eingeleitete Friedensprozess unter der demokratisch gewählten Präsidentin Ellen Johnson-Sirleaf Anfang 2006 zu einem erfolgreichen Abschluss gekommen ist, hat der Weltsicherheitsrat im Juni 2006 das Holzausfuhrverbot aufgehoben, das seit Juli 2003 über Liberia verhängt war. Einer positiven Entwicklung des Holzsektors steht in dem kleinen westafrikanischen Land nun nichts mehr im Weg.

In der **Republik Kongo** will sich ein südkoreanisches Konsortium eine lukrative Nutzholz-Konzession in einem schwer zugänglichen Regenwaldgebiet verschaffen. Als Gegenleistung will sie eine 800 Kilometer lange Eisenbahnlinie bauen. Koppelgeschäfte wie dieses zunächst nur erwogene Projekt gehören in Afrika zu den gängigen Methoden der Projektfinanzierung. Das generelle Muster lautet: Infrastrukturmaßnahmen gegen Zugang zu Rohstoffquellen (Konzessionen) bzw. gegen zukünftige Rohstofflieferungen (insbesondere bei Erdöl).

5.9 Fischerei

Die Fischwirtschaft gehört in vielen Ländern Afrikas zu den Wachstumsbranchen. Dies gilt sowohl für die Küstenstaaten als auch die Anrainer der ostafrikanischen Seen.

Marokko ist der größte Fischproduzent Afrikas und liegt mit einem Anteil von 1,2 Prozent an der globalen Produktion weltweit auf Rang 25. Der Fischereisektor des Landes, das eine Küstenlänge von 3500 Kilometern hat, beschäftigt etwa 450.000 Personen. Im Jahr 2005 hat die Unternehmensberatung McKinsey eine umfangreiche Studie zur Industrieentwicklung durchgeführt und den Fang und die Verarbeitung von Fisch als einen von sieben besonders entwicklungsfähigen Industriezweigen definiert. Im Rahmen der seit 2006 von der marokkanischen Regierung verfolgten neuen Industriepolitik stehen eine Erhöhung der Fangkapazitäten, die Expansion und Differenzierung der Verarbeitung und eine Marketingkampagne auf dem Programm. Bis 2013 soll die Wertschöpfung bei der Verarbeitung von Fisch und Meeresfrüchten um durchschnittlich 14 Prozent jährlich wachsen. Zur Realisierung dieser ehrgeizigen Pläne müssen die überalterte Fangflotte modernisiert und neue Markthallen mit Kühl- und Hygieneeinrichtungen auf internationalem Niveau errichtet werden.

In **Liberia** assistiert eine Gruppe aus schwedisch-isländischen Unternehmern und Beratern der Regierung bei der Entwicklung einer lokalen Fischindustrie.[8] Das Land bringt mit seiner langen Küstenlinie von rund 580 Kilometern gute Voraussetzungen dafür mit. Derzeit werden die Fischgründe illegal von ausländischen Fangflotten ausgebeutet.

Israelische Unternehmen haben mobile Fischzuchtanlagen entwickelt, die zur Züchtung von Meeres- und Süßwasserfischen sowie Krabben geeignet sind. Fischfarmen eignen sich gut für den Einsatz in afrikanischen Ländern; die proteinreiche Nahrung bildet eine willkommene Bereicherung des Speisezettels in Gebieten, wo Unterernährung herrscht. Natürlich gilt auch hier wie bei so vielen anderen Projekten vergleichbarer Art: Ohne Geld läuft nichts. So sind mutige und tatkräftige Investoren gefragt, die intelligente Geschäftsmodelle konzipieren und umsetzen.

5.10 Tourismus

Afrika ist ein wunderschöner Kontinent mit mehr unberührter Natur als irgendwo sonst auf der Welt, mit großartigen Landschaften und einer atemberaubenden, frei lebenden Tierwelt. Derzeit entfallen aber nur 2 Prozent der jährlichen weltweiten Ausgaben für Tourismus auf den Schwarzen Kontinent. Afrika besitzt daher ein enormes touristisches Potenzial.

Bereits bekannte Destinationen sind folgende Länder:

- Marokko: Badetourismus, Kulturreisen und Wüstenerlebnisse
- Tunesien: Badetourismus mit Wüstenausflügen

[8] Quelle: EXA Consulting Group, www.exagroup.biz

- Ägypten: Kulturreisen zu den Pyramiden und den alten ägyptischen Stätten entlang des Nils sowie Tauchurlaube am Roten Meer
- Südafrika: umfassende Tourismusindustrie mit den Hauptzielen Kapstadt, Garden-Route, Nationalparks und Drakensberge
- Kenia: Küste des Indischen Ozeans und einige Nationalparks

Die Touristik ist erst von wenigen Ländern südlich der Sahara professionell entwickelt worden, allen voran **Südafrika**. Der Fremdenverkehr ist nach dem Bergbau, der Landwirtschaft und der Kraftfahrzeugindustrie der viertgrößte Wirtschaftszweig des Landes.

Abbildung 5-14: Bilder aus der afrikanischen Tierwelt

Foto: Hartmut Sieper
Afrika bietet Naturliebhabern mit seiner unberührten Wildnis und seinem Tierreichtum unvergessliche Erlebnisse

Spezialanbieter von Abenteuerurlauben, Safaris und Trekkingtouren haben inzwischen auch schon andere Länder in ihr Programm aufgenommen, doch sind die hieraus resultierenden Besucherzahlen immer noch recht gering. Das hat unter anderem damit zu tun, dass es in vielen attraktiven Gegenden noch kaum touristische Infrastruktur gibt.

Ein gutes Beispiel hierfür ist die Insel **Madagaskar** mit ihrer einzigartigen Tierwelt und großen landschaftlichen Schönheiten und herrlichen Stränden. Touristisches Potenzial ist hier zweifellos in erheblichem Maße vorhanden, doch müssen noch Straßen und Hotels gebaut und die Versorgung der Touristen mit Trinkwasser, Energie und Nahrungsmitteln muss sichergestellt und organisiert werden. Hinzu kommt die notwendige Ausbildung von einheimischen Kräften.

Auch Länder wie **Kenia** oder **Botswana**, die bereits eine lange Tradition im Tourismus haben, bieten noch unerschlossene Potenziale. In Kenia ist dies beispielsweise der gebirgige Nordwesten mit den Seen des Rift Valleys, in Botswana sind es die Gebiete im Süden und Osten des Landes, außerhalb der weltbekannten Nationalparks Chobe und Okavango.

Besonders interessante Perspektiven für alle Wertschöpfungsstufen im Tourismusgewerbe ergeben sich aus der Einrichtung grenzüberschreitender Naturparks. Hier sind gewaltige Projekte im Entstehen.

Der Great Limpopo Trans Frontier Peace Park entsteht derzeit mit deutscher Unterstützung (KfW und SAFRI) im Grenzgebiet von **Südafrika**, **Mosambik** und **Simbabwe**. Dieses grenzüberschreitende Schutzgebiet stellt eine Erweiterung des weltberühmten Krüger Nationalparks nach Osten und Nordosten dar. Während der Krüger Nationalpark inzwischen zu viele Tiere hat, besteht auf der mosambikanischen Seite nach 16 Jahren Bürgerkrieg ein akuter Mangel an Wildtieren. Das trinationale Management des Great Limpopo Trans Frontier Peace Parks hat mit der größten Tierumsiedlungsaktion begonnen, die es je gegeben hat. Simbabwe ist von der Idee einer freien Tierwanderung nicht so begeistert, weil das Land seine Rinderherden schützen will. Von der einen Million Touristen, die jährlich den Krüger Park besucht, will Mosambik 200.000 Besucher in seinen Landesteil ziehen.

Bleiben wir noch bei **Mosambik**. Das Land verfügt über eine Traumkombination von langen, größtenteils unberührten Stränden am Indischen Ozean und einer reichhaltigen Tierwelt. So überrascht es nicht, dass der Tourismussektor mit 40 Prozent pro Jahr wächst. Der Strand *Ponta do Ouro* knapp nördlich der südafrikanischen Grenze soll das klarste Wasser an der ganzen ostafrikanischen Küste haben. Hier verbringen viele Südafrikaner ihren Urlaub, da die Kosten noch einmal deutlich günstiger sind als im ohnehin nicht besonders teuren Südafrika; zukünftig peilen die Tourismusstrategen auch verstärkt den europäischen Markt an. In Pemba im nördlichen Teil von Mosambik hat eine arabische Gruppe bereits 60 Millionen US-Dollar in ein Luxus-Resort investiert; weitere 100 Millionen US-Dollar sollen folgen.

Abbildung 5-15: Küste des Indischen Ozeans

Foto: Hartmut Sieper
Das warme Wasser des Indischen Ozeans lädt an weiten, menschenleeren Stränden zum Baden ein

Ein gigantisches Projekt mit sehr weitreichenden Folgen wurde im südlichen Afrika in Angriff genommen. Der Kavango Zambezi Transfrontier Conservation Area wird Flächenanteile von fünf afrikanischen Staaten in einem zusammenhängenden Gebiet umfassen: **Sambia, Botswana, Simbabwe, Namibia** und **Angola**. Absichtserklärungen bzw. MOUs *(Memorandums of Understanding)* haben die Ministerien der beteiligten Länder inzwischen ausgetauscht. Wenn dieses Projekt realisiert wird, entsteht der größte Nationalpark der Welt. Er wird eine Vielzahl bekannter und weniger bekannter Attraktionen enthalten, unter anderem die weltberühmten Viktoriafälle des Sambesi-Flusses zwischen Sambia und Simbabwe. Das unvergleichliche Okavango-Delta und der Chobe Nationalpark in Botswana werden ebenso dazugehören wie ein Teil des herrlichen Caprivi-Zipfels von Namibia. Allein das Attribut „weltgrößter Nationalpark“ wird zu einem enormen Touristenstrom führen; auch die Möglichkeit, gleichzeitig fünf Länder besuchen zu können, wirkt auf ein bestimmtes Klientel attraktiv. Ein Haupthinderungsgrund für die Verwirklichung stellt eine noch zu errichtende Brücke über den tief eingeschnittenen Sambesi-Fluss dar; ihre Finanzierung ist bisher nicht gesichert.

Alle Tourismusprojekte im südlichen Afrika dürften angesichts der 2010 in Südafrika stattfindenden Fußballweltmeisterschaft in den nächsten drei Jahren beschleunigt entwickelt werden. Das gilt auch für die genannten Trans Frontier Peace Parks. Die WM bietet eine einmalige Marketinggelegenheit, die sich in dieser Form nicht wiederholen lässt.

Auch in **Ostafrika** verfügt der Tourismus über gute Perspektiven. Die bereits überlaufenen Tierschutzgebiete im Südosten Kenias bzw. Nordosten Tansanias (Serengeti Nationalpark; Tsavo Nationalpark) sowie die Küstenabschnitte von Kenia und Tansania mit der bekannten Insel Sansibar dürften dabei eventuell weniger Potenzial bieten als die noch weitgehend unberührten Gebiete des Rift Valley im Nordwesten Kenias sowie Destinationen in den Nachbarländern Tansania, Uganda und Ruanda.

In **Westafrika** dürften sich die touristischen Potenziale in Grenzen halten, mit Ausnahme der Baderegionen des Senegal und der Kapverdischen Inseln. Das feuchtheiße Klima des westafrikanischen Tieflandes ist im Vergleich zu den höher gelegenen Regionen der östlichen und südlichen Teile des Kontinents weniger einladend, und große Nationalparks oder andere bekannte Attraktionen findet man dort auch kaum. Mit den klimatischen Bedingungen verbunden ist auch ein höheres Krankheitsrisiko. Es ist deshalb davon auszugehen, dass der internationale Tourismus diese Gebiete eher meiden wird. Anbieter besonders ausgefallener Reiseziele könnten hier jedoch durchaus einen Markt finden.

Während Süd- und Ostafrika noch einen erheblichen Nachholbedarf im Tourismus haben, gelten die Baderegionen an den Küsten von **Marokko, Tunesien** und **Ägypten** bereits als etabliert. Die Zukunft dieser Regionen, einschließlich der Kulturreisen, dürfte mehr von der Entwicklung der Weltkonjunktur und den davon abhängigen Reiseausgaben bestimmt sein als von der Entwicklung in Afrika.

So einig sich viele afrikanische Länder über die konsequente Weiterentwicklung des Tourismussektors sind, so unterschiedlich sind ihre Strategien bezüglich der Positionierung ihres Landes und der anvisierten Zielgruppen:

- **Botswana** bietet Reisen und Übernachtungen ausschließlich im Hochpreissegment an. In urtümlichen, aber hervorragend ausgestatteten Lodges, die oft nur mit Kleinflugzeug zu erreichen sind, zahlen Reisende bis über 500 Euro pro Nacht und Person. Massentourismus will man nicht im Land haben, auch aus Gründen des Umwelt- und Naturschutzes, denn viele Nationalparks können keine zusätzlichen Touristen verkraften. Der Schutz der Tierwelt genießt absolute Priorität.

- Länder wie **Sambia, Tansania, Uganda** und **Ruanda** verfahren nach ähnlichen Strategien, wenn auch nicht so stringent in ihrer ausschließlichen Ausrichtung auf wohlhabende Touristen.

- Die Inselgruppe der **Seychellen** gehört zu den teuersten Reisezielen im Indischen Ozean.

- **Südafrika** und **Namibia** sind Paradiese für Individualreisende. Aufgrund des großen Wettbewerbs sind viele Unterkünfte aller Preiskategorien vorhanden. In Südafrika bekommt man mehr Qualität für das gleiche Geld als in anderen Ländern südlich der Sahara.

- Länder wie **Kenia** oder **Mauritius** bieten Unterkünfte aller Preiskategorien an. Kenia favorisiert aber für das weitere Wachstum das Hochpreissegment.

- Die nordafrikanischen Länder **Marokko, Tunesien** und **Ägypten** sowie die geografisch zu Afrika gehörenden **Kanarischen Inseln** sowie **Madeira** sind hauptsächlich auf Pauschaltourismus eingestellt. Hier ist der Tourismussektor ähnlich strukturiert wie in Spanien, Italien, Griechenland und der Türkei.

- Viele Länder sind noch weitgehend jungfräulich, was die Geschäfte mit Touristen angeht. Hierzu gehören die beiden **Kongo-Staaten, Burundi, Madagaskar, Angola** und **Kamerun**, um nur einige zu nennen.

Abbildung 5-16: Touristenziele und Resorts im südlichen Afrika

Foto: Hartmut Sieper
Der Tourismussektor in den Ländern des südlichen Afrikas ist bereits gut ausgebaut, bietet aber noch erhebliche Wachstumsfantasie. Naturschönheiten in großer Vielfalt, sonniges Wetter und gute Unterkünfte laden zum Verweilen ein.

5.11 Finanzwirtschaft

Wie wir in Kapitel 6 noch sehen werden, befinden sich die Finanzmärkte Afrikas noch ganz am Anfang ihrer Entwicklung.

Banken und Versicherungswirtschaft stehen in Afrika zweifellos vor einer großen Zukunft. Bankdienstleistungen wie Sparkonten, Konsumentenkredite, Autofinanzierungen und Kreditkarten werden in vielen Ländern noch sehr wenig oder gar nicht angeboten. Der Hypothekensektor ist gerade am Entstehen und birgt für Hypothekenbanken, Immobilienentwickler, Bauträger und Finanzdienstleister ein enormes Geschäftspotenzial.

In manchen Teilen Afrikas, vor allem im Westen, sind sogar Bankkonten relativ unbekannt – für uns Europäer eine unglaubliche Vorstellung. Fast alle Geschäfte in diesen Ländern werden mit Bargeld getätigt. Dass Geschäftsleute in den Straßen von Kinshasa, Douala oder Abidjan mit Koffern voller Geld herumlaufen, gehört zum ganz normalen Alltag.

In West- und Zentralafrika gibt es viel mehr Menschen mit einem eigenen Handy, aber ohne Bankkonto, als Kontoinhaber ohne Mobiltelefon. Das eröffnet Chancen für bargeldlose Bezahlsysteme via Mobiltelefon. In Ghana hat das Angebot eines solchen Bezahlsystems bereits dazu geführt, dass die lokalen Banken ihre Transaktionsgebühren senken mussten.[9]

Eine besondere Form des Kreditwesens ist die Vergabe von Kleinstkrediten an Menschen in den ärmsten Teilen der Bevölkerung. Diese Kredite werden von spezialisierten Mikrokreditinstituten über sogenannte *Trust Banks* vergeben. *Trust Banks* sind Gruppen, in denen wenige Kreditnehmer, meistens Frauen, zusammengefasst sind und gesamtschuldnerisch für die Verbindlichkeiten aller Mitglieder einstehen. Dieses System funktioniert in der Praxis hervorragend.

Mikrofinanzinstitute sind auf dem Vormarsch. In Mosambik vergibt die Mikrokreditbank Socremo, zu deren Miteigentümern die deutsche KfW gehört, Kleinstkredite zu besonderen Konditionen: 60 (!) Prozent p. a. Zinsen; ohne Sicherheiten. Die Rückzahlung der Kredite ist trotz der hohen Zinsbelastung kein Problem; nur etwa ein Prozent der Kredite ist notleidend.

Viele Banken und einzelne Versicherungen sind börsennotierte Unternehmen. Es dürfte sich lohnen, die Aktien dieser Gesellschaften im Auge zu behalten.

5.12 Immobilien

Viel wird derzeit über die Immobilienkrise in den USA gesprochen, die sich meiner Meinung nach in den nächsten Jahren noch erheblich zuspitzen wird. Ähnlich überspekulierte und ungesund finanzierte Märkte finden sich auch in Europa, vor allem in Spanien und Großbritannien (hier vor allem in London).

[9] Quelle: White African, www.whiteafrican.com

Die Frage erscheint berechtigt, ob man in diesem Umfeld überhaupt ernsthaft in Erwägung ziehen sollte, in Immobilien zu investieren, und dann auch noch in Afrika. Sollte ich also dieses Kapitel überspringen?

Nein, auf gar keinen Fall. Die Märkte in Afrika sind, abgesehen von Südafrika und den Ferienhausimmobilien an der nordafrikanischen Küste, mit amerikanischen und europäischen Märkten überhaupt nicht zu vergleichen.

Auf den Immobilienmärkten gilt, wie auf anderen Märkten auch, zunächst einmal das Gesetz von Angebot und Nachfrage. Das Verhältnis zwischen ihnen bestimmt den Preis. Speziell bei Immobilien kommt jedoch außerdem der komplexe Faktor der Finanzierung hinzu. Und drittens hängt das Chance-Risiko-Verhältnis bei unbeweglichen Wirtschaftsgütern vor allem von drei Dingen ab: dem Standort, dem Standort und dem Standort. Sicher kennen Sie diesen Spruch von Immobilienexperten.

Wie sieht die Situation diesbezüglich in Afrika aus?

Beginnen wir mit dem zuletzt genannten Punkt: Die Qualität des Standorts innerhalb einer Stadt kann m. E. am ehesten von erfahrenen ortsansässigen Immobilienmaklern beantwortet werden.

Bei der Finanzierung sind Parameter wie Kreditverfügbarkeit, Kreditvergabepraxis der Banken und Hypothekenkreditinstitute, Zinsniveau, Zinsfestschreibungszeiträume, Tilgungsregelungen und Beleihungswerte zu beachten. Die Märkte in den USA sind nach einer langen Boomphase in einen Teufelskreis von sinkenden Immobilienpreisen, hoher Verschuldung, Zwangsverkäufen und restriktiverer Kreditvergaben eingetreten.

Die Blase konnte in den vergangenen Jahren ohnehin nur deshalb so weit ausgedehnt werden, weil viele Banken äußerst leichtsinnig und freigebig Kredite zu unglaublichen Konditionen an Bauherren vergeben haben, die sich ein eigenes Haus (oder zusätzliche Objekte zum Zwecke der Spekulation auf noch weiter steigende Preise) nie und nimmer leisten konnten. Häuser wurden zu 120 Prozent beliehen, auf Fragen zur Bonität des Käufers wurde verzichtet, Tilgungsleistungen wurden für Jahre ausgesetzt, und selbst Zinszahlungen wurden subventioniert, indem die Schuldsumme sukzessive um die subventionierten Zinszahlungen erhöht wurde. Also alles in allem eine höchst gefährliche Gemengelage.

Jetzt kommt der springende Punkt für Afrika: Da hier Hypothekenmärkte gerade erst im Entstehen sind, konnte es bisher keine kreditinduzierten Preisblasen geben. Die afrikanischen Märkte können also von dem in westlichen Ländern grassierenden *Credit-Crunch*-Virus gar nicht infiziert werden.

Eine Ausnahme hiervon könnte Südafrika bilden, da hier die Preise in den letzten Jahren sehr stark angezogen haben. Mitte der neunziger Jahre, als Nelson Mandela an die Macht kam und viele Weiße das Land verließen, konnte man schöne Villen schon für 30.000 DM kaufen – selbst in Strandnähe. Heute kosten diese Objekte ab 140.000 Euro, die Grenzen nach oben sind offen. Nicht zuletzt die wachsende Anzahl europäischer Auswanderer, darunter viele aus Deutschland, hat zu diesem Preisanstieg geführt. Die Bewohner Südafrikas leiden darunter, denn das Verdienstniveau ist deutlich niedriger als in Europa.

Kommen wir nun zu Büroimmobilien. In vielen expandierenden Städten in ökonomisch stark wachsenden Volkswirtschaften trifft eine steigende Nachfrage auf ein knapper werdendes oder kaum vorhandenes Angebot, jedenfalls was fertige Gebäude mit westlichem Standard angeht. In manchen Städten werden für Büromieten extreme Knappheitspreise bezahlt, wie der folgende Vergleich der Immobilienmaklergesellschaft Cushman & Wakefield aus dem Jahr 2006 verdeutlicht:

Tabelle 5-3: Die teuersten Büromieten der Welt

Teuerste Stadt der Welt		**Teuerste Städte in Afrika**		
Name	USD/qm/Jahr	Stadt	Rang	USD/qm/Jahr
Kuwait City	743	Luanda	2	607
		Algier	5	538
		Maputo	7	385
		Lagos	8	365
		Tripolis	9	357

Quelle: Cushman & Wakefield, www.cushwake.com

Bei diesen erzielbaren Mieten müsste das Herz von Immobilienentwicklern höher schlagen.

Eine weitere Idee besteht darin, in unbebautes Land zu investieren. Die Preise für Agrarland liegen in vielen afrikanischen Staaten erheblich unter den Preisen, die man für Flächen vergleichbarer Bodenqualität in Nordamerika oder Europa bezahlen müsste. Während ein Hektar Ackerland in Deutschland zwischen 5000 und über 20.000 Euro kostet, wurde mir in einer fruchtbaren Region Sambias, nicht weit von den Städten des Kupfergürtels, ein Preis von 250 bis 500 US-Dollar pro Hektar genannt.

Große Flächen bebaubaren Landes liegen brach, zum Beispiel in der Demokratischen Republik Kongo, in Angola und Mosambik. Man sollte aber genau hinschauen, warum das so ist. Im Kongo haben Rebellen den Farmern verboten, ihr Land zu bebauen. In Angola und Mosambik liegen noch viele Landminen aus den Zeiten des Bürgerkriegs im Boden vergraben. Solches Land kann erst nach gründlicher Entminung, die nur langsam voranschreitet, wieder ohne Gefahr betreten werden. In anderen Ländern wie Sambia oder Kenia können Brachen jedoch problemlos bebaut werden. Meistens werden diese Felder nicht genutzt, weil die ortsansässigen Bauern über keine Finanzmittel verfügen, die für den Erwerb von Saatgut und Dünger oder den Bau von Bewässerungsanlagen notwendig wären. Hier warten ausgezeichnete Geschäftsmöglichkeiten

In der Praxis sind dem Landkauf durch ausländische Investoren jedoch Grenzen gesetzt. In einigen Ländern wie beispielsweise Tansania, Äthiopien und Mosambik kann generell kein Eigentum an Grund und Boden erworben werden. In Mosambik erlaubt der Staat nur die Überlassung von Nutzungsrechten, die allerdings vererbt werden können. In anderen Ländern kann Grund und Boden gepachtet werden, wobei die mögliche Zeitdauer der Verpachtung zwischen 25 und 99 Jahren liegen kann. In anderen Ländern wie beispielsweise Sambia oder Simbabwe wird unterschieden zwischen traditionellem Land, das von Ausländern weder gekauft noch gepachtet werden kann, und Land (teils nur Bauland, keine Agrarflächen), dessen Erwerb möglich ist *(Title Deeds Land).*

5.13 Gesundheitswesen

Das Gesundheitswesen in praktisch allen Ländern Afrikas hat, verglichen mit Europa und Nordamerika, einen erheblichen Nachholbedarf. In vielen Staaten herrscht ein extremer Ärztemangel, und auch die Behandlungsmöglichkeiten in Krankenhäusern sind stark eingeschränkt. Dabei sind statistische Zahlen von beschränkter Aussagekraft. Ein Krankenhausbett in einem afrikanischen Entwicklungsland ist mit einem europäischen Krankenhausbett kaum vergleichbar. Deshalb ist der tatsächliche Rückstand in der medizinischen Betreuung noch deutlich größer, als es die nackten Zahlen widerspiegeln.

Tabelle 5-4: Kennzahlen der medizinischen Versorgung

	Einwohner pro Arzt	Krankenhausbetten pro 10.000 Einwohner	Wasserversorgung der Bevölkerung in Prozent
Ägypten	1340	22	98 %
Angola	25000	13	50 %
Botswana	4395	25	95 %
Côte d'Ivoire	11100	10	84 %
Dem. Rep. Kongo	26250	20	46 %
Ghana	22970	15	79 %
Kenia	7575	15	57 %
Marokko	4400	10	60 %
Mauritius	1180	30	100 %
Namibia	3390	45	77 %
Nigeria	5400	5	62 %
Sambia	14500	30	64 %
Simbabwe	7200	20	83 %
Südafrika	1780	40	86 %
Tansania	20500	10	68 %
Tunesien	1430	20	80 %
Uganda	22400	10	52 %
Zum Vergleich:			
Deutschland	298	86	100 %
Österreich	330	90	100 %
Schweiz	310	70	100 %

Quelle: Reisemedizinisches Zentrum des Tropeninstituts Hamburg;
in: www.gesundes-reisen.org

Auf der anderen Seite sind die Einkommen in vielen Staaten sehr ungleichmäßig verteilt. Eine geringe Zahl gut verdienender Bürger kann sich eine gute medizinische Betreuung leisten, während große Teile der Bevölkerung überhaupt keinen Zugang zu medizinischen Dienstleistungen haben. Sozialversicherungssysteme und Krankenkassen sind in afrikanischen Ländern weitgehend unbekannt. Krankheitskosten sind von den Familien der Kranken aufzubringen. Stehen dafür keine Finanzmittel zur Verfügung, erfolgt keine ärztliche Behandlung. Sehr viele arme Menschen sterben wegen „Kleinigkeiten", weil keine ärztliche Hilfeleistung erfolgt. Oft sind auch die Wege zu dem einzigen Arzt der ganzen Region viel zu weit.

Das unterentwickelte Gesundheitswesen trifft in Afrika auf eine Vielzahl von Krankheiten und Seuchen, die im Falle von HIV/AIDS längst epidemische Ausmaße angenommen haben. Aus humanitärer Sicht ist die Situation in vielen Regionen als katastrophal zu bezeichnen. Zusammen mit der hohen Mangel- und Unterernährung der afrikanischen Bevölkerung stellen HIV/AIDS und Malaria entscheidende Faktoren für eine geringe Arbeitsproduktivität dar.

Für ethisch orientierte Investoren gibt es eine Vielzahl von Projekten, die dringend auf ihre Verwirklichung warten. Ärzte, Krankenhäuser, Medikamente, Betreuungspersonal – alles das wird dringend gesucht.

Das Krankheitsumfeld des afrikanischen Kontinents ist eines der menschenfeindlichsten der Welt. Malaria, Gelbfieber, Dengue-Fieber, Hepatitis, Typhus und Bilharziose sind einige der Krankheiten, die man sich in den Tropen holen kann. Für europäische Reisende sind Impfungen dringend zu empfehlen. Bei manchen Krankheiten, vor allem Malaria, ist eine Impfung allerdings nicht möglich; hier sind bestimmte Medikamente vor, während und nach der Reise als Prophylaxe einzunehmen.

Das Klima stellt für viele Krankheiten eine natürliche Barriere dar. Insbesondere Krankheiten, die von Moskitos übertragen werden, hängen stark von den klimatischen Bedingungen ab. Die Übertragung von Malaria, Trypanosomiasis (Schlafkrankheit) sowie Dengue- und Gelbfieber wird von Temperatur, Luftfeuchtigkeit und Niederschlag beeinflusst. Insbesondere niedrige Temperaturen, wie sie in den Höhenlagen Ostafrikas, Südafrikas und Simbabwes zu finden sind, begrenzen die Moskitopopulation. Daher ist das Risiko, sich mit Malariaerregern zu infizieren, in den hoch gelegenen Regionen von Kenia, Tansania, Ruanda und Burundi relativ gering.

5.14 Märkte am Fuße der Wohlstandspyramide

Wie bereits in der Einleitung erwähnt, sind in Afrika die armen Bevölkerungsschichten mit einem sehr hohen Anteil vertreten. Hieraus ergeben sich aufgrund der sehr niedrigen Kaufkraft besondere Herausforderungen an Geschäftsmodelle und -prozesse. Viele westliche Unternehmen sind der Auffassung, dass der Teil der Weltbevölkerung, der mit weniger als 2 US-Dollar pro Person und Tag auskommen muss, keinen Markt darstellt. Diese Unternehmen lassen über 2 Milliarden Menschen einfach so links liegen, weil sie keine lohnende Zielgruppe für Produkte und Dienstleistungen darstellen. Ich bin davon überzeugt, dass diese Unternehmen sich irren.

Es gibt sie nämlich – interessante Zielgruppen und riesige Märkte am unteren Rand der Wohlstandspyramide (*Bottom of the Pyramid* = BOP-Märkte) –, und dieser Markt von über 4 Milliarden Menschen ist noch nahezu unerschlossen. Das ist weder reine Theorie noch utopisches Wunschdenken von Weltverbesserern. Denn eine Reihe äußerst erfolgreicher Firmen, v. a. in Indien, hat in den letzten Jahren bewiesen, dass diese BOP-Märkte sehr profitabel sein können, wenn sie mit dem richtigen Geschäftsmodell erschlossen werden.

Hierzu gibt das äußerst aufschlussreiche Buch „Der Reichtum der Dritten Welt“ von C.K. Prahalad[10] zahlreiche Praxisbeispiele indischer Firmen, die sich durchaus auf afrikanische Verhältnisse und Aufgabenstellungen übertragen lassen. Wenn Sie dieses Buch lesen, wird sich Ihr Denken verändern, und Sie werden die Märkte in Entwicklungsländern mit anderen Augen sehen.

Welche BOP-Märkte sind in Afrika interessant? Die folgende Auflistung ist keinesfalls vollständig; sie soll Ihnen nur einige Gedankenanstöße liefern:

- Hygieneartikel, z. B. Seife
- Zugang zu sauberem Trinkwasser
- Kleinstkredite
- Kochen mit Solarenergie
- Bezahlsysteme via Mobiltelefon

[10] FinanzBuch Verlag, München 2006

- Zugang zu und Abrechnung von medizinischen Behandlungen über Mobiltelefone
- billige Augenoperationen
- Computer für kleine Gewerbetreibende
- der gesamte Bildungssektor
- Geschäftsmodelle, die Kleinbauern erlauben, ihre geringen Erntemengen ohne großen Aufwand auf dem Markt zu verkaufen (z. B. über lokale oder regionale Kooperativen)

Die BOP-Märkte wachsen oft schneller als die ohnehin rasch wachsenden gesamten Volkswirtschaften der einzelnen Länder. So expandiert der informelle Sektor Südafrikas derzeit mit 10,9 Prozent pro Jahr. 27 Millionen Menschen, die über 100 Milliarden Rand (etwa 10 Milliarden Euro) im Jahr ausgeben, stellen eine sehr interessante Zielgruppe dar.

Die BOP-Märkte, der „Reichtum der Dritten Welt“, warten auf findige Unternehmer mit innovativen Ideen – auch in Afrika.

Kapitel 6

Investmentmöglichkeiten

Es gibt zwei grundlegende Möglichkeiten, in Afrika zu investieren:

- Investitionen über die Kapitalmärkte: direkt in Aktien und Anleihen oder indirekt über Investmentfonds, Exchange Traded Funds und Derivate
- Direktinvestitionen: in nicht börsennotierte Unternehmen, Immobilien, Grundbesitz und Rechte (Schürfrechte, Wasserrechte) Außerdem besteht natürlich die Möglichkeit, selbst unternehmerisch tätig zu werden.

Darüber hinaus gibt es zahlreiche Nichtregierungsorganisationen wie z. B. Hilfswerke, Missionsdienste und Fördervereine, die Spendengelder sammeln und in zumeist nichtkommerzielle Projekte stecken.

In diesem Kapitel werden wir die verschiedenen Möglichkeiten der Portfolioinvestitionen diskutieren, ohne auf länder- und marktspezifische Besonderheiten einzugehen. Das bleibt dem Kapitel 8 vorbehalten.

6.1 Aktienmärkte in Afrika

Afrika ist für Investoren aus aller Welt der letzte große weiße Fleck auf ihrer Landkarte. Die meisten wissen gar nicht, dass es außer der Börse in Johannesburg noch viele weitere, größtenteils kleine Börsen auf dem Kontinent gibt.

Etliche dieser Börsen befinden sich noch in einer Art Dornröschenschlaf. Einiges erinnert an die Situation der europäischen Nebenbörsen in den achtziger Jahren. Jahrelang ist nichts passiert, und plötzlich ging es los. Nachdem der Initialschuss gefallen war, entdeckten viele ausländische Anleger die Börsen in Österreich (1985), Spanien (1986), Finnland (1986) und Portugal (1987), und die Aktienmärkte begannen mit teilweise atemberaubenden Aufwärtsbewegungen. In Afrika steht diese Entwicklung noch aus.

Auch zu den osteuropäischen Börsen gibt es einige Parallelen. Anfang der neunziger Jahre, nach dem Fall des Eisernen Vorhangs und der Gründung zahlreicher Börsen im „Wilden Osten“, waren die Zustände wahrlich abenteuerlich.

Viele afrikanische Aktien sind noch sehr günstig bewertet. Es gibt Unternehmen mit Wachstumsraten von über 30 Prozent pro Jahr, die mit Kurs-Gewinn-Verhältnissen von unter 13 bewertet sind. Einzelwerte liegen noch deutlich darunter. Das KGV an der Börse von Johannesburg liegt mit durchschnittlich 13 auf einem vernünftigen Niveau.

Auf der anderen Seite gibt es allerdings auch Börsen, deren Aktienbewertung schon sehr hoch ist. Nigerianische Aktien beispielsweise haben Kurs-Gewinn-Verhältnisse von 20 bis über 30.

An den meisten lokalen Börsen (natürlich abgesehen von Südafrika) sind internationale Investoren erst vereinzelt zu finden. Die Umsätze an der Börse in Nairobi beispielsweise entfallen zu 95 Prozent auf lokale Marktteilnehmer. Das dürfte sich bald ändern.

Die Erfahrung aus der Entwicklung anderer Nebenbörsen zeigt, dass mit zunehmender Partizipation ausländischer Anleger vieles steigen wird:

- Zuerst steigen die Umsätze. Auf Grund der derzeit herrschenden Illiquidität zahlreicher Aktien werden die Kurse bei sprunghaft einsetzender Nachfrage anziehen.
- Als Folge steigen auch die Bewertungen.
- Das gestiegene Interesse wird die Regierungen zahlreicher Länder veranlassen, im Staatsbesitz befindliche Unternehmen zu privatisieren und die Anteile an der Börse zu platzieren. Tendenzen in diese Richtung sind bereits deutlich zu erkennen.

- Vergleichsweise hoch kapitalisierte Gesellschaften werden ihr IPO machen, beispielsweise Telekommunikations- und Versorgungsunternehmen. Damit wird die Anlage in afrikanischen Titeln auch für institutionelle Anleger zunehmend interessant.
- Viele afrikanische Werte werden auch im deutschen Freiverkehr eingeführt werden und für eine weitere Verbreiterung der Aktionärsbasis sorgen.

Kurzum: Afrikanische Aktien stellen für langfristig orientierte, risikobewusste Anleger eine interessante Investmentalternative dar. Ist der richtige Zeitpunkt zum Investieren allerdings schon gekommen?

Meine Antwort ist ein klares Ja. Viele Gründe sprechen dafür, jetzt einen Fuß in die Tür zu setzen:

- Teilweise ist die Bewertung noch günstig.
- Es besteht praktisch keine Korrelation der afrikanischen Börsen zu den Weltfinanzmärkten und nur eine geringe Korrelation afrikanischer Börsen zueinander. Folge: Das Risiko lässt sich durch Beimischung afrikanischer Aktien zu einem international anlegenden Portfolio deutlich reduzieren.
- Dies steht in krassem Gegensatz zu der Kapitalmarktsituation in der entwickelten Welt: Nicht nur die Kursbewegungen der Aktienmärkte korrelieren eng miteinander, sondern zunehmend auch die Kursbewegungen der verschiedenen Vermögensklassen (Aktien, Renten, Rohstoffe).
- Es besteht ein klarer Risiko-Hedge gegenüber den überspekulierten westlichen und östlichen Börsen. Sobald hier die fulminanten Aufwärtstrends der letzten Jahre kippen, wird sich das internationale Kapital neue Investmentziele suchen. Afrika – der „große weiße Fleck" – wird mit Sicherheit dazugehören.

Doch die Herausforderungen sind groß:

- Die Liquidität und die Marktkapitalisierung vieler Aktien, vor allem an den kleineren Börsen, sind sehr niedrig und genügen keinesfalls den Anforderungen institutioneller Anleger.
- Niedrige Börsenbewertungen sind deshalb oft von geringem praktischem Nutzen, denn Sie können nur kaufen, wenn es Verkäufer gibt. Gerade das ist aber häufig ein Problem, denn viele der kleinen Aktien sind in festen Händen.

Sie wurden weniger zu Spekulationszwecken gekauft, sondern um Dividendeneinkommen zu generieren. Der beste Weg für einen Großinvestor besteht darin, mit Hilfe guter Brokerkontakte vor Ort Aktien von verschiedenen willigen Verkäufern in einem Paket zu bündeln und geschlossen in einem Blocktrade zu erwerben, u. U. außerhalb des offiziellen Börsenhandels.

- Erfolgreiche private Unternehmen sehen keine Notwendigkeit, ihre Anteile an einer Börse einzuführen. Dabei spielen die niedrige erzielbare Bewertung und der hohe Aufwand eine wichtige Rolle.

Geringe lokale Ersparnisse, niedrige Börsenumsätze, niedrige Börsenkapitalisierungen, Desinteresse ausländischer und institutioneller Anleger, geringe Anzahl gehandelter Titel und mäßige bis fehlende Informationen bedingen sich gegenseitig.

Die spannende Frage lautet: Wie kann dieser gordische Knoten gelöst werden? Die Antwort wird Sie vielleicht überraschen: Dieser Prozess hat längst begonnen. Auslöser waren die deutlich gestiegenen Rohstoffpreise, das starke Interesse Chinas an Afrika und die fortschreitende Globalisierung. Mit zunehmendem Interesse ausländischer Anleger an Investitionen auf dem afrikanischen Kontinent wird mittelfristig die Anzahl der an afrikanischen Börsen gehandelten Titel deutlich steigen. Auch das derzeit noch dürftige Informationsangebot über afrikanische Kapitalmärkte wird zunehmen.

6.1.1 Risikobetrachtungen

Die meisten potenziellen Investoren assoziieren mit Afrika ein hohes Investmentrisiko. Einschlägig bekannt sind die sieben K:

- Kapitalflucht
- Katastrophen
- Korruption
- Krankheiten
- Krisen
- Kriege
- Kriminalität

Doch die Realität sieht anders aus. Wer in afrikanische Aktien investiert, kann sein Investmentrisiko sogar reduzieren.

Ja, Sie haben richtig gelesen. Sie können das Gesamtrisiko eines Aktienportfolios vermindern, indem Sie in Afrika anlegen. Der Grund hierfür liegt in der Anwendung der Portfoliotheorie von Harry M. Markowitz. Der Kernsatz dieser Theorie lautet, dass sich das unsystematische Risiko einer Aktienanlage durch Streuung (Diversifikation) der Geldmittel auf viele verschiedene Aktien deutlich reduzieren lässt. (Im Gegensatz zum systematischen Risiko, dem alle Wertpapiere am Markt unterworfen sind). Dieser Effekt ist umso größer, je weniger die einzelnen Wertpapiere hinsichtlich ihrer Kursentwicklung miteinander korrelieren.

Und hier kommt eine entscheidende Besonderheit der afrikanischen Märkte ins Spiel: Diese sind nämlich mit der westlichen Finanzwelt weit weniger verflochten als die Wertpapiermärkte aller anderen Kontinente untereinander. Das liegt zum einen in der (noch) niedrigen Entwicklungsstufe der afrikanischen Kapitalmärkte begründet, zum anderen in der Tatsache, dass sie noch weitgehend unbeachtet sind.

Die geringe kapitalmäßige Verflechtung dieses letzten „großen weißen Flecks“ auf der Investmentlandkarte der Welt mit den anderen Kontinenten drückt sich in einer äußerst geringen bis gar nicht vorhandenen Korrelation der Sub-Sahara-Börsen zu den Börsen in New York, London, Frankfurt, Beijing, Tokyo usw. aus. Auch zur Börse in Johannesburg gibt es keine statistisch signifikante Korrelation. Ähnliches gilt für die nordafrikanischen Märkte Ägypten, Tunesien und Marokko zueinander sowie zum amerikanischen Aktienmarkt.

Die nicht vorhandenen Korrelationen führen zu einer deutlichen Reduzierung des Gesamtrisikos eines internationalen Aktienportfolios, wenn afrikanische Werte hinzugefügt werden.

Betrachtet man ein Einzelengagement, sieht die Sache etwas anders aus. Das Risiko eines Einzelinvestments in afrikanische Werte ist sicherlich deutlich höher als das eines Investments in deutsche, europäische oder amerikanische Aktiengesellschaften. Dieses Risiko setzt sich durch folgende Parameter zusammen:

- **Unternehmensspezifisches Risiko:** Dieses ist in Afrika höher, weil – je nach Land sehr unterschiedlich – sich die Prinzipien von Good Governance erst allmählich durchsetzen.

- **Länderrisiko:** Hiermit ist vor allem das politische Risiko gemeint, aber auch die Risiken, die sich aus Mängeln im Rechtssystem herleiten, sowie die fiskalischen Risiken, die ihre Ursache in einer hohen Verschuldung haben.
- **Währungsrisiko:** Afrikanische Währungen waren in der Vergangenheit häufig labil bzw. wurden regelmäßig abgewertet.
- **Devisentransferrisiko:** Das Risiko mangelnder oder eingeschränkter Transferierbarkeit von investierten Geldern in Devisen besteht derzeit nur in Simbabwe.

Wie werden sich diese Risiken in der Zukunft entwickeln?

- Die **politischen Risiken** sind fast überall in Afrika im Sinken begriffen. Die Demokratisierung hat gewaltige Fortschritte gemacht. Der Korruption wird in vielen Staaten entschieden der Kampf angesagt. Zum Teil langjährige Bürgerkriege haben in den letzten Jahren ihr Ende gefunden, so in Angola, Mosambik, Ruanda, Burundi, Liberia, der Elfenbeinküste und der Demokratischen Republik Kongo. Auch die Verhältnisse in Somalia und Sierra Leone bessern sich.
- Die **finanziellen Risiken** sinken ebenfalls. Vielen hoch verschuldeten Staaten wurde von der internationalen Gebergemeinschaft ein Teil ihrer Schuld erlassen. Andere, rohstoffreiche Staaten haben auf Grund der hohen Rohstoffpreise eine erhöhte Fähigkeit zur Tilgung ihrer Schulden.
- **Währungsrisiko**: Seitdem die Inflationsraten in den letzten Jahren deutlich gefallen sind, haben sich viele lokale Währungen stabilisiert; einige sind gegenüber dem US-Dollar sogar gestiegen. Bei einigen Währungen rohstoffreicher Länder dürften die Wechselkurschancen mittelfristig sogar höher sein als die Wechselkursrisiken.

6.1.2 „Africa Plays" in Südafrika

Aus vielen Gesprächen mit Marktteilnehmern mit Interesse an Investments auf dem Schwarzen Kontinent weiß ich, dass das Risiko an den kleineren und relativ unbekannten Börsen häufig als zu hoch eingeschätzt wird. Für Investoren, die so denken, kommt ausschließlich der entwickelte südafrikanische Markt für Aktienanlagen in Betracht.

Doch auch auf dem Kurszettel der Börse in Johannesburg gibt es zahlreiche Unternehmen, die als sogenannte „Africa Plays" einen nicht unwesentlichen Teil ihrer Umsätze und Erträge in anderen afrikanischen Staaten erzielen. Viele südafrikanische Gesellschaften, darunter etliche börsennotierte, operieren nicht nur in ihrem Heimatland, sondern sind multinational aufgestellt. 60 der Top-100-Unternehmen der Johannesburg Stock Exchange besitzen Tochtergesellschaften im übrigen Afrika. Weitere 26 Firmen sind Holding-Gesellschaften, die indirekt Unternehmen in den anderen afrikanischen Ländern kontrollieren. Durch Investments in diesen Werten „kauft" man sich praktisch die gesamte Afrika-Story. Eine Übersicht über die wichtigsten Gesellschaften zeigt die folgende Tabelle.

Tabelle 6-1: Africa Plays (Südafrika)

Unternehmen mit Hauptbörse Johannesburg	Branche
Sasol	Chemie
Sappi	Papier
Massmart Holdings	Einzelhandel
Shoprite Holdings	Einzelhandel
Telkom	Telekommunikation
MTN	Mobilfunk
Naspers	ICT
Bell Equipment	Maschinenbau
Illovo Sugar	Agro-Industrie
Tiger Brands	Agro-Industrie
Nampak	Verpackung
AngloGold Ashanti	Goldminen
African Rainbow Mineral	Rohstoffe
Mvelaphanda Resources	Rohstoffe
Barloworld	diversifiziert
ABSA	Bank
FNB/RMB	Bank
Standard Bank	Bank

Südafrikanische Unternehmen mit Hauptbörse außerhalb Afrikas	Branche
Anglo American	Rohstoffe (breit diversifiziert)
BHP Billiton (ehemals Billiton)	Rohstoffe (breit diversifiziert)
Old Mutual	Versicherung
SAB Miller (ehemals South African Breweries)	Brauerei
Dimension Data	IT-Dienstleistungen

Quelle: Eigene Darstellung

AngloGold Ashanti ist 2004 aus der Fusion der südafrikanischen AngloGold Ltd. und der ghanaischen Ashanti Goldfields Company Ltd. hervorgegangen. Heute ist AngloGold Ashanti einer der weltgrößten Goldförderer mit Hauptinteressen in Südafrika (43 Prozent der Produktion) und Ghana. Weitere Projekte bestehen in Mali, Guinea, Namibia, Tansania und Simbabwe. Exploriert wird darüber hinaus in Australien (Schwerpunkt), Kolumbien und der Demokratischen Republik Kongo.

Abbildung 6-1: Kursentwicklung von AngloGold Ashanti

Quelle: Lenz & Partner; eigene Darstellung mit der Chart-Software „Tai-Pan"

Die Kursentwicklung der letzten Jahre spiegelt den starken Goldpreisanstieg nur unzureichend wider. Gründe hierfür waren u. a. der in den letzten Jahren relativ starke südafrikanische Rand, steigende Produktionskosten und Probleme mit den Gewerkschaften.

Die Aktien von AngloGold Ashanti werden in New York, Johannesburg, Accra (Ghana), London und Sydney gehandelt, außerdem auch in Frankfurt, Paris und Brüssel.

African Rainbow Mineral ist ein diversifiziertes Minenunternehmen mit Hauptsitz in Johannesburg. Neben Gold und Kupfer fördert das Unternehmen auch Kohle, Platin, Mangan und Eisenerz. Darüber hinaus besteht eine Vielzahl an Explorationen in Namibia, Kongo und vor allem in Sambia.

Mvelaphanda Resources ist eine breit aufgestellte, überwiegend von Schwarzafrikanern geführte Gesellschaft, die Gold, Platin und Diamanten fördert. Mvela Resources hält wichtige Beteiligungen an dem südafrikanischen Goldförderer **Gold Fields**, an **Northam Platinum**, einem mittelgroßen Förderer von Metallen der Platingruppe in Südafrika, und an **Trans Hex**, einer Diamanten-Gesellschaft mit Förderung in Südafrika und Interessen in Namibia, Angola und Liberia.

Weitere wichtige Minengesellschaften, die ausschließlich oder hauptsächlich in Südafrika tätig sind, werden in Kapitel 8.1 vorgestellt. Da sie keine „Africa Plays“ im Sinne von länderübergreifenden Themen darstellen, sind sie auch nicht in Tabelle 6–1 enthalten.

Sasol gewinnt mit Hilfe des ursprünglich in Deutschland erfundenen Fischer-Tropsch-Verfahrens flüssige Kohlenwasserstoffe aus Kohle. Während des Ölembargos zu Zeiten des Apartheid-Regimes war dies für Südafrika die einzige Möglichkeit, Benzin herzustellen. Der Weltmarktführer bei der Umwandlung von Kohle und schwer zugänglichen Gasreserven in leichter verwendbare Energieformen wie Dieselkraftstoff und Benzin ist in mehr als 20 Ländern aktiv. In Afrika hat Sasol Interessen u. a. in Nigeria, Westafrika und Mosambik. Das Unternehmen ist ins Visier großer internationaler Ölkonzerne geraten.

Abbildung 6-2: Kursentwicklung von Sasol

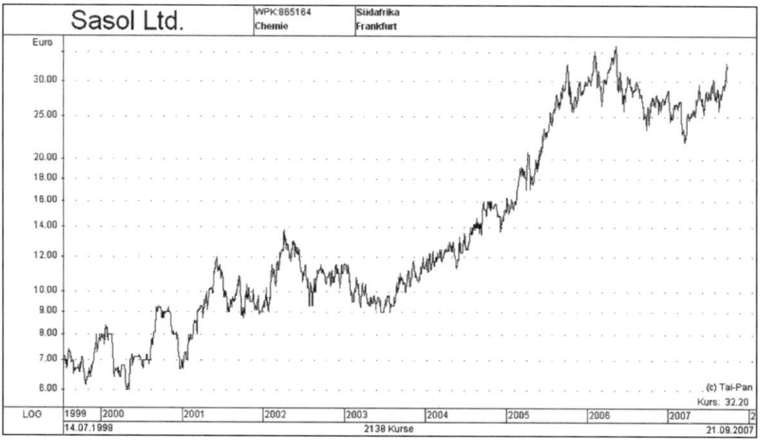

Quelle: Lenz & Partner; eigene Darstellung mit der Chart-Software „Tai-Pan"

Der Mobilfunkanbieter **MTN** operiert nicht nur in Südafrika, sondern ist auch der größte Anbieter in Nigeria. Mit dem kürzlich erfolgten Kauf des im Libanon ansässigen Telekomkonzerns Investcom hat sich das Unternehmen Zugriff auf zahlreiche andere Märkte wie Ghana oder Syrien verschafft. Mittlerweile erzielt MTN mehr Gewinne außerhalb von Südafrika als in seinem Heimatmarkt.

MTN konnte von der Öffnung des afrikanischen Kontinents besonders stark profitieren. Mit durchschnittlichen Wachstumsraten von jährlich 65 Prozent expandiert der Mobilfunkmarkt in Afrika seit zehn Jahren fast doppelt so schnell wie im Rest der Welt. MTN stieg zur klaren Nummer eins im Mobilfunk in Schwarzafrika auf.

Abbildung 6-3: Kursentwicklung der MTN Gruppe

Quelle: Lenz & Partner; eigene Darstellung mit der Chart-Software „Tai-Pan"

Eine hervorragende Möglichkeit, von höheren Konsumausgaben der wachsenden Mittelschicht in Südafrika und anderen Ländern zu profitieren, sind Aktien von Kaufhausketten und Einzelhandelsunternehmen. Hierzu gehören Shoprite Holdings und Massmart Holdings.

Shoprite Holdings betreibt Outlets der Handelsmarken Shoprite, Checkers, Usave, OK Furniture u. a. hauptsächlich in Südafrika. In den letzten Jahren hat Shoprite stark expandiert und Outlets in 15 weiteren Ländern Afrikas gegründet, mit Schwerpunkten in Sambia, Namibia und Madagaskar.

Abbildung 6-4: Kursentwicklung von Shoprite

Quelle: Lenz & Partner; eigene Darstellung mit der Chart-Software „Tai-Pan"

SAB Miller entstand 2002 durch die Fusion von South African Breweries und Miller Brewing Company und ist der größte Brauereikonzern der Welt. SAB Miller ist kein reines „Africa Play", da große Absatzmärkte auch in Nordamerika und Osteuropa liegen.

Abbildung 6-5: Kursentwicklung von SAB Miller

Quelle: Lenz & Partner; eigene Darstellung mit der Chart-Software „Tai-Pan"

Finanzwerte dürften ebenfalls von den steigenden Ausgaben der afrikanischen Konsumenten profitieren. Das südafrikanische Bankhaus **ABSA** gehört mittlerweile mehrheitlich zu Barclays und bietet Finanzdienstleistungen in Südafrika, Namibia, Angola und Simbabwe an.

Abbildung 6-6: Kursentwicklung der ABSA Gruppe

Quelle: Lenz & Partner; eigene Darstellung mit der Chart-Software „Tai-Pan"

Die in London ansässige Versicherungsgesellschaft **Old Mutual** ist einer der wichtigsten Blue Chips im Finanzbereich. Das Unternehmen besitzt die Nedbank Group, Südafrikas größte Bankengruppe, und Mutual & Federal, den zweitgrößten südafrikanischen Eigentums- und Schadensversicherer.

Außer in London werden die Aktien von Old Mutual auch an den Börsen in Südafrika, Namibia, Malawi und Simbabwe gehandelt. Old Mutual bietet ihre Dienstleistungen, zu denen neben dem Versicherungsgeschäft das Asset Management gehört, auch in Kenia, Namibia und Simbabwe an. Weiterhin bestehen Aktivitäten in Schweden (Skandia Group), den USA, den Bermudas und Indien.

Abbildung 6-7: Kursentwicklung von Old Mutual

Quelle: Lenz & Partner; eigene Darstellung mit der Chart-Software „Tai-Pan"

Illovo Sugar gehört zu den auf den Kurszetteln der Weltbörsen relativ seltenen Unternehmen der Agro-Industrie. Das Unternehmen ist der größte Zuckerproduzent Afrikas und rangiert weltweit unter den Top 5.

Abbildung 6-8: Kursentwicklung von Illovo Sugar

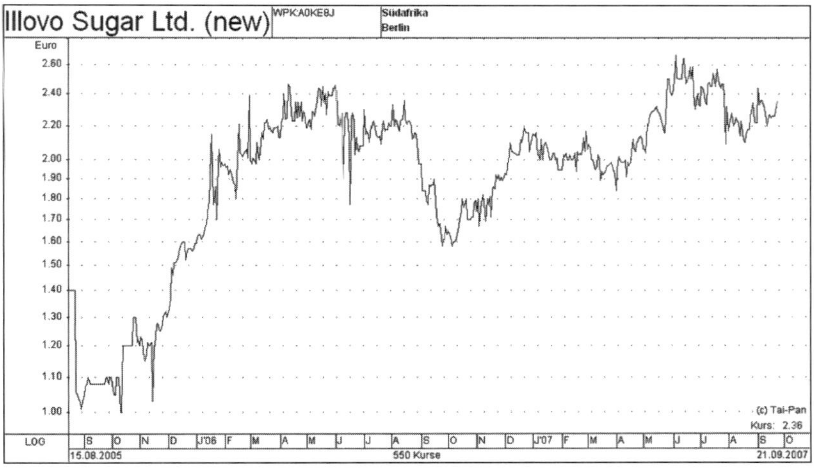

Quelle: Lenz & Partner; eigene Darstellung mit der Chart-Software „Tai-Pan"

Umsätze und Erträge von Illovo Sugar verteilen sich auf folgende Länder:

Tabelle 6-2: Umsatz- und Ertragsstruktur von Illovo Sugar

Land	Umsatzanteil 2007	Ertragsanteil 2007
Südafrika	45 %	21 %
Malawi	18 %	39 %
Sambia	17 %	22 %
Swasiland	10 %	7 %
Tansania	7 %	9 %
Mosambik	3 %	2 %

Quelle: Illovo Sugar, www.illovosugar.com

Eine Investition in **Bell Equipment** setzt gleichermaßen auf eine positive Konjunktur in den Branchen Bau und Bergbau, denn diese Gesellschaft ist der einzige Produzent von Sattelschleppern und Kipplastern auf der südlichen Erdhalbkugel.

6.1.3 „Africa Plays" an den Weltbörsen

Auch an den Börsen außerhalb Südafrikas werden viele Gesellschaften gehandelt, die schwerpunktmäßig oder sogar ausschließlich in Afrika tätig sind.

Zu den großen Gesellschaften mit hohen Marktkapitalisierungen gehören unter anderem folgende Unternehmen:

- **Tullow Oil** ist nach eigenen Angaben eine der größten unabhängigen Ölgesellschaften in Europa. Die Ursprünge und Produktionsschwerpunkte der Gesellschaft liegen in Afrika. Gefördert wird in Côte d'Ivoire, Äquatorialguinea, Gabun, Republik Kongo und Mauretanien (sowie außerhalb Afrikas in Großbritannien, Pakistan und Bangladesh). Ein Offshore-Projekt in Namibia sowie weitere Projekte in den vorgenannten Ländern befinden sich in der Entwicklungsphase. Darüber hinaus wird vor allem in Afrika nach weiteren Ölvorkommen gesucht, und zwar in den Ländern Angola, Kamerun, Ghana, Madagaskar, Senegal, Tansania, Uganda und in der Demokratischen Republik Kongo. Die Aktien von Tullow Oil werden in London und Dublin gehandelt.
- **First Quantum Minerals** fördert Kupfer und Gold hauptsächlich in der Demokratischen Republik Kongo und Sambia, aber auch in Mauretanien. In großflächigen Explorationsgebieten wird im Kupfergürtel nach neuen Lagerstätten gesucht. Die Aktien von First Quantum Minerals werden in Toronto und London (*Alternative Investment Market* – AIM) gehandelt.
- **Central African Mining & Exploration Company (CAMEC)** fördert Kobalt und Kupfer in der Demokratischen Republik Kongo und exploriert nach Uran (Demokratische Republik Kongo), Kohle (Mosambik), Flussspat (Südafrika), Gold (Mali) und Bauxit (Mali). CAMEC-Aktien werden in London gehandelt. Eine der Beteiligungen von CAMEC ist **Katanga Mining** (gehandelt in Toronto), für die CAMEC ein Übernahmeangebot abgegeben hat.
- **Golden Star Resources** fördert Gold im Ashanti-Goldgürtel von Ghana. Die Aktien werden in Toronto gehandelt.
- **Red Back Mining** baut derzeit Förderstätten für Gold in Ghana und Mauretanien auf. Zu den Großaktionären gehört die international erfolgreiche Lundin-Gruppe, die auch mit anderen Beteiligungen wie z. B. **Tenke Mining** in Afrika aktiv ist.
- **Semafo** mit Hauptsitz in Montréal fördert und exploriert Gold in Guinea, Niger und Burkina Faso. Die Aktien werden an der *Toronto Stock Exchange* gehandelt.

- **Randgold Resources** produziert in Mali und exploriert in Mali, Côte d'Ivoire, Senegal, Burkina Faso, Ghana und Tansania. Die Aktien werden an der *London Stock Exchange* und an der NASDAQ gehandelt.

Bei den vorgenannten Aktiengesellschaften handelt es sich um Unternehmen, die bereits produzieren und operative Cashflows generieren. Da sie über das reine Explorationsstadium hinaus sind, ist das Investmentrisiko hier erheblich geringer als bei Minengesellschaften, die Rohstofflagerstätten suchen (Junior-Explorer) bzw. bereits lokalisierte Lagerstätten durch erweiterte Probebohrprogramme und Durchführbarkeitsstudien hin zu potenziellen Förderstätten entwickeln (Senior-Explorer und Developer).

Die meisten der im Folgenden aufgezählten Gesellschaften sind reine Explorer. Hier ist das unternehmensspezifische Risiko erheblich höher. Wer jedoch in den afrikanischen Rohstoffsektor investieren will und Wert darauf legt, über die traditionellen Bergbaugebiete in Südafrika, Namibia, Sambia und Ghana hinauszugehen, kommt um Explorer nicht herum. Denn in vielen afrikanischen Staaten befindet sich der Bergbau noch in den Kinderschuhen. Teilweise wurde noch nie in größerem Unfang exploriert.

Das klingt für potenzielle Investoren auf der einen Seite abschreckend, doch andererseits bestehen gerade in diesen Gebieten gute Chancen auf einen großen Überraschungsfund– jedenfalls bessere als in rohstoffreichen Ländern wie Kanada, Australien oder den USA.

Am *Alternative Investment Market* (AIM) der Londoner Börse sind viele „Africa Plays“ aus dem Bereich Rohstoffe und Exploration notiert. Eine Auswahl enthält die folgende Aufzählung:

- **Petra Diamonds** ist ein integrierter Diamantenkonzern mit Förderungen in Südafrika und Explorationsprojekten in Botswana, Angola und Sierra Leone.
- **Pan African Resources** ist ein reiner Goldexplorer mit Projekten in Mosambik, Südafrika und der Zentralafrikanischen Republik. 55 Prozent der Anteile gehören der südafrikanischen Minengesellschaft **Metorex**.
- **Tanzanite One** ist ein Unternehmen in Tansania, das die einzige bekannte Lagerstätte von Tansanit, einem Edelstein, ausbeutet. Der bläulich schimmernde Tansanit wird ausschließlich am Fuß des Kilimandscharo gefunden und ist mindestens tausendmal seltener als Diamant.

- **African Eagle Resources** ist ein Junior-Explorer mit Projekten in Sambia, Tansania und Mosambik.
- **Jubilee Platinum** sucht nach Platingruppen-Metallen, Nickel und Kobalt in Südafrika, Madagaskar und Sierra Leone.
- **African Copper** entwickelt eine Kupfermine in Botswana und exploriert dort nach weiteren Lagerstätten von Kupfer und Silber.
- **Mwana Africa** kontrolliert Explorationsgebiete (Kobalt, Nickel, Kupfer, Zink, Gold) in Ghana, Simbabwe und der Demokratischen Republik Kongo.
- In der Demokratischen Republik Kongo explorieren außerdem die Gesellschaften **Banro** (Gold), **Anvil Mining** (Kupfer) und **Moto Goldmines** (Gold).

An der *TSX Venture Exchange* (TSXV), dem Einstiegssegment der Börse in Toronto, Kanada, sind ebenfalls Rohstoffunternehmen mit Projekten in Afrika gelistet, darunter

- **Etruscan Resources** exploriert nach Gold in Ghana, Burkina Faso, Côte d'Ivoire, Mali und Niger sowie nach Diamanten in Südafrika.
- **AXMIN,** ein reiner Goldexplorer mit Projekten in der Zentralafrikanischen Republik, Mali und Sierra Leone,
- **Platmin**, ein südafrikanischer Platinexplorer,
- **PMI Gold**, ein Goldexplorer in Ghana, und
- **Geovic Mining**, das eine große Kobaltmine in Kamerun entwickelt.

Einige der obigen Gesellschaften werden sowohl in London als auch in Toronto notiert. Auch an der *Australian Stock Exchange* (ASX) sind einige „Africa Plays" gelistet.

Viele Zweit- und Drittlistings von Explorationsgesellschaften finden sich auch an deutschen Börsen, vorzugsweise in Berlin, doch die Umsätze sind hier oft sehr dünn. Käufe würde ich in der Regel an der umsatzstärksten Börse vornehmen.

Zusammengefasst sprechen folgende Gründe für afrikanische Explorationswerte:

1. Explorationswerte sind unter den „Africa Plays“ besonders häufig zu finden.

2. Die breite Masse der Investoren scheut zwei Risiken: zum einen das unternehmensspezifische Risiko von Explorationsaktien (das gilt für die ganze Welt) und zum anderen die politischen Risiken, die häufig im Zusammenhang mit afrikanischen Ländern genannt werden. Als logische Folge dieser doppelten Risikoaversion sind die meisten Investoren unterinvestiert oder noch gar nicht investiert.

3. Afrika wurde von allen Kontinenten am wenigsten erforscht. Unerwartete Funde sind hier am ehesten zu erwarten. Dann will jeder dabei sein und schaut nach Afrika-Storys!

Ein weiterer Grund wird hinzukommen, falls im Falle einer Fortsetzung, Vertiefung und Zuspitzung der Krise des internationalen Finanzsystems die Preise insbesondere von Edelmetallen explodieren sollten. Der Gold- und Silbermarkt ist nämlich im Vergleich zu den weltweiten Aktien- und Rentenmärkten winzig. Sobald – im schlimmsten anzunehmenden Fall – die Masse der Anleger aus den als gefährdet empfundenen Papiergeldwerten in Sachwerte flüchten will, dürfte kaum noch physisches Gold und Silber zu bekommen sein. Dann wird verstärkt in alle Aktiengesellschaften, die insbesondere mit der Goldförderung und -exploration zu tun haben, investiert werden. Aber auch deren Marktkapitalisierung ist lächerlich gering.

Alle börsennotierten Goldminengesellschaften der Welt zusammen weisen aktuell eine Marktkapitalisierung auf, die in der Größenordnung eines einzelnen amerikanischen Unternehmens wie z. B. Google oder Microsoft liegt. Was, denken Sie, wird wohl mehr wert sein: Alle Goldminen der Welt zusammengenommen oder ein Einzelunternehmen wie Google?

Diese absurde Werterelation erinnert mich an einen anderen Zahlenvergleich, der Ende 1989 unter den Kapitalanlegern die Runde machte. Damals befanden sich die japanischen Aktien- und Immobilienmärkte in atemberaubenden Höhenflügen. Die Kurs-Gewinn-Verhältnisse von Japan-Aktien lagen bei über 50. Richtig spektakulär wurde die Sache allerdings bei den japanischen Immobilien. Das Inselreich im Fernen Osten verfügt über rund 3 Prozent der Landoberfläche unseres Planeten, vereinigte damals aber über 60 Prozent (!) des globalen Bodenpreises auf sich. Ein Wolkenkratzer im Zentrum Tokyos war so viel wert wie die Halbinsel Manhattan. Verrückt, nicht wahr? Doch diese Preise wurden Ende der achtziger Jahre tatsächlich bezahlt – unter anderem deshalb, weil japanische Banken 120-Prozent-Finanzierungen für Immobilien ermöglichten.

Anfang 1990 platzte die japanische Blase und leitete einen Abwärtsschwung ein, der zwölf Jahre anhalten sollte. Ich kann mich des Eindrucks nicht erwehren, dass gewisse Ähnlichkeiten zu der aktuellen Hypothekenkrise in den USA bestehen.

Worauf ich aber eigentlich hinauswill: Es gibt Zeiten, in denen der ganz einfache gesunde Menschenverstand viel besser funktioniert und treffsicherer zum Ziel führt als ausgefeilte Analysetechniken und komplizierte Bewertungsmodelle. 1989/1990 war eine solche Zeit, denn es lag klar auf der Hand: Japanische Immobilien waren viel zu teuer. In der heutigen Situation ist Gold viel zu billig. Goldminenaktien sollten deshalb ein hervorragendes Langfristinvestment darstellen.

6.1.4 Aktienfonds

Der südafrikanische Aktienmarkt wird von internationalen Fondsmanagern seit langem beachtet, und es gibt viele Investmentfonds und auch Derivate, die ausschließlich in südafrikanischen Aktien anlegen.

Doch auch der Rest Afrikas wird von den Emerging-Markets-Fonds zunehmend entdeckt.

So ist beispielsweise der **Fidelity Emerging Europe, Middle East and Africa (EMEA) Fund** zu über 40 Prozent in Südafrika investiert – für einen international anlegenden Investmentfonds eine äußerst hohe Konzentration der Mittel. Dabei wird Südafrika allerdings nicht nur als ein Land gesehen, sondern als Tor zu zahlreichen weiteren afrikanischen Ländern mit großem Wachstumspotenzial. Viele Unternehmen stoßen nämlich von Südafrika aus in neue Märkte vor, in denen sie die Ersten ihrer Branche sind und daher zügig expandieren.

Beim **JP Morgan Emerging Europe, Middle East & Africa Fund** sind die afrikanischen Länder nur relativ gering gewichtet. Dieser Fonds will langfristiges Kapitalwachstum durch die Anlage in die aufstrebenden Märkte Zentral-, Ost- und Südeuropas, einschließlich Österreichs und Deutschlands, und in beschränktem Umfang die Märkte des Nahen Ostens und Nordafrikas. Der Fonds kann außerdem bis zu 10 Prozent direkt in die Staaten der ehemaligen Sowjetunion investieren.

Der **Balzac Middle East and Africa Index** ist ein Aktienfonds, der zu 78 Prozent in Südafrika, 5 Prozent in Ägypten, 3 Prozent in Marokko und 15 Prozent in Israel investiert ist. Größte Einzelpositionen sind die südafrikanischen Werte MTN Group, Sasol, Standard Bank, Impala Platinum, Firstrand und Anglo Platinum.

Der **Magna Africa Fonds** von der Fonds-Boutique Charlemagne Capital investiert in die Afrika-7-Länder, wobei die eindeutigen Investitionsschwerpunkte derzeit in Südafrika und in Ägypten liegen.

Die Österreichische Erste-Sparinvest hat den **ESPA Stock Middle East and African Markets Fund** aufgelegt. Neben direkten Investments in einzelne Aktien werden rund 60 Prozent des Fondsvolumens in andere Afrika-Aktienfonds, etwa den JPM Emerging Europe, Middle East & Africa oder den Balzac Middle East And Africa Index, investiert. Daraus ergibt sich folgende Ländergewichtung: Golfstaaten (20 Prozent des Fondsvolumens), Türkei (23 Prozent), Marokko (16 Prozent), Israel (15 Prozent), Südafrika (15 Prozent) sowie Jordanien.

Aktuell sind im deutschsprachigen Raum insgesamt 12 Afrika-, EMEA- (Europe, Middle East and Africa) bzw. Arabien-Fonds zum öffentlichen Vertrieb zugelassen (s. Tabelle 6–3). Ihr Volumen betrug Ende Juli 2007 1,28 Mrd. Euro.[1] Vor einem Jahr waren es noch acht Fonds mit einem Volumen von 0,94 Mrd. Euro. Die geschätzten Nettomittelzuflüsse lagen bei weniger als 30 Millionen Euro.

[1] Quelle: www.derStandard.at/Investor, 29.09.07

Tabelle 6-3: Investmentfonds mit Anlageziel Afrika

Name	Vertriebs-zulassung			Auf-lage	Performance in % p.a.			Vola-tilität	Sharpe Ratio
	A	D	CH		1 J.	3 J.	5 J.	5 J. % p.a.	5 J. p.a.
JPMorgan EMEA Equity A (dist) USD	X	X	X	1997	26,6	37,1	32,6	22,2	1,11
Balzac Middle East and Africa Index		X		2000	20,9	26,8	25,4	17,9	1,08
JPM Middle East Equity A (dist) USD	X	X	X	1998	31,3	32,1	25,9	18,5	1,06
UBS (CH) Equity Fund – South Africa			X	1948	19,3	25,9	23,6	22,8	0,79
EMF South Africa B Cap (Load) ZAR	X	X		2000	18,0	22,8	20,4	21,9	0,70
Concord Egypt	X			2003	21,5	27,2			
Bac Mining Regions Managed Vol. South Africa (CHF)			X	2004	71,6				
Magna Africa A EUR	X	X		2006	23,0				
DEKA Middle East CF		X		2006					
ESPA Stock Middle East and Africa	X			2007					
Fidelity Funds – EMEA A EUR	X			2007					
Meridio Funds – Meridio Arab World P	X			2007					
Durchschnitt					29,0	28,6	25,6	20,6	0,9
MSCI Egypt Total Return					37,0	71,8	62,4	28,5	1,56
MSCI EM EMEA TR USD					17,9	31,3	27,7	18,1	1,16
MSCI Morocco TR					47,0	36,4	28,6	14,4	1,52
MSCI South Africa TR					20,4	27,0	25,8	22,6	0,86
IFC Global Nigeria TR					66,0	34,6	35,4	20,5	1,31

Quelle: Lipper, www.lipperweb.com Alle Daten per 08.08.2007 in EUR

In Großbritannien sind die Anleger weit weniger risikoscheu. Hier herrscht bereits lebhaftes Interesse an den afrikanischen Kapitalmärkten. 2007 flossen allein über 2 Mrd. US-Dollar in Private Equity Fonds aus London mit Afrika-Bezug.[2] Hedgefonds, die in Nigeria investieren, haben bereits ein Volumen von 1,5 Mrd. US-Dollar erreicht.

Auch in Afrika selbst sind einige panafrikanische Investmentfonds beheimatet. Hierzu gehören u. a.:

- Databank Frontier Fund
- Databank Epack Fund
- Imara Africa Opportunities Fund
- EMM Africa Frontier Fund

6.1.5 Derivate

Derivate auf afrikanische Aktienmärkte außerhalb Südafrikas gibt es derzeit noch fast überhaupt nicht. Das hat maßgeblich damit zu tun, dass sich die Emissionsbanken an diesen Märkten nicht vernünftig hedgen können.

Die Landesbank Berlin hat ein **Afrika Opportunity-Zertifikat** aufgelegt, das in den oben genannten Magna Africa Fonds, Einzelwerte und eine Cashkomponente investiert.

Das **S&P/ABN AMRO Central Africa Resources TR Index Open End Zertifikat** spart Südafrika komplett aus und investiert in die nach Marktkapitalisierung zehn größten Unternehmen des zentralafrikanischen Rohstoffsektors, wobei allerdings nur Werte mit einer Börsennotierung in Europa oder Amerika Berücksichtigung finden. Als Mindestkriterium muss jedes Unternehmen im Zertifikat mindestens über eine Marktkapitalisierung von 150 Millionen Euro verfügen. Es werden außerdem nur Unternehmen in den Index aufgenommen, die den Großteil ihrer Erlöse in Afrika außer Südafrika erzielen. Die drei Schwergewichte dieses Fonds bilden die Minengesellschaften First Quantum Minerals und Randgold Resources sowie die Ölgesellschaft Tullow Oil.

[2] Quelle: Financial Times, 17.08.2007

Insgesamt lässt sich festhalten, dass es für die Anlageregion Afrika noch sehr wenige Investmentfonds und strukturierte Anlageprodukte gibt. Mittelfristig lässt sich hieraus ein erheblicher Nachholbedarf für die Finanzindustrie ableiten.

Diejenigen Leser, die sich für Anlagen in „Africa Plays", Investmentfonds und Zertifikaten mit Schwerpunkt Afrika interessieren, sollten von Zeit zu Zeit auf die Website des Autors, www.trans-africa-invest.com, schauen.

6.2 Devisenmärkte

Die Devisenmärkte auf dem afrikanischen Kontinent lassen sich in drei Gruppen untergliedern:

- der südafrikanische Rand und die fest an ihn gekoppelten Währungen der Länder der sogenannten Rand-Zone
- der regionale Währungsverbund des CFA-Franc in den französischsprachigen Ländern Westafrikas und Zentralafrikas (außer der Demokratischen Republik Kongo)
- Einzelwährungen

6.2.1 Der südafrikanische Rand

Die weitaus wichtigste afrikanische Währung ist der südafrikanische Rand. Viele Anleger aus Deutschland und Mitteleuropa werden sich noch an die Zeiten erinnern, als die Währung in einen *Commercial Rand* und einen (niedriger notierenden) *Financial Rand* gespalten war. Die Warenströme wurden im *Commercial Rand* abgerechnet, während für Finanztransaktionen, u. a. für den Kauf und Verkauf von Rand-Anleihen, der *Financial Rand* maßgeblich war. Die hohen Zinssätze, die Südafrika zu bieten hatte, wurden immer wieder von dem sinkenden Außenwert des Rand relativiert. Die Spekulation, dass sich der *Financial Rand* und der *Commercial Rand* allmählich annähern würden und schließlich gleichgestellt würden, ging schließlich auf. Die 1994 neu gewählte „Regierung der Nationalen Einheit" schuf das duale Wechselkurssystem ab und lockerte die Kapitalverkehrskontrollen. Damit ist ein wichtiger Grundstein für die günstige wirtschaftliche Entwicklung der vergangenen Jahre gelegt worden.

Abbildung 6-9: Kursentwicklung des Rand gegen den US-Dollar

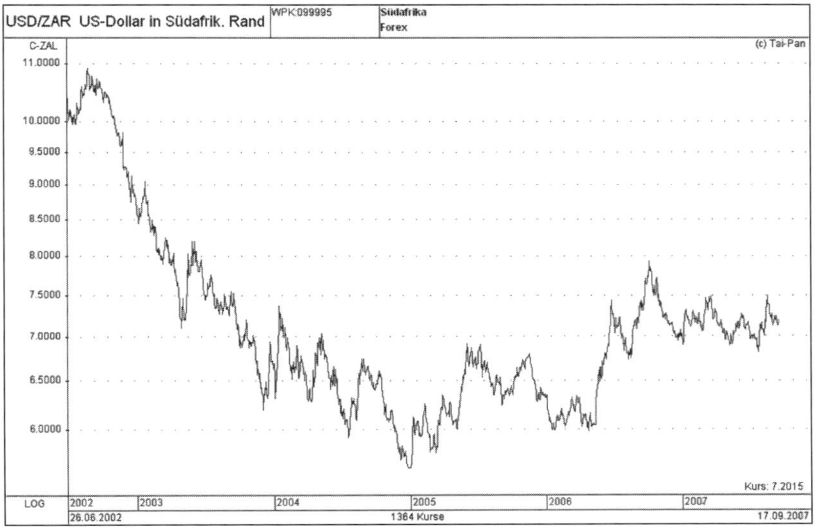

Quelle: Lenz & Partner; eigene Darstellung mit der Chart-Software „Tai-Pan"

Beachten Sie bei dem Chart die Definition: Dargestellt ist die Anzahl von Rand, die man mit einem US-Dollar kaufen kann. Der Abwärtstrend vom Jahr 2002, als man knapp 11 Rand für einen Dollar bekam, bis 2005 (weniger als 5 Rand pro Dollar) entspricht also einer starken Befestigung des Außenwerts der südafrikanischen Währung. Seit Anfang 2006 hat sich der Rand gegenüber der US-Währung wieder etwas abgeschwächt. Gegen den Euro ist der Abwärtstrend stärker ausgeprägt.

Dafür ausschlaggebend waren folgende Entwicklungen:

- das Leistungsbilanzdefizit Südafrikas (zuletzt 6,5 Prozent des Bruttosozialprodukts)
- steigende Inflationsrate (zuletzt 6,5 Prozent)
- zunehmende Risikoaversion internationaler Anleger

Eigentlich ist es überraschend, dass die Währung des extrem rohstoffreichen Landes von der Aufwärtsbewegung der Rohstoffpreise bisher nicht profitieren konnte. Somit spricht einiges dafür, dass sich der Rand in Zukunft eher wieder stabilisieren könnte:

- zunehmende Direktinvestitionen, vor allem im Vorfeld der Fußballweltmeisterschaft 2010
- robustes Wirtschaftswachstum (5 Prozent p. a. im 2. Quartal 2007) trotz des zuletzt auf zehn Prozent erhöhten Leitzinses
- zunehmend positive Auswirkungen von Infrastrukturinvestitionen

Die Länder der Rand-Zone haben zwar ihre eigenen Währungen (Namibia-Dollar in Namibia; Loti in Lesotho; Lilangeni in Swasiland), doch sie sind fest an die dominierende Währung, den südafrikanischen Rand, gekoppelt.

6.2.2 Der CFA-Franc

Abbildung 6-10: Verbreitungsgebiet des CFA-Franc

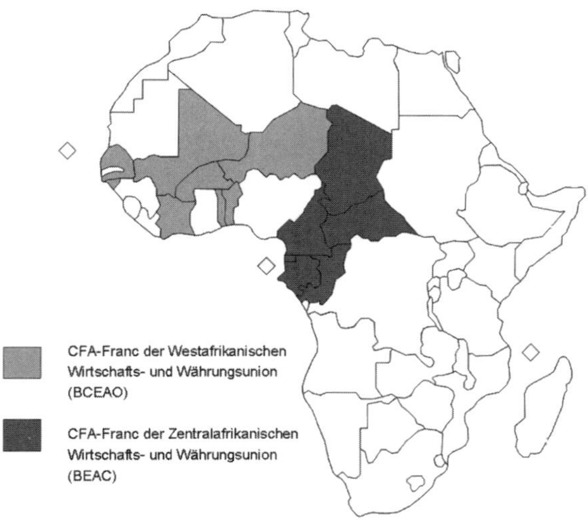

Quelle: Trans Africa Invest

Der CFA-Franc wurde im Dezember 1945 als gemeinsame Währung der französischen Kolonien in Afrika eingeführt und 1958 in „Franc der Französischen Gemeinschaft in Afrika" umbenannt.

Heute steht er

- in der **Westafrikanischen Wirtschafts- und Währungsunion** für den „Franc der Afrikanischen Finanzgemeinschaft" – CFA-Franc BCEAO (*Franc de la Communauté Financière d'Afrique*; ISO 4217-Code: XOF)
- in der **Zentralafrikanischen Wirtschafts- und Währungsunion** für den „Franc der Finanzzusammenarbeit Zentralafrikas" – CFA-Franc BEAC (*Franc de la Coopération Financière en Afrique Centrale*; ISO 4217-Code: XAF) Die Verbreitungsgebiete beider Währungen zusammen werden als **CFA-Franc-Zone** bezeichnet.

Zunächst war der CFA an den Währungskurs des französischen Franc gekoppelt. Mit der Einführung des Euro wurde eine fixe Bindung an den Euro vereinbart (1 Euro = 655,957 CFA-Franc).

Der CFA-Franc ist die Landeswährung in 14 afrikanischen Ländern: Benin, Burkina Faso, Kamerun, Tschad, Republik Kongo, Cote d'Ivoire, Gabun, Äquatorialguinea, Guinea-Bissau, Mali, Niger, Senegal, Zentralafrikanische Republik und Togo. Mit Ausnahme von Äquatorialguinea, ehemals spanische Kolonie, und Guinea-Bissau, ehemals portugiesische Kolonie, handelt es sich dabei um ehemalige französische Kolonien.

Der Anstieg des Euro gegenüber dem Dollar bereitet diesen Ländern zunehmende Sorgen, denn mit steigendem Eurokurs werden die Exporte dieser Länder weniger wettbewerbsfähig in den Volkswirtschaften, denen der Dollar als Handelswährung zugrunde liegt. Mit fortschreitender Dollarschwäche profitieren nämlich diejenigen Länder, deren Währungen nicht an den starken Euro gekoppelt sind, sondern sich vielmehr am US-Dollar orientieren. Hierzu gehören in Westafrika vor allem Nigeria und Ghana.

Die Länder, die von dem Anstieg des Euro am meisten betroffen sind, sind Cote d'Ivoire, Niger, Senegal und Togo. Ihre Exportgüter (vor allem landwirtschaftliche Produkte) bringen weniger Einnahmen. Einziger Vorteil ist der billigere Einkauf von Rohöl.

Kamerun als Ölexportland ist von der Eurostärke besonders betroffen. Hier leidet nicht nur der Export von Kakao, Kaffee, Baumwolle, Bananen und Holz, sondern auch die Ölexporte sowie die Royalties aus der Durchleitung von Erdöl aus dem Tschad durch die Pipelines Kameruns fallen niedriger aus.

Wirtschaftsexperten aus den Staaten der CFA-Franc-Zone denken darüber nach, die fixe Bindung an den Euro in eine Bindung an einen Währungskorb aus US-Dollar, Euro, Yen, Schweizer Franken und Pfund umzuwandeln. Dazu bedarf es jedoch des Einverständnisses Frankreichs und der Europäischen Zentralbank sowie der Zentralbank der Westafrikanischen Staaten.

6.2.3 Währungen einzelner afrikanischer Länder

Lange Zeit konnte die Kurstendenz afrikanischer Währungen mit einem Wort beschrieben werden: schwach. Doch mit dem Erstarken der Volkswirtschaften in Afrika und deutlich sinkenden Inflationsraten ist dieser Trend zum Erliegen gekommen.

Inzwischen gibt es etliche Währungen, die in den letzten Jahren gegenüber dem US-Dollar gestiegen sind bzw. aufgewertet wurden; dazu gehören:

- der kenianische Shilling (Anstieg um knapp 20 Prozent seit Ende 2004)
- der ugandische Shilling (Anstieg um knapp 10 Prozent seit 2005/2006)
- der angolanische Kwanza (Aufwertung um 19 Prozent seit 2005/2006)
- der sambische Kwacha (Anstieg um 10 Prozent seit 2005/2006)
- der marokkanische Dirham (Anstieg um 12 Prozent seit 2005)
- das ägyptische Pfund (Anstieg um 10 Prozent seit 2004)

Die Zeit permanent schwacher afrikanischer Währungen ist definitiv zu Ende gegangen. Es ist eher davon auszugehen, dass diese Währungen bei weiter hohen Rohstoffpreisen und anhaltend starkem Wirtschaftswachstum weiter zulegen werden – zumindest gegenüber dem US-Dollar.

Die afrikanischen Währungen gehören, abgesehen vom südafrikanischen Rand, generell nicht zu den stark gehandelten Devisen. Der größte Teil der Warenströme von und nach Afrika wird in US-Dollar oder Euro abgewickelt. Für den Devisenhandel der Banken spielen afrikanische Währungen deshalb (derzeit) kaum eine Rolle.

Die Devisencharts der wichtigsten Währungen finden Sie in den Profilen der einzelnen Länder in Kapitel 8.

6.2.4 Zukünftige weitere Regionalwährungen

Es gibt verschiedene Pläne, mittel- bzw. langfristig weitere Regionalwährungen einzuführen. Dies wird konkrete Auswirkungen auf die Devisen- und Rentenmärkte haben, weshalb Anleger die Entwicklungen genau beobachten sollten.

Bereits 2009 wollen die ostafrikanischen Staaten Kenia, Uganda und Tansania den *East African Shilling* einführen.

In Westafrika ist eine zweite Währungsunion im Gespräch. Diesem Verbund sollen Nigeria, Ghana, Guinea und Sierra Leone angehören.

Die SADC-Länder und Mauritius streben langfristig ebenfalls die Einführung einer gemeinsamen Währung an. Dies betrifft – von Norden nach Süden – folgende Staaten: Demokratische Republik Kongo, Angola, Sambia, Mosambik, Madagaskar, Mauritius, Simbabwe, Botswana, Namibia, Südafrika, Lesotho und Swasiland. Meilensteine auf diesem Weg sind:

- 2008: Streichung von Zolltarifen auf 85 Prozent aller Waren
- 2010: Zollunion
- 2015: Gemeinsamer Markt
- 2016: Währungsunion

Wenn dieser ehrgeizige Plan umgesetzt wird, könnte hier im südlichen Afrika – auf Grund des enormen Rohstoffreichtums der beteiligten Länder – langfristig eine der härtesten Währungen der Welt entstehen.

Falls sich die aktuelle Hypothekenkrise, die in den USA begonnen hat und vermutlich auch noch andere Länder mit stark überbewerteten Immobilien (wie z. B. Neuseeland, Spanien, Dänemark, Großbritannien) erreichen wird, zu einer grundlegenden Krise des Weltfinanzsystems ausweiten sollte, in der die Sparer und Anleger zunehmend die Werthaltigkeit der reinen Papierwährungen in Frage stellen, wird sich irgendwann die Frage nach einer neuen Weltwährungsordnung stellen. Länderbonitäten und damit auch die relative Stabilität bzw. Attraktivität von Währungen könnten nach völlig neuen Kriterien ermittelt werden. Rohstoffreichtum wird sicherlich – neben der externen Verschuldung – eines der wichtigsten Kriterien darstellen.

Anfänge dieser Entwicklung können wir bereits beobachten, denn die Währungen rohstoffreicher Länder wie z. B. Kanada oder Australien zeigen zunehmende relative Stärke.

Denken Sie einmal in einer ruhigen Stunde über diese Entwicklungsmöglichkeiten nach. Vielleicht kommen Sie ja, wie ich auch, zu dem Schluss, dass wir es hier mit einem weiteren starken Argument zu tun haben, das für Investitionen in Afrika spricht – eventuell mit dem stärksten Argument überhaupt.

6.3 Rentenmärkte

Die Rentenmärkte stecken in Afrika noch in den Kinderschuhen. In den Ländern, in denen es sie schon gibt, bieten sie erhebliche Chancen – für Emittenten wie für Kapitalanleger.

Für Investoren ergeben sich grundsätzlich folgende Anlagemöglichkeiten:

1. Anleihen lokaler Emittenten in Fremdwährung (US-Dollar oder Euro)
2. Anleihen lokaler Emittenten (Regierungen, Banken, Industrieunternehmen) in lokaler Währung
3. Anleihen internationaler Emittenten in lokaler Währung

6.3.1 Anlagemotive

Je nachdem, um welche Variante es sich handelt, sind einer oder mehrere der folgenden Faktoren in die Anlageüberlegungen einzubeziehen:

- Bonität des Emittenten (Länderbonität bei Staatsanleihen; Schuldnerbonität bei Unternehmen)
- Stabilität der Emissionswährung
- Zinsentwicklung
- makroökonomisches Umfeld (v. a. Faktoren, die einen direkten Einfluss auf die Währungsentwicklung haben, wie z. B. Inflation, Außenverschuldung, Haushaltsbilanz, Leistungsbilanz)
- Verfügbarkeit und Liquidität von Wertpapieren

Wer als konservativer Investor seine Gelder in afrikanischen Schuldpapieren anlegt, hat meistens die höheren Renditen im Visier, insbesondere wenn es sich um Fremdwährungsanleihen handelt. Wer hingegen spekulativ in afrikanische Schuldpapiere investiert, setzt in der Regel auch auf eine oder mehrere der folgenden Entwicklungen:

- Verbesserung der makroökonomischen Situation, u. a. durch Schuldenerlasse
- Verbesserung der Länderbonität
- Verbesserung der Schuldnerbonität, die oft mit der Verbesserung der Länderbonität einhergeht
- sinkende Zinsen
- Währungsaufwertung

Die genannten Entwicklungen laufen in der Regel in der aufgeführten Reihenfolge ab.

Eine boomende Wirtschaft hat deutlich steigende Länderbonitäten zur Folge. So ist es kein Zufall, dass Angola, das Land mit der höchsten Wachstumsrate im Jahr 2007 (geschätzt werden weit über 30 Prozent BIP-Zuwachs!) dasjenige Land ist, dessen Länderbonität sich auf der Punkteskala des *Institutional Investor* im 1-Jahres-Vergleich (siehe Tabelle 6-4) am meisten verbessert hat. Ich kann mich nicht erinnern, dass ein Land schon einmal in so kurzer Zeit einen so großen Sprung gemacht hat.

Sobald das Land wirtschaftlich prosperiert und Überschüsse erwirtschaftet, kann es seine Verschuldung abbauen (wie es Nigeria bereits getan hat); die daraus resultierende größere Fähigkeit zu nachhaltigen Zins- und Tilgungsleistungen führt zu einer Verbesserung der Länderbonität. Das Investmentrisiko und damit die von Investoren geforderte Risikoprämie sinken, und die Anleihekurse steigen.

Ein weiterer Effekt schlägt zu Buche: Viele Länder haben ihre Inflation in den letzten Jahren deutlich reduzieren können. Auch das sinkende Zinsniveau trägt zu Kursgewinnen bei.

Wenn jetzt noch Währungsgewinne hinzukommen, kassiert ein mutiger Investor insgesamt vierfach:

1. hohe Nominalzinsen während der Haltedauer
2. steigende Kurse infolge von sinkenden Marktzinsen
3. steigende Kurse infolge von verbesserter Emittenten- bzw. Länderbonität
4. Währungsgewinne bei Verkauf oder Endfälligkeit der Anleihe

Die Punkte 2 und 3 bringen umso mehr Gewinn, je länger die Anleihe läuft – allerdings nur dann, wenn sie rechtzeitig vor Endfälligkeit veräußert wird.

6.3.2 Länderbonität

Hinweise auf die Bonität von staatlichen Emittenten sind einerseits die Ratings der bekannten Rating-Agenturen wie Standard & Poor's, Moody's und Fitch, zum anderen die halbjährlich durchgeführten Erhebungen des Magazins *Institutional Investor.*

Aktuell ergibt sich folgendes Bild:

Tabelle 6-4: Länderbonität und Sovereign Ratings

Land	Länderbonität Institutional Investor (März 2007)		Sovereign Ratings der großen Rating-Agenturen (September 2007)				
	Punkte (0–100)	Veränderung 1 Jahr	Standard & Poor's (Anleihen in Landeswährung)			Moody's (Fremdwährung)	Fitch
			Langfristig	Ausblick	Kurzfristig		
Botswana	65,4	+1,5	A+	stabil	A-1	A2	
Südafrika	65,4	+2,1	A+	stabil	A-1	Baa1	BBB+
Tunesien	58,1	–0,5	A	stabil	A-1	Baa2	BBB
Mauritius	56,3	+0,2				Baa2	
Marokko	52,7	+0,9	BBB	positiv	A-3	Ba1	BBB–

Land	**Länderbonität Institutional Investor (März 2007)**		**Sovereign Ratings der großen Rating-Agenturen (September 2007)**				
	Punkte (0–100)	**Veränderung 1 Jahr**	**Standard & Poor's (Anleihen in Landeswährung)**			**Moody's (Fremdwährung)**	**Fitch**
			Langfristig	**Ausblick**	**Kurzfristig**		
Ägypten	49,8	+0,3	BBB–	stabil	A-3	Ba1	BB+
Namibia	48,9	+2,0					BBB–
Senegal	34,9	+1,6	B+	negativ	B		
Nigeria	34,2	+4,7	BB	stabil	B		BB–
Ghana	34,2	+1,7	B+	stabil	B		B+
Mosambik	28,5	+1,4	B	positiv	B		B
Tansania	27,9	+2,6					
Kenia	27,7	+0,7	BB–	stabil	B		
Angola	27,2	+8,5					
Uganda	26,9	+1,4					B
Benin	26,0	+1,3	B+	stabil	B		B
Seychellen	25,0	+1,1	B+	stabil	B		
Sambia	24,3	+5,3					
Mali	23,4	–0,8	B	stabil	B		B–
Kamerun	22,9	+0,3	B	stabil	B		B
Burkina Faso	22,8	–0,1	B	positiv	B		
Madagaskar	20,1	+0,2	B	stabil	B		
Côte d'Ivoire	14,8	–0,9					
DR Kongo	12,7	+2,0					
Simbabwe	8,5	–1,7					

Quellen: Standard & Poor's, Moody's, Fitch, Institutional Investor; eigene Darstellung

Die in der Tabelle aufgeführten Ratings von Standard & Poor's beziehen sich auf Verbindlichkeiten des Staates in lokaler Währung. Die Ratings für Verbindlichkeiten in Fremdwährung liegen zum Teil darunter, so etwa in Südafrika (BBB+ statt A+), Nigeria (BB– statt B), Botswana (A statt A+), Tunesien (BBB statt A), Marokko (BB+ statt BBB).

Bei der Analyse der Tabelle fällt auf, dass die am weitesten südlich gelegenen Länder (Botswana, Südafrika und Namibia), die Staaten nördlich der Sahara sowie die Insel Mauritius die besten Einstufungen haben. Diese Länder sind die einzigen, die einen „Investment Grade" (BBB und besser) erreicht haben.

Die 1-Jahres-Veränderung in der Einstufung des *Institutional Investor* gibt einen guten Hinweis auf die besonders positive Dynamik in einzelnen Volkswirtschaften, allen voran Angola, gefolgt von Sambia und Nigeria. Erfreulich ist außerdem, dass die allermeisten Staaten besser bewertet wurden als vor einem Jahr – ein weiterer Beleg für die positive Wirtschaftsentwicklung in Afrika.

6.3.3 Anleihen in afrikanischen Währungen

Die Zinsvorteile von Anlagen in südafrikanischen Rand können sich sehen lassen: Der Ein-Monats-Zins liegt bei 10,2 Prozent p.a., während zehnjährige Staatsanleihen mit 8,4 Prozent rentieren.

Festverzinsliche Wertpapiere und Zerobonds in südafrikanischen Rand sind bei europäischen Banken derzeit von folgenden Emittenten erhältlich:

- Kreditanstalt für Wiederaufbau (Standard & Poor's Rating AAA)
- Europäische Investitionsbank (Rating AAA)
- Europäische Bank für Wiederaufbau und Entwicklung (Rating AAA)
- Rabobank Niederlande (Rating AA+)
- Deutsche Bank (Rating AA–)
- ESKOM (kein Rating)

Das Angebot an Anleihen in anderen Währungen ist derzeit noch sehr gering, sowohl hinsichtlich der Anzahl an Emissionen als auch in Bezug auf ihre Volumina.

Die International Finance Corporation hat Ende 2006 als erste ausländische Institution eine in CFA-Franc denominierte Anleihe begeben. Die Begebung dieser Anleihe mit einer Laufzeit von fünf Jahren und einem Emissionsvolumen von 22 Milliarden XOF (44,6 Millionen Euro) markierte einen neuen Meilenstein in der Entwicklung der Rentenmärkte in den Ländern südlich der Sahara. Zeichner waren Investmentfonds, Banken, Versicherungen und Pensionsfonds aus den acht Ländern, die zur westafrikanischen Währungsunion gehören.

Auf ausgewählte lokale Rentenmärkte wird in Kapitel 8 näher eingegangen.

6.3.4 Anleihen in Euro und US-Dollar

Derzeit gibt es nur wenige auf Euro und US-Dollar lautende, regulär handelbare Anleihen mit afrikanischen Schuldnern.

- Euroanleihen der Republik Südafrika mit Endfälligkeiten von 2008 bis 2016 rentieren zwischen 5,15 und 5,37 Prozent p. a.[3]
- Vom Königreich Marokko gibt es zwei Staatsanleihen in Euro, fällig 2008 (Rendite 5,33 Prozent p .a.) und 2017 (Rendite 5,43 Prozent p. a.).[4]
- Die Seychellen haben eine US-Dollar-Anleihe begeben, die bis 2011 läuft und derzeit eine Rendite von 9,58 Prozent p. a. bringt.
- Ghana will in Kürze die erste Staatsanleihe in Euro begeben.

6.4 Immobilienmärkte

Der südafrikanische Immobilienmarkt befindet sich mitten in einer Boomphase, deren Ende noch nicht abzusehen ist. Das freundliche Marktumfeld im gewerblichen Bereich lässt sich wie folgt beschreiben:

[3] Kurse vom 25.09.2007

[4] Kurse vom 25.09.2007

- gute fundamentale Situation/stetiges Wirtschaftswachstum
- eine das Angebot übersteigende Nachfrage in allen wichtigen Sektoren
- niedrigste Leerstandsquote seit Jahren auf nationaler Basis
- steigende Mietpreise
- zunehmendes Interesse seitens ausländischer Investoren
- begrenzter Einfluss von steigenden Zinssätzen
- Sonderfaktor: Fußballweltmeisterschaft 2010

Die Preise haben sich in den letzten zehn Jahren stark erhöht, sodass Liegenschaften in dem einzigen Industriestaat des afrikanischen Kontinents nicht mehr als billig gelten können. Bezogen auf die Inflationsrate von etwa 5,5 Prozent lassen sich aber interessante Renditen erzielen:

Tabelle 6-5: Immobilienpreise in Südafrika

Immobilien-sektor	Preis/m²	Miete/m²/Monat	Nettorendite	Indikativer Höchst-zinssatz
Einzelhandel	8583 R	62,70 R	8,8 %	7,5–8,5 %
Bürogebäude	6205 R	42,55 R	8,2 %	8,0 –9,0 %
Industrieanlagen	1838 R	18,46 R	12,1 %	8,5–9,5 %

1 EUR = 9,8 Rand (R)
Quelle: Growthpoint Properties Limited, www.growthpoint.co.za

Breit gestreute Portfolioinvestitionen in die Immobilienmärkte Afrikas lassen sich am besten über Fonds tätigen.

Die folgende Grafik zeigt den Kursverlauf, die Marktkapitalisierung, den Nettovermögenswert (*Net Asset Value*, NAV) und den Wert der Vermögensgegenstände des größten börsennotierten Immobilienfonds Südafrikas. Er vereinigt ein Viertel der Vermögensgegenstände aller börsennotierten Immobilienfonds Südafrikas auf sich.

Abbildung 6-11: Kursverlauf und Bewertungsfaktoren des Growthpoint Property Fund

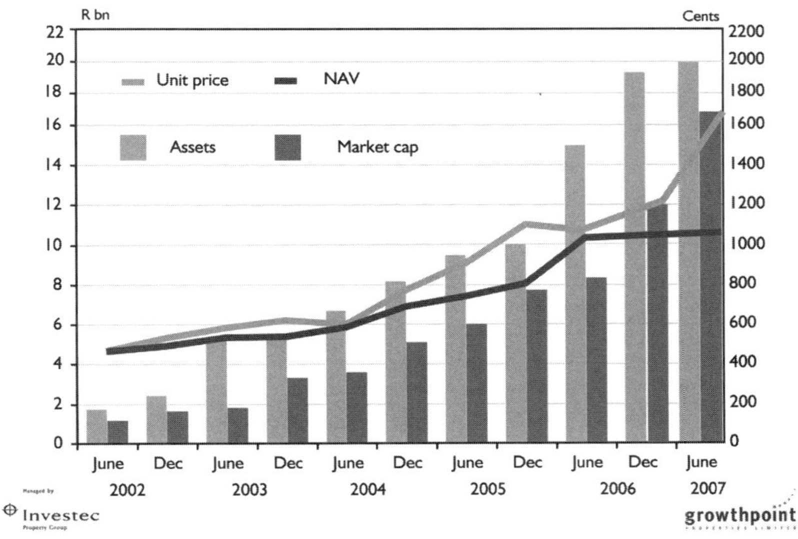

Quelle: Growthpoint Properties Limited, www.growthpoint.co.za

Der erste Blick offenbart ein beeindruckendes Wachstum: Der Anteilspreis hat sich innerhalb von nur fünf Jahren von 5 auf fast 17 Rand erhöht und somit mehr als verdreifacht. Wenn man genauer hinschaut, erkennt man jedoch deutliche Anzeichen dafür, dass der Markt überspekuliert ist und somit als verwundbar gelten kann. Bis 2006 lagen Kurs und NAV (dargestellt durch die beiden durchgezogenen Linien) relativ nah beieinander, sodass der Anleger beim Anteilskauf keinen großen Aufschlag bezahlen musste. Im Jahr 2007 hat sich das geändert. Derzeit kostet ein Anteil rund 50 Prozent mehr, als die in ihm enthaltenen Immobilien wert sind. Dieser Sachverhalt wird auch an den Säulen von Dezember 2006 und Juni 2007 deutlich. Während die Assets nur marginal zugenommen haben, hat sich die Marktkapitalisierung durch die Kurssteigerung stark erhöht.

Deutlich interessanter, wenn auch risikoreicher, sind ausgewählte Immobilienmärkte in afrikanischen Staaten außerhalb von Südafrika, vor allem in den rohstoffreichen, aufstrebenden Ländern mit einem starken Wirtschaftswachstum. Eine vernünftige Angebotspalette von Immobilienfonds gibt es noch nicht, aber das könnte sich auf Grund der Marktattraktivität und der einsetzenden Nachfrage internationaler Anleger schnell ändern.

6.5 Direktinvestitionen

Die globalen ausländischen Direktinvestitionen haben in 2005 und 2006 substanziell zugelegt. Nach den letzten Schätzungen der Welthandels- und Entwicklungskonferenz (*United Nations Conference on Trade and Development*; UNCTAD) überschritten die *Foreign Direct Investments* (FDI) deutlich die Grenze von 1 Billion US-Dollar, was einer Steigerung von 73 Prozent innerhalb von zwei Jahren entspricht.

Tabelle 6-6: Ausländische Direktinvestitionen nach Ländern und Regionen

Region	Zuflüsse durch Direktinvestitionen (in Mrd. USD)			Veränderung 2004 zu 2006
	2004	2005	2006	
Welt	710,7	916,3	1230,4	73,1 %
Industrieländer	396,1	542,3	800,7	102,1 %
Transformationsländer*	39,6	39,7	62,0	56,6 %
Entwicklungsländer insgesamt	275,0	334,3	367,7	33,7 %
davon Afrika	17,2	30,7	38,8	125,6 %
davon Lateinamerika, Karibik	100,5	103,7	99,0	–1,5 %
davon Asien, Ozeanien	157,3	200,0	229,9	46,2 %

*) Südosteuropa und Staaten der ehemaligen Sowjetunion
Quelle: UNCTAD, www.unctad.org; eigene Darstellung

Die regionalen Unterschiede sind allerdings sehr groß. Während sich die ausländischen Direktinvestitionen in den Industrieländern von 2004 bis 2006 verdoppelten, legten die Transformationsländer nur um knapp 57 Prozent zu. Die Steigerungsrate in den Entwicklungsländern war mit knapp 34 Prozent eher bescheiden.

Innerhalb der Gruppe der Entwicklungsländer hebt sich Afrika jedoch klar ab. Mit einem Zuwachs von 125 Prozent sind die FDI in keiner anderen Region so stark gewachsen wie in Afrika. Innerhalb Afrikas bildeten die Länder Nigeria, Ägypten und Südafrika Schwerpunkte.

Vieles spricht dafür, dass sich dieser Trend fortsetzen wird. Afrika hat noch Nachholbedarf: Die lateinamerikanischen und karibischen Länder zogen fast dreimal so viel Direktinvestitionen auf sich wie Afrika. Während dort etwa 570 Millionen Menschen leben, sind es in Afrika 944 Millionen. Das entspricht einem statistischen Investitionsvolumen von 174 US-Dollar pro Person in Lateinamerika und der Karibik, verglichen mit nur 41 US-Dollar pro Person in Afrika. Das ist weniger als ein Viertel des lateinamerikanischen Niveaus.

6.6 Der Markt für nachhaltige Kapitalanlagen

Unter nachhaltigen Kapitalanlagen versteht man Investments, die den drei Aspekten der Nachhaltigkeit, also Ökonomie, Ökologie und Soziales, genügen.

Dieser Markt boomt. Allein im Jahr 2006 haben sich die Anlagen in Fonds, die ihre Wertpapierauswahl nach ökologischen, sozialen oder ethischen Gesichtspunkten treffen, mehr als verdoppelt.

Auf den Finanzmärkten wird Nachhaltigkeit nicht nur zu einem neuen Differenzierungskriterium im harten Wettbewerb um Kundengelder, sondern zunehmend auch zu einem Mittel, die Geschäftsführung von Unternehmen zu beeinflussen.

Immer mehr Menschen erkennen auch die soziale Verantwortung, die mit dem eigenen Wohlstand verbunden ist bzw. sein sollte. Bei der Auswahl ihrer Kapitalanlagen treten Renditegesichtspunkte für diese Investoren eher in den Hintergrund, während ethische Aspekte an Bedeutung gewinnen. Nicht mehr der maximal mögliche Gewinn oder das geringstmögliche Risiko einer Anlage geben den Ausschlag für ein Investment, sondern die Frage, welche Folgen mit dieser Anlage verbunden sind – für Menschen, für die Umwelt oder für die Ressourcen unseres Planeten Erde.

Viele Projekte in Afrika eignen sich hervorragend für Kapitalanlagen mit sozialem, ethischem und ökologischem Hintergrund. Hier öffnet sich ein breites Betätigungsfeld für:

- Vermögensverwalter, Asset Manager und Anlageberater, die ihren sozial oder ökologisch verantwortlich denkenden Klienten Kapitalanlagen empfehlen wollen, die ihre ethischen Auswahlkriterien erfüllen

- Investmentgesellschaften und Fondsmanager, die neue, intelligente Fondsprodukte auflegen, am Markt anbieten und managen wollen
- Banken, die sich in ihren Kreditvergaberichtlinien auch von Nachhaltigkeitskriterien leiten lassen
- Unternehmen, die im Rahmen von *Social Responsibility Programs* ihr soziales oder ökologisches Verantwortungsbewusstsein demonstrieren und umsetzen wollen

Die in der breiten Öffentlichkeit weithin bekannten besonderen Probleme Afrikas, seien sie humanitärer, ökologischer oder wirtschaftlicher Natur, stellen im Zusammenhang mit nachhaltigen Kapitalanlagen kein Hindernis dar. Eher ist das Gegenteil der Fall: Die Betroffenheit vieler potenzieller Investoren über die schlechten Lebensbedingungen und die Bedürftigkeit der Menschen in armen Ländern dürfte gerade in Bezug auf Afrika besonders stark ausgeprägt sein. Dies sollte den Entscheidungsfindungsprozess potenzieller Investoren positiv beeinflussen.

Einige Unternehmen haben sich schon bewusst darauf eingestellt und fördern besonders gerne sozial und ökologisch sinnvolle Projekte auf dem Schwarzen Kontinent. Projekte von Großunternehmen im Rahmen von Programmen mit sozialer Verantwortung lassen übrigens häufig den Gesichtspunkt der Wirtschaftlichkeit außer Acht. Für Projekte dieser Art gelten m. E. die in den Kapiteln 3.6, 7.5 und 7.7 näher ausgeführten Gedanken.

Um Projekte welcher Art geht es in Afrika? Die folgende Auswahl soll Ihnen einige Anregungen geben:

- Schulen, Kindergärten, Waisenhäuser und Krankenhäuser, z. B. in unmittelbarer Nachbarschaft zu Bergbauaktivitäten von Minenbetreibern und Ölgesellschaften. Die Förderung von Projekten dieser Art hat mehrere Vorteile:
  1) Die Lebensgrundlage der örtlichen Bevölkerung verbessert sich.
  2) Die Einwohner bekommen für die entgangene Nutzung bisheriger landwirtschaftlicher Nutzflächen, die jetzt zum Bergbaukonzessionsgebiet gehören, eine Gegenleistung.
  3) Die Minengesellschaft wird vom lokalen Häuptling akzeptiert (was in Afrika sehr wichtig sein kann).
- Förderung regenerativer Energien, z. B. durch Einsatz eines mit Solarenergie betriebenen Alukochtopfs mit integrierter Wärmespeicherung (über erhitztes Pflanzenöl). Vorteile: Die Frauen müssen nicht mehr so weite Wege

zurücklegen, um Holz zu sammeln; die Abholzung der letzten noch verbleibenden Wälder in Gebieten mit hoher Bevölkerungsdichte wird verlangsamt oder sogar – bei großflächiger Einführung – gestoppt.

- Anschluss ländlicher Regionen an das Internet, verbunden mit der Möglichkeit eines Bildungs- und Ausbildungsschubs
- Waldpflanzungen in Gebieten mit geringer oder fehlender Waldbedeckung – dies gilt für weite Teile Südafrikas – zur Verhinderung von Erosionsschäden und zum langfristigen Aufbau eines neuen Wirtschaftszweigs
- Wiederaufforstungen von abgeholzten tropischen Regenwäldern, verbunden mit der Einführung nachhaltiger Bewirtschaftung
- Bau und Betrieb von spezialisierten Ausbildungsstätten, die dem Fachkräftemangel entgegenwirken. Folge: Lokale und ausländische Unternehmen haben die Möglichkeit, zu expandieren bzw. überhaupt erst ihr Geschäft aufzunehmen.
- Bau einer Fischfarm zur Schonung überweideter Fischgründe und nachfolgenden Regeneration von dezimierten Fischbeständen sowie zur Schaffung einer zusätzlichen, proteinreichen Nahrungsquelle
- Einführung effektiver und effizienter Bewirtschaftungsmethoden in der Land- und Viehwirtschaft durch den Einsatz von Feldbearbeitungs-, Saat- und Erntemaschinen (evtl. Gebrauchtmaschinen aus Europa), Bewässerungsanlagen, verbessertem Saatgut und Düngemitteln. Kurzfristiges Entwicklungsziel ist die Verbesserung der Versorgung der lokalen Bevölkerung mit Nahrungsmitteln und die Überwindung der reinen Subsistenzwirtschaft; ein langfristiges Ziel kann die Einführung neuer, nachhaltiger Wirtschaftskreisläufe in den Bereichen Landwirtschaft und Agro-Industrie sein, die zu einer Verringerung der Importquote von Nahrungsmitteln führen oder das Land bzw. die Region sogar in die Lage versetzen, Produkte zu exportieren.
- Einführung von solarbetriebenen Anlagen zur Entkeimung von Trinkwasser in städtischen und ländlichen Regionen, um Privathaushalten, Krankenhäusern, gewerblichen Unternehmen erstmals den Zugang zu sauberem Trinkwasser zu ermöglichen. Kurzfristiges Ergebnis: Erhebliche Verbesserung der Lebensbedingungen; langfristige Perspektive: Verringerung der volkswirtschaftlichen Kosten, die durch hohe Krankheitsraten zustande kommen.

Der Autor dieses Buches ist in mehrere Projekte dieser Art aktiv eingebunden.[5]

---

[5] Siehe www.trans-africa-invest.com

Kapitel 7

Länderauswahl: Bestimmungsfaktoren und Bewertungskriterien

7.1 Politische Rahmenbedingungen

Bevor wir uns mit den einzelnen Ländern und insbesondere den Kapitalmärkten beschäftigen, wollen wir uns einen Überblick über die wichtigsten politischen und rechtlichen Rahmenbedingungen verschaffen. Dies ist häufig die erste Frage potenzieller Investoren, die auf ein mögliches Engagement auf dem Schwarzen Kontinent angesprochen werden.

Schauen wir uns das Umfeld einmal systematisch an. Wir werden für 20 ausgewählte Länder folgende *Governance*-Indikatoren der Weltbank betrachten:

- politische Stabilität und Gewaltfreiheit
- Effektivität der Regierung
- Rechtsstaatlichkeit
- Korruptionskontrolle

Diese Indikatoren hat die Weltbank durch Auswertung von über 30 verschiedenen Quellen (Datenbanken, Forschungsinstitute, Entwicklungsbanken, Beratungsgesellschaften) gewonnen. Sie dürften ein Höchstmaß an Genauigkeit beinhalten.

Die Länder habe ich nach dem Grad der Kapitalmarktrelevanz ausgewählt. Die ersten 18 Länder haben alle eine Wertpapierbörse, wobei der Senegal und die Côte d'Ivoire zwei wichtige, aber nicht die alleinigen Vertreter der westafrikanischen Regionalbörse darstellen. Die letzten beiden Länder, Angola und die Demokratische Republik Kongo, sind wegen ihres Rohstoffreichtums besonders wichtig; außerdem sind hier die Gründungen von Aktienbörsen geplant. Länder mit unbedeutenden Kleinstbörsen wurden nicht berücksichtigt.

Die Länder können in folgende Gruppen eingeteilt werden:

1. die entwickelten Länder im südlichen Afrika: Südafrika, Botswana und Namibia
2. der Inselstaat Mauritius im Indischen Ozean, ein ebenfalls weit entwickeltes Land
3. Nordafrika: Tunesien, Marokko und Ägypten als relativ weit entwickelte Länder sowie der Sudan als Kontrastpunkt
4. Westafrika: Ghana, der Senegal, die Côte d'Ivoire und Nigeria
5. Ostafrika: Kenia, Uganda und Tansania
6. Binnenstaaten im südlichen Afrika: Malawi, Sambia und Simbabwe
7. Zentralafrika: Angola und die Demokratische Republik Kongo

Die folgenden Säulengrafiken zeigen für jedes Land den jeweiligen *Governance-Indikator* im Zeitverlauf der letzten zehn Jahre. Dadurch erkennt man auf den ersten Blick nicht nur die absolute Höhe der Bewertung auf einer Rangskala von 0 bis 100, sondern auch den Trend der letzten Jahre.

Die y-Achse zeigt Perzentil-Werte von 0 bis 100. Das bedeutet, dass für alle 209 Länder der Datenbasis zunächst eine Rangfolge ermittelt wurde und anschließend eine Einpassung dieser Werte in einen Bereich zwischen 0 und 100 erfolgte. Dabei bilden die obersten 10 Prozent, also die besten 21 Länder, das oberste Perzentil mit Werten zwischen 90 und 100. Es folgen die Länder mit den Rangziffern von 22 bis 43 mit Werten zwischen 80 und 90 usw. Werte unter 10 zeigen an, dass die betreffenden Länder zu den untersten 10 Prozent gehören.

Zu berücksichtigen ist auch, dass ein kontinuierlicher Anstieg eines Landes automatisch die Zurückdrängung anderer Länder zur Folge haben muss. Vergleichsmaßstab ist jeweils die ganze Welt.

7.1.1 Politische Stabilität und Gewaltfreiheit

Abbildung 7-1: Politische Stabilität und Gewaltfreiheit von Börsenländern Afrikas im Vergleich

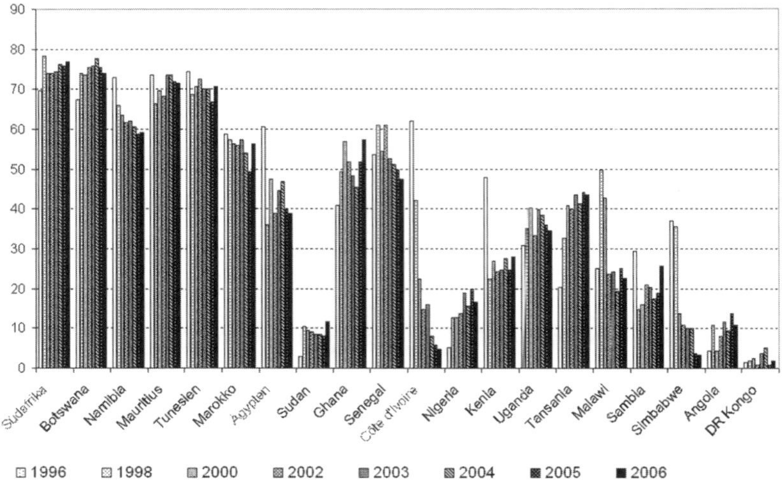

Datenquelle: Weltbank, www.worldbank.org; eigene Darstellung

Auffallend ist die enorm hohe politische Stabilität von Botswana. Dieses Land gehört zu den obersten 10 Prozent unter den Ländern der Welt! Auch Mauritius und Namibia gelten als sehr stabil. Auf der anderen Seite gehören die bevölkerungsreichen Staaten Nigeria und Demokratische Republik Kongo zu den Schlusslichtern im weltweiten Vergleich.

Die wesentlichste Aussage ist aber folgende: Die politische Stabilität hat sich in fast allen Staaten südlich der Sahara in den letzten zehn Jahren deutlich verbessert, von einigen Ländern mit Sondersituationen (Côte d'Ivoire, Simbabwe, Nigeria) einmal abgesehen. Besonders drastisch fallen die Anstiege in Südafrika, Namibia, Sambia und Angola aus. Ich bin sicher: Die Kapitalmärkte werden dies in den kommenden Jahren honorieren, und die Direktinvestitionen werden deutlich zulegen.

7.1.2 Effektivität der Regierung

Abbildung 7-2: Effektivität der Regierung von Börsenländern Afrikas im Vergleich

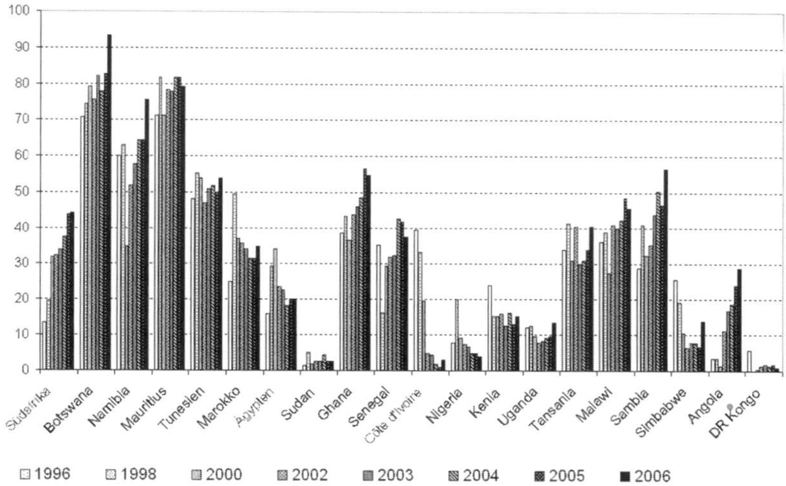

Datenquelle: Weltbank, www.worldbank.org; eigene Darstellung

Die Regierungseffektivität ist in den südlichen Staaten und auf Mauritius am höchsten, gefolgt von den nordafrikanischen Ländern. Dramatische Verschlechterungen gab es in Côte d'Ivoire und in Simbabwe, was aufgrund der politischen Entwicklungen nicht verwunderlich ist. In der Elfenbeinküste ist aber, wenn sich das Regierungsbündnis der ehemals verfeindeten Parteien als tragfähig erweist, in Zukunft mit erheblichen Verbesserungen zu rechnen.

Im südlichen Afrika hat sich die Regierungseffektivität in Südafrika und Botswana deutlich verbessert, während die Situation in Namibia erkennbar problematischer geworden ist.

Klar erkennbare positive Trends zeigen auch Ghana, Tansania und Sambia sowie Nigeria und Angola, wobei die letztgenannten Länder immer noch auf einem niedrigen Niveau verharren.

7.1.3 Rechtsstaatlichkeit

Abbildung 7-3: Rechtsstaatlichkeit von Börsenländern Afrikas im Vergleich

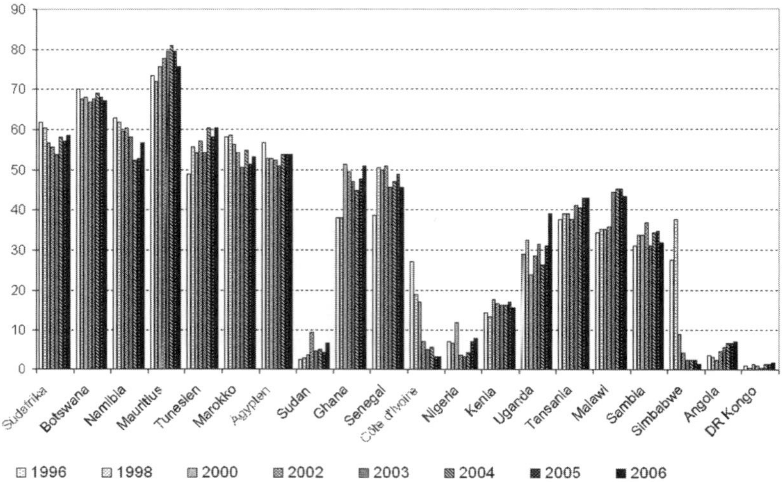

Datenquelle: Weltbank, www.worldbank.org; eigene Darstellung

Von allen untersuchten Ländern hat Mauritius das am weitesten entwickelte rechtsstaatliche System, dicht gefolgt von Botswana. Die anderen südafrikanischen sowie nordafrikanischen Länder rangieren ungefähr auf gleicher Höhe im Mittelfeld.

Schlusslichter sind einmal mehr die schon bekannten Kandidaten Nigeria, Sudan, Côte d'Ivoire, Simbabwe und die Demokratische Republik Kongo. Auch Angola liegt noch auf sehr niedrigem Niveau, obwohl ein positiver Trend erkennbar ist.

7.1.4 Korruptionskontrolle

Abbildung 7-4: Korruptionskontrolle von Börsenländern Afrikas im Vergleich

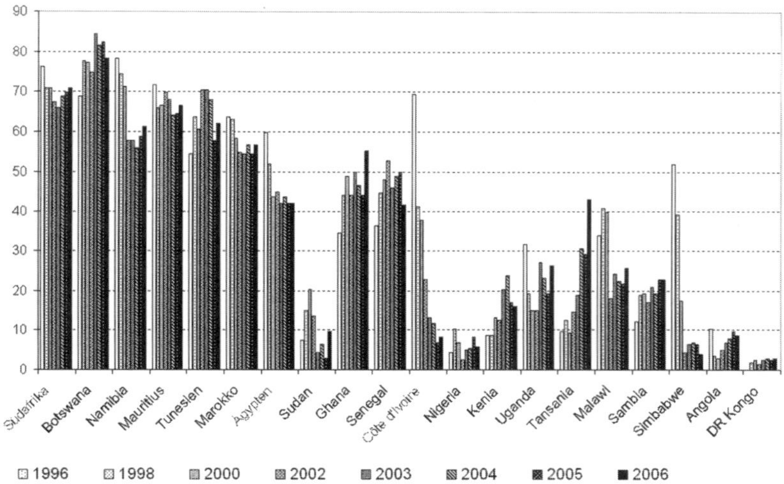

Datenquelle: Weltbank, www.worldbank.org; eigene Darstellung

Ein sehr wichtiges Thema, vor allem wenn Sie unternehmerisch in einem afrikanischen Land tätig werden wollen, ist die Korruption. Sie ist in Afrika leider weit verbreitet, aber mit erheblichen regionalen Unterschieden.

Botswana ist das am wenigsten korrupte Land in Afrika. Es rangiert knapp unter westeuropäischem Niveau. Südafrika und Mauritius sind hinsichtlich der Korruption vergleichbar mit Ländern wie Italien, Tschechien, Ungarn und Polen.

Im Kampf gegen die Korruption haben die nordafrikanischen Staaten in den letzten Jahren Rückschläge hinnehmen müssen, während die meisten Länder südlich der Sahara mehr oder weniger deutliche Verbesserungen zu verzeichnen hatten. Besonders erfolgreich in seinen Bemühungen zur Kontrolle der Korruption ist Tansania gewesen.

Weit abgeschlagen sind – trotz gelegentlich zu beobachtender Verbesserungstendenzen – weiterhin die einschlägig bekannten Länder Nigeria, Angola und Demokratische Republik Kongo.

Einen etwas anderen Ansatz zur Messung der Korruption als die bisher angesprochenen *Governance-Indikatoren* der Weltbank verfolgt die 1993 in Deutschland gegründete, international weit beachtete nichtstaatliche Organisation *Transparency International* mit Hauptsitz in Berlin. TI engagiert sich in der nationalen und internationalen volks- und betriebswirtschaftlichen Korruptionsbekämpfung.

Transparency International hat den Korruptionswahrnehmungsindex (*Corruption Perception Index*) entwickelt. Der CPI basiert auf einer Vielzahl von Umfragen bei Experten, in denen die Wahrnehmungen von Korruption im öffentlichen Sektor in 163 Ländern untersucht werden. Für jedes untersuchte Land vergibt der CPI einen Punktwert zwischen Null und Zehn, wobei ein Wert von null Punkten ein besonders hohes Maß an wahrgenommener Korruption angibt, während zehn Punkte bedeuten, dass in diesem Land kaum Korruption wahrgenommen wird. Dabei ist ein starker Zusammenhang zwischen Korruption und Armut erkennbar. Fast drei Viertel aller im Index von 2006 aufgenommenen Länder (darunter alle einkommensschwachen Länder sowie, mit Ausnahme von Botswana und Mauritius, alle afrikanischen Länder) erreichen weniger als fünf Punkte.

Die am wenigsten korrupten Staaten sind Finnland, Island und Neuseeland (9,6 Punkte). Die Schweiz liegt auf Rang 7 (9,1 Punkte), Österreich und Luxemburg auf Rang 11 (8,6 Punkte) und Deutschland auf Rang 16 (9,0 Punkte). Zu den Staaten mit dem höchsten Maß an Korruption gehören Guinea, der Irak, Myanmar und Haiti, dicht gefolgt von der Demokratischen Republik Kongo.

7.2 Makroökonomische Rahmenbedingungen

Afrika ist ein sehr vielgestaltiger Kontinent. Jeder der 54 Staaten hat sein ganz individuelles Gepräge, und kaum ein Staat lässt sich direkt mit einem anderen vergleichen. Mit Hilfe von Kennziffern lassen sich die Länder jedoch nach verschiedenen Kriterien einteilen und in gewissen Grenzen auch kategorisieren.

7.2.1 Rohstoffreichtum

Für die Selektion von Investitionsstandorten für Portfolioanlagen wie auch für Direktinvestitionen ist der Rohstoffreichtum ein sehr wichtiger Bestimmungsfaktor.

Der Internationale Währungsfonds unterteilt die Länder südlich der Sahara in zwei Gruppen mit je zwei Untergruppen:

1. Rohstoffintensive Länder:

a) Öl exportierende Länder: Äquatorialguinea, Angola, Côte d'Ivoire, Gabun, Kamerun, Republik Kongo, Nigeria, Tschad

b) Nicht-Ölländer: Botswana, Guinea, Namibia, Sambia, São Tomé und Príncipe, Sierra Leone

Überraschenderweise wird die Demokratische Republik Kongo (noch) nicht in der Gruppe der rohstoffintensiven Länder geführt. Meines Erachtens gehört dieses Land aber dazu.

2. Nicht rohstoffintensive Länder:

a) Küstenländer

b) Binnenstaaten

Es gehört nicht viel Fantasie dazu sich vorzustellen, dass die Volkswirtschaften der rohstoffreichen Länder schneller und nachhaltiger expandieren werden als diejenigen der rohstoffarmen Länder.

Die rohstoffreichen Länder unterscheiden sich deutlich hinsichtlich ihres Diversifikationsgrades:

- Mono-Rohstoffländer:

  Nigeria, Libyen, Äquatorialguinea, Tschad (Erdöl)

  Sambia (Kupfer)

  Benin, Mali (Baumwolle)

Äthiopien, Burundi (Kaffee)

Malawi (Tabak)

Niger (Uran)

- Länder mit einem dominanten Rohstoff:

  Botswana (Diamanten)

  Côte d'Ivoire (Kakao)

  Mali (Baumwolle; außerdem Gold)

  Marokko (Phosphat)

  Gabun, Republik Kongo (Erdöl; außerdem Holz)

- Breit diversifizierte rohstoffreiche Länder:

  Südafrika (Gold, Platin, Diamanten, Chrom, Kohle u. a.)

  Simbabwe (Gold, Platin, Chrom, Kohle u. a.)

  Demokratische Republik Kongo (Kupfer, Kobalt, Gold, Diamanten, Tantal u. a.)

  Namibia (Diamanten, Uran, Blei, Zink, Zinn u. a.)

  Angola (Erdöl, Diamanten, Gold)

  Ghana (Gold, Holz, Kakao)

Küstenstaaten haben in der Regel deutlich bessere Perspektiven als die Binnenstaaten, die u. a. unter schlechterer Erreichbarkeit und hohen Transportkosten leiden.

In der näheren Zukunft werden sich gewisse Verschiebungen ergeben. So dürfte beispielsweise São Tomé und Príncipe bald zu den Öl exportierenden Ländern gehören, weil internationale Ölgesellschaften im Offshore-Bereich rund um den kleinen Inselstaat bereits intensiv explorieren. In Uganda und anderen Staaten wurde inzwischen Öl gefunden, und auch in Sambia werden 2007 erstmals Konzessionen für Probebohrungen nach Öl ausgeschrieben.

Mosambik hat das Potenzial, eines Tages zu den rohstoffintensiven Ländern zu gehören. Ebenso wie in Tansania sind die Bodenschätze hier noch sehr wenig erforscht.

7.2.2 Wirtschaftswachstum

Gute Hinweise, welche Länder für Direktinvestitionen und Kapitalanlagen am interessantesten sind, geben die Wachstumsraten. Die meisten Experten stimmen in ihren Schätzungen überein, dass viele afrikanische Volkswirtschaften auch in den kommenden Jahren dynamisch weiterwachsen werden.

Abbildung 7-5: Wirtschaftswachstum (Bruttoinlandsprodukt; reale Veränderung)

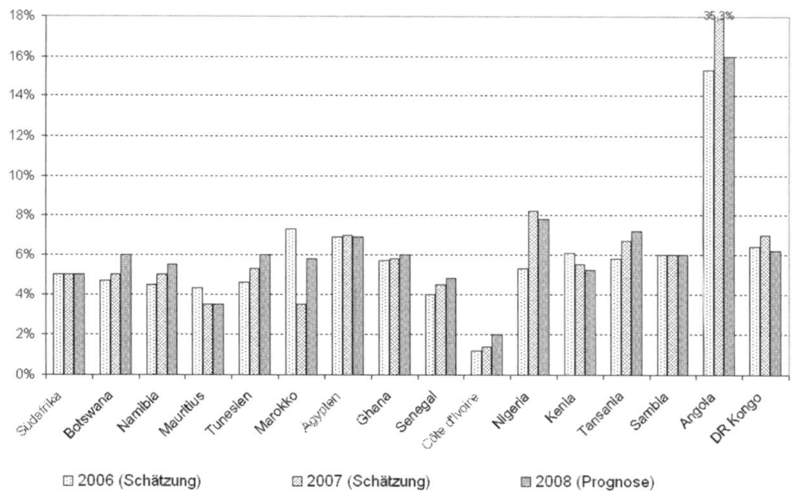

Quelle: Bundesagentur für Außenwirtschaft, www.bfai.de; eigene Darstellung

7.2.3 Inflation

Die Inflation ist in den meisten afrikanischen Staaten weitgehend unter Kontrolle. Viele Länder, vor allem die westafrikanischen Staaten mit dem fest an den Euro gebundenen CFA-Franc sowie die nordafrikanischen Staaten, haben zu einer großen Preisstabilität gefunden. In anderen Ländern werden die Inflationsraten in den kommenden Jahren deutlich zurückgehen, so etwa in Kenia, Tansania, Angola, Botswana, Mauritius und der Demokratischen Republik Kongo.

Abbildung 7-6: Inflationsentwicklung in wichtigen Ländern

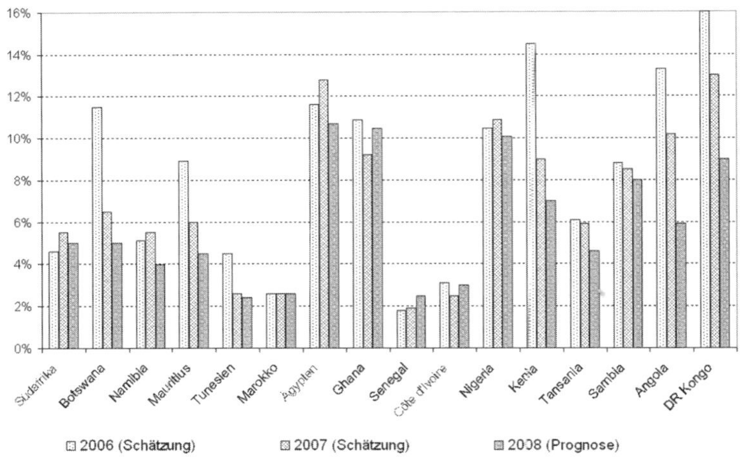

Quelle: Bundesagentur für Außenwirtschaft, www.bfai.de; eigene Darstellung

Eine absolute Ausnahme stellt Simbabwe dar. Dieses stark heruntergewirtschaftete Land befindet sich im fortgeschrittenen Stadium einer Hyperinflation. Die Inflationsrate, die im Dezember 2006 bei über 1200 Prozent lag und im April 2007 bereits bei 3700 Prozent, dürfte sich im Jahr 2007 zwischen 6000 und 10000 Prozent bewegen.

7.2.4 Verschuldung

Viele afrikanische Länder südlich der Sahara waren hoffnungslos verschuldet, was jeglicher positiven wirtschaftlichen Entwicklung entgegenstand. Diese Situation hat sich in den letzten Jahren jedoch grundlegend geändert. Durch zwei Initiativen, die *Heavily Indebted Poor Countries Initiative (HIPC)* aus dem Jahr 1996 und die *Multilateral Debt Relief Initiative (MDRI)* aus dem Jahr 2006, wurde den ärmsten Ländern ein großer Teil ihrer Schulden erlassen.[1]

[1] Quelle: Weltbank, www.worldbank.org/economicpolicyanddebt, Frühjahr 2007

Die HIPC-Initiative hatte eine schnelle und umfassende Schuldenerleichterung für die ärmsten und am meisten verschuldeten Länder zum Ziel. Dadurch soll die Armut reduziert, Wirtschaftswachstum gefördert und eine nachhaltige Tragfähigkeit der Verschuldungssituation erreicht werden.

Die MDRI-Initiative sah einen weiteren Schuldenerlass auf multilateraler Basis vor, um die HIPC-Länder bei der Erreichung ihrer Millenniums-Ziele (s. o.) zusätzlich zu unterstützen.

Die HIPC-Länder sind in drei Gruppen eingeteilt:

- 22 *Completion-Point*-Länder, davon 18 in Afrika:

  Hierzu gehören diejenigen Staaten, die – ggf. mit Hilfe von IWF-Programmen – makroökonomische Stabilität erreicht, wichtige strukturelle und soziale Reformen durchgeführt und eine zufriedenstellende Strategie zur Armutsbekämpfung für ein Jahr durchgeführt haben. Der Schuldenerlass wird unwiderruflich durchgeführt, sobald die Länder diesen Erfüllungspunkt *(Completion Point)* erreicht haben.

- 8 *Decision-Point*-Länder, davon 7 in Afrika:

  Diese Staaten zeigen partielle Erfolge hinsichtlich makroökonomischer Stabilität, haben eine vorläufige Strategie zur Armutsbekämpfung entwickelt und ihre Zahlungsrückstände beglichen. Die Länder, die diesen Entscheidungspunkt *(Decision Point)* erreicht haben, erhalten einen teilweisen Schuldenerlass (Reduktion der Schulden bis auf die HIPC-Schwellenwerte) auf vorläufiger Basis.

- 10 *Pre-Decision-Point*-Länder, davon 8 in Afrika:

  Hierzu zählen diejenigen Staaten, die Ende 2004 die Einkommens- und Verschuldungskriterien für HIPC-Länder erreicht hatten und sich auf eigene Initiative durch entsprechende Maßnahmen für den vorläufigen bzw. endgültigen Schuldenerlass qualifizieren können.

Dabei handelt es sich um folgende afrikanischen Länder:

Tabelle 7-1: HIPC-Länder in Afrika

Completion-Point-Länder:		**Decision-Point-Länder:**	**Pre-Decision-Point-Länder:**
Äthiopien	Mosambik	Burundi	Côte d'Ivoire
Benin	Niger	Gambia	Eritrea
Burkina Faso	Ruanda	Guinea	Komoren
Ghana	Sambia	Guinea-Bissau	Liberia
Kamerun	São Tomé und Príncipe	Dem. Rep. Kongo	Somalia
Madagaskar	Senegal	Rep. Kongo	Sudan
Malawi	Sierra Leone	Tschad	Togo
Mali	Tansania		Zentralafrikanische Republik
Mauretanien	Uganda		

Quelle: Bundesfinanzministerium, www.bundesfinanzministerium.de; Stand: 27.08.2007

Die folgende Tabelle zeigt die Rahmendaten der beiden Initiativen:

Tabelle 7-2: HIPC Initiative und MDRI Initiative

	HIPC Initiative	**MDRI Initiative**
Berechtigte Länder	Länder mit Schuldenindikatoren über den HIPC-Schwellenwerten, die zusätzlich am IMF (International Monetary Fund) und der IDA (International Development Association) teilnehmen	HIPC-Länder, die den Completion Point erreicht haben
Teilnehmende Gläubiger	Alle multilateralen, offiziellen bilateralen und kommerziellen Gläubiger	International Development Association (IDA), International Monetary Fund (IMF), African Development Fund (AfDF), Inter-American Development Bank (IADB)

	HIPC Initiative	**MDRI Initiative**
Betroffene Verbindlichkeiten	Staatliche und staatsgarantierte Auslandsschulden werden auf die zum Zeitpunkt der Erreichung des Completion Point berechneten HIPC-Schwellenwerte reduziert.	Die noch ausstehende Rückzahlung von Krediten von IMF und AfDF (die bis 31.12.2004 ausgezahlt wurden) sowie IDA (bis 31.12.2003) wird erlassen.
Begünstigte Länder	30 *Decision-Point-* und *Completion-Point*-HIPC-Länder	22 *Completion-Point*-HIPC-Länder
Verbleibende potenzielle Kandidaten	10 *Pre-Decision-Point*-HIPC-Länder	18 *Decision-Point-* und *Pre-Decision-Point*-HIPC-Länder

Quelle: Weltbank, www.worldbank.org/economicpolicyanddebt, Frühjahr 2007

Welche Effekte das für die betroffenen Länder im Durchschnitt hatte, zeigt die folgende Tabelle:

Tabelle 7-3: Resultate der Entschuldungsinitiativen

	Schuldenstand der HIPC-Länder, in Mrd. USD (in konstanten USD per Ende 2005)
vor traditioneller Schuldenreduktion	89
nach traditioneller Schuldenreduktion	78
nach HIPC-Schuldenreduktion	38
nach zusätzlichem, bilateralem Schuldenerlass	35
nach MDRI-Schuldenreduktion	11

Quelle: Weltbank, www.worldbank.org/economicpolicyanddebt, Frühjahr 2007

Durch den sehr weit reichenden Schuldenerlass haben sich die Aussichten der begünstigten Länder dramatisch verbessert. Insgesamt wurden die Schuldenstände derjenigen Länder, die sich für alle Erlassprogramme qualifiziert haben, um fast 90 Prozent reduziert!

Tabelle 7-4: Kennzahlen von 27 HIPC-Ländern* vor und nach der Schuldenreduktion

	1999 (gewichtete Durchschnitte)	**2005 (gewichtete Durchschnitte)**
Schulden in % der Exporte	317	143
Schulden in % des BIP	72	33
Schuldendienst in % der Exporte	14,9	6,5
Schuldendienst in % des BIP	3,4	1,8

*) ohne Burundi, Dem. Rep. Kongo und Rep. Kongo (keine Daten für 1999 verfügbar)
Quelle: Weltbank, www.worldbank.org/economicpolicyanddebt, Frühjahr 2007

Die erreichten Schuldenkennziffern der HIPC-Länder nach der Schuldenreduktion entsprechen in etwa denjenigen von Ländern mit geringem Einkommen (*Low Income Countries*), die nicht zu den HIPC-Ländern gehören.

Gestatten Sie mir an dieser Stelle eine kritische Anmerkung. Der Schuldenerlass sieht auf den ersten Blick nobel und weitblickend aus. Doch eigentlich war dieser Schritt unumgänglich, denn viele der ärmsten Staaten hätten ihre hohen Schulden, die sich seit der Unabhängigkeit und insbesondere in den 20 Jahren der Rohstoffbaisse seit 1980 aufgebaut hatten, niemals zurückzahlen können.

Dennoch sind die Initiativen natürlich zu begrüßen, denn ein Schuldenerlass wirkt viel besser als einseitige Moratorien, die über kurz oder lang gekommen wären und zahlreiche destabilisierende Effekte zur Folge gehabt hätten.

Für Investoren ist dieser Punkt von besonderer Wichtigkeit: Moratorien hätten verheerende Auswirkungen auf die Kreditwürdigkeit der Länder, auf Finanzierungshilfen wie z. B. Exportgarantien, auf Länder-Ratings, auf Risikoprämien für Versicherungen, auf die Versicherbarkeit von Geschäftsrisiken usw. Dieses Damoklesschwert gibt es jetzt nicht mehr, zumindest vorerst nicht. Damit ist ein wichtiges Investment-Risiko entfallen.

Insgesamt haben die Gläubiger auf 42 Milliarden Dollar verzichtet. Dabei sah die prozentuale Aufteilung wie folgt aus:

■ Pariser Club	36,6 %
■ Weltbank-Gruppe	24,0 %
■ andere offizielle bilaterale Gläubiger	9,1 %
■ andere offizielle multilaterale Gläubiger	7,1 %
■ International Monetary Fund	7,5 %
■ African-Development-Bank-Gruppe	8,5 %
■ Inter-American Development Bank (IADB)	3,4 %
■ kommerzielle Gläubiger	3,8 %

Der Pariser Club ist ein informelles Gremium von Bankenvertretern aus 19 der reichsten Länder. Ständige Mitglieder sind die west- und nordeuropäischen Länder (ohne Luxemburg und Portugal), Russland, Japan, Australien, Kanada und die USA.

Für Aufsehen sorgte Nigeria, das 2006 als erstes afrikanisches Land seine kompletten Schulden in Höhe von 4,5 Milliarden Dollar beim Pariser Club getilgt hat.

Kamerun wurde seine Schuld in Höhe von 3,5 Milliarden Dollar bis auf einen geringen Restbetrag im Jahr 2006 erlassen.

7.2.5 Armut

Armut ist das größte Problem Afrikas. Viele andere Probleme, wie zum Beispiel

- mangelnder Zugang zu sauberem Trinkwasser
- Unterernährung
- Anfälligkeit für Krankheiten
- wirtschaftliche Unterentwicklung

- Korruption
- geringer Bildungsgrad
- Abholzung der Wälder

stehen mehr oder weniger stark mit Armut in Verbindung. Deswegen steht die Bekämpfung der Armut in den am wenigsten entwickelten Ländern auf der Prioritätenliste der internationalen Staatengemeinschaft ganz oben.

Ein Meilenstein in der Armutsbekämpfung in den Entwicklungsländern war der Millenniums-Gipfel. So wird die 55. Generalversammlung der Vereinten Nationen bezeichnet, die vom 6. bis 8. September 2000 in New York stattfand.

Eine Bestandsaufnahme der Welt zur Jahrtausendwende hatte erschütternde Fakten zu Tage gebracht:

- Mehr als eine Milliarde Menschen leben in extremer Armut. Das bedeutet, dass jeder fünfte Erdbewohner für seinen Lebensunterhalt weniger als den Gegenwert eines US-Dollars (Kaufkraftparität) pro Tag zur Verfügung hat.
- Mehr als 700 Millionen Menschen hungern und sind unterernährt.
- Mehr als 115 Millionen Kinder im Volksschulalter können weder lesen noch schreiben.
- Über eine Milliarde Menschen haben keinen Zugang zu sauberem Trinkwasser.
- Mehr als zwei Milliarden können keine sanitären Anlagen benutzen.

Die Teilnehmer des Millenniums-Gipfels einigten sich auf das Ziel, die weltweite Armut bis zum Jahr 2015 zu halbieren. Neben der Armutsbekämpfung wurden drei weitere programmatische Handlungsfelder festgelegt:

- Frieden, Sicherheit und Abrüstung
- Schutz der gemeinsamen Umwelt
- Menschenrechte, Demokratie und gute Regierungsführung

In der Folge wurden umfangreiche Strategiepapiere erarbeitet und für jedes Land spezifische Entwicklungsziele (*Millennium Development Goals*; MDG) formuliert. Diese spielen in den staatlichen Investitionsprogrammen, Förderkatalogen und Entwicklungsleitlinien eine sehr wichtige Rolle. Jeder potenzielle Investor und Unternehmer, der in Afrika aktiv werden will, sollte sich damit vertraut machen.

Denn wer Regierungsunterstützung für sein Vorhaben will, sollte die entwicklungspolitischen Prioritäten kennen. Dies herauszufinden gehört zu den wichtigsten Hausaufgaben, die man bei Geschäftstätigkeiten in Afrika machen muss.

7.2.6 Zugang zu den Weltmärkten

Die relative Attraktivität von afrikanischen Ländern für unternehmerische Investitionen, vorzugsweise in primären Wirtschaftssektoren (Landwirtschaft, Bergbau) hängt unter anderem davon ab, wie leicht oder schwer, wie einfach oder kostspielig der Zugang zu den Weltmärkten ist. In der Regel geht es um die Abnehmermärkte in Amerika und Europa, aber zunehmend auch in Asien.

Dabei sind folgende Faktoren zu berücksichtigen:

- geografische Entfernungen
- Transportkosten
- Transportzeiten
- Protektionismus in den Zielländern der Exporte (insbesondere Agrarsektor in der Europäischen Union und den USA)

Transportzeiten spielen bei verderblichen Waren eine große Rolle. Ernteprodukte können nicht beliebig lange gelagert werden, sonst vergammeln sie und können nicht mehr verkauft werden. Die Logistik ist bei Blumen beispielsweise so organisiert, dass die tagsüber in Ostafrika geschnittenen Blumen über Nacht per Flugzeug nach Amsterdam transportiert werden und am nächsten Morgen auf der Blumenbörse verkauft werden.

Nahrungsmittel werden üblicherweise per Schiff in die Empfängerländer verfrachtet. Binnenländer mit Anbaugebieten fernab von Meeresküsten sind dann gegenüber Küstenregionen natürlich im Nachteil. In Burundi geernteter Kaffee beispielsweise hat einen besonders langen Weg vor sich:

1. Die Kaffeebohnen werden von den örtlichen Kleinbauern aus den Kapseln herausgelöst und zu Sammelpunkten bzw. größeren Plantagen gebracht. Dort werden sie vor dem Weitertransport in der Regel getrocknet.

2. Mit Lastkraftwagen werden die Kaffeebohnen von der Plantage zum Binnenhafen der Hauptstadt Bujumbura gebracht.

3. Die Fracht wird auf ein Schiff geladen, das den Tanganjika-See überquert.

4. Die Fracht wird in dem tansanischen Hafen Kigoma vom Schiff auf die Eisenbahn umgeladen und über mehr als 1000 Kilometer quer durch Tansania nach Dar es-Salaam transportiert.

5. Von dort erfolgt der Transport auf Überseefrachtern zum Bestimmungsort, beispielsweise Hamburg.

Es ist leicht nachvollziehbar, dass die Transportkosten hier einen wesentlichen Bestandteil der Gesamtkalkulation ausmachen.

Außerdem stellen auch die kompakte Geografie des Kontinents (mit riesigen Landentfernungen) sowie der generell niedrige Qualitätsstandard (gleichbedeutend mit sehr hohen Kosten) aller für einen intensiven Wirtschaftsaustausch erforderlichen modernen Infrastruktureinrichtungen (Verkehr, Telekommunikation, Energie) nicht zu unterschätzende physische Hindernisse für eine engere Regionalkooperation dar. Straßen und Eisenbahnen befinden sich häufig in schlechtem Zustand. Die Folgen sind sehr niedrige Durchschnittsgeschwindigkeiten, häufige Verzögerungen oder sogar Unterbrechungen, insbesondere während der Regenzeit.

Bei den protektionistischen Maßnahmen ist zwischen tarifären Maßnahmen (insbesondere Zöllen) und nichttarifären Maßnahmen (z. B. Einfuhrkontingente) zu unterscheiden. Vor allem die Maßnahmen, mit denen die Europäische Union und die Vereinigten Staaten von Amerika ihre Agrarmärkte abschotten, sind für Agrarexporteure aus Entwicklungsländern oft unüberwindliche Hindernisse.

Es gibt aber Hoffnung für Agrarproduzenten aus Afrika: Der Zugang der Länder südlich der Sahara zu den Märkten der Europäischen Union (wie auch umgekehrt) soll künftig durch die Regelungen des Cotonou-Abkommens stark vereinfacht werden.

Dieser völkerrechtliche Vertrag wurde im Jahr 2000 zwischen der Europäischen Union und den AKP-Staaten (AKP = Afrika, Karibik, Pazifik) abgeschlossen und im Jahr 2005 revidiert. In diesem Folgevertrag des Lomé-Abkommens werden u. a. Maßnahmen in den Bereichen Entwicklungshilfe, Handel, Investitionen, Staatsführung und Menschenrechte geregelt. Zu den 77 Signatarstaaten gehören alle afrikanischen Länder außer den Staaten Nordafrikas. Insbesondere günstige Zollkonditionen haben die allmähliche Etablierung einer neuen, fairen und gerechteren Weltordnung zum Ziel.

Ob mit der inzwischen erfolgten Einführung dieser neuen Regelungen allerdings die Handelshemmnisse beseitigt werden können, ist fraglich. Neben den künftig wegfallenden Einfuhrzöllen erheben die EU-Länder nämlich auch sogenannte Abschöpfungen. Diese besonderen Einfuhrabgaben werden auf den Import von Agrarprodukten erhoben, um den Preis für die Ware vom niedrigen Weltmarktniveau auf das deutlich höhere Niveau des Preises auf dem EU-Binnenmarkt anzuheben. Außerdem werden die Landwirte in der EU noch staatlich subventioniert.

Viele Experten fordern ein Ende der Agrarsubventionen, und zwar sowohl aus Gründen der globalen sozialen Gerechtigkeit als auch aus wirtschaftlichen Überlegungen heraus. Der defizitäre Staatshaushalt Deutschlands kann Entlastungen sehr gut gebrauchen. Ein weiterer wichtiger Punkt ist die Tatsache, dass der starke Bullenmarkt der globalen Rohstoffmärkte inzwischen auch die Agrarmärkte erreicht hat. Mit nachhaltig steigenden Preisen für Getreide, Fleisch, Milch, Eier und andere Nahrungsmittel dürften Landwirte in der Zukunft auch ohne staatliche Hilfen ein besseres Auskommen haben.

Sollten Einfuhrhindernisse der EU-Staaten gegenüber Erzeugerländern aus Afrika gelockert werden, sind günstigere wirtschaftliche Bedingungen für die dortige Agro-Industrie die Folge. Das dürfte zu einem erheblichen Investitionsboom beitragen.

Das ist noch Zukunftsmusik, doch potenzielle Investoren sollten wachsam sein und die Entwicklungen sorgfältig verfolgen

7.3 Unternehmerische Rahmenbedingungen

Das Umfeld für unternehmerische Tätigkeiten hat sich in Afrika in den letzten Jahren erheblich verbessert. Dies geht aus dem „Doing Business Report“ der Weltbank hervor, in dem das Geschäftsklima in 178 Ländern der Erde untersucht wurde. Spitzenreiter ist Singapur, Deutschland kommt auf Platz 20. Die beste Platzierung unter den afrikanischen Ländern erreichen Mauritius (2007: 27; 2006: 29; 2005: 28), Südafrika (2007: 35; 2006: 32; 2005: 32) und Namibia (2007: 43; 2006: 42; 2005: 39). Zu den Schlusslichtern gehören die Republik Kongo, Guinea-Bissau, die Zentralafrikanische Republik und die Demokratische Republik Kongo.

Die Übersicht in Tabelle 7–4 zeigt die Rangfolge der untersuchten afrikanischen Länder[2] hinsichtlich der Leichtigkeit unternehmerischer Tätigkeit (Ease of Doing Business) insgesamt. Dabei handelt es sich um eine zusammengefasste Kennziffer, die die folgenden Kriterien umfasst:

- Gründung eines Unternehmens
- Erforderlichkeit von Lizenzen
- Einstellung und Entlassung von Arbeitnehmern
- Registrierung von Eigentumsrechten
- Zugang zu Krediten
- Schutz von Eigentumsrechten
- grenzüberschreitender Handel
- Einhaltung von Verträgen
- Liquidierung eines Unternehmens

Jedes Kriterium umfasst mehrere Unterkriterien. Bei der Gründung eines Unternehmens handelt es sich beispielsweise um folgende Dinge:

- Anzahl der erforderlichen Prozeduren, die der Unternehmensgründer in Interaktion mit externen Parteien (Regierungsstellen, Rechtsanwälten, Notaren, Wirtschaftsprüfern) durchzuführen hat

[2] Die Länder Liberia, Libyen und Somalia sowie das Gebiet Westsahara wurden nicht untersucht.

- Gründungskosten, bezogen auf das durchschnittliche Jahreseinkommen eines Staatsangehörigen des betreffenden Landes
- einzuzahlendes Mindestkapital, bezogen auf das durchschnittliche Jahreseinkommen eines Staatsangehörigen des betreffenden Landes

Die genaue Methodik ist auf der sehr informativen Website der Weltbank unter www.doingbusiness.org nachzulesen. Hier können Sie sich auch Ihre eigenen Reports, Ländervergleiche und Ranglisten konfigurieren und sogar bequem als Exceldatei herunterladen.

Tabelle 7-5: Ease of Doing Business Report: Rangfolge der afrikanischen Länder 2007

Rang	Land	Ease of Doing Business Rank
1	Mauritius	27
2	Südafrika	35
3	Namibia	43
4	Botswana	51
5	Kenia	72
6	Ghana	87
7	Tunesien	88
8	Seychellen	90
9	Swasiland	95
10	Äthiopien	102
11	Nigeria	108
12	Sambia	116
13	Uganda	118
14	Lesotho	124
15	Algerien	125
16	Ägypten	126
17	Malawi	127
18	Marokko	129
19	Tansania	130
20	Gambia	131
21	Kapverden	132

Rang	Land	Ease of Doing Business Rank
22	Mosambik	134
23	Sudan	143
24	Gabun	144
25	Dschibuti	146
26	Komoren	147
27	Madagaskar	149
28	Ruanda	150
29	Benin	151
30	Simbabwe	152
31	Kamerun	154
32	Côte d'Ivoire	155
33	Togo	156
34	Mauretanien	157
35	Mali	158
36	Sierra Leone	160
37	Burkina Faso	161
38	Senegal	162
39	São Tomé und Príncipe	163
40	Äquatorialguinea	165
41	Guinea	166
42	Angola	167
43	Niger	169
44	Liberia	170
45	Eritrea	171
46	Taschad	173
47	Burundi	174
48	Kongo, Rep.	175
49	Guinea-Bissau	176
50	Zentralafrikanische Republik	177
51	Kongo, Dem. Rep.	178

Quelle: Weltbank, DoingBusines Report 2008[3]; www.doingbusiness.org

[3] Der DoingBusiness Report 2008 beinhaltet die Zahlen von 2007.

Beim genauen Studium dieser Tabelle fällt auf,

- dass nur einige wenige „Vorzeigeländer“ Afrikas im weltweiten Vergleich auf vorderen Plätzen liegen
- dass von den Plätzen 140 bis 178 des weltweiten Rankings fast alle Länder in Afrika liegen
- dass die englischsprachigen Länder, die ihr Rechtssystem an dem britischen Rechtssystem orientieren, generell weiter vorne liegen als die portugiesisch- und französischsprachigen Länder (die arabischsprachigen Länder liegen dazwischen)

7.3.1 Unternehmensgründung

Wenn Sie sich mit dem Gedanken tragen, in Afrika ein Unternehmen zu gründen und zu führen, weil Sie von den langfristigen guten Perspektiven überzeugt sind, sollten Sie sich von den auf den ersten Blick desillusionierenden Rangziffern der obigen Tabelle keinesfalls abschrecken lassen.

Dabei sollten Sie nämlich berücksichtigen, dass nach Ihnen eintretende Wettbewerber dieselben bürokratischen Hürden zu überwinden haben. Wenn Sie erst einmal „drin“ sind, verfügen Sie mitunter über einen erheblichen zeitlichen Vorlauf gegenüber potenziellen Konkurrenten.

Außerdem müssen die beträchtlichen Schwierigkeiten, die auf Unternehmer in Afrika zukommen, bei genauerem Hinsehen deutlich relativiert werden. Viele der im Doing Business Report zugrunde gelegten Bewertungskriterien sind für einen europäischen Unternehmer nämlich gar nicht von Bedeutung; dies betrifft insbesondere alle Kriterien, die das Durchschnittseinkommen pro Einwohner als Bewertungsgrundlage nehmen. So macht es für einen westlichen Unternehmer keinen Unterschied, ob als Mindestkapital bei der Gründung 100 oder 1000 Dollar (Gegenwert in Landeswährung) vorgeschrieben sind.

Aus Sicht eines Afrikaners sieht das hingegen ganz anders aus: Wenn ein Einwohner des betreffenden Landes nur 300 Dollar im Jahr verdient, sind von ihm im ersten Fall vier Monatseinkommen für das zu erbringende Mindestkapital aufzuwenden, im zweiten Fall jedoch mehr als drei Jahreseinkommen. Entsprechend unterschiedlich fällt dieses Bewertungskriterium aus. In vielen der ärmsten Länder kann sich ein Großteil der Einwohner die Gründung eines

Unternehmens unmöglich leisten. Mindesterfordernisse von zwei bis vier Jahreseinkommen sind weit verbreitet; in Sierra Leone sind es sogar über 10 Jahreseinkommen. Aus dieser pragmatischen Sicht wird verständlich, warum so große Teile der Bevölkerung im sogenannten „informellen Sektor" arbeiten (müssen). Viele der armen Bauern und Gewerbetreibenden sind im eigentlichen Sinne Unternehmer, haben aber kein reguläres Unternehmen, und können sich auch den Status eines ordnungsgemäß registrierten Einzelunternehmers (mit allen an sich erforderlichen Genehmigungen) nicht leisten. Ohne Arbeit sind sie deshalb aber keineswegs, auch wenn sie in vielen offiziellen Statistiken als arbeitslos erfasst sind. Die Arbeitslosenzahlen vieler afrikanischer Staaten, die Quoten von 50 Prozent und mehr (bei manchen Ländern bis zu 80 Prozent) aufweisen, sind daher mit großer Vorsicht zu genießen. Eine differenzierte Interpretation ist in jedem Fall erforderlich.

Viele Länder Afrikas haben sich auch das Ziel gesetzt, die Unternehmensgründungen drastisch zu vereinfachen. Vor allem ausländische Investoren und Geschäftsleute sollen nur noch mit einer einzigen Anlaufstelle zu tun haben *(One-Stop Shop)*. Dadurch werden die bürokratischen Hürden erheblich leichter zu überwinden sein.

In Südafrika beispielsweise erbringt das *Department of Trade and Industry* die folgenden Dienstleistungen aus einer Hand:

- Informationen über Südafrikas Wirtschaftssektoren
- Beratungen zu regulatorischen Bestimmungen
- Vereinfachung von Investitionsvorhaben
- Knüpfen von Verbindungen zu potenziellen Joint-Venture-Partnern
- Unterstützung bei der Erlangung von Arbeitserlaubnissen
- logistische Unterstützung bei der Ansiedlung in Südafrika
- Informationen über besondere Investitionsanreize für Investoren

Wer in Botswana ein Unternehmen gründen will, muss dafür noch nicht einmal persönlich in das Land reisen, sondern kann alle Formalitäten über das Londoner Büro der *Botswana Export Development and Investment Agency (BEDIA)* erledigen. Die hohe Professionalität dieser Agentur habe ich sowohl in Gaborone als auch in London persönlich schätzen gelernt.

7.3.2 Beschaffung von Lizenzen

Die folgende Tabelle gibt die Anzahl der erforderlichen Schritte und die Zeitdauer (in Kalendertagen) wieder, die für den Bau und Betrieb eines Warenhauses in der Hauptstadt des betreffenden Landes erforderlich sind.

Tabelle 7-6: Aufwand zur Genehmigung des Baus eines Warenhauses (2007)

Land	Anzahl Tage	Anzahl der Prozeduren
Tunesien	93	20
Swasiland	93	13
Kenia	100	10
Mauritius	107	18
Namibia	139	12
Uganda	143	16
Marokko	163	19
Botswana	167	24
Südafrika	174	17
Malawi	213	21
Ghana	220	18
Ägypten	249	28
Sambia	254	17
Tansania	308	21
Kongo, Dem. Rep.	322	14
Angola	337	14
Nigeria	350	18
Mosambik	361	17
Côte d'Ivoire	628	21
Simbabwe	952	19
Zum Vergleich:		
Deutschland	100	12
Österreich	194	13
Schweiz	154	14

Quelle: Weltbank; www.doingbusiness.org

Im Durchschnitt dauert es in Afrika erheblich länger, die erforderlichen Genehmigungen zu erhalten, und es sind auch mehr Schritte nötig als in den deutschsprachigen Ländern. Während in Deutschland 12 Prozeduren reichen, braucht man in Ägypten 28. Aber auch Überraschendes wird offenbar: In einigen Ländern wie z. B. Kenia dauert die Genehmigung nicht länger als bei uns; in Tunesien geht es sogar etwas schneller. Auf der anderen Seite benötigt man in Côte d'Ivoire und Simbabwe einen langen Atem.

An Folgendes sollte jeder potenzielle Unternehmensgründer denken: In afrikanischen Ländern sind oft Lizenzen für Tätigkeiten erforderlich, die in europäischen Staaten keiner Genehmigungspflicht unterliegen.

7.3.3 Registrierung von Eigentumsrechten

Die folgende Tabelle gibt die Zeitdauer (in Kalendertagen), die Anzahl der erforderlichen Schritte und die Kosten (in Prozent des Kaufpreises) wieder, die bei dem Kauf eines bebauten Grundstücks am Stadtrand der Hauptstadt des betreffenden Landes anfallen.

Dabei wird unterstellt, dass die einzelnen Schritte ohne Zeitverzögerung aufeinanderfolgen, dass keine Besonderheiten vorliegen, dass das Grundstück hypothekarisch unbelastet und ordnungsgemäß im Grundbuch eingetragen ist und dass es sich bei dem Käufer um ein mittelgroßes Unternehmen handelt, das zu 100 Prozent in inländischem Besitz ist.

Tabelle 7-7: Aufwand zum Erwerb eines bebauten Grundstücks (2007)

Land	Anzahl Tage	Anzahl der Prozeduren	Grunderwerbs-kosten
Namibia	23	9	9,9 %
Südafrika	24	6	8,8 %
Botswana	30	4	5,0 %
Simbabwe	30	4	25,0 %
Ghana	34	5	1,3 %

Land	Anzahl Tage	Anzahl der Prozeduren	Grunderwerbs-kosten
Mosambik	42	8	8,1 %
Swasiland	46	11	7,1 %
Marokko	47	8	4,9 %
Tunesien	49	5	6,1 %
Kongo, Dem. Rep.	57	8	9,4 %
Côte d'Ivoire	62	7	16,9 %
Kenia	64	8	4,2 %
Sambia	70	6	9,6 %
Nigeria	82	14	22,2 %
Malawi	88	6	3,3 %
Tansania	119	10	5,3 %
Ägypten	193	7	1,0 %
Mauritius	210	6	10,8 %
Uganda	227	13	4,6 %
Angola	334	7	11,1 %
Zum Vergleich:			
Deutschland	40	4	5,2 %
Österreich	32	3	4,5 %
Schweiz	16	4	0,4 %

Quelle: Weltbank; www.doingbusiness.org

Auch hier fällt auf, dass der Eigentumserwerb in einigen Ländern nicht zeitraubender, umständlicher oder wesentlich kostspieliger ist als bei uns in Mitteleuropa.

Wer Immobilien zu spekulativen Zwecken erwerben will, sollte die in einigen Ländern deutlich höheren Grunderwerbskosten berücksichtigen.

7.3.4 Schutz von Eigentumsrechten

Bei diesem Kriterium geht es darum, wie gut ein Minderheitsgesellschafter (Minderheitsaktionär) vor Veruntreuung von Gesellschaftsvermögen durch den bzw. die Geschäftsführer geschützt ist. Als Unterkriterien werden berücksichtigt:

- Transparenz von Transaktionen
- Haftung der Geschäftsführer für Selbstkontrahierungen
- Möglichkeiten von Minderheitsgesellschaftern (Minderheitsaktionären), Geschäftsführer wegen Fehlverhaltens zu verklagen

Das überraschende Ergebnis: In den meisten afrikanischen Ländern sind Investoren besser geschützt als bei uns!

Auf einer Skala von 0 bis 10 hat Deutschland einen Wert von 5,0 (Rang 83), Österreich einen von 4,0 (Rang 122) und die Schweiz einen von 3,0 (Rang 158).

Von den 20 Ländern der obigen Tabellen schneiden insbesondere Südafrika (Rang 9), Mauritius (Rang 11), Ghana und Mosambik (gemeinsam auf Rang 33), aber auch Nigeria und Angola (beide auf Rang 51) erheblich besser ab als Deutschland. 19 von 20 Ländern haben höhere Rangstellen als die Schweiz, die auf den letzten Plätzen zu finden ist; einzig in Swasiland sind Investoren noch weniger geschützt.

7.3.5 Bezahlung von Steuern

Das deutsche Steuersystem „glänzt" durch die höchste Anzahl von Steuergesetzen weltweit; kaum jemand blickt noch durch, Finanzbeamte und Steuerberater nicht ausgeschlossen. Lässt sich diese bei uns weit verbreitete Wahrnehmung durch harte Zahlen belegen? Und wie sieht die Situation in afrikanischen Ländern aus?

In dem von Doing Business, einem Projekt der Weltbankgruppe zur weltweiten Bewertung der rechtlichen Rahmenbedingungen für unternehmerische Betätigungen, durchgeführten Vergleich wird ein produzierendes Unternehmen, das seine Produkte im Inland an Endkunden vertreibt, zu Grunde gelegt. Ein solches Unternehmen muss in Deutschland für insgesamt 32 im Laufe eines Jahres zu leistende Steuerzahlungen etwa 105 Stunden Bearbeitungszeit aufwenden. In der Schweiz ist das viel einfacher; hier sind nur 13 Zahlungen zu leisten und diese kosten das Unternehmen nur 68 Stunden im Jahr. Die Zahlen für Österreich: 20 Zahlungen, 272 Stunden.

In Afrika dauert das Ganze erheblich länger. Relativ am schnellsten geht es noch in Sambia (131 Stunden), Botswana (140) und Mauritius (158). Über 400 Stunden braucht man in Kenia, Marokko, Ägypten und der Republik Kongo. Malawi und Nigeria schießen den Vogel ab: Hier sind 878 bzw. 1120 Stunden erforderlich.

7.3.6 Einhaltung von Verträgen

Bei diesem Indikator geht es um die Erzwingung der Einhaltung von Verträgen auf dem Rechtsweg im Streitfall. Bewertet werden die Anzahl der Schritte, die Zeitdauer und die Höhe der Gerichts- und Anwaltskosten, bezogen auf den Streitwert.

Tabelle 7-8: Aufwand zur Verfolgung von Rechtsstreitigkeiten (2007)

Land	Rang	Anzahl der Prozeduren	Anzahl Tage	Kosten (% vom Streitwert)
Namibia	33	33	270	29,4 %
Tansania	35	38	462	14,3 %
Ghana	51	36	487	23,0 %
Simbabwe	74	38	410	32,0 %
Mauritius	78	37	750	17,4 %
Tunesien	80	39	565	21,8 %
Südafrika	85	30	600	33,2 %
Sambia	86	35	471	38,7 %
Nigeria	93	39	457	32,0 %
Botswana	95	29	987	28,1 %
Kenia	107	44	465	26,7 %

Land	Rang	Anzahl der Prozeduren	Anzahl Tage	Kosten (% vom Streitwert)
Marokko	114	40	615	25,1 %
Uganda	119	38	535	44,9 %
Côte d'Ivoire	122	33	770	41,7 %
Swasiland	129	40	972	23,1 %
Malawi	135	42	432	142,4 %
Mosambik	138	31	1,01	142,5 %
Ägypten	145	42	1,01	25,3 %
Kongo, Dem. Rep.	173	43	685	151,8 %
Angola	176	46	1,011	44,4 %
Zum Vergleich:				
Deutschland	15	33	394	11,8 %
Österreich	6	26	397	12,7 %
Schweiz	25	32	417	21,2 %

Quelle: Weltbank; www.doingbusiness.org

In afrikanischen Ländern braucht man im Allgemeinen deutlich länger, bis man als Unternehmer sein Recht durchsetzen kann, und die Kosten sind erheblich höher. Die Botschaft ist klar: Vermeiden Sie als Unternehmer möglichst, Verträge rechtlich durchsetzen zu müssen. In Ländern wie Malawi, Mosambik und der Demokratischen Republik Kongo vergessen Sie es am besten gleich.

Vergleichbar niedrige Kosten wie in Mitteleuropa fallen nur in Tansania, Mauritius, Tunesien und Ghana an. Überall sonst ist es zum Teil erheblich teurer.

7.3.7 Erfolge durch Reformen

Die folgende Übersicht zeigt, wie Reformen das Wirtschaftsleben in vielen afrikanischen Staaten verändert haben. Dabei überwiegen die positiven Reformen die negativen im Verhältnis von 38 zu 4.

Tabelle 7-9: Auswirkungen von Reformen in Afrika

	Positive Reformen	Negative Reformen
Unternehmensgründung	Benin, Burkina Faso, Äthiopien, Lesotho, Madagaskar, Mosambik, Niger, Ruanda, Tansania, Uganda	Swasiland
Schutz von Eigentumsrechten	Botswana, Côte d'Ivoire, Ghana, Mali, Mauretanien, Mauritius, Nigeria, Seychellen, Südafrika, Swasiland, Tansania	Togo, Uganda
Steuersystem*	Ghana, Guinea-Bissau, Lesotho, Ruanda, Senegal, Sierra Leone, Sudan	Zentralafrikanische Republik
Im- und Exportverfahren*	Ghana, Kenia, Nigeria, Tansania, Togo	-
Vertragsabschluss*	Burundi, Tschad, Gambia, Nigeria, Ruanda	-

*) Bürokratischer Aufwand und Kosten

Quelle: Weltbank; www.doingbusiness.org; Bundesagentur für Außenwirtschaftsinformationen, www.bfai.de

Weitgehend unbemerkt vom Westen konnten einige Staaten konkrete Erfolge realisieren:

- Côte d'Ivoire hat das Prozedere zum Schutz von Eigentumsrechten drastisch vereinfacht: Während ein Unternehmer 2005 dafür noch länger als ein Jahr (397 Tage) brauchte, schafft er dies heute in nur einem Monat (32 Tage).
- Madagaskar setzte das Mindestkapital zur Gründung eines Start-ups von 3877 Euro auf 775 Euro herab und ermöglicht seit Oktober 2005, Steuererklärungen über den PC abzuwickeln.
- Mauritius hat sich ein besonders ehrgeiziges Ziel gesteckt: Im nächsten Weltbankreport möchte der Inselstaat zu den Top 10 gehören. Dies soll durch flexiblere Arbeitsbestimmungen, niedrigere Steuersätze und vereinfachte Unternehmenszugänge erreicht werden.

7.3.8 Kostenüberlegungen

Die Preise für Flüge von und nach Afrika sind durchweg höher als Flüge von Europa nach Nordamerika oder Ostasien. Ausnahmen bilden Flüge nach Südafrika sowie bestimmte Charterrouten zu beliebten Touristenzielen, wie z. B. Agadir (Marokko), Djerba (Tunesien), Hurghada und Sharm el-Sheikh (Ägypten), Mombasa (Kenia) und Port Louis (Mauritius). Der Wettbewerb bei Flügen zu den großen Geschäftszentren ist noch nicht so intensiv, dass die Preise ähnlich unter Druck geraten würden wie auf den vielbeflogenen internationalen Strecken.

Auch die innerafrikanischen Flüge sind verhältnismäßig teuer, und die Sicherheit vieler lokaler und regionaler Fluglinien ist fragwürdig. Bestimmte Orte (wie z. B. in der Demokratischen Republik Kongo) können mit regulären Verbindungen nur schwer oder gar nicht erreicht werden. Individuelle Charterflüge sind sehr teuer. Manche innerafrikanischen Verbindungen sind so schlecht, dass man, um von einem westafrikanischen Land in ein anderes westafrikanisches Land zu kommen, notgedrungen über Paris fliegen muss.

Inzwischen sind aber auch die Billigfluggesellschaften in Afrika angekommen. In Südafrika herrscht bereits ein lebhafter Wettbewerb, weswegen Flüge von Johannesburg nach Kapstadt inzwischen recht preiswert geworden sind. Seit Anfang 2007 gibt es auch in Kenia eine Billigfluglinie. Es ist zu erwarten, dass dieser Trend anhält und mit steigenden Passagierzahlen auch die Flugnetze auf- und ausgebaut werden. Dies wiederum wird die logistischen Bedingungen für Geschäftsreisende weiter verbessern.

Fahrten über Land sind in vielen Ländern sehr aufwändig und zeitraubend. Die meisten Straßen außerhalb Nordafrikas und des südlichen Afrikas (Südafrika, Namibia, Botswana, Lesotho und Swasiland) befinden sich in einem ziemlich schlechten, mitunter auch katastrophalen Zustand. Viele regionale Strecken sind nur mit Allradfahrzeugen befahrbar, manche davon nur in der Trockenzeit.

Die wenigen Eisenbahnlinien sind stark verbesserungsbedürftig. Die Züge verkehren nur langsam, unregelmäßig, teilweise sporadisch, und eignen sich kaum als Reiseverkehrsmittel.

Hinsichtlich der Lebenshaltungskosten rangieren Afrikas große Städte im globalen Vergleich ziemlich weit hinten, egal welchen der einschlägigen Datenanbieter man im Internet zu Rate zieht. Bei den Ranglisten sind jedoch erhebliche Unterschiede zu finden.

Tabelle 7-10: Lebenshaltungskosten in afrikanischen Großstädten

Vergleich	Jahr; Anzahl untersuchter Städte	Teuerste Stadt der Welt		Teuerste Städte in Afrika		
		Name	Indexwert*	Stadt	Rang	Indexwert*
The Economist	2007; 132	Oslo	134	Abidjan	89	na
Citymayors	2006; 71	London	105,5	Johannesburg	51	47,2
Mercer Human Resources	2007; 143	Moskau	134,4	Nairobi	63	39,7
				Douala	24	92,9
				Dakar	33	89,0
				Abidjan	35	88,3
				Lagos	37	88,0
				Algier	50	85,1

* New York = 100
Quellen: The Economist, www.economist.com; Citymayors, www.citymayors.com; Mercer Human Resources, www.mercerhr.com

Bei diesen Ranglisten ist zu berücksichtigen, dass viele afrikanische Städte in die Vergleichstests gar nicht einbezogen wurden. Sonst würde beispielsweise Luanda, die Hauptstadt Angolas, auch in der Liste der teuren Städte auftauchen.

Weiterhin muss beachtet werden, dass ein bestimmter Warenkorb für die Ermittlung der Kosten für einen längerfristigen Aufenthalt zu Grunde gelegt wurde. Hotelübernachtungen sind hier oft nicht enthalten.

Hinsichtlich der Lebensqualität rangieren die meisten afrikanischen Städte auf den hinteren Plätzen.[4] Auf mittleren Rängen findet man Port Louis (Mauritius) auf Rang 77 von insgesamt 212, gefolgt von Kapstadt (85), Johannesburg (90), Tunis (95), Victoria (Seychellen; 96), Port Elizabeth (Südafrika; 97), Casablanca (119), Kairo (129), Blantyre (Malawi; 134) und Lusaka (137).

[4] Quelle: Finfacts – Ireland's Business & Finance Portal, www.finfacts.com

7.3.9 Außensteuerliche Regelungen

Doppelbesteuerungsabkommen verhindern, dass Einkünfte und ggf. Vermögenswerte in zwei Ländern besteuert werden. Durch DBA wird die steuerliche Benachteiligung ausländischer Unternehmen gegenüber inländischen Konkurrenten vermieden.

Derzeit gibt es Doppelbesteuerungsabkommen noch mit relativ wenigen afrikanischen Staaten:

- DBA mit Deutschland: Côte d'Ivoire, (Ghana), Kenia, Liberia, Marokko, Mauritius, Namibia, Sambia, Simbabwe, Südafrika, Tunesien
- DBA mit der Schweiz[5]: Ägypten, Elfenbeinküste, Marokko, Südafrika, Tunesien Vereinbarung nur durch Notenwechsel: Burundi, Gambia, Ghana, Kenia, Dem. Rep. Kongo, Malawi, Rep. Kongo, Ruanda, Sambia
- DBA mit Österreich: Ägypten, Südafrika, Tunesien
- DBA mit Luxemburg: Marokko, Mauritius, Tunesien, Südafrika

Diese Liste gibt nur einen ersten Anhaltspunkt und orientiert sich in erster Linie an Einkommensteuern. Daneben gibt es noch viele weitere Besteuerungsarten und verschiedene Sonderregelungen. Im Bedarfsfall ist die Hinzuziehung eines Steuerberaters unbedingt anzuraten.

Es ist davon auszugehen, dass mit fortschreitender wirtschaftlicher Entwicklung deutlich mehr DBA zwischen afrikanischen und europäischen Staaten geschlossen werden.

7.3.10 Projektfinanzierungen, Fördermittel und Garantien

Ein bedeutender Teil von großen Entwicklungsprojekten mit aktiver Beteiligung der Privatwirtschaft in Entwicklungsländern kommt ohne Projektfinanzierungen, Fördermittel und staatliche Garantien nicht aus – zu groß wären sonst die Risiken für die beteiligten Unternehmen.

[5] Quelle: Eidgenössische Steuerverwaltung

Unter dem Motto „Investitionen versichern – Möglichkeiten sichern" bietet die **Multilaterale Investitions-Garantie-Agentur** (MIGA) weitgehende Garantien an. Wie bereits in Kapitel 4.5.1 erwähnt, unterstützt die MIGA den KMU-Sektor in aufstrebenden Volkswirtschaften. Dies geschieht in zweifacher Hinsicht: (1) direkt durch Versicherungen (Garantien) gegen politische Risiken für ausländische Investoren, die in kleinere oder mittlere Unternehmen investieren wollen, und (2) indirekt durch Versicherungen gegen politische Risiken für Finanzinstitute, die anschließend über ihre örtlichen Niederlassungen Kredite an kleine und mittelständische Unternehmen vergeben.

SIP, das für mitteleuropäische Firmen besonders interessante Garantieprogramm für kleine und mittlere Unternehmen der MIGA[6], bietet ein standardisiertes Paket von Risikoversicherungen an. Damit werden Investoren gegen Risiken wie Währungsinkonvertibilität und Transferbeschränkungen, Enteignung sowie Krieg und innere Unruhen geschützt. Was heißt das im Einzelnen?

Währungsinkonvertibilität und Transferbeschränkungen

Die Versicherung schützt vor Verlusten, die daraus entstehen, dass der Investor die Landeswährung (Kapital, Zinsen, Kreditbetrag, Gewinne, Lizenzgebühren und andere Beträge) nicht zum Zwecke des Transfers aus dem Empfängerland[7] in eine Fremdwährung umtauschen kann. Die Versicherung sichert außerdem gegen übermäßige Verzögerungen beim Erwerb von Fremdwährungen ab, die durch Handlungen oder Unterlassungen der Regierung des Empfängerlandes verursacht werden. Die MIGA zahlt Schadenersatz in der im Bürgschaftsvertrag angegebenen Währung. Währungsverluste durch Kursveränderungen sind allerdings nicht versicherbar.

Enteignung

Die Versicherung bietet Schutz vor Verlusten, die aus Maßnahmen der Regierung des Empfängerlandes resultieren, die den Besitz von, die Kontrolle über oder die Rechte an der versicherten Investition mindern oder ausschließen. Zusätzlich zur unmittelbaren Verstaatlichung oder Beschlagnahme ist auch eine

---

[6] Quelle: Multilateral Investment Guarantee Agency, www.miga.org

[7] Mit Empfängerland ist das Land gemeint, in dem die Investitionen getätigt werden.

„schleichende" Enteignung, d. h. Maßnahmen, die mit der Zeit die Wirkung einer Enteignung haben, abgesichert. Für mögliche Teilenteignungen (z. B. Beschlagnahme von Geldern oder materiellen Vermögenswerten) ist ein Versicherungsschutz in begrenztem Umfang verfügbar.

Krieg und innere Unruhen

Die Versicherung schützt vor Verlust, Beschädigung, Zerstörung oder Untergang von materiellen Vermögenswerten infolge von politisch motivierten kriegerischen Handlungen oder inneren Unruhen im Empfängerland, etwa durch Revolution, Aufstände, Staatsstreiche, Sabotage und Terrorismus.

Der Versicherungsschutz gilt auch für Ereignisse, die für eine im Bürgschaftsvertrag angegebene Dauer zu einer Unterbrechung von Projektarbeiten führen, die für die allgemeine finanzielle Tragbarkeit des Projekts erforderlich sind. Die Betriebsunterbrechungsversicherung ist wirksam, wenn die Investition als Totalverlust angesehen wird. Dann zahlt die MIGA Schadenersatz in Höhe des Buchwerts der gesamten versicherten Kapitalbeteiligung.

Vertragsbruch

Versicherungsschutz gegen Vertragsbruch wird im Rahmen des SIP nicht angeboten. Investoren, die eine solche Versicherung wünschen, können diese im Rahmen des regulären Bürgschaftsprogramms der MIGA beantragen.

Das SIP-Programm ist auf die Bedürfnisse kleiner und mittelgroßer Investoren zugeschnitten und weist folgende Merkmale auf:

- rasches, effizientes Verfahren für den Versicherungsabschluss
- ein einziges Antragsformular
- keine Bearbeitungsgebühr
- günstige Prämien
- Absicherung der Investitionskosten: bei Kapitalbeteiligungen bis zu 90 Prozent, bei Krediten bis zu 95 Prozent

- Darüber hinaus gehende Bürgschaften können im Rahmen des regulären Bürgschaftsprogramms der MIGA beantragt werden.

Ein spezielles SIP-Team begleitet die Investoren durch den Prozess des Versicherungsabschlusses. Je nach Verfügbarkeit der erforderlichen Projektinformationen kann die MIGA innerhalb von 6 bis 8 Wochen nach Eingang des Antrags Garantien zusagen.

7.3.11 Anlaufstellen für deutsche Unternehmen

Wer als deutsches Unternehmen in Afrika Geschäfte machen will, erhält im Inland eine Vielzahl von wertvollen und hilfreichen Informationen und Beratungsangeboten, die bei der Beantwortung folgender Fragen helfen:

- Wie finde ich einen Vertriebspartner?
- Auf welcher Messe kann ich meine Produkte am besten präsentieren?
- Wer hilft mir bei Rechtsstreitigkeiten mit meinem Handelsvertreter?
- Wie ist der Markt für ... im Land ...?
- Wie sind die umsatzsteuerlichen Regelungen?
- Kann ich als kleineres Unternehmen an Exportförderprogrammen teilnehmen?
- Welche Zoll- und Einfuhrbestimmungen muss ich beachten?

Geeignete Anlaufstellen sind im Inland:

- die örtlichen Industrie- und Handelskammern (IHK)
- die sektorspezifisch aufgestellten Wirtschaftsverbände
- die Bundesagentur für Außenwirtschaft (bfai; www.bfai.de), die Servicestelle des Bundesministeriums für Wirtschaft und Technologie (BMWi)
- der Afrika-Verein
- die SAFRI-Initiative der deutschen Wirtschaft für das südliche Afrika

Im Ausland unterhalten die Außenhandelskammern (AHK; www.ahk.de), die Delegiertenbüros und die Repräsentanzen der Deutschen Wirtschaft Niederlassungen in folgenden Ländern:

- Marokko
- Algerien
- Ägypten
- Nigeria (zuständig auch für Westafrika)
- Südafrika (zuständig auch für das südliche Afrika)

Darüber hinaus sind die deutschen Botschaften und Konsulate gute Ansprechpartner vor Ort. Dies gilt vor allem für die zahlreichen schwarzafrikanischen Länder, die noch keine Standorte von AHK und Delegiertenbüros sind.

Der vor über hundert Jahren gegründete Afrika-Verein der deutschen Wirtschaft (www.afrika-verein.de) mit Sitz in Hamburg ist der Außenwirtschaftsverband der deutschen Unternehmen und Institutionen mit wirtschaftlichen Interessen in den Staaten des afrikanischen Kontinents. Er versteht sich als zentraler Ansprechpartner und Berater für Wirtschaftskontakte mit und in Afrika. Zu seinen Mitgliedern zählen mehr als 500 deutsche und afrikanische Unternehmen, Institutionen und Privatpersonen.

Die „Südliches Afrika Initiative der Deutschen Wirtschaft" (SAFRI; www.safri.de) wurde im Jahr 1996 vom Afrika-Verein, dem Bundesverband der Deutschen Industrie (BDI) und dem Deutschen Industrie- und Handelskammertag (DIHK) gegründet. Mit vielfältigen Initiativen macht SAFRI auf das Potenzial der Region aufmerksam und möchte die deutsche Wirtschaft zu einem verstärkten Engagement in den in der *Southern African Development Community* (SADC) zusammengeschlossenen Ländern hinführen. Unter dem Vorsitz von Prof. Dr. h.c. Jürgen E. Schrempp weist SAFRI auf Investitions- und Handelsmöglichkeiten für die deutsche Wirtschaft hin, stellt Kontakte zwischen deutschen und afrikanischen Unternehmern her und leistet gezielte Öffentlichkeitsarbeit, um das Bild Afrikas in den deutschen Medien zu verbessern und Deutschland im südlichen Afrika zu präsentieren.

7.4 Mentalitäten afrikanischer Völker

Wer in Afrika investieren will, sollte die spezifischen Mentalitäten von Afrikanern kennen. Wer nicht weiß, was ihn oder sie erwartet, wird mit falschen Vorstellungen auf den Kontinent kommen, an seine zukünftigen Geschäftspartner, Angestellten und Kunden falsche Erwartungen haben – und mit an Sicherheit grenzender Wahrscheinlichkeit enttäuscht werden.

Auf der anderen Seite gilt aber auch dies: Viele Afrikaner entsprechen keineswegs den Vorurteilen, die sich in der westlichen Welt über die Jahrhunderte entwickelt und festgesetzt haben. Während meiner Reisen habe ich viele kompetente, ehrliche, fleißige und hilfsbereite Menschen kennengelernt.

Die folgenden Erörterungen mögen auf viele, aber keineswegs pauschalierend auf alle Menschen eines Landes oder einer Bevölkerungsgruppe zutreffen. Insbesondere bei denjenigen Afrikanern, die zumindest einen Teil ihres Lebens im europäischen oder amerikanischen Ausland zugebracht haben, ist eher davon auszugehen, dass sie sich mehr oder weniger stark der Mentalität der Menschen ihres Gastlandes angepasst haben.

Es gibt einige weit verbreitete Einstellungen unter der schwarzen Bevölkerung, die eine echte Herausforderung darstellen.

Da ist zunächst einmal die Arbeit, die von vielen Menschen (vor allem Männern) als Fluch gesehen wird. Besonders deutlich ist mir das in Südafrika aufgefallen. Morgens um 11 Uhr fuhr ich an einer Baustelle vorbei. Im Garten eines großen Grundstücks wurde das Fundament eines neuen Gebäudes gelegt. Etwa fünf schwarze Arbeiter hielten sich auf der Baustelle auf. Einer arbeitete, zwei weitere hockten auf dem Boden und palaverten, und die restlichen lagen im Schatten auf der Wiese und dösten vor sich hin. Ähnliches hört man von vielen Seiten. Egal ob es sich um Bautrupps, Handwerker oder Landarbeiter handelt: Ohne Aufsicht eines Poliers oder Vormanns ist die Arbeitsproduktivität miserabel; das gilt in Bezug auf die Quantität ebenso wie hinsichtlich der Qualität.

In Südafrika erfuhr ich auch, dass die Mentalitäten schwarzafrikanischer Völker sehr verschieden sind. Im Tourismussektor Südafrikas werden beispielsweise gerne Sambier und Simbabwer beschäftigt, weil sie von ihrer Grundeinstellung optimistischer, sanfter und freundlicher sind als verschiedene Stämme aus Südafrika. Hotels und Lodges, wo der Gast König ist, können sich mürrisches Verhalten ihres Personals nicht leisten.

Der Tribalismus („Mein Stamm ist höherwertiger als dein Stamm“) ist ebenfalls weit verbreitet. Rivalitäten unter Angehörigen verschiedener Stämme können ein ernstes Problem sein, das die Arbeitsproduktivität behindert. In Gruppen, die als Team eng zusammenarbeiten müssen, kann es sich daher auszahlen, wenn ihre Mitglieder aus einem einzelnen Volksstamm kommen. Dann können sie auch in ihrer Muttersprache miteinander kommunizieren.

Ein weiterer Faktor des Tribalismus ist das Obrigkeitsdenken. Der „Chief“, der lokale Häuptling eines Familienklans, eines Dorfes, eines Gebietes oder eines Volksstammes, ist eine Respektsperson, die nicht übergangen werden darf. Für kommerzielle Projekte aller Art, insbesondere Bauprojekte, empfiehlt es sich deshalb, vorher mit dem Häuptling zu sprechen und ihn für das Vorhaben zu gewinnen. Für Europäer ist das eine sehr ungewöhnliche Vorstellung, doch im afrikanischen Alltag ist das völlig normal.

Ein echtes Problem ist auch der Neidfaktor. Nach der „Nullsummen-Vorstellung“ sind Güter und finanzielle Ressourcen in ihrer Verfügbarkeit fixiert und begrenzt: „Alles, was der andere mehr hat, habe ich weniger. Wenn mein Nachbar prosperiert, dann kann das nur das Ergebnis eines Betrugs an mir sein.“ Diese Vorstellung führt zum Teilungszwang. Die Unfähigkeit vieler Afrikaner zum Sparen hat (auch) eine Ursache in dieser Einstellung: „Wenn ich nichts spare, kann mir ein anderer auch nichts wegnehmen.“

Vor allem wirtschaftlicher Aufstieg im Alleingang ist gefährlich. Wenn „die Anderen“ nicht in irgendeiner Form am Erfolg teilhaben können, wird Neid heraufbeschworen. Dieser kann – in Form von Hexerei – mitunter tödlich sein. Lachen Sie nicht darüber: Hexerei und andere okkulte Praktiken finden tatsächlich statt, und ihre negativen Auswirkungen sind spür- und erlebbar. Unter der Oberfläche westlicher Verhaltensweisen, christlicher oder moslemischer Glaubenshaltungen verbergen sich oft tief verwurzelte animistische Vorstellungen. Der weithin praktizierte Ahnenkult ist ein sichtbarer Aspekt davon.

Korruption ist keine allgemein anerkannte und akzeptierte Tatsache in Afrika. Die meisten betroffenen Menschen sehen sie als ein Übel, mit dem sie nun einmal klarkommen müssen. Die Korruption in afrikanischen Gesellschaften hat allerdings auch einen naturreligiösen Hintergrund: Die Götter gelten als launisch und unberechenbar und können durch bestimmte Taten oder Opfer bestochen werden.

Der häufig anzutreffende Fatalismus hat seine Ursprünge in der Kolonialzeit und der auch in der staatlichen Unabhängigkeit fortbestehenden wirtschaftlichen Abhängigkeit von den Industrieländern. Diese Einstellung kann folgendermaßen beschrieben werden: „Wir sind arm, und es gibt nichts, was wir dagegen tun können. Geschichte ist etwas, das mit uns geschieht." Diese Denkweise führt zu einer „Abhängigkeitsmentalität", die eine Lösung der eigenen Probleme von außen erwartet, aber keine Veranlassung dafür sieht, selbst etwas zu ändern. Die Grundannahme, das Universum (und damit das Leben) seien chaotisch und unberechenbar, zielt in dieselbe Richtung.

In den ehemals kommunistisch-sozialistisch regierten Staaten wurde diese Einstellung noch verstärkt. Dort haben die Menschen ein hohes Maß an „Empfängermentalität" entwickelt. Der Staat war für alles verantwortlich. Wirtschaftliche Eigeninitiativen waren verboten, verpönt oder wurden als erfolglos erlebt. Wer hingegen in der entsprechenden Machtposition ist und es sich leisten kann, nimmt vom Staat, was zu bekommen ist. Diese Einstellung begünstigt die Korruption natürlich erheblich.

Unternehmerisches Denken und eigenverantwortliches Handeln ist bei den Einwohnern dieser Länder deshalb nur schwach ausgeprägt. Europäische Unternehmer und potenzielle Arbeitgeber sollten dies bei ihren Standortentscheidungen unbedingt berücksichtigen. Die notwendige Qualifizierung einheimischer Mitarbeiter dürfte in Staaten mit einer zentralistischen Vergangenheit erheblich zeitraubender und kostspieliger sein als in Ländern, wo eigenverantwortliches Handeln zum Alltag gehört.

Lassen Sie mich zwei extreme Beispiele anführen – Angola und Nigeria.

Angola leidet noch immer unter den Folgen eines 26 Jahre andauernden Bürgerkriegs. Die politischen und gesellschaftlichen Einrichtungen des Landes wurden weitgehend zerstört. Viele Krankenhäuser haben weder Medikamente noch eine Grundausstattung. Schulen verfügen über keine Bücher, und Angestellte im öffentlichen Dienst besitzen keine angemessene Ausstattung, um ihrer täglichen Arbeit nachzugehen. Während des erst 2002 beendeten Bürgerkriegs war auch die Mobilität der Angolaner stark eingeschränkt – ein wesentlicher Grund für die bis dahin deutlich niedrigeren Infektionsraten von HIV/AIDS im Vergleich zu den Nachbarländern.

Der Bildungs- und Ausbildungsstand der Bevölkerung ist sehr niedrig. Viele Angehörige der Oberschicht Angolas sind längst ausgewandert. Für Arbeitgeber in diesem Land stellt das eine erhebliche Herausforderung dar.

Eine interessante Frage ist, wie die Menschen auf die starken Wirtschaftswachstumsraten reagieren. In Angola, dem wachstumsstärksten aller Länder weltweit, begegnet man als Geschäftsmann/frau einer wachsenden Arroganz, und Verhandlungen sind sehr schwierig. Symptomatisch dafür ist die Aussage des angolanischen Finanzministers bei einer Round-Table-Diskussion bei Bankenvertretern in Frankfurt, der ich im September 2006 beiwohnte. Auf die Frage eines Unternehmensvertreters nach Investitionsmöglichkeiten im Bergbausektor in Angola entgegnete José Pedro Morais, dass Angola bei der Ausbeutung seiner Rohstoffreserven keine Hilfe von internationalen Konzernen benötige.

Ganz anders ist die Mentalität der Bewohner Nigerias. Die unruhige Vergangenheit des Landes – mehrere Republiken und Militärdiktaturen wechselten einander ab, und mehrere Regierungswechsel kamen durch blutige Putsche zustande – hatte dazu geführt, dass Nigerianer von ihrem Staat wenig erwarteten und ihr Schicksal bevorzugt selbst in die Hand nahmen. Im Nigeria von heute ist das deutlich zu sehen. Unternehmerisches Denken und Handeln ist stark ausgeprägt. Dabei ist vielen Nigerianern jedes Mittel recht, um an ihr Ziel zu gelangen; bei der Wahl der Methoden ist man nicht zimperlich. Selbst strenggläubige Christen und Moslems scheuen vor kriminellen Handlungen nicht zurück, wenn es um existentielle Lebenssituationen geht. Gerade unter den armen Bevölkerungsteilen bieten Diebstahl und Betrug manchmal die allerletzte praktische Möglichkeit, sich und seine Familie vor dem Hungertod zu bewahren.

Seit vielen Jahren ist die „*Nigeria Connection*" weltweit bekannt und berüchtigt. Banden von zumeist nigerianischen Staatsangehörigen versuchen, durch breit gestreute E-Mail- oder Faxnachrichten ihren Opfern glaubhaft zu machen, ein großes Vermögen verdienen zu können; vorher müssten jedoch finanzielle Vorleistungen für Transaktionskosten erbracht werden. Der Zweck dieses Vorschussbetrugs ist klar: Das Vermögen existiert nicht, und die Vorleistungen sind unwiederbringlich verloren. Durch diese Betrügereien hat der Ruf Nigerias in der deutschen Öffentlichkeit leider stark gelitten. Man kann und sollte solche Verbrechen, die von einigen Banden verübt werden, allerdings auf keinen Fall auf ein ganzes Land übertragen.

Die Chancen und Risiken für Arbeitgeber in Nigeria sind klar erkennbar: Die Mentalität der Nigerianer ist dazu geeignet, dass sie sich erfolgreich auf eigenverantwortliche Weise betätigen. An Kreativität und Erfindungsreichtum mangelt es nicht. Auf der anderen Seite ist Kontrolle über jeden einzelnen Vorgang, der in irgendeiner Weise mit Geld zu tun hat, unverzichtbar.

Wenn Sie die Mentalität, den *Mindset* der Einheimischen, genau beachten und entsprechende Vorkehrungen treffen, können Sie in Afrika gute Geschäfte machen – auch in schwierigen Märkten wie Angola und Nigeria.

In den arabischen Staaten Nordafrikas gelten wiederum andere Regeln. Das bekannte Feilschen ist ein uraltes Ritual, das nicht nur auf dem Basar beim Kauf eines Teppichs ausgeführt wird. Auch wenn es um den Abschluss größerer geschäftlicher Projekte geht, sollte man als westlicher Manager mit den örtlichen Spielregeln vertraut sein; andernfalls riskiert man, über den Tisch gezogen zu werden.

Zwei arabische Sprichwörter verdeutlichen, was man als Investor und Unternehmer von Arabern als Geschäftspartnern erwarten kann und was nicht. Vor allem sollte man sich bewusst sein, wie man als westlicher Geschäftspartner von Einheimischen wahrgenommen wird.

- Ein Narr ist für sechs Dinge bekannt: Wut ohne Grund; Rede ohne Profit; Veränderung ohne Fortschritt; Fragen ohne Ziel; einem Fremden Vertrauen schenken; und Gegner für Freunde zu halten.
- Eine Armee von Schafen, die von einem Löwen angeführt wird, kann eine Armee von Löwen schlagen, die von einem Schaf angeführt wird.

Eine Demonstration der eigenen Stärke beeindruckt Menschen aus dem arabischen Kulturkreis und wird westlichen Geschäftsleuten Anerkennung einbringen. Wer hingegen zu schnell nachgibt, wird als Schwächling verachtet. Für mitteleuropäische Manager ergeben sich daraus häufig Zielkonflikte, denn die Verhandlung aus einer Position der Stärke heraus erfordert oft einen Zeitrahmen, der erheblich länger sein kann als man ursprünglich eingeplant hatte. Man muss sich dann entscheiden zwischen einem schnellen, aber schlechten Deal und einem besseren Vertragsabschluss, der allerdings einen längeren Atem erfordert.

Dieser letzte Punkt gilt übrigens ebenso für Schwarzafrika: Wer etwas erreichen will, muss viel Zeit und Stehvermögen mitbringen, manchmal sogar sehr viel.

Kapitel 8

Die interessantesten Investment-Länder und -Regionen

In diesem Kapitel bekommen Sie eine Übersicht über die interessantesten Länder Afrikas, in die es sich zu investieren lohnt. Da der Rahmen dieses Buches bei weitem gesprengt würde, wenn alle 54 Länder besprochen würden, musste eine Auswahl getroffen werden. Dabei spielten folgende Kriterien eine Rolle:

1. Existenz und Mindestgröße eines Kapitalmarktes
2. Länder, bei der die Einrichtung einer Wertpapierbörse bevorsteht
3. rohstoffreiche Länder

Als erstes Land wird – aufgrund seiner überragenden wirtschaftlichen Bedeutung für den ganzen Kontinent und der Größe seines Kapitalmarktes – die Republik Südafrika vorgestellt.

Die Reihenfolge der übrigen Länder erfolgt bei den Regionen nach geografischen Gesichtspunkten (von Nord nach Süd und von West nach Ost) und innerhalb der Regionen nach der relativen Bedeutung der Kapitalmärkte.

Dieser Systematik entsprechend werden der Reihe nach die wichtigsten Länder der folgenden Regionen besprochen:

- Südafrika
- Nordafrika: Ägypten, Marokko, Tunesien und Sudan
- Westafrika: Nigeria, Ghana und Côte d'Ivoire
- Ostafrika: Kenia, Uganda und Tansania
- Zentralafrika: Demokratische Republik Kongo
- Südliches Afrika: Botswana, Mauritius, Sambia, Simbabwe, Namibia, Mosambik und Angola

Die einzelnen Länderkapitel sind folgendermaßen aufgebaut:

- Kurzbeschreibung und Basisdaten
- Wirtschaftsentwicklung
- Wachstumsbranchen
- Währung
- Börse
- wichtige Aktiengesellschaften
- besondere Themen

Zum Schluss werden noch kurz die Börsenplätze geringerer Bedeutung angesprochen: Algerien, Kamerun, Kapverdische Inseln, Malawi und Swasiland.

8.1 Südafrika

8.1.1 Kurzprofil

Die Republik Südafrika ist das südlichste Land auf dem Kontinent. Seine Nachbarländer sind im Norden Namibia, Botswana und Simbabwe und im Osten Mosambik und Swasiland. Das kleine Land Lesotho bildet eine Enklave.

Die Grundlagen der Politik der Rassentrennung reichen fast 100 Jahre zurück. Bereits in der 1910 gegründeten Südafrikanischen Union wurden Regelungen zur Diskriminierung von Farbigen und Schwarzen eingeführt. Ab 1948 wurden sie als Apartheid-Politik institutionalisiert.

Das Apartheidsystem wurde 1994 beendet, nachdem Nelson Mandela zum Staatspräsidenten gewählt und eine nichtrassistische Übergangsverfassung verabschiedet worden war.

Südafrika ist unglaublich reich an Bodenschätzen. Die weltgrößten Reserven an Platin, Gold und Chrom lagern unter südafrikanischem Boden. Im Hinblick auf fossile Rohstoffe verfügt das Land über die größten Steinkohlevorkommen auf dem afrikanischen Kontinent (siehe Kapitel 2.2.2). Die starke industrielle Prägung trifft allerdings in vollem Umfang nur auf die Siedlungs- und Wirtschaftsgebiete der weißen Bevölkerung zu, während die ehemaligen *Homelands* der schwarzen Bevölkerung stark landwirtschaftlich geprägt und von hoher Arbeitslosigkeit betroffen sind.

Wirtschaftlich war Südafrika aufgrund des großen internationalen Widerstands gegen die Apartheidpolitik und des Handelsembargos weitgehend auf sich allein gestellt. Fast alles, was benötigt wurde, musste selbst hergestellt werden – inklusive des Benzins durch Verflüssigung der reichlich vorhandenen Kohle. Hohe Zollschranken schützten südafrikanische Unternehmen vor Konkurrenten aus dem Ausland. Auf der anderen Seite gab es strikte Kapitalverkehrskontrollen, weswegen die einheimischen Firmen kaum ins Ausland expandieren konnten.

Nach dem Ende der Isolation wurde Südafrika sukzessive in die globalisierte Weltwirtschaft eingegliedert. Die südafrikanischen Konzerne expandierten mit großem Tempo ins Ausland. Mehrere fast ganz auf Südafrika fokussierte Konzerne wie die Minengesellschaft Anglo American und der Brauereikonzern SAB Miller entwickelten sich in nur zehn Jahren zu Weltunternehmen. Viele Konzerne haben sogar ihren Hauptfirmensitz nach London verlagert, um engere Kontakte zu internationalen Investoren pflegen zu können und wegen eines besseren Zugangs zu Krediten mit günstigeren Konditionen als am heimischen Kap.

Tabelle 8-1: Basisdaten von Südafrika

Merkmal		**Wert**
Fläche (km²)		1.219.912
Einwohnerzahl	Juli 2007	43.997.828
Medianalter	2007	24,3
Bevölkerungswachstum	2007	–0,46 %
Lebenserwartung bei Geburt (Jahre)	2007	42,45
Fruchtbarkeitsrate (Kinder pro Frau)	2007	2,16
HIV/AIDS-Infektionsrate (Erwachsene)	2003	21,50 %
Handynutzer (in Millionen)	2005	33,96
Handynutzer (Anteil an Gesamtbevölkerung)		77,2 %
Internetnutzer (in Millionen)	2005	5,1
Internetnutzer (Anteil an Gesamtbevölkerung)		11,6 %
Analphabetenrate (15 Jahre und älter)	2005	13,6 %
Religionen	Zionistische Christen	11,1 %
	Charismatische und Pfingstkirchen	8,2 %
	Katholiken	7,1 %
	Methodisten	6,8 %
	Reformierte	6,7 %
	Anglikaner	3,8 %

Merkmal		Wert
Religionen	andere Christen	36,0 %
	Muslime	1,5 %
	Sonstige	3,7 %
	Keine	15,1 %
Amtssprachen	Englisch, Afrikaans; Zulu, Xhosa, Tswana, Nordsotho, Südsotho, Tsonga, Swasi, Ndebele, Venda	
Geschäftssprachen	Englisch, Afrikaans	
Staatsform	Präsidialrepublik mit förderalen Elementen	
Hauptstadt	Tshwane/Pretoria	
Staatsoberhaupt	Präsident Thabo Mbeki	
Regierungschef	Präsident Thabo Mbeki	
Währung	Rand	

Quelle: CIA World Factbook, www.cia.gov

8.1.2 Wirtschaftsentwicklung

Südafrika ist als einer der bedeutendsten Förderer von Gold, Diamanten, Kohle, Platin, Chrom, Titan und Eisenerz einer der größten Rohstofflieferanten der Welt. Darüber hinaus besitzt das Schwellenland ein gut entwickeltes Finanz- und Rechtssystem sowie ein gut ausgebautes Infrastrukturnetz. Die Wirtschaft ist breit diversifiziert, wozu die lange wirtschaftliche Isolation während des Apartheid-Regimes maßgeblich beigetragen hat.

Seit mittlerweile acht Jahren wächst die südafrikanische Wirtschaft im bisher längsten Konjunkturaufschwung in der Geschichte des Landes. 2007 und 2008 wird mit einer Zunahme des Bruttoinlandsprodukts von jeweils 5 Prozent gerechnet. Die hohe Arbeitslosigkeit, die inoffiziell bei 40 Prozent liegt, ist eine der großen Herausforderungen; um sie nachhaltig zu senken, müsste das Wirtschaftswachstum über 6 Prozent liegen. Hierfür sind allerdings massive private Investitionen nötig. Bis 2010, wenn Südafrika Gastgeber der Fußballweltmeisterschaft sein wird, sollte dies aber durchaus möglich sein.

Die fundamentalen Rahmendaten sind insgesamt positiv. Nach vielen defizitären Jahren ist der Staatshaushalt ausgeglichen. Die Staatsverschuldung ist mit knapp 33 Prozent des Bruttoinlandsprodukts moderat. Die Inflationsrate ist allerdings mit über 5 Prozent immer noch zu hoch.

Tabelle 8-2: Wirtschafts- und Finanzdaten von Südafrika

Gegenstand	Bemerkung	Wert
Bruttoinlandsprodukt (BIP) in Mrd. US-Dollar[a]	2006 (Schätzung)	201,4
BIP pro Einwohner (US-Dollar)[a]	nach Kaufkraftparität	13.300
Wirtschaftssektoren (2006)[a]	Landwirtschaft	2,6 %
	Industrie	30,3 %
	Dienstleistungen	67,1 %
BIP – reale Wachstumsrate[b]	2006 (Schätzung)	5,0 %
	2007 (Schätzung)	5,0 %
	2008 (Prognose)	5,0 %
Arbeitslosenrate[b]	2006 (Schätzung)	25,6 %
Inflationsrate[b]	2006 (Schätzung)	4,6 %
	2007 (Schätzung)	5,5 %
	2008 (Prognose)	5,0 %
Staatsverschuldung (Prozent vom BIP)[b]	2006 (Schätzung)	32,9 %
Haushalt (Prozent vom BIP)[b]	2006 (Schätzung)	0,1 %
Länderbonitätsindex (gem. Institutional Investor)[c]	März 2007	65,4
Länderbonitätsindex (Veränderung 1 Jahr)[c]	03/2007 vs. 03/2006	2,1
TI Korruptionswahrnehmungsindex (Skala 0 bis 10)[d]	2006	4,6
Währungsreserven incl. Gold (Mrd. US-Dollar)[a]	2006 (Schätzung)	23,74
Auslandsschulden (Mrd. US-Dollar)[a]	30.6.2006 (Schätzung)	55,5
Empfangene Entwicklungshilfe (Mrd. US-Dollar)[a]	2000	0,487

Quellen: [a]) CIA World Factbook, www.cia.gov; [b]) Bundesagentur für Außenwirtschaft, www.bfai.de; [c])Institutional Investor, www.institutionalinvestor.com; [d]) Transparency International, www.transparency.de

Wachstumsbranchen (Auswahl)[1]:

- Bauwirtschaft
- Energie
- Transport
- Automobil
- Telekommunikation
- Konsumgüter

8.1.3 Die Börsen in Südafrika

Die *Johannesburg Stock Exchange* (JSE; oft auch als *Johannesburg Securities Exchange* bezeichnet) ist die mit Abstand größte und bedeutendste Börse des afrikanischen Kontinents. Sie liegt in der größten Stadt (3,2 Millionen Einwohner) und in der größten Metropolregion (knapp 8 Millionen Einwohner) Südafrikas.

Mit einer Marktkapitalisierung von 600 Milliarden US-Dollar bündelt die Börse von Johannesburg fast 95 Prozent der Marktkapitalisierung der Börsen südlich der Sahara; bezogen auf Afrika insgesamt liegt der Prozentsatz bei 69 Prozent.

Auch hinsichtlich der Breite und Tiefe des Marktes, der Vielschichtigkeit der gehandelten Instrumente und der Liquidität führt der südafrikanische Markt mit weitem Abstand vor allen anderen afrikanischen Börsen.

Zur JSE gehören folgende Marktsegmente:

- der Hauptmarkt *(Mainboard;* JSE im engeren Sinne*)*, gegründet 1887
- der Markt für kleine und mittlere Unternehmen *(Alternative Exchange; AltX)*, gegründet 2003
- der Anleihemarkt *(Bond Exchange of South Africa; BESA)*, gegründet 1989

[1] Quelle: Bundesagentur für Außenwirtschaft, www.bfai.de

- die Terminbörse *(South African Futures Exchange; SAFEX)*, gegründet 1995, darunter eine eigenständige Abteilung für landwirtschaftliche Produkte
- der Bereich *Yield-X* für den Handel von Anleihen und Zinsderivaten

Aktienindizes

Die Börse in Johannesburg berechnet einen Gesamtindex (FTSE/JSE *All Share Index*), der ca. 530 Aktientitel abbildet, und eine Vielzahl von Branchenindizes und -subindizes.

Die bekanntesten Branchenindizes sind der FTSE/JSE Industrial Index, der ca. 400 Industriewerte umfasst, und der FTSE/JSE Goldminen-Index.

Der Industrieindex hat sich in den letzten Jahren sehr gut entwickelt:

Abbildung 8-1: Kursentwicklung des FTSE/JSE Industrial Index

Quelle: http://ftse.jse.co.za/docs/dividend_plus/FTSE_JSE_Dividend_Plus_Factsheet.pdf; eigene Darstellung

[2] FTSE steht für (1) den *Financial Times Stock Exchange Index*, der die 100 wichtigsten an der Londoner Börse notierten Aktien beinhaltet, und (2) für die *FTSE Group*, ein Joint Venture der *Financial Times* mit der *London Stock Exchange*.

Die komplexe FTSE/JSE-Africa-Index-Familie[2] ist wie folgt strukturiert:

FTSE/JSE Africa Index Series

- FTSE/JSE All-Share Index[a),b)]:
  Indizes nach Marktkapitalisierung:
  FTSE/JSE Top 40 Index[a)]
  FTSE/JSE Top 40 Index
  FTSE/JSE Mid Cap Index
  FTSE/JSE Small Cap Index
  FTSE/JSE Value Index
  FTSE/JSE Growth Index

- FTSE/JSE Fledgling Index[c)]

- FTSE/JSE All-Share Industry Index[b)]:
  FTSE/JSE Sector Indices (insgesamt 31)
  FTSE/JSE Resources 20 Index
  FTSE/JSE Industrials 25 Index
  FTSE/JSE Financial 15 Index
  FTSE/JSE Financial & Industrial 30 Index
  FTSE/JSE Sub-Sector Indices (insgesamt 108); darunter:
  FTSE/JSE Gold Mining Index

- FTSE/JSE Secondary Market Indices[b)]:
  Alternative Exchange Market (AltX)
  FTSE/JSE Development Capital Market
  FTSE/JSE Venture Capital Market

- FTSE/JSE Specialist Indices[b)]:
  FTSE/JSE Financial & Industrials Index
  FTSE/JSE Capped Property Index
  FTSE/JSE Property Unit Trust Index
  FTSE/JSE Property Loan Stock Index
  FTSE/JSE Industrials Index
  FTSE/JSE SA Resources Index
  FTSE/JSE SA Listed Property Index
  FTSE/JSE Dividend+ Index

Erläuterungen: Die über Derivate handelbaren Indizes sind unterstrichen.
a) Diesen Index gibt es auch in der gekappten Version (s. u.)
b) Diesen Index gibt es auch in der nach Aktionären gewichteten Version (s. u.)
c) Der Fledgling-Index beinhaltet diejenigen Aktien, die zusammen nur 1 Prozent der Gesamtmarktkapitalisierung ausmachen und nicht im All-Share Index enthalten sind.

Ein großes Problem bilden die hohen Marktkapitalisierungen einiger weniger Aktiengesellschaften und die dadurch hervorgerufenen Verzerrungen in den Aktienindizes. 2003 wurden deshalb weitere Indizes eingeführt: die gekappten Indizes *(Capped Indices; Capi)* und die nach Aktionären gewichteten Indizes *(Shareholder Weighted Indices; Swix)*; beide Versionen gibt es als Gesamtindex *(All Share)* und als Top-40-Version.

Bei den gekappten Indizes gilt für jede im Index enthaltene Aktie eine Maximalgewichtung von 10 Prozent. Die *Shareholder Weighted Indices* verwenden Angaben aus dem Aktionärsregister, um die Gewichtungen – zusätzlich zu den bereits vorgenommenen Adjustierungen um Mehrfachnotierungen und strategische Beteiligungen – um im ausländischen Besitz befindliche Aktien zu reduzieren.

Seit 2004 gibt es auch einen JSE Social Responsibility Index.

Der Handel an der JSE erfolgt vollautomatisch, wobei die Handelsplattform der London Stock Exchange genutzt wird.

Internationale Notierungen südafrikanischer Aktien

Viele der an der JSE gelisteten Aktien werden auch an anderen Börsenplätzen in- und außerhalb Afrikas notiert. Eine Übersicht über diese *Dual Listings* gibt die folgende Tabelle.

Tabelle 8-3: Südafrikanische Aktiengesellschaften mit Erst- und Zweitnotierungen an anderen Börsenplätzen

Unternehmen	Symbol	Johannesburg SE	Namibian SE	Botswana SE	Zimbabwe SE	Malawi SE	Nigerian SE	Ghana SE	London SE	NASDAQ	New York SE	Toronto SE	Australian SE	Schweizer Börse	Frankfurter Börse	Börse Berlin-Bremen	Luxemburger Börse	Euronext Brüssel	Euronext Paris	Port Moresby SE
African Oxygen Limited	AFX	1	2																	
African Rainbow Minerals	ARIM	1							2											
Anglo American	ANAAL	2	2	2					1	2				2						

Unternehmen	Symbol	Johannesburg SE	Namibian SE	Botswana SE	Zimbabwe SE	Malawi SE	Nigerian SE	Ghana SE	London SE	NASDAQ	New York SE	Toronto SE	Australian SE	Schweizer Börse	Frankfurter Börse	Börse Berlin-Bremen	Luxemburger Börse	Euronext Brüssel	Euronext Paris	Port Moresby SE
Anglo Platinum	ANANP	1							2											
Anglogold Ashanti	ANANO	1						2	2		2		2					2	2	
Anooraq Resources Corporation	ARQ	2										1								
Aquarius Platinum	AQP	2							2				1							
Barloworld	BAW	1	2						2											
BHP Billiton	BIBLT	2							1				2							
BICC CAFCA	BIC	2			1															
Bonatla Property Holdings	BNT	1															2			
Brait	BRAIT	2							2								1			
Conafex Holdings	CNX	2															1			
Dimension Data Holdings	DIDDT	2							1											
DRD Gold	DRDD	1							2	2			2					2	2	2
Eastern Platinum	EPS	2										1								
Ellerine Holdings	ELH	1	2	2																
First Uranium	FIU	2										1								
First Rand	FSR	1	2																	
Gold Fields	GOGOF	1							2		2	2		2				2	2	
Great Basin Gold	GBG	2										1								
GVM Metals	GVGVM	2											1							
Halogen Holdings	HAL	2			2												1			
Harmony Gold Mining	HAPS	1							2		2					2		2	2	
Highveld Steel and Vanadium	HVL	1								2					2					
Hwange Colliery	HWHWA	2			1					2										
Impala Platinum	IMPO	1							2											
Investec Mtd	INL	1	2	2																

Unternehmen	Symbol	Johannesburg SE	Namibian SE	Botswana SE	Zimbabwe SE	Malawi SE	Nigerian SE	Ghana SE	London SE	NASDAQ	New York SE	Toronto SE	Australian SE	Schweizer Börse	Frankfurter Börse	Börse Berlin-Bremen	Luxemburger Börse	Euronext Brüssel	Euronext Paris	Port Moresby SE
Investec plc	INP	2							1											
IPSA Group	IPSA	2							1											
Jubilee Platinum	JUJLP	2							1											
Liberty International	LILII	2							1											
London Finance and Invest. Group	LOJM	2							1											
Lonmin	LOLMI	2							1											
Lonrho	LOLAF	2							1											
Marschall Monteagle Holdings	MTE	2															1			
Metorex	MEMTX	1							2											
Metropolitan Holdings	MET	1	2																	
Mondi	MNP	2							1											
Mutual & Federal Insurance	MAF	1	2																	
Nedbank Group	NED	1	2																	
Nictus Beperk	NCS	1	2																	
Oando	UNTP	2					1													
Oceana Group	OCE	1	2																	
Old Mutual	OLOML	2	2		2	2			1											
Pan African Resources	PAN	2							1											
Randgold & Exploration	RNG	1								2										
SAB Miller	SOSAB	2							1											
Sanlam	SLM	1	2																	
Santam	SNT	1	2																	
Sappi	SAVVI	1							2		2									
Sasol	SOL	1									2									

Unternehmen	Symbol	Johannesburg SE	Namibian SE	Botswana SE	Zimbabwe SE	Malawi SE	Nigerian SE	Ghana SE	London SE	NASDAQ	New York SE	Toronto SE	Australian SE	Schweizer Börse	Frankfurter Börse	Börse Berlin-Bremen	Luxemburger Börse	Euronext Brüssel	Euronext Paris	Port Moresby SE
Shoprite Holdings	SHP	1	2																	
Standard Bank Group	SBK	1	2																	
Stilfontein Gold Mining	STRYE	1							2										2	
Tawana Resources	TAW	2											1							
TEAL Exploration and Mining	TEL	2										1								
Telkom	TKG	1									2									
Tongaat Hulett	THGL	1							2											
Trans Hex Group	TSX	1	2																	
Truworths International	TRU	1	2																	
Uranium One	UUU	2										1								
Wollworths Holdings	WOWOW																			
Zambia Copper Investments	ZAKK	1							2											

1 = Heimatbörse; 2 = Zweitnotierung(en)
Quelle: Johannesburg Stock Exchange, www.jse.co.za; eigene Darstellung

Südafrikanische Aktien sind mit einem durchschnittlichen Kurs-Gewinn-Verhältnis von etwas mehr als 13 und einer durchschnittlichen Dividendenrendite von 2,6 Prozent vergleichsweise vernünftig bewertet.

Inzwischen werden an der JSE auch Futures auf rund 250 Einzelaktien (*Single Stock Futures*, SSF) gehandelt sowie Optionen auf diese Futures. Die *Johannesburg Stock Exchange* ist der weltgrößte Markt für Terminkontrakte auf Einzelaktien.

Im Jahr 1995 wurde die *South African Futures Exchange* (SAFEX) gegründet, die 2001 in die Johannesburg Stock Exchange eingegliedert wurde. In der *SAFEX Agricultural Markets Division* (AMD) werden Derivate auf landwirtschaftliche Produkte gehandelt. Der liquideste Kontrakt ist Mais (*white maize*), gefolgt von gelbem Mais (*yellow maize*), Sonnenblumensamen, Weizen und Sojabohnen.

Rentenmarkt und Zinsderivate

Im Bereich Yield-X der JSE werden u. a. folgende Instrumente gehandelt:

- j-Bonds: Spot- und Forward-Anleihen
- j-Rands: Devisenterminkontrakte
- j-Futures: Terminkontrakte auf Anleihen
- j-FRA: Forward Rate Agreements
- j-Govi: Optionen und Futures auf den Total Return Government Bond Index
- j-Options: Optionen auf Terminkontrakte

Die Zinsstrukturkurve der auf Rand lautenden Anleihen ist deutlich invers ausgeprägt:

Abbildung 8-2: Zinsstrukturkurve von Rand-Anleihen

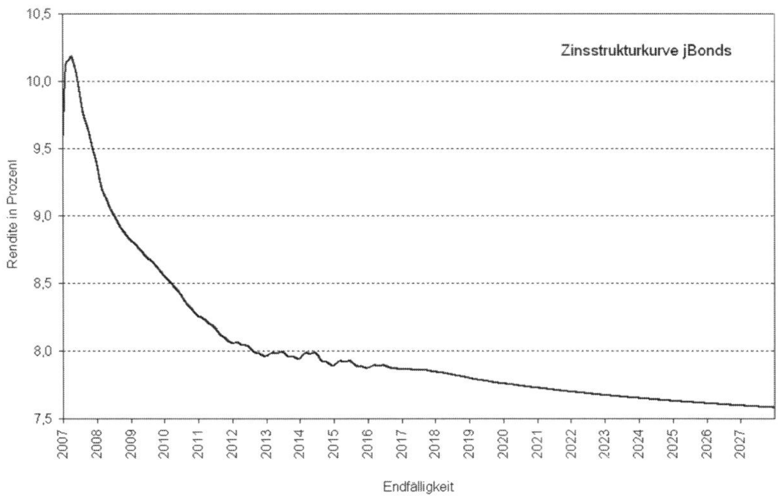

Datenquelle: Johannesburg Stock Exchange, www.yieldx.co.za; Grafik: Trans Africa Invest

Minengesellschaften

Die Minenindustrie ist die wichtigste Branche im Land, vor allem für Portfolioinvestoren. Die folgende Auflistung zeigt die wichtigsten südafrikanischen Minengesellschaften. Dabei werden die „Africa Plays", also diejenigen Unternehmen, die auch in anderen Ländern Afrikas aktiv sind und bereits in Kapitel 6.1.2 vorgestellt wurden, nicht erneut aufgeführt.

- **Gold Fields Limited** ist der größte Goldkonzern Südafrikas mit Ressourcen von über 180 Millionen Unzen und einer jährlichen Förderung von über 4 Millionen Unzen. Die Förderkosten sind ziemlich hoch, weil ein Großteil des Goldes aus sehr tiefliegenden und damit kostspieligen Erzadern gewonnen wird.
- **Harmony Gold Mining** ist der fünftgrößte Goldproduzent der Welt und neben Südafrika auch in Australien und Papua-Neuguinea tätig. Pro Jahr fördert Harmony über 2 Millionen Unzen und verfügt derzeit über Ressourcen von mehr als 500 Millionen Unzen.
- **Anglo Platinum** ist der weltgrößte Förderer von Platin mit einem Weltmarktanteil von ungefähr 38 Prozent. Das Unternehmen ist überwiegend im Bushveld-Komplex nördlich von Johannesburg tätig, in dem ein Großteil aller Platinvorräte der Welt liegt. Neben Platin gewinnt Anglo Platinum noch das teure Edelmetall Rhodium sowie u. a. Palladium, Gold, Kupfer und Nickel. Jenseits von Südafrika ist Anglo Platinum außerdem in Kanada, Russland, Brasilien und China tätig.
- **Impala Platinum Holdings** fördert Platin und andere Metalle der Platingruppe. Die Förderung erfolgt u. a. im riesigen Bushveld-Komplex in Südafrika sowie – über die Mehrheitsbeteiligung Zimplats – in Simbabwe.
- **Merafe Resources** hat sich auf die Produktion von Ferrochrom für die Stahlindustrie spezialisiert. Zusammen mit Xstrata South Africa wird Erz überwiegend im Nordosten von Südafrika abgebaut und weiterverarbeitet.
- Die **Metorex Gruppe** verfügt über fünf größtenteils eigenständige Minen-Unternehmen in Südafrika. Neben Gold und Kupfer wird auch Fluorit, Kobalt und Antimon gefördert.

Die Kursentwicklung der südafrikanischen Goldminen lässt sich gut am FTSE/JSE Gold Index nachvollziehen:

Abbildung 8-3: Kursentwicklung des JSE Gold Index

Der FTSE/JSE-Goldminen-Index wird hauptsächlich von den Aktien von Gold Fields (Gewichtung: 42 Prozent), AngloGold Ashanti (32 Prozent) und Harmony Gold Mining (23 Prozent) bestimmt. Alle in Südafrika tätigen Minengesellschaften sind stark von der Währungsentwicklung abhängig. Da alle Kosten in Rand anfallen, die Umsätze aber überwiegend in US-Dollar getätigt werden, ist ein Anstieg des Rand gegen den Dollar einer der hauptsächlichen negativen Einflussfaktoren auf die Aktienkurse. Hinzu kommt die schlechte Sicherheitslage in vielen Minen – die Abbaugebiete im Untertagebau Südafrikas sind die tiefsten und gefährlichsten der Welt – sowie die Anfälligkeit für Streiks.

Bei obigem Chart fällt ein deutlicher Abwärtstrend in den Jahren 2002 bis 2005 auf. Diese zyklische Baisse fällt mit einer Befestigung des Rand gegenüber dem US-Dollar zusammen (vgl. hierzu Abbildung 6–9).

8.1.4 Black Economic Empowerment (BEE)

Während der Apartheidpolitik vor 1994 waren alle Schwarzen, Inder und Farbigen von jeder sinnvollen Teilnahme am Wirtschaftsleben Südafrikas systematisch ausgeschlossen. Die Folgen der Apartheidpolitik sind bekannt: große Armut und viel Leid unter der schwarzen Bevölkerung, eine weitestgehende politische Isolierung des Apartheidregimes und ein allgemeines Embargo für Importe aus westlichen Ländern (inklusive Erdöl).

Seit den ersten demokratischen Wahlen im Jahr 1994, aus denen Nelson Mandela als erster schwarzer Präsident als Sieger hervorging, verfolgt die südafrikanische Regierung eine Politik zur gezielten Förderung schwarzer Geschäftsgründungen. Dabei ist *Black Economic Empowerment* (BEE) nicht nur eine moralisch motivierte Initiative, um die Fehler der Vergangenheit wiedergutzumachen, sondern auch eine pragmatische Wachstumsstrategie, die darauf abzielt, das volle wirtschaftliche Potenzial des Landes unter Einbeziehung aller Menschen und Gruppen zu erschließen. Das schwarze Wirtschaftsförderungsprogramm ist keine positive Diskriminierung, auch wenn Gleichberechtigung auf dem Arbeitsmarkt ein Bestandteil davon ist. Es hat auch nicht die bloße Umverteilung bestehender Vermögenswerte zum Ziel.

Die gesetzliche Grundlage ist der 2004 in Kraft getretene *Broad Based Black Economic Empowerment Act.* Die Einhaltung des Gesetzes wird von Aufsichtsbehörden streng überwacht. Ein integraler Bestandteil des *BEE Act of 2004* ist die Wertungsliste, die Firmen nach ihrem Empowerment-Fortschritt auf vier verschiedenen Gebieten beurteilt:

- direkte Förderung durch Besitz und Kontrolle von Betrieben und Vermögenswerten
- professionelles Management
- Erschließung des Humankapitals und Gleichberechtigung am Arbeitsmarkt
- indirekte Förderung durch:
  Bevorzugung bei der Auftragsvergabe
  Betriebsentwicklung
  soziale Investitionen des Unternehmens – eine bleibende und unbefristete Kategorie

Diese Wertungsliste wird durch die neulich veröffentlichten *BEE Codes of Good Practice* festgelegt und vervollkommnet. Diese Codes sind bindend für alle staatlichen Organe und Gesellschaften. Sie sind zwingend anzuwenden, wenn wirtschaftliche Entscheidungen in Bezug auf die folgenden Themen getroffen werden:

- Auftragsvergabe
- Lizenzen und Konzessionen

- öffentlich-private Teilhaberschaft
- Verkauf von im staatlichen Besitz befindlichen Vermögenswerten oder Unternehmen

Private Gesellschaften müssen sich an die Vorgaben halten, wenn sie mit staatlichen Unternehmen oder Staatsorganen Geschäfte tätigen wollen – also wenn sie ein Angebot abgeben, Lizenzen und Konzessionen beantragen, privat-öffentliche Teilhaberschaften eingehen oder staatseigene Vermögenswerte erwerben.

Jeder Unternehmer, der in Südafrika eine Existenz aufbauen oder eine Firma übernehmen will, sollte sich eingehend mit den BEE-Gesetzen auseinandersetzen und prüfen, welche Regelungen auf ihn zutreffen. So ist zum Beispiel die Anzahl der Mitarbeiter von Bedeutung.

8.1.5 Kriminalität

Südafrika hat eine der höchsten Verbrechensraten weltweit. In den letzten zehn Jahren waren hier über 200.000 Morde und über 100.000 Fälle von Totschlag zu verzeichnen. Seit dem Ende der Apartheid 1994 wurden Südafrikas Polizei zufolge mehr als 650.000 Vergewaltigungen angezeigt, wobei die Dunkelziffer Schätzungen zufolge etwa zwanzigfach höher liegen sollte; statistisch muss jede zweite Südafrikanerin damit rechnen, einmal in ihrem Leben vergewaltigt zu werden.

Zuletzt hat sich die Gewaltkriminalität zwar deutlich reduziert, doch ist das Niveau der Kriminalität immer noch so hoch, dass die Grundstücke wohlhabender Südafrikaner größtenteils eingemauert, zusätzlich mit Stacheldraht oder Strom führenden Leitungen gesichert sind und außerdem von Sicherheitsdiensten rund um die Uhr bewacht werden. Nach Einbruch der Dunkelheit sollte man in den Innenstädten von Johannesburg und Pretoria möglichst nicht zu Fuß unterwegs sein.

Die Bekämpfung der Kriminalität ist eine der größten Herausforderungen Südafrikas.

8.2 Ägypten

8.2.1 Kurzprofil

Ägypten gehört zu den ältesten Hochzivilisationen der Welt. Bereits um 3200 v. Chr. wurde das erste vereinigte Königreich geschaffen. Über die nächsten dreitausend Jahre regierten verschiedene Dynastien über Ägypten, bevor das Reich 341 v. Chr. an die Perser fiel. Danach wurde es von den Griechen, Römern und Byzantinern beherrscht. Im 7. Jahrhundert n. Chr. wanderten die Araber ein, brachten die neue Glaubensrichtung des Islam nach Ägypten und führten die arabische Sprache ein. Um 1250 übernahm die militärische Kaste der Mamelucken die Macht und regierte das Land bis 1517, als die Türken das Osmanische Reich nach Nordafrika ausdehnten.

1869 wurde das Jahrhundertbauwerk des Suezkanals vollendet und ermöglichte dem Schiffsverkehr zwischen Asien und Europa eine enorme Abkürzung; fortan mussten die Schiffe nicht mehr den kompletten afrikanischen Kontinent umfahren, sondern gelangten vom Roten Meer über den neuen Kanal direkt in das Mittelmeer. In der Folge entwickelte sich Ägypten zu einer weltweit bedeutenden Transportdrehscheibe. Wegen der strategischen Bedeutung des Suezkanals wollten die Briten die lokale Regierung kontrollieren und erklärten Ägypten 1882 zum Protektorat, doch die nominelle Allianz mit dem Osmanischen Reich dauerte bis 1914 an. 1922 wurde Ägypten teilweise unabhängig, und nach dem Zweiten Weltkrieg erreichte das Land die volle Souveränität. Eine Zeitlang hieß das Land „Vereinigte Arabische Republik“; die offizielle Langbezeichnung des heutigen Staates lautet „Arabische Republik von Ägypten“.

Die Vollendung des Assuan-Staudamms im Jahr 1971 führte zur Bildung des Nasser-Stausees und zu einer Regulierung des Nils. Vorher war der Strom periodisch über die Ufer getreten, was für die Fruchtbarkeit des breiten Niltales von großer Bedeutung war. Eine rapide wachsende Bevölkerung, die eng begrenzten landwirtschaftlichen Nutzflächen und die völlige Abhängigkeit des extrem trockenen Landes von dem Wasser des Nils führten zu einer Übernutzung der natürlichen Ressourcen und zu einer zunehmenden Belastung der Gesellschaft.

Abbildung 8-4: Kairo, die Hauptstadt Ägyptens

Foto: Hartmut Sieper
Blick von der Zitadelle auf die Altstadt von Kairo. Mit einer Einwohnerzahl von 7,7 Millionen Einwohnern gehört Kairo neben Lagos und Kinshasa zu den größten Städten Afrikas.

Gewisse politische Risiken bestehen in Bezug auf den angrenzenden Gazastreifen und die Beziehungen zu Israel, der Fatah und der Hamas und in Abhängigkeit davon auch zu den westlichen Staaten, vor allem den USA, wie auch zu den übrigen Ländern der Arabischen Liga. Hinsichtlich seiner Haltung zum Staat Israel gehört Ägypten zu den liberalsten arabischen Staaten.

Tabelle 8-4: Basisdaten von Ägypten

Merkmal		**Wert**
Fläche (km²)		1.001.449
Einwohnerzahl	Juli 2007	80.335.036
Medianalter	Juli 2007	24,6
Bevölkerungswachstum	Juli 2007	1,72 %
Lebenserwartung bei Geburt (Jahre)	2007	71,57
Fruchtbarkeitsrate (Kinder pro Frau)	2007	2,77
HIV/AIDS-Infektionsrate (Erwachsene)	2001	< 0,1 %

Merkmal		Wert
Handynutzer (in Millionen)	2006	18
Handynutzer (Anteil an Gesamtbevölkerung)		22,4 %
Internetnutzer (in Millionen)	2006	6,0
Internetnutzer (Anteil an Gesamtbevölkerung)		7,5 %
Analphabetenrate (15 Jahre und älter)	2005	28,6 %
Religionen	Muslime	90 %
	Kopten	9 %
	andere Christen	1 %
Amtssprache	Arabisch	
Geschäftssprachen	Arabisch, Englisch, Französisch	
Staatsform	Präsidialrepublik	
Hauptstadt	Kairo	
Staatsoberhaupt	Präsident Muhammad Husni Mubarak	
Regierungschef	Ahmad Nazif	
Währung	1 Ägyptisches Pfund = 100 Piaster	

Quelle: CIA World Factbook, www.cia.gov

8.2.2 Wirtschaftsentwicklung

Seit 2004 reformiert die ägyptische Regierung die Wirtschaft mit hohem Tempo und hat massiv in Infrastruktur und Telekommunikation investiert. Ägyptens Wirtschaft entwickelt sich sehr dynamisch. 2006 ist das Bruttoinlandsprodukt um 7 Prozent gewachsen; dieses Wachstumstempo soll in den kommenden Jahren beibehalten werden. Die Arbeitslosigkeit ist im afrikanischen Vergleich sehr niedrig. Das Land wird zunehmend in die Weltwirtschaft integriert. Das Reformtempo, das nach Einschätzung von Weltbank und IWF zu den höchsten der Welt gehört, birgt für geschäftliche Transaktionen allerdings auch Risiken. Die Planungs- und die Rechtssicherheit werden weniger kalkulierbar, und die ohnehin ausufernde Bürokratie wird noch unbeweglicher.

Tabelle 8-5: Wirtschafts- und Finanzdaten von Ägypten

Gegenstand	Bemerkung	Wert
Bruttoinlandsprodukt (BIP) in Mrd. US-Dollar[a)]	2006 (Schätzung)	85,37
BIP pro Einwohner (US-Dollar)[a)]	nach Kaufkraft-parität	4200
Wirtschaftssektoren (2006)[a)]	Landwirtschaft	14,7 %
	Industrie	35,5 %
	Dienstleistungen	49,8 %
BIP – reale Wachstumsrate[b)]	2005/06	6,9 %
	2006/07 (Schätzung)	7,0 %
	2007/08 (Prognose)	6,9 %
Arbeitslosenrate[b)]	2006 (Schätzung)	10,5 %
Inflationsrate[b)]	2005/06	11,6 %
	2006/07 (Schätzung)	12,8 %
	2008 (Prognose)	10,7 %
Staatsverschuldung (Prozent vom BIP)[b)]	2006/07 (Schätzung)	68,0 %
Haushalt (Prozent vom BIP) [b)]	2006/07 (Schätzung)	–8,8 %
Länderbonitätsindex (gem. Institutional Investor) [c)]	März 2007	49,8
Länderbonitätsindex (Veränderung 1 Jahr)[c)]	03/2007 vs. 03/2006	0,3
TI Korruptionswahrnehmungsindex (Skala 0 bis 10)[d)]	2006	3,3
Währungsreserven incl. Gold (Mrd. US-Dollar)[a)]	2006 (Schätzung)	26,3
Auslandsschulden (Mrd. US-Dollar)[a)]	30.6.2006 (Schätzung)	29,6
Empfangene Entwicklungshilfe (Mrd. US-Dollar)[a)]	2002	1,12

Quellen: [a)] CIA World Factbook; [b)] Bundesagentur für Außenwirtschaft; [c)] Institutional Investor; [d)] Transparency International

Die wesentlichen Devisenbringer haben sich 2007 alle positiv entwickelt. Hierzu gehören der Tourismus, die Überweisungen von Gastarbeitern aus dem Ausland, die Gebühren des Suezkanals und die ausländischen Direktinvestitionen.

Abbildung 8-5: Antike Stätten in Ägypten

Foto: Hartmut Sieper
Seit Jahrhunderten sind Reisende aus aller Welt von den geheimnisvollen Pyramiden und den zahlreichen antiken Stätten entlang des Nils zwischen Theben und Luxor fasziniert. Links sind die Pyramiden von Gizeh abgebildet, rechts der Tempel von Karnak.

Zu den Wachstumsbranchen zählen[3]:

- Erdgas/LNG (Export)
- Petrochemie
- Bausektor
- Energie/Kraftwerke (auch alternative Energien, Wind, neu: Atomkraft)
- Umwelt
- Transport (neu: Eisenbahn, Häfen)
- Information/Kommunikation
- Maschinenbau (Absatz/Import)
- Infrastruktur

[3] Quelle: Bundesagentur für Außenwirtschaft, www.bfai.de

- Wasserwirtschaft
- Baustoffe (Stahl, Zement)
- Gesundheit
- Finanzen
- Tourismus

Die Geschäfte deutscher Unternehmen in Ägypten haben bereits stark angezogen, und vieles spricht für eine Fortsetzung dieses freundlichen Trends. Besonders stark profitieren konnte der Maschinenbau: die Lieferungen deutscher Produzenten nach Ägypten wuchsen 2006 um 21,5 Prozent. Ägypten ist ein Schwerpunktland der deutschen Entwicklungszusammenarbeit.

Das ägyptische Pfund hat sich seit 2004 positiv zum US-Dollar entwickelt. (Beachten Sie auf den in diesem Kapitel abgebildeten Devisencharts, dass (a) die Währung in US-Dollar [teilweise auch in Euro] angegeben wird und (b) die y-Achse eine inverse Skalierung aufweist. Steigende Kurse zeigen also eine Stärke der Landeswährung gegenüber der Vergleichswährung an.)

Abbildung 8-6: Kursentwicklung des ägyptischen Pfunds

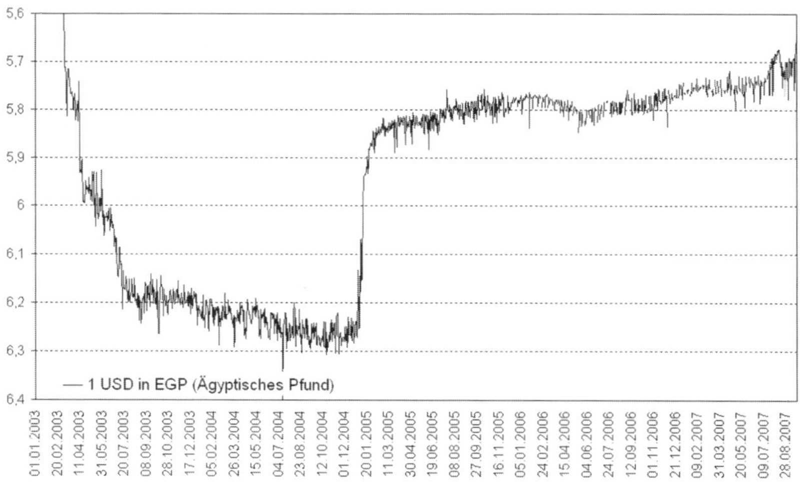

Datenquelle: OANDA, the Currency Site, www.oanda.com; graphische Darstellung: Trans Africa Invest, www.trans-africa-invest.com

8.2.3 Die Börsen in Kairo und Alexandria

Die *Cairo & Alexandria Stock Exchange* ist eine der bedeutendsten Börsen auf dem afrikanischen Kontinent. Dabei verfügt Ägypten über eine lange Börsenhistorie: Die Börse in Alexandria wurde bereits 1883 gegründet, die Börse in Kairo 1903. In den 1950er Jahren rangierten die damals bereits fusionierten Börsen an vierter Stelle in der Welt. 1961 wurde die Börse geschlossen, weil der Staat den privaten Wirtschaftssektor nicht länger duldete. 1997 wurde sie wieder eröffnet.

Nach Südafrika ist der ägyptische Kapitalmarkt der größte Afrikas. Er kommt auf eine Marktkapitalisierung von 93 Milliarden US-Dollar; knapp 1000 Aktien und etwa 90 Anleihen sind an der Börse notiert.

Abbildung 8-7: Die Hafenstadt Alexandria

Foto: Hartmut Sieper
Alexandria ist eine der wichtigsten Hafenstädte an der Mittelmeerküste, ein uralter Handelsplatz und Sitz der ersten Wertpapierbörse Ägyptens

Das wichtigste Marktbarometer ist der CASE 30 Index. Dieser Kursindex beinhaltet die 30 liquidesten bzw. meistgehandelten Unternehmen. Der Index ist marktkapitalisierungsgewichtet, wobei nur die frei gehandelten Anteile des Kapitals *(Free Float)* berücksichtigt werden. Als Mindest-Free-Float werden 15 Prozent vorausgesetzt.

Die Zusammensetzung des ebenfalls viel beachteten Dow Jones CASE Egypt Titans 20 Index wird nach folgenden Kriterien vorgenommen:

- Marktkapitalisierung, wobei nur der Free Float berücksichtigt wird (wie beim CASE 30 Index); 60 Prozent Gewichtung
- Umsatz des Unternehmens; 20 Prozent Gewichtung
- Nettogewinn des Unternehmens; 20 Prozent Gewichtung

Folgende Titel gehörten den beiden Indizes im Juli 2007 an:

Tabelle 8-6: Ägyptische Blue Chips

Unternehmen	Reuters Code	CASE 30	DJ Egypt Titans 20	Marktkapitalisierung (in Millionen US-Dollar)
Alexandria Mineral Oils Company	AMOC.CA	x	x	1102
Alexandria Spinning & Weaving (SPINALEX)	SPIN.CA	x		121
Arab Cotton Ginning	ACGC.CA	x		305
Arab Polvara Spinning & Weaving Co.	APSW.CA	x		41
Commercial International Bank (Egypt)	COMI.CA	x	x	2780
Credit Agricole Egypt	CIEB.CA	x		1704
Eastern Tobacco	EAST.CA		x	1821
Egyptian Company for Mobile Services (MobiNil)	EMOB.CA	x	x	3235
Egyptian Financial Group-Hermes Holding Company	HRHO.CA	x	x	2548
Egyptian for Tourism Resorts	EGTS.CA	x		909
Egyptian Kuwaiti Holding	EKHO.CA		x	237
Egyptian Media Production City	MPRC.CA	x		355
El Ahli Investment and Development	AFDI.CA	x		72

Unternehmen	Reuters Code	CASE 30	DJ Egypt Titans 20	Marktkapitalisierung (in Millionen US-Dollar)
El Ezz Aldekhela Steel – Alexandria	IRAX.CA		x	2511
El Ezz Steel Rebars	ESRS.CA	x	x	816
El Kahera Housing	ELKA.CA	x		36
El Nasr Clothes & Textiles (Kabo)	KABO.CA	x		126
El Watany Bank of Egypt	WATA.CA	x	x	1001
El Swedy Cables	SWDY.CA	x	x	1039
Housing & Development Bank	HDBK.CA	x		551
Medinet Nasr for Housing	MNHD.CA	x		679
National Societe Generale Bank	NSGB.CA	x	x	1781
Nile Cotton Ginning	NCGC.CA	x		38
Olympic Group Financial Investments	OLGR.CA		x	519
Orascom Construction Industries (OCI)	OCIC.CA	x	x	17069
Orascom Hotels And Development	ORHD.CA	x	x	287
Orascom Telecom Holding (OT)	ORTE.CA	x	x	14553
Oriental Weavers	ORWE.CA	x	x	441
Raya Holding For Technology And Communications	RAYA.CA	x		131
Sidi Kerir Petrochemicals	SKPC.CA	x	x	1634
Six of October Development & Investment (SODIC)	OCDI.CA	x	x	514
South Valley Cement	SVCE.CA	x		295
Suez Cement	SUCE.CA		x	1953
Telecom Egypt	ETEL.CA	x	x	5534
United Housing & Development	UNIT.CA	x		55

Quelle: Cairo & Alexandria Stock Exchange, www.egyptse.com; African Financial Markets, www.africanfinancialmarkets.com

Die folgende Abbildung zeigt die Kursentwicklung des CASE 30 Index seit seiner Einführung.

Abbildung 8-8: Kursentwicklung des CASE 30 Index

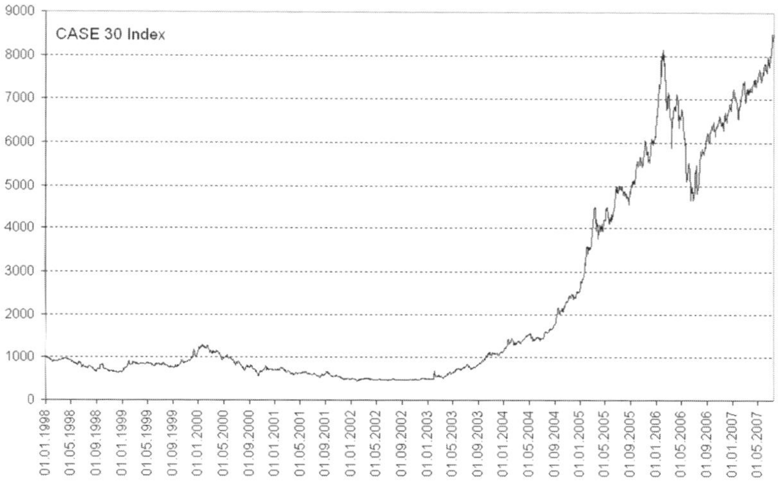

Quelle: Cairo & Alexandria Stock Exchange, www.egyptse.com; eigene Darstellung

Deutlich erkennt man die Hausse, die sich seit 2004 entwickelt hat. Nach einem Einbruch im 1. Halbjahr 2006 ging es zuletzt wieder stark aufwärts.

Lassen Sie sich aber nicht von dem Maßstab täuschen! Das oben abgebildete Chart mit der y-Achse im linearen Maßstab suggeriert eine Trendbeschleunigung und Erhöhung der Volatilität, die so tatsächlich nicht stattgefunden haben. Im logarithmischen Maßstab, wo gleiche vertikale Abstände gleichen prozentualen Kursveränderungen entsprechen, sieht es etwas anders aus:

Abbildung 8-9: Kursentwicklung des CASE 30 Index (logarithmische Skalierung)

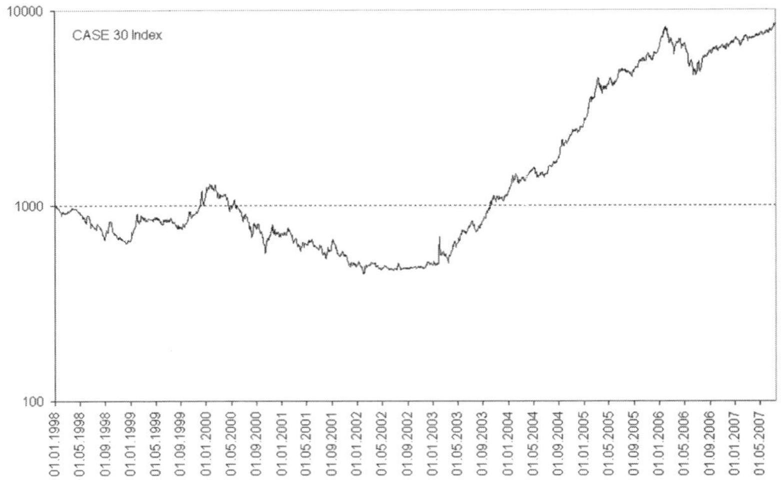

Quelle: Cairo & Alexandria Stock Exchange, www.egyptse.com; eigene Darstellung

Man erkennt, dass sich das Tempo der Aufwärtsbewegung zuletzt verlangsamt hat.

Generell nehme ich technische Analysen immer im logarithmischen Maßstab vor. Charts afrikanischer Aktien im Internet sind allerdings häufig linear dargestellt und eignen sich daher nur sehr bedingt für Trendanalysen. Deshalb ist hier Vorsicht angebracht.

8.3 Marokko

8.3.1 Kurzprofil

Das Königreich Marokko liegt im Nordwesten Afrikas und ist durch die Straße von Gibraltar von Europa getrennt. Als westlichstes der drei Maghreb-Länder grenzt es im Norden an das Mittelmeer, im Westen an den Atlantik und im Osten an Algerien. Südlich von Marokko liegt die teilweise von Marokko annektierte Westsahara, deren politischer Status international umstritten ist.

Im Jahr 788, etwa ein Jahrhundert nach der Einwanderung der Araber in Nordafrika und nach der Niederschlagung zahlreicher Berber-Aufstände, wurde die erste einer Reihe von arabischen Dynastien gegründet. Im 16. und 17. Jahrhundert besetzten Portugal und Spanien die meisten Hafenstädte des Landes. Ceuta und Melilla an der Nordküste sind bis heute spanische Enklaven, Sidi Ifni war eine solche bis 1969. 1912 wurde Marokko in ein französisches und ein spanisches Einflussgebiet aufgeteilt. Die Hafenstadt Tanger erhielt 1923 internationalen Status. 1956 wurde Marokko unabhängig.

Die spanische Kolonie **Westsahara** wurde 1976 in die Unabhängigkeit entlassen. Sofort teilten Marokko und Mauretanien das Land unter sich auf. Gleichzeitig rief die *Frente Polisario*, die Volksbefreiungsbewegung der Westsahara, die „**Demokratische Arabische Republik Sahara**“ aus und gründete eine Exilregierung im benachbarten Algerien. 1979 zog Mauretanien sich aus seinem Teil der Westsahara zurück, worauf Marokko das gesamte Territorium besetzte. Heute kontrolliert Marokko die westlichen zwei Drittel des Landes und damit die gesamte Küste, alle größeren Städte sowie die bedeutenden Phosphatvorkommen von Bu Craa. Die Demokratische Arabische Republik Sahara, die international nur von etwa 50 Staaten anerkannt wird, kontrolliert das Hinterland.

Marokko ist im Prinzip eine Marktwirtschaft mit einer liberalen Wirtschaftsordnung, die den Schutz des Eigentums, Gewerbe- und Niederlassungsfreiheit und Wettbewerb vorsieht. Der große Einfluss des Königs und der ihn umgebenden Herrschaftsstruktur setzt dieser Freiheit allerdings gewisse Grenzen.

Der wichtigste Industriesektor in Marokko ist die Lebensmittelverarbeitung mit einem BIP-Anteil von 12,2 Prozent.[4] Der Hauptgrund für den hohen Anteil ist die langjährig verfolgte Politik der Selbstversorgung mit Lebensmitteln. Neben der Landwirtschaft ist auch die Fischerei eine wichtige Erwerbsquelle, die die Regierung zunehmend ausbauen will. Vor Marokkos Atlantikküste, wo der nährstoffreiche, kalte Kanarenstrom entlangläuft, gibt es reichhaltige Fischgründe.

Marokko verfügt – zusammen mit der Westsahara – über rund drei Viertel der weltweiten Phosphatvorkommen. (Die zweitgrößten Phosphatvorkommen der Welt sind übrigens in Südafrika zu finden.) Da die Verarbeitung der Rohphosphate zunehmend in der eigenen Düngemittel- und Chemieindustrie erfolgt, steigt die Wertschöpfung im eigenen Land.

Marokko will die Industrialisierung auch in anderen Bereichen vorantreiben und bemüht sich aktiv um die Ansiedlung ausländischer Investoren. Eine weitere Öffnung des Marktes wurde bereits angekündigt.

In der für das Land wichtigen Textilindustrie hat nach dem Auslaufen des Multifaserabkommens Ende 2004 ein Schrumpfungsprozess eingesetzt, da die Volksrepublik China einen massiven Verdrängungswettbewerb auf dem wichtigen europäischen Markt begonnen hat.

Tabelle 8-7: Basisdaten von Marokko

Merkmal		Wert
Fläche (km)		446.550
Einwohnerzahl	Juli 2007	33.757.175
Medianalter	2007	24,3
Bevölkerungswachstum	2007	1,53 %
Lebenserwartung bei Geburt (Jahre)	2007	71,22
Fruchtbarkeitsrate (Kinder pro Frau)	2007	2,62
HIV/AIDS-Infektionsrate (Erwachsene)	2001	0,10 %

4 Quelle: Bundesagentur für Außenwirtschaft, www.bfai.de

Merkmal		Wert
Handynutzer (in Millionen)	2006	16
Handynutzer (Anteil an Gesamtbevölkerung)		47,4 %
Internetnutzer (in Millionen)	2006	6,1
Internetnutzer (Anteil an Gesamtbevölkerung)		18,1 %
Analphabetenrate (15 Jahre und älter)	2004	47,7 %
Religionen	Muslime	98,7 %
	Christen	1,1 %
	Juden	0,2 %
Amtssprache	Arabisch	
Geschäftssprachen	Arabisch, Französisch	
Staatsform	Konstitutionelle Monarchie	
Hauptstadt	Rabat	
Staatsoberhaupt	König Mohammed VI.	
Regierungschef	Premierminister Driss Jettou	
Währung	1 Dirham (DH) = 100 Centimes	

Quelle: CIA World Factbook, www.cia.gov

8.3.2 Wirtschaftsentwicklung

Die marokkanische Wirtschaft ist gegenüber externen Schocks (hoher Ölpreis, Dürre) ziemlich anfällig. Aufgrund der großen Trockenheit im 1. Halbjahr 2007 wird im laufenden Jahr mit einem deutlich geringeren Wirtschaftswachstum gerechnet als 2006, als das Bruttoinlandsprodukt um 7,3 Prozent zulegte. Die Schätzungen für 2007 bewegen sich zwischen +0,4 und +3,5 Prozent. Die Inflation ist so niedrig wie in den meisten europäischen Ländern.

Positive Standortfaktoren für die Wirtschaft sind die gut ausgebaute Verkehrsinfrastruktur, die geografische Nähe zu Europa, die „Besondere Wirtschaftszone“ bei Tanger mit Offshore-Charakter, die zahlreichen Freihandelsabkommen und die sich weiter fortsetzende Öffnung des Landes. Auf der Negativseite stehen hohe Steuersätze, eine patriarchalische und wenig innovationsfreudige Führung der meisten kleinen und mittleren Unternehmen und die zahlreichen Monopole und Oligopole, die vielfach mit dem Königshaus verbunden sind.

Tabelle 8-8: Wirtschafts- und Finanzdaten von Marokko

Gegenstand	Bemerkung	Wert
Bruttoinlandsprodukt (BIP) in Mrd. US-Dollar[a)]	2006 (Schätzung)	58,07
BIP pro Einwohner (US-Dollar)[a)]	nach Kaufkraft-parität	4600
Wirtschaftssektoren (2006)[a)]	Landwirtschaft	13.3 %
	Industrie	31,2 %
	Dienstleistungen	55,5 %
BIP – reale Wachstumsrate[b)]	2006 (Schätzung)	7,3 %
	2007 (Schätzung)	3,5 %
	2008 (Prognose)	5,8 %
Arbeitslosenrate[b)]	2006 (Schätzung)	10,0 %
Inflationsrate[b)]	2006 (Schätzung)	2,6 %
	2007 (Schätzung)	2,6 %
	2008 (Prognose)	2,0 %
Staatsverschuldung (Prozent vom BIP)[b)]	2006 (Schätzung)	67,7 %
Haushalt (Prozent vom BIP)[b)]	2006 (Schätzung)	–1,7 %
Länderbonitätsindex (gem. Institutional Investor)[c)]	März 2007	52,7
Länderbonitätsindex (Veränderung 1 Jahr)[c)]	03/2007 vs. 03/2006	0,9
TI Korruptionswahrnehmungsindex (Skala 0 bis 10)[d)]	2006	2006
Währungsreserven incl. Gold (Mrd. US-Dollar)[a)]	2006 (Schätzung)	18,2
Auslandsschulden (Mrd. US-Dollar)[a)]	30.6.2006 (Schätzung)	17,9
Empfangene Entwicklungshilfe (Mrd. US-Dollar)[a)]	2004	0,706

Quellen: [a]) CIA World Factbook; [b]) Bundesagentur für Außenwirtschaft; [c]) Institutional Investor; [d]) Transparency International

Wachstumsbranchen mit guten Chancen für mitteleuropäische Unternehmen[5]:

- Energieversorgung
- Wasserwirtschaft
- Umwelt (Müllentsorgung)
- Infrastruktur
- Nahrungsmittel
- Haushaltsgeräte
- Informationstechnologie
- Landwirtschaft
- Fischwirtschaft
- Tourismus

Bisher kommen die meisten ausländischen Direktinvestitionen aus Frankreich und Spanien. Da deutsche Produkte einen hervorragenden Ruf in dem Königreich genießen, sind hier besondere Chancen gegeben.

Die marokkanische Währung, der Dirham, ist relativ eng an den Euro gekoppelt. Gegenüber der europäischen Gemeinschaftswährung hat der Dirham seit 2003 etwa 5 Prozent an Wert verloren.

8.3.3 Die Börse von Casablanca

Die Hauptaktivität des Wertpapierhandels findet am Zentralmarkt (Marché Central) statt. Daneben gibt es einen Over-the-counter-Markt (Marché de Bloc), an dem große Blocktrades getätigt werden. Dessen Umsätze liegen um rund 50 Prozenz über denjenigen des Central Markets. Dabei bildet der Monat Dezember einen besonderen Schwerpunkt.

Die Börse hat drei Aktienmarktsegmente mit unterschiedlichen Zulassungsvoraussetzungen:

---

[5] Quelle: Bundesagentur für Außenwirtschaft, www.bfai.de

Tabelle 8-9: Marktsegmente der Börse von Casablanca

	Hauptmarkt	Entwicklungsmarkt	Wachstumsmarkt
	Marché Principal	**Marché Developpement**	**Marché Croissance**
Art des Unternehmens	Groß-unternehmen	Mittlere Unternehmen	Stark wachsende Unternehmen
Minimum Grundkapital	50 Mio. MAD	-	-
Geprüfte Jahresabschlüsse	3	2	1
Jahresumsatz	-	> 50 Mio. MAD	-
Mindestvolumen IPO	75 Mio. MAD	25 Mio. MAD	10 Mio. MAD

Quelle: *Bourse de Casablanca,* www.casablanca-bourse.com; eigene Darstellung. 1 Euro entspricht ca. 11,4 marokkanischen Dirham.

Der marokkanische Rentenmarkt ist von untergeordneter Bedeutung. Die Rentenumsätze betragen weniger als 1 Prozent der Aktienumsätze.

Mehr als drei Viertel der Marktkapitalisierung entfallen auf die zehn höchstkapitalisierten Werte:

Abbildung 8-10: Hochkapitalisierte Werte an der Börse von Casablanca

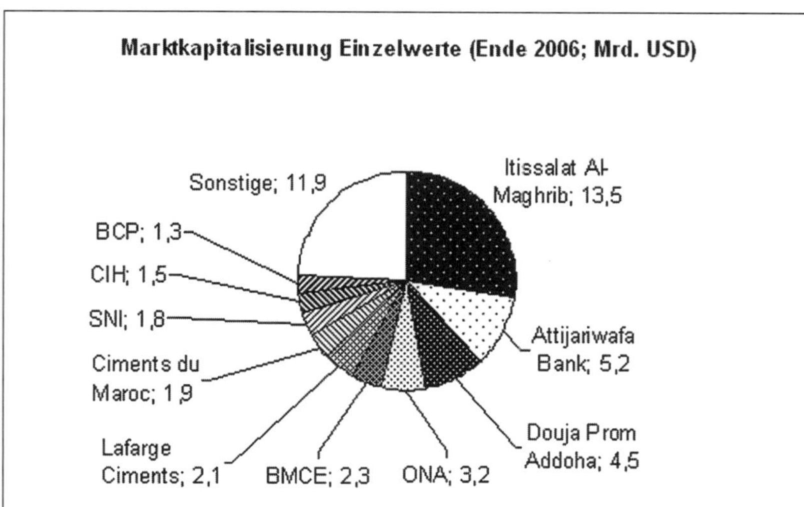

Quelle: *Bourse de Casablanca,* www.casablanca-bourse.com; eigene Darstellung

Im Jahr 2002 wurden zwei kapitalisierungsgewichtete *free float* Aktienindizes eingeführt:

- Der MADEX-Index enthält die liquidesten Werte der Börse von Casablanca.
- Der breitere MASI-Index enthält sämtliche notierte Aktien.

Beide Indizes korrelieren sehr eng miteinander.

Abbildung 8-11: Kursentwicklung des MASI-Index in Euro

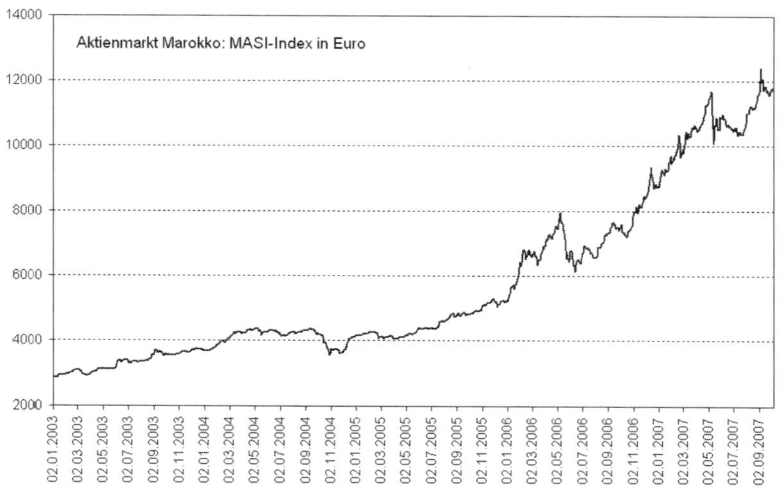

Quelle: *Bourse de Casablanca*, www.casablanca-bourse.com; eigene Darstellung

8.4 Tunesien

8.4.1 Kurzprofil

Tunesien, das nördlichste Land Afrikas, grenzt im Westen an Algerien, im Süden an Libyen und im Norden und Osten an das Mittelmeer. Rivalitäten zwischen Italien und Frankreich hinsichtlich ihrer Interessen im Gebiet des heutigen Tunesien führten 1881 zur Errichtung eines französischen Protektorats; vorher war Tunesien seit 1574 Teil des Osmanischen Reiches. Das Land wurde 1956 unabhängig und wurde danach 31 Jahre lang von Präsident Habib Bourguiba autokratisch in einem Einparteiensystem regiert. Politisch ist Tunesien das stabilste der drei Maghreb-Länder.

Die soziale Situation ist für afrikanische Verhältnisse sehr gut. Mehr als die Hälfte der Bevölkerung gehört zur Mittelschicht; die Armutsquote liegt bei nur 4 Prozent. Das staatliche Gesundheitswesen ist relativ gut entwickelt. Es besteht ein Sozialversicherungssystem, das weiter ausgebaut wird.

Tunesien und hierbei insbesondere die lokalen Banken sind Vorreiter bei dem Bestreben, die regionalen Handelsbarrieren zwischen den Maghreb-Staaten Marokko, Algerien, Tunesien, Libyen und Mauretanien zu beseitigen. Ein gemeinsamer Wirtschaftsraum ist mittelfristig eine realistische Option, falls der Westsahara-Konflikt zwischen Marokko und Algerien gelöst werden kann.

Tabelle 8-10: Basisdaten von Tunesien

Merkmal		**Wert**
Fläche (km)		163.610
Einwohnerzahl	Juli 2007	10.276.158
Medianalter	2007	28,3
Bevölkerungswachstum	2007	0,99 %
Lebenserwartung bei Geburt (Jahre)	2007	75,34
Fruchtbarkeitsrate (Kinder pro Frau)	2007	1,73

Merkmal		Wert
HIV/AIDS-Infektionsrate (Erwachsene)	2005	< 0,1 %
Handynutzer (in Millionen)	2006	7,339
Handynutzer (Anteil an Gesamtbevölkerung)		71,4 %
Internetnutzer (in Millionen)	2006	1,295
Internetnutzer (Anteil an Gesamtbevölkerung)		12,6 %
Analphabetenrate (15 Jahre und älter)	2004	47,8 %
Religionen	Muslime	98 %
	Christen	1 %
	Juden und Andere	1 %
Amtssprache	Arabisch	
Geschäftssprachen	Arabisch, Französisch	
Staatsform	Präsidialrepublik	
Hauptstadt	Tunis	
Staatsoberhaupt	Präsident Zine el-Abidine Ben Ali	
Regierungschef	Premierminister Mohamed Ghannouchi	
Währung	1 Tunesischer Dinar (tD) = 1000 Millimes	

Quelle: CIA World Factbook, www.cia.gov

8.4.2 Wirtschaftsentwicklung

Nachdem die Wirtschaft 2005 „nur“ um 4 Prozent gewachsen war, was angesichts des steigenden Ölpreises und der schlechten Entwicklung der Landwirtschaft infolge der Dürre eine beeindruckende Leistung darstellte, hat sich das Wachstumstempo wieder beschleunigt. In den Jahren bis 2011 wird mit einem jährlichen Anstieg des Bruttoinlandsprodukts von 6,1 Prozent gerechnet. Der größte Beitrag für das Wachstum kommt vom Dienstleistungssektor, der inzwischen einen Anteil von 55 Prozent am BIP hat. Die Inflation ist weitgehend unter Kontrolle.

Die Bruttoanlageinvestitionen sind hingegen relativ gering. Die Hauptgründe dafür liegen in der hohen Staatsquote und in der Schwierigkeit für nationale

Unternehmen, an Bankkredite zu kommen. Insgesamt ist das Umfeld für private Investitionen in Tunesien eher unattraktiv.

Tabelle 8-11: Wirtschafts- und Finanzdaten von Tunesien

Gegenstand	Bemerkung	Wert
Bruttoinlandsprodukt (BIP) in Mrd. US-Dollar[a)]	2006 (Schätzung)	33,29
BIP pro Einwohner (US-Dollar)[a)]	nach Kaufkraft-parität	8800
Wirtschaftssektoren (2006)[a)]	Landwirtschaft	12,8 %
	Industrie	31,0 %
	Dienstleistungen	56,2 %
BIP – reale Wachstumsrate[b)]	2005	4,0 %
	2006	5,4 %
	2007 (Schätzung)	6,0 %
	2008 (Prognose)	6,1 %
Arbeitslosenrate[b)]	2006 (Schätzung)	13,9 %
Inflationsrate[b)]	2006 (Schätzung)	4,5 %
	2007 (Schätzung)	2,6 %
	2008 (Prognose)	2,4 %
Staatsverschuldung (Prozent vom BIP)[b)]	2006 (Schätzung)	55,6 %
Haushalt (Prozent vom BIP)[b)]	2006 (Schätzung)	-3,2 %
Länderbonitätsindex (gem. Institutional Investor)[c)]	März 2007	58,1
Länderbonitätsindex (Veränderung 1 Jahr)[c)]	03/2007 vs. 03/2006	-0,5
TI Korruptionswahrnehmungsindex (Skala 0 bis 10)[d)]	2006	4,6
Währungsreserven incl. Gold (Mrd. US-Dollar)[a)]	2006 (Schätzung)	6,6
Auslandsschulden (Mrd. US-Dollar)[a)]	30.6.2006 (Schätzung)	18,4
Empfangene Entwicklungshilfe (Mrd. US-Dollar)[a)]	2004	0,328

Quellen: [a]) CIA World Factbook; [b]) Bundesagentur für Außenwirtschaft; [c]) Institutional Investor; [d]) Transparency International

Wachstumsbranchen (Auswahl)[6]:

- Bauwirtschaft
- Ausrüstung für Häfen und Flughäfen
- Windenergieanlagen
- Haus- und Gebäudetechnik

Abbildung 8-12: Kursentwicklung des Tunesischen Dinars

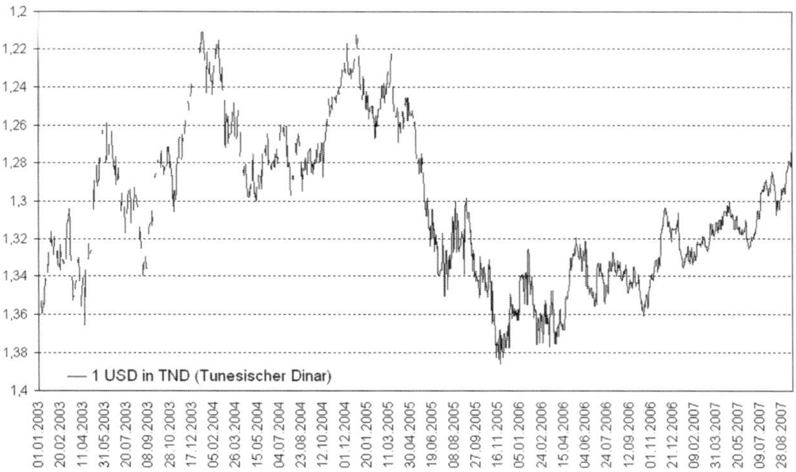

Datenquelle: OANDA, the Currency Site, www.oanda.com; graphische Darstellung: Trans Africa Invest, www.trans-africa-invest.com

Die tunesische Währung schwankte in den letzten Jahren gegenüber dem US-Dollar nur gering. Seit Ende 2005 hat sich der Dinar gegenüber der US-Währung um etwa 8 Prozent befestigt.

8.4.3 Die Börse von Tunis

Die Börse von Tunis (*Bourse des Valeurs Mobilières de Tunis* oder *Bourse de Tunis*) wurde 1969 gegründet und 1994 privatisiert. Die Marktkapitalisierung

[6] Quelle: Bundesagentur für Außenwirtschaft, www.bfai.de

betrug Ende 2006 rund 4,2 Milliarden US-Dollar; das entspricht 13,4 Prozent des Bruttoinlandsprodukts. Derzeit werden 54 Aktien gehandelt.

Es gibt folgende Aktienindizes:

- der 1990 gestartete BVMT-Index, der derzeit 32 Aktien enthält
- der marktbreitere, 1998 kreierte TUNINDEX, der mit derzeit 40 enthaltenen Aktien 95 Prozent der Marktkapitalisierung des tunesischen Aktienmarktes umfasst
- insgesamt 22 Branchenindizes, die erst 2006 eingeführt wurden

Der tunesische Aktienindex konnte sich seit seinem Tiefpunkt Anfang 2003 etwas mehr als verdoppeln. Damit hinkt die Wertentwicklung deutlich hinter der Performance anderer afrikanischer Börsen zurück.

Abbildung 8-13: Die Kursentwicklung des tunesischen Aktienmarktes

Datenquelle: *Bourse de Tunis*, www.bvmt.com.tn; graphische Darstellung: Trans Africa Invest, www.trans-africa-invest.com

Die fundamentale Bewertung tunesischer Aktien ist relativ moderat. Nur 12 Aktiengesellschaften weisen eine Marktkapitalisierung von über 100 Millionen US-Dollar auf, darunter 9 Banken.

Tabelle 8-12: Kennzahlen tunesischer Aktien

Branche Aktiengesellschaft	Symbol	Index-Gewicht[a)]	MKAP[b)]	KGV[c)]	KBV[d)]	DR[e)]
Banken						
Amen Bank	AB	3,63 %	150	9,7	0,9	3,0 %
Arab Tunisian Bank	ATB	5,08 %	210	15,0	1,6	18,2 %
Attijari Bank		2,84 %	0	ns	1,0	0,0 %
Banque de L'Habitat	BH	5,66 %	233	13,5	1,3	2,6 %
Banque de Tunisie	BT	13,56 %	559	20,7	2,6	2,7 %
Banque Int. Arabe du Tunisie	BIAT	8,78 %	362	23,9	1,7	2,9 %
Banque Nationale Agricole	BNA	3,31 %	137	21,3	0,5	6,0 %
Société Tunisienne de Banque	STB	4,57 %	188	6,5	0,6	3,1 %
Union Bancaire pour le Commerce et l'Industrie	UBCI	6,17 %	254	45,7	2,3	2,2 %
Union Internationale de Banques	UIB	3,24 %	133	n.s.	1,0	0,0 %
Versicherungen						
Société Tunisienne d'Assurances et de Réassurances	STAR	0,32 %	13	16,1	2,0	0,0 %
Astrée Assurances	ASTREE	1,63 %	67	17,2	2,4	2,4 %
Finanzdienstleistungen						
Arab Tunisian Lease	ATL	0,46 %	19	18,3	1,1	5,4 %
Compagnie Internationale de Leasing	CIL	0,46 %	19	9,7	1,3	5,8 %
General Leasing	GL	0,21 %	9	Verlust	0,7	0,0 %
Tunisie Leasing		1,08 %	44	17,0	1,6	10,7 %
Auto und Autozulieferer						
Société l'accumulateur tunisien	ASSAD	0,61 %	25	14,1	1,9	4,6 %

Branche Aktiengesellschaft	Symbol	Index-Gewicht[a)]	MKAP[b)]	KGV[c)]	KBV[d)]	DR[e)]
Société GIF Filter SA	GIF	0,41 %	17	15,1	2,5	19,8 %
Société Tunisienne d'Equipement	STEQ	0,32 %	13	16,5	1,4	4,2 %
Société Tunisienne des Industries de Pneumatiques	STIP	0,38 %	16	Verlust	7,5	0,0 %
Bau und Bauzulieferer						
Société Immobilière et de Participation	SIMPA	0,35 %	14	10,6	1,1	4,1 %
Société Moderne de Céramique - SOMOCER	SOMOC	1,78 %	73	Verlust	2,9	
Chemie						
Air Liquide Tunisie	AL	2,43 %	100	21,8	5,7	3,8 %
Société Chimique Alkimia	ALKIM	1,80 %	74	8,3	2,5	6,3 %
Société des Industries Chimiques du Fluor	ICF	0,62 %	25	Verlust	0,9	2,8 %
Öl und Gas						
Société de Transport Hydrocarbure Pipelines – SOTRAPIL	STPIL	1,97 %	81	26,0	4,2	27,0 %
Investitionsgüter und Industriedienstleistungen						
Société Industrielle d'Appareillage et de Matériels Electriques	SIAME	0,74 %	30	114,5	2,1	
Société Tunisienne de Verreries	SOTUV	0,29 %	12	Verlust	0,7	
Telekommunikation						
Société Tunisienne d'Entreprises de Telecom (SOTETEL)	SOTETEL	0,96 %	40	28,3	1,3	4,7 %
Konsum						
Electrostar		0,44 %	18	10,3	1,2	3,9 %
Handel						
Magasin General	MAG	0,91 %	37	15,2	2,6	1,8 %

Branche Aktiengesellschaft	Symbol	Index-Gewicht[a)]	MKAP[b)]	KGV[c)]	KBV[d)]	DR[e)]
Société Tunisienne des Marchés de Gros - SOTUMAG	MGR	0,33 %	13	12,8	2,6	n.a.
Société Nouvelle Maison de la Ville de Tunis (Monoprix)	MNP	2,24 %	92	15,8	4,1	4,8 %
Lebensmittel & Getränke						
Société El Mazraa	MAZ	0,56 %	23	15,0	1,5	5,0 %
Société Tunisienne de l'Industrie Laiterie	TLAIT	0,64 %	26	Verlust	2,2	
Société Frigorifique et Brasserie de Tunis	SFBT	11,26 %	463	16,1	5,4	4,6 %
Gesundheitswesen						
Société des Industries P harmaceutiques de Tunisie	SIPHA	0,85 %	35	16,8	1,5	3,1 %
Reisen und Freizeit						
Karthago Airlines	KAIR	1,83 %	75	22,5	13,0	3,2 %
Palm Beach Hotel Tunisia	PALMB	0,21 %	9	Verlust	0,7	
Société Tunisienne de l'Air (Tunisair)	TAIR	7,06 %	291	9,3	1,2	n.a.
Summe		100,00 %	4238			

Erläuterungen:

a) bezogen auf den TUNINDEX

b) Marktkapitalisierung am 31.12.2006 in Millionen US-Dollar

c) Kurs-Gewinn-Verhältnis; n.s. = nicht signifikant

d) Kurs-Buchwert-Verhältnis

e) Dividendenrendite; n.a. = nicht erhältlich

Quelle: Bourse de Tunis, www.bvmt.com.tn; eigene Darstellung

Im Jahr 2006 wurden erstmals Venture-Capital-Investmentfonds an der Börse zugelassen.

Am tunesischen Rentenmarkt werden folgende Anleihen gehandelt:

- Treasury Bonds *(Bons du Trésor Assimilables; BTA)*, mit Laufzeiten von 2 bis 12 Jahren. Das Emissionsvolumen bis 2006 betrug 1010 Millionen Tunesische Dinar (= 802 Millionen US-Dollar).
- Treasury Bills *(Bons du Trésor à Court Terme; BTCT)* mit Laufzeiten von 13, 26 und 52 Wochen. Das Emissionsvolumen bis 2006 betrug 485 Millionen Tunesische Dinar (= 385 Millionen US-Dollar).
- ein Zerobond mit zehnjähriger Laufzeit, der erstmals 2006 mit einem Emissionsvolumen von 107 Millionen Tunesische Dinar (= 85 Millionen US-Dollar) platziert wurde.

Ausländer dürfen keine Treasury Bills erwerben. Für Treasury Bonds gilt eine Begrenzung von 10 Prozent des halbjährlichen Emissionsvolumens.

8.5 Sudan

8.5.1 Kurzprofil

Der Sudan ist der größte Flächenstaat Afrikas; er ist etwa neunmal so groß wie Deutschland. Er liegt im Nordosten des Kontinents und grenzt an neun Länder sowie an das Rote Meer.

Die verschiedenen Landesteile des heutigen Sudans haben eine sehr wechselvolle Geschichte hinter sich. Nubien, Kusch und die Sultanate von Darfur und Sannar waren wichtige Stationen. Anfang des 19. Jahrhunderts begann die Eroberung des Sudans durch die ägyptischen Osmanen. Der Mahdi-Aufstand gegen die ägyptische Besetzung fand von 1881 bis 1899 statt und ging als erster erfolgreicher Aufstand eines afrikanischen Landes gegen den Kolonialismus in die Geschichte ein; das Kalifat von Omdurman wurde 1898 durch eine anglo-ägyptische Streitmacht zerstört. Bis zur Erlangung der Unabhängigkeit im Jahr 1956 blieb der Sudan britische Kolonie.

Politische Stabilität konnte im Sudan bisher nicht erreicht werden. Viele Regierungswechsel, darunter etliche gewaltsame Machtübernahmen, und ein Bürgerkrieg von 1983 bis 2005 ließen das Land bislang nicht zur Ruhe kommen. 2003 kam ein weiterer Konflikt in der Provinz Darfur im Westen des Sudans hinzu, der 200.000 bis 400.000 Menschen das Leben kostete und zu einem großen Flüchtlingsdrama führte, das bis heute anhält.

Die islamische Mehrheit der Bevölkerung (Araber) lebt im Norden und in der Mitte des Landes, während die nichtmuslimischen Schwarzafrikaner im rohstoffreichen Süden zuhause sind. Diese Unterschiede waren schon immer sehr konfliktträchtig und könnten mittelfristig zur Teilung des Landes führen.

Das 2005 zwischen der Zentralregierung und der Sudanesischen Volksbefreiungsarmee abgeschlossene Friedensabkommen hat dem Südsudan weitgehende Autonomie gewährt. 2011 soll ein Referendum über die völlige Unabhängigkeit erfolgen.

Der Sudan verfügt über reichhaltige Vorkommen von Bodenschätzen, wie zum Beispiel Erdöl (vor allem im Südsudan), Eisenerz, Marmor, Gold und Uran. Die meisten Ölfelder sind noch gar nicht erschlossen.

Die Volksrepublik China hat mit ihrer pragmatischen Politik enge Wirtschaftsbeziehungen mit dem international ansonsten weithin isolierten Land aufgebaut und erheblich in das Land investiert. Mittlerweile kommen 6 bis 8 Prozent der gesamten Ölimporte Chinas aus dem Sudan; das entspricht etwa einem Drittel der sudanesischen Förderung.

Eine weitere wichtige Devisenquelle des Landes ist die Baumwolle.

Tabelle 8-13: Basisdaten des Sudan

Merkmal		Wert
Fläche (km^2)		2.505.810
Einwohnerzahl	Juli 2007	39.379.358
Medianalter	2007	18,7
Bevölkerungswachstum	2007	2,08 %
Lebenserwartung bei Geburt (Jahre)	2007	49,11
Fruchtbarkeitsrate (Kinder pro Frau)	2007	4,69
HIV/AIDS-Infektionsrate (Erwachsene)	2001	2,3 %
Handynutzer (in Millionen)	2006	4,7
Handynutzer (Anteil an Gesamtbevölkerung)		11,9 %
Internetnutzer (in Millionen)	2006	3,5
Internetnutzer (Anteil an Gesamtbevölkerung)		8,9 %
Analphabetenrate (15 Jahre und älter)	2003	38,9 %
Religionen	Muslime	70 %
	Christen	5 %
	Naturreligionen	25 %
Amtssprache	Arabisch	
Geschäftssprachen	Arabisch, Englisch	
Staatsform	Präsidialrepublik	
Hauptstadt	Khartum	
Staatsoberhaupt und Regierungschef	Präsident Umar Hasan Ahmad al-Baschir	
Währung	Sudanesisches Pfund = 100 Piaster (ersetzte im Jan. 2007 den Dinar)	

Quelle: CIA World Factbook, www.cia.gov

8.5.2 Wirtschaftsentwicklung

Der Sudan gehört neben dem Iran, Kuba und Nordkorea zu den Staaten, gegen die die USA ein umfangreiches Embargo verhängt haben. Trotzdem entwickelte sich die Wirtschaft im Jahr 2006 recht stürmisch; das Bruttoinlandsprodukt nahm real um 12,2 Prozent zu.

Der niedrige Länderbonitätsindex (14,1 von 100 erreichbaren Punkten) zeigt deutlich, dass der Sudan von institutionellen Investoren nicht beachtet wird. Der Hauptgrund sind die politische Instabilität des Landes sowie die massive Korruption.

Tabelle 8-14: Wirtschafts- und Finanzdaten des Sudan

Gegenstand	Bemerkung	Wert
Bruttoinlandsprodukt (BIP) in Mrd. US-Dollar[a)]	2006 (Schätzung)	97,19
BIP pro Einwohner (US-Dollar)[a)]	nach Kaufkraftparität	2400
Wirtschaftssektoren (2006)[a)]	Landwirtschaft	35,5 %
	Industrie	24,8 %
	Dienstleistungen	39,7 %
BIP – reale Wachstumsrate[a)]	2006	12,2 %
Arbeitslosenrate[a)]	2002	18,7 %
Inflationsrate[b)]	2006 (Schätzung)	9,0 %
Staatsverschuldung (Prozent vom BIP)[a)]	2006 (Schätzung)	59,6 %
Länderbonitätsindex (gem. Institutional Investor)[c)]	März 2007	14,1
Länderbonitätsindex (Veränderung 1 Jahr)[c)]	03/2007 vs. 03/2006	0,0
TI Korruptionswahrnehmungsindex (Skala 0 bis 10)[d)]	2006	2,0
Währungsreserven incl. Gold (Mrd. US-Dollar)[a)]	2006 (Schätzung)	3,5
Auslandsschulden (Mrd. US-Dollar)[a)]	30.6.2006 (Schätzung)	29,7
Empfangene Entwicklungshilfe (Mrd. US-Dollar)[a)]	2001	0,17

Quellen: [a]) CIA World Factbook; [b]) www.konsulate.de; [c]) Institutional Investor; [d]) Transparency International

Wachstumsbranchen (Auswahl)[7]:

- Infrastruktur (Transport)
- Erdöl und -gas
- Bergbautechnik
- Petrochemie
- Wassertechnik
- Kraftwerke
- Gesundheitswesen
- Landwirtschaft

Den größten Investitionsbedarf haben der Erdölsektor und das Transportwesen. Der Internationale Flughafen von Khartum soll neu gebaut werden und ab 2010 als Verkehrsknotenpunkt für ganz Ostafrika fungieren. Auch viele Straßen, Eisenbahnstrecken und Häfen sollen ausgebaut werden. Die Kraftwerkskapazitäten des Sudan sollen bis 2010 auf 5500 MW vervierfacht werden.

8.5.3 Die Börse von Khartum

An der *Khartoum Stock Exchange* (KSE) werden derzeit rund 50 Aktien gehandelt (darunter 17 Banken und 9 Versicherungen), rund 40 Anleihen und einige Investmentfonds. Die Marktkapitalisierung soll über 4 Milliarden US-Dollar betragen.

Kursinformationen und -historien sind kaum zu bekommen. Die offizielle Website der Börse von Khartum war im Oktober 2007 nur teilweise funktionsfähig und zeigte veraltete Daten. Der Tagesticker zeigte Kurse vom 16. Mai 2007 an; der letzte zur Verfügung gestellte Jahresbericht bezog sich auf das Jahr 2004.

Es gibt viele Gründe, sich von der sudanesischen Börse vorerst fernzuhalten.

[7] Quelle: Bundesagentur für Außenwirtschaft, www.bfai.de

8.6 Nigeria

8.6.1 Kurzprofil

Nigeria, mit 135 Millionen Einwohnern das bevölkerungsreichste Land Afrikas, ist etwa zweieinhalbmal so groß wie Deutschland. Es liegt an der Grenze zwischen Westafrika und Zentralafrika. Seine Nachbarländer sind Benin (im Westen), Niger (im Norden) und der Tschad und Kamerun (im Osten).

Nach der Unabhängigkeit im Jahr 1960 war Nigeria zunächst eine demokratische Republik, die jedoch nur kurze Zeit überdauerte. Ab 1966 herrschten überwiegend die Militärs. Putsche kamen häufig vor, demokratische Zwischenspiele waren nur von kurzer Dauer (1979–1982 und 1993–1995). Von 1967 bis 1970 bestand im Osten des Landes die Republik Biafra als separater Staat, der nach dem Ende des Biafra-Kriegs wieder in Nigeria eingegliedert wurde. Nach der brutalen Militärdiktatur unter dem Diktator Sani Abacha begann 1999 unter Präsident Olusegun Obasanjo ein Demokratisierungsprozess, der bis heute anhält. Der seit dem 29. Mai 2007 amtierende Präsident Umaru Yar'Adua verfügt über weitreichende Vollmachten und ist sowohl Staatsoberhaupt als auch Regierungschef und Oberbefehlshaber der Armee.

Bei kaum einem anderen afrikanischen Staat ist die öffentliche Meinung so gespalten wie bei Nigeria. Auf der einen Seite ist es das ölreichste Land des Kontinents mit einer kräftigen Wirtschaftsentwicklung, einem riesigen Markt und einer wachsenden Mittelschicht mit zunehmender Kaufkraft. Auf der anderen Seite ziehen sich Korruption und Gewalt wie ein roter Faden durch die jüngere Geschichte Nigerias. Kriminalität ist ein echtes Problem, und Reisende sind gut beraten, bereits vor ihrer Ankunft für eine angemessene persönliche Sicherheit zu sorgen. Im Nigerdelta, wo das meiste Erdöl gefördert wird, sind Unruhen an der Tagesordnung. Ausländische Geschäftsleute werden entführt, und ein Menschenleben gilt nicht viel.

Leider ist die Berichterstattung in den westlichen Medien relativ einseitig, so dass Nigeria in der breiten Öffentlichkeit hauptsächlich als korrupt, gefährlich und unberechenbar wahrgenommen wird. Meiner Meinung nach sollten sich potenzielle Investoren von den negativen Schlagzeilen allerdings nicht abschrecken lassen. Die positiven Aspekte Nigerias als „Chancenland" werden viel zu selten genannt.

Tabelle 8-15: Basisdaten von Nigeria

Merkmal		Wert
Fläche (km²)		923.768
Einwohnerzahl	Juli 2007	135.031.164
Medianalter	2007	18,7
Bevölkerungswachstum	2007	2,38 %
Lebenserwartung bei Geburt (Jahre)	2007	47,44
Fruchtbarkeitsrate (Kinder pro Frau)	2007	5,45
HIV/AIDS-Infektionsrate (Erwachsene)	2003	5,40 %
Handynutzer (in Millionen)	2006	32,3
Handynutzer (Anteil an Gesamtbevölkerung)		23,9 %
Internetnutzer (in Millionen)	2006	8
Internetnutzer (Anteil an Gesamtbevölkerung)		5,9 %
Analphabetenrate (15 Jahre und älter)	2003	32,0 %
Religionen	Muslime	50 %
	Christen	40 %
	Naturreligionen	10 %
Amtssprache	Englisch	
Geschäftssprache	Englisch	
Staatsform	Präsidiale Bundesrepublik	
Hauptstadt	Abuja	
Staatsoberhaupt	Präsident Umaru Yar'Adua	
Regierungschef	Präsident Umaru Yar'Adua	
Währung	1 Naira = 100 Kobo	

Quelle: CIA World Factbook, www.cia.gov

8.6.2 Wirtschaftsentwicklung

Nigerias Exporterlöse stammen zu 95 Prozent aus dem Erdölgeschäft. Damit ist die Wirtschaft des Landes einerseits sehr anfällig gegenüber niedrigeren Ölpreisen, doch sollte die Wahrscheinlichkeit eines Preissturzes des „schwarzen Goldes“ angesichts der großen und weiter steigenden weltweiten Nachfrage recht gering sein. Im Gegenteil: Langfristig weiter steigende Ölpreise werden die Volkswirtschaften Nigerias und der anderen Öl exportierenden Länder weiter begünstigen.

Die hohen Einnahmen aus dem Ölexport wird die nigerianische Regierung zunehmend in große Infrastrukturprojekte investieren. Damit steigt die Chance, dass sich der Wirtschaftsaufschwung verbreitert und auch andere Branchen erfasst.

Im Jahr 2007 soll die Wirtschaft um über 8 Prozent expandieren. Damit gehört Nigeria zu den Ländern mit den größten Wachstumsraten. Die Inflation konnte zwar eingedämmt werden, bleibt jedoch über 10 Prozent. Der Länderbonitätsindex konnte sich innerhalb eines Jahres um fast 5 Punkte verbessern.

Im Jahr 2005 landete Nigeria einen Coup, als es mit dem Pariser Club eine Übereinkunft über eine Reduzierung seiner Staatsschulden um 18 Milliarden US-Dollar erzielte. Weitere 12 Milliarden konnten im Folgejahr zurückgezahlt werden. Als Folge davon ist das Land jetzt in einer sehr komfortablen Situation. Die Auslandsschulden belaufen sich auf nur noch 6,3 Milliarden US-Dollar (7,6 Prozent vom Bruttoinlandsprodukt).

Tabelle 8-16: Wirtschafts- und Finanzdaten von Nigeria

Gegenstand	Bemerkung	Wert
Bruttoinlandsprodukt (BIP) in Mrd. US-Dollar[a)]	2006 (Schätzung)	83,36
BIP pro Einwohner (US-Dollar)[a)]	nach Kaufkraft-parität	1500
Wirtschaftssektoren (2006)[a)]	Landwirtschaft	17,3 %
	Industrie	53,2 %
	Dienstleistungen	29,5 %
BIP – reale Wachstumsrate[b)]	2006 (Schätzung)	5,3 %
	2007 (Schätzung)	8,2 %

Gegenstand	Bemerkung	Wert
Arbeitslosenrate[b)]	2005	45–50 %
Inflationsrate[b)]	2006 (Schätzung)	10,5 %
	2007 (Schätzung)	10,9 %
	2008 (Prognose)	10,1 %
Staatsverschuldung (Prozent vom BIP)[b)]	2006 (Schätzung)	10,4 %
Haushalt (Prozent vom BIP)[b)]	2006 (Schätzung)	8,8 %
Länderbonitätsindex (gem. Institutional Investor)[c)]	März 2007	34,2
Länderbonitätsindex (Veränderung 1 Jahr)[c)]	03/2007 vs. 03/2006	4,7
TI Korruptionswahrnehmungsindex (Skala 0 bis 10)[d)]	2006	2,2
Währungsreserven incl. Gold (Mrd. US-Dollar)[a)]	2006 (Schätzung)	43,0
Auslandsschulden (Mrd. US-Dollar)[a)]	2006 (Schätzung)	6,3
Empfangene Entwicklungshilfe (Mrd. US-Dollar)[a)]	1998	0,25

Quellen: [a]) CIA World Factbook; [b]) Bundesagentur für Außenwirtschaft; [c]) Institutional Investor; [d]) Transparency International

Wachstumsbranchen (Auswahl):

- Erdöl und Erdgas
- Bausektor
- Information/Kommunikation
- Infrastruktur
- Agro-Industrie
- Filmindustrie

Nigeria ist sicherlich ein sehr spezieller und schwieriger Markt. Der wichtigste Rat von Nigeriakennern an westliche Geschäftsleute lautet, alle Transaktionen, vor allem jene, die mit Geld zu tun haben, genauestens und lückenlos zu kontrollieren.

Strenge Regeln und Misstrauen als mentale Grundeinstellung wirken in vielen Gesellschaften behindernd, begrenzend und demotivierend – in Nigeria jedoch kann es überlebenswichtig sein. Bei Lieferungen nach Nigeria sollte grundsätzlich auf Vorausbezahlung oder ein bestätigtes, unwiderrufliches, unübertragbares Akkreditiv, ausgestellt auf eine erstklassige europäische Bank, bestanden werden.

Die nigerianische Währung, der Naira, bewegte sich seit 2003 zwischen 130 und 140 Naira pro US-Dollar, nachdem er in den Jahren davor stark abgewertet hatte. Im Jahr 2007 ist der Naira gegenüber der US-Währung sogar geringfügig von 133 auf 127 gestiegen.

8.6.3 Die Börse in Nigeria

Die Börse in Nigeria (*Nigerian Stock Exchange*, NSE) wurde bereits 1960 gegründet. Derzeit werden 245 Aktien, 3 Unternehmensanleihen und 8 Investmentfonds *(Unit Trusts)* notiert. Hinzu kommen 86 unnotierte Werte.[8] Die Marktkapitalisierung beträgt aktuell (11. Oktober 2007) 8,2 Billionen Naira; das entspricht etwa 64,5 Milliarden US-Dollar. Damit ist Nigeria hinter Südafrika und Ägypten der drittgrößte Aktienmarkt Afrikas.

Es gibt bisher nur einen einzigen Index, der alle gelisteten Aktien enthält, den *Nigerian Stock Exchange All Shares Index*. Im Dezember 2007 will die NSE einen weiteren Index starten, der 40 bis 60 Top-Werte enthalten soll.

Der Aktienmarkt hat in den letzten Jahren eine hervorragende Performance gezeigt. Seit Anfang 2007 ist der *Nigerian Stock Exchange All Shares Index* von ca. 34.000 auf 51.200 Punkte gestiegen. Inzwischen sind nigerianische Aktien keinesfalls mehr billig, wie die folgende Übersicht zeigt. Ein Grund dafür sind die großen Volumina an Anlage suchendem Kapital, die auf ein begrenztes Angebot an Aktien stoßen. Das Kursfeuerwerk der letzten Jahre ist also zumindest teilweise nachfragegetrieben.

[8] Quelle: African Financial Markets, www.africanfinancialmarkets.com, 11.10.2007

Tabelle 8-17: Kennzahlen nigerianischer Aktien

Branche **Aktiengesellschaft**	**MKAP**[a)]	**KGV**[b)]	**KBV**[c)]	**DR**[d)]
Öl				
African Petroleum	393		–9,18	0,0 %
Chevron Oil Nigeria	324	27,7	7,8	3,2 %
Conoil	355	15,1	11,94	4,5 %
Mobil Oil Nigeria	306	24,9	13,09	4,0 %
Oando	351	12,9	1,84	5,5 %
Total Nigeria	417	21,3	12,98	4,7 %
Banken				
Diamond Bank Nigeria	11557	31,2	4,4	0,0 %
Ecobank Transnational Inc.	1831		4,52	2,9 %
First Bank of Nigeria	3329	29,3	9,56	1,8 %
First City Monument Bank	1178	33,3	6,72	0,8 %
Guaranty Trust Bank	2815	32,4	7,19	2,2 %
IBTC Chartered Bank	1081	22,0	4,2	1,8 %
Intercontinental Bank	2157	15,3	6,21	2,5 %
Oceanic Bank International	2536	22,1	10,19	1,5 %
Union Bank of Nigeria	3103	38,5	4,8	2,0 %
United Bank for Africa	3608	27,8	11,79	1,8 %
Zenith Bank	4663	33,2	6,52	1,7 %
Versicherungen				
AIICO Insurance	56	1149,9		0,0 %
Cornerstone Insurance	171	61,7		1,4 %
Niger Insurance	73	33,3		3,0 %
Royal Exchange Assurance	89	69,2		1,2 %
West African Prov. Ins. Coy.	196	43,8		1,9 %
Immobilien				
UACN Property Development CO	185	21,8	1,46	1,1 %

Branche Aktiengesellschaft	MKAP[a)]	KGV[b)]	KBV[c)]	DR[d)]
Landwirtschaft				
Okumu Oil Palm	113	39,4	3,58	0,0 %
Presco	41	45,8	2,6	5,5 %
Lebensmittel & Getränke				
Flour Mills Nigeria	963	16,0	7,76	1,2 %
Nestle Nigeria	1143	23,5	7,88	4,2 %
Nigerian Bottling Company	531	52,6	3,49	0,6 %
Seven Up Bottling Company	193	20,9	5,7	2,6 %
Brauereien				
Guinness Nigeria	1432	19,0	9,55	3,4 %
Nigerian Breweries	2409	24,7	11,22	3,4 %
Chemie				
CAP	60	11,2	10,63	7,5 %
Pharma				
Glaxo Smithkline Consumer Nig.	134	18,0	5,8	2,4 %
Market Average		27,7	6,76	2,1 %
Bau				
Julius Berger Nigeria	139	16,4	6,09	1,5 %
Konglomerate				
PZ Industries	506	18,4	2,59	2,6 %
UACN	323	15,1	3,14	2,9 %
Unilever Nigeria	550		12,99	0,0 %

Erläuterungen:

a) Marktkapitalisierung im August 2007 in Millionen US-Dollar

b) Kurs-Gewinn-Verhältnis

c) Kurs-Buchwert-Verhältnis

d) Dividendenrendite

Quelle: Africa Markets Focus August 2007, Databank, www.databankgroup.com; eigene Darstellung

Für den nigerianischen Kapitalmarkt war die Reform des Pensionsfondssystems im Jahr 2004 ein entscheidender Schritt. Seitdem dürfen die staatlichen Rentenkassen ihr Geld am heimischen Finanzmarkt investieren; bis zu 5 Prozent der Mittel dürfen in Aktien angelegt werden. Inzwischen werden auch Gelder reicher Nigerianer aus dem Ausland repatriiert und in heimische Aktien investiert.

8.7 Ghana

8.7.1 Kurzprofil

Ghana ist ein rohstoffreiches Land am Golf von Guinea, das im Westen an Côte d'Ivoire (Elfenbeinküste), im Norden an Burkina Faso (ehemals Obervolta) und im Westen an Togo grenzt.

Seit dem 17. Jahrhundert gründeten zahlreiche europäische Mächte (Portugiesen, Engländer, Niederländer, Brandenburger, Schweden, Dänen) befestigte Niederlassungen an der Goldküste. Nachdem das britische Kolonialbüro bereits um 1820 die britischen Handelsposten übernommen hatte, wurde der Küstenstreifen von Ghana 1874 zur britischen Kronkolonie erklärt; das zentrale Ashantiland und die nördlichen Landesteile wurden 1901 annektiert.

Am 6. März 1957 wurden die Goldküste und das Ashantiland als Ghana unter Premierminister Kwame Nkrumah, der zuvor bereits an der Spitze der Freiheitsbewegung gestanden hatte, unabhängig. Die missglückten Experimente mit Staatsmonopolismus und Sozialismus stürzten das Land in eine tiefe Krise. Auch die folgenden Militärregierungen, die durch Putsche in den Jahren 1966, 1972, 1978, 1979 und 1981 an die Macht kamen, konnten die Misere nicht beseitigen. Jerry Rawlings, ein ehemaliger Fliegerleutnant, herrschte von 1981 bis 2000, zunächst diktatorisch und ab 1993 als demokratisch gewählter Präsident. Während seiner Regierungszeit fand das Land mit Unterstützung von IWF und Weltbank zu weitgehender wirtschaftlicher Stabilität. Seit 2000 ist Präsident John Agyekum Kufuor im Amt.

Tabelle 8-18: Basisdaten von Ghana

Merkmal		Wert
Fläche (km²)		239.460
Einwohnerzahl	Juli 2007	22.931.299
Medianalter	2007	20,2
Bevölkerungswachstum	2007	1,97 %
Lebenserwartung bei Geburt (Jahre)	2007	59,12
Fruchtbarkeitsrate (Kinder pro Frau)	2007	3,89
HIV/AIDS-Infektionsrate (Erwachsene)	2003	3,1
Handynutzer (in Millionen)	2006	5,21
Handynutzer (Anteil an Gesamtbevölkerung)		22,7 %
Internetnutzer (in Millionen)	2006	0,61
Internetnutzer (Anteil an Gesamtbevölkerung)		2,7 %
Analphabetenrate (15 Jahre und älter)	2000	42,1
Religionen	Christen	68,8 %
	Muslime	15,0 %
	Traditionell	8,5 %
	Andere	9,2 %
Amtssprache	Englisch	
Geschäftssprache	Englisch	
Staatsform	Präsidialrepublik	
Hauptstadt	Accra	
Staatsoberhaupt	Präsident John Agyekum Kufuor	
Regierungschef	Präsident John Agyekum Kufuor	
Währung	1 New Cedi = 100 Pesewa	

Quelle: CIA World Factbook, www.cia.gov

8.7.2 Wirtschaftsentwicklung

Ghana ist eines der wenigen afrikanischen Entwicklungsländer mit einer ziemlich breitgefächerten industriellen Basis. Auf der Rohstoffseite zählen Gold, Diamanten, Bauxit, Aluminium, Zement und Holz dazu und in der übrigen Wirtschaft Ölraffinerien, Brauereien, Textilien, Elektronikwaren und Pharmazeutika.

Die wichtigsten Exportgüter Ghanas sind Gold, Holz und Kakao. Trotz des gut ausgebauten Bergbausektors mit einer langen Tradition ist Ghana in erster Linie ein Agrarland mit einem hohen Anteil von Subsistenzwirtschaft. Verglichen mit den umliegenden, französischsprachigen Nachbarländern ist Ghana wohlhabender.

Das Wirtschaftswachstum Ghanas ist robust und wird vor allem von der Landwirtschaft gestützt. Bis 2008 soll die Wachstumsrate auf 6 Prozent zunehmen. Für das ehrgeizige Ziel des Landes, bis 2015 zu den Schwellenländern zu zählen, reicht dies allerdings nicht aus. Nach Berechnung des IWF müsste hierzu das jährliche Wachstum auf 8,5 Prozent steigen, wofür deutlich höhere Investitionen erforderlich wären.

Ghana profitierte von der HIPC-Initiative der Weltbank für stark verschuldete arme Länder *(Heavily Indebted Poor Country)* in Form eines umfassenden Schuldenerlasses. Ghanas Auslandsverschuldung wurde dadurch von 7,3 Milliarden US-Dollar im Jahr 2005 auf 3,5 Milliarden US-Dollar Ende 2006 reduziert.

Tabelle 8-19: Wirtschafts- und Finanzdaten von Ghana

Gegenstand	Bemerkung	Wert
Bruttoinlandsprodukt (BIP) in Mrd. US-Dollar[a)]	2006 (Schätzung)	10,21
BIP pro Einwohner (US-Dollar)[a)]	nach Kaufkraftparität	2700
Wirtschaftssektoren (2006)[a)]	Landwirtschaft	37,7 %
	Industrie	25,3 %
	Dienstleistungen	37,5 %
BIP – reale Wachstumsrate[b)]	2006 (Schätzung)	5,7 %
	2007 (Schätzung)	5,8 %
	2008 (Prognose)	6,0 %

Gegenstand	Bemerkung	Wert
Arbeitslosenrate[e)]	2003	30 %
Inflationsrate[b)]	2006 (Schätzung)	10,9 %
	2007 (Schätzung)	9,2 %
	2008 (Prognose)	10,5 %
Staatsverschuldung (Prozent vom BIP)[b)]	2006 (Schätzung)	38,6 %
Länderbonitätsindex (gem. Institutional Investor)[c)]	März 2007	34,2
Länderbonitätsindex (Veränderung 1 Jahr)[c)]	03/2007 vs. 03/2006	1,7
TI Korruptionswahrnehmungsindex (Skala 0 bis 10)[d)]	2006	3,3
Währungsreserven incl. Gold (Mrd. US-Dollar)[a)]	2006 (Schätzung)	2,098
Auslandsschulden (Mrd. US-Dollar)[a)]	30.6.2006 (Schätzung)	3,5
Empfangene Entwicklungshilfe (Mrd. US-Dollar)[a)]	1999	6,9

Quellen: [a]) CIA World Factbook; [b]) bfai; [c]) Institutional Investor; [d]) Transparency International; [e]) www.afrika-auf-einen-blick.de

Wachstumsbranchen (Auswahl)[9]:

- Bergbau
- Erdölförderung
- Bauwirtschaft
- Telekommunikation
- Tourismus

Das Rechts- und Wirtschaftssystem ist für ausländische Investitionen deutlich günstiger als in den Nachbarländern. Gut ablesen lässt sich das an der Rangstelle im Ranking des *Doing Business Reports 2008* der Weltbank. Ghana steht an der Rangstelle 87, bald gefolgt von Nigeria (Rang 108). Die frankophonen Staaten sind hingegen auf den letzten Plätzen zu finden: Côte d'Ivoire (Rang 155), Togo (Rang 156) und Burkina Faso (Rang 161).

[9] Quelle: Bundesagentur für Außenwirtschaft, www.bfai.de

Abbildung 8-14: Kursentwicklung des Ghanaischen Cedi

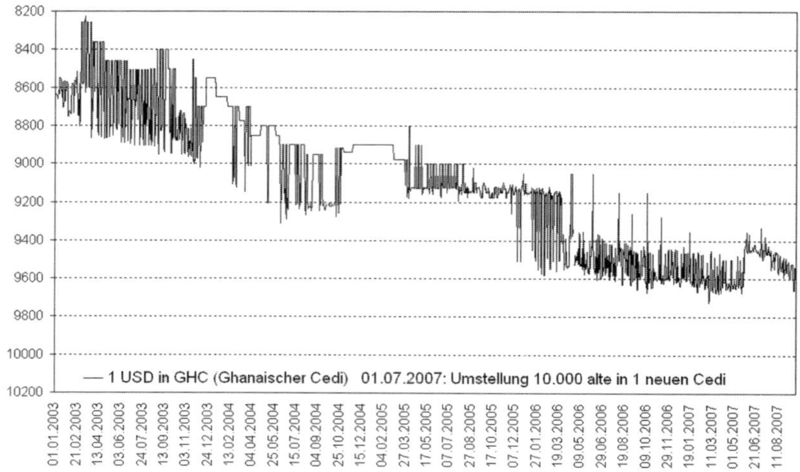

Datenquelle: OANDA, The Currency Site, www.oanda.com; graphische Darstellung: Trans Africa Invest, www.trans-africa-invest.com

8.7.3 Die Börse in Ghana

Die Börse in Ghana (*Ghana Stock Exchange*, GSE) wurde 1990 gegründet; ein Jahr später wurde der Handel in Accra, der Hauptstadt Ghanas, aufgenommen. Derzeit werden 38 Aktien und 4 Anleihen notiert. Hinzu kommen 8 unnotierte Werte.[10] Die Marktkapitalisierung beträgt aktuell (Oktober 2007) 12,5 Milliarden US-Dollar.

Das Marktbarometer, das alle gelisteten Aktien enthält, ist der *Ghana Stock Exchange All Shares Index (GSE All Share Index).*

Die fundamentale Bewertung ist günstig, vor allem im Vergleich zu Nigeria. Auf dem Kurszettel in Accra sind noch Unternehmen mit einstelligen Kurs-Gewinn-Verhältnissen zu finden.

[10] Quelle: African Financial Markets, www.africanfinancialmarkets.com, 11.10.2007

Tabelle 8-20: Kennzahlen ghanaischer Aktien

Branche Aktiengesellschaft	**MKAP[a)]**	**KGV[b)]**	**KBV[c)]**	**DR[d)]**
Banken				
CAL Bank	56,07	9,3	1,9	2,3 %
Ecobank Ghana	257,27	13,5	4,6	4,5 %
Ecobank Transnational Incorporated	1532,85	14,6	2,9	1,6 %
Ghana Commercial Bank	196,02	6,2	2	8,0 %
HFC Bank	59,11	24,8	4,2	1,0 %
Standard Chartered Bank	342,73	11,5	5,1	7,2 %
SG-SSB Bank	139,09	11,8	2,3	8,3 %
Trust Bank (The Gambia)	85,6	21	8,2	3,8 %
Versicherungen				
Enterprise Insurance	29,76	16,4	2,4	2,3 %
Brauereien				
Accra Brewery	30,89	29,6	2,7	0,0 %
Guinness Ghana Breweries	170,39	12,6	2,5	4,4 %
Konsumgüter				
Paterson Zochonis	22,01	6,1	1,2	1,0 %
Super Paper Products	0,42	Verlust	0,2	0,0 %
Unilever Ghana	128,2	10,3	3,4	5,5 %
Handel				
CFAO Ghana	8,44	10	2,1	0,0 %
Mechanical Lloyd	11,33	9,4	1,1	1,9 %
Total Petroleum Ghana	82,02	11,1	1,3	4,8 %
Produce Buying Company	124,04	Verlust	20	0,0 %

Branche Aktiengesellschaft	MKAP[a)]	KGV[b)]	KBV[c)]	DR[d)]
Lebensmittel & Tabak				
British American Tobacco	31,75	Verlust	3,1	0,0 %
Fan Milk	42	9,2	2,9	2,3 %
Lebensmittelverarbeitung				
Benso Oil Palm	18,73	13,3	1,4	2,1 %
Golden Web Limited	1,77	Verlust	1,4	0,0 %
Verarbeitung				
Aluworks	33,21	32,2	2,8	2,0 %
Camelot Ghana	1,2	21,6	3,3	2,4 %
Cocoa Processing Company	62,82	70,7	1,8	0,8 %
Pioneer Aluminium		Verlust	1,3	0,0 %
Sam Woode	1,42	7,7	1,9	13,2 %
Information & Kommunikation				
Clydestone	2,93	25,1	2,7	3,8 %
Transactions Solutions	10,34	14	2,7	0,0 %
Pharma				
Ayrton Drug Manufacturing	22,59	18,1	3	1,0 %

Erläuterungen:
[a)] Marktkapitalisierung im August 2007 in Millionen US-Dollar
[b)] Kurs-Gewinn-Verhältnis
[c)] Kurs-Buchwert-Verhältnis
[d)] Dividendenrendite
Quelle: Africa Markets Focus August 2007, Databank, www.databankgroup.com; eigene Darstellung

8.8 Côte d'Ivoire

8.8.1 Kurzprofil

Die „Elfenbeinküste", das Küstengebiet der heutigen Republik Côte d'Ivoire, wurde erstmals im 15. Jahrhundert von portugiesischen Kaufleuten zum Handel mit den Küstenstämmen benutzt. Ab dem 17. Jahrhundert dominierten die Franzosen; sie erklärten das Gebiet 1893 zur Kolonie Côte d'Ivoire. Das seit 1960 unabhängige Land ist flächenmäßig fast so groß wie Deutschland, hat aber nur 18 Millionen Einwohner.

Unter dem ersten Präsidenten Felix Houphouët-Boigny, der das Land von 1960 bis zu seinem Tod 1993 regierte, war das Land dem Westen zugewandt und verfolgte eine marktwirtschaftlich orientierte Politik. Das damals über lange Zeit politisch stabile Land entwickelte sich zu einem der reichsten Staaten Westafrikas.

Ende der 90er-Jahre änderte sich die Situation dramatisch. Stark verfallende Kakaopreise führten zu deutlich sinkenden Exporterlösen und zu einer wirtschaftlichen Krise. Im Dezember 1999 führte ein unblutiger Putsch zu einer Militärregierung und in der Folge zu einer zunehmenden Konfliktsituation zwischen der christlichen Bevölkerung im relativ reichen Süden und der überwiegend moslemischen Bevölkerung im ärmeren Norden des Landes. Nachdem im Jahr 2000 der heutige Präsident Laurent Gbagbo in umstrittenen Wahlen an die Macht gekommen war, rebellierte 2002 ein Teil der Armee gegen die Regierung und brachte den nördlichen Teil des Staates unter seine Kontrolle.

2006 hat ein Waffenstillstand die bürgerkriegsähnlichen Zustände vorerst beendet. Einige Oppositionelle durften Funktionen in der Regierung übernehmen. Die Lage ist allerdings weiterhin als instabil anzusehen. Friedenstruppen der Vereinten Nationen und Frankreichs kontrollieren eine Pufferzone zwischen den beiden Landesteilen.

Tabelle 8-21: Basisdaten von Côte d'Ivoire

Merkmal		Wert
Fläche (km²)		322.460
Einwohnerzahl	Juli 2007	18.013.409
Medianalter	2007	19,3
Bevölkerungswachstum	2007	2,00 %
Lebenserwartung bei Geburt (Jahre)	2007	49
Fruchtbarkeitsrate (Kinder pro Frau)	2007	4,43
HIV/AIDS-Infektionsrate (Erwachsene)	2003	7,00 %
Handynutzer (in Millionen)	2006	4,065
Handynutzer (Anteil an Gesamtbevölkerung)		22,6 %
Internetnutzer (in Millionen)	2006	0,3
Internetnutzer (Anteil an Gesamtbevölkerung)		1,7 %
Analphabetenrate (15 Jahre und älter)	2003	49,1 %
Religionen	Muslime	35–40 %
	Christen	20–30 %
	Naturreligionen	25–40 %
Amtssprache	Französisch	
Geschäftssprache	Französisch	
Staatsform	Präsidialrepublik	
Hauptstadt	Yamassoukrou	
Staatsoberhaupt	Präsident Laurent Gbagbo	
Regierungschef	Premierminister Guillaume Soro	
Währung	CFA-Franc BCEAO	

Quelle: CIA World Factbook, www.cia.gov

8.8.2 Wirtschaftsentwicklung

Die Elfenbeinküste ist der weltgrößte Produzent von Kakao; etwa 40 Prozent der weltweiten Produktion stammen aus dem westafrikanischen Staat. Der Kakaopreis reagiert deshalb besonders sensibel auf Veränderungen der politischen Situation in Côte d'Ivoire. Kaffee, Palmöl, Baumwolle, Naturkautschuk, Obst und Gemüse sind weitere wichtige landwirtschaftliche Exportgüter. Da die Regierung die nach dem Raubbau der Vergangenheit noch verbliebenen restlichen Regenwälder schützen will und außerdem um Aufforstungen bemüht ist, verliert die Holzindustrie an Bedeutung.

Angesichts der politischen Krise expandiert die Wirtschaft kaum. Es ist allerdings schon als positiv zu werten, dass die Wirtschaftsleistung nicht schrumpft, wie das in anderen afrikanischen Staaten in Bürgerkriegssituationen in der Vergangenheit geschehen war. Die Krise hat bereits zu einer Umverteilung der intraregionalen Warenströme in Nachbarländer geführt, die die Funktion der Elfenbeinküste als wichtiges Transitland schwächen.

Ohne die Krise könnte Côte d'Ivoire leicht ein Wirtschaftswachstum von 5 Prozent und mehr verzeichnen. Im Falle eines dauerhaften Friedens wäre dieser Wachstumspfad vorgezeichnet. Beim Anhalten der derzeitigen politischen Situation ist 2007 und 2008 bestenfalls ein leichtes Wachstum von 2 Prozent zu erwarten. Falls eine schnelle Normalisierung der Verhältnisse gelingt, rechnen Experten ab 2009 mit einer Wachstumsrate von über 5 Prozent.

Tabelle 8-22: Wirtschafts- und Finanzdaten von Côte d'Ivoire

Gegenstand	Bemerkung	Wert
Bruttoinlandsprodukt (BIP) in Mrd. US-Dollar[a)]	2006 (Schätzung)	17,19
BIP pro Einwohner (US-Dollar)[a)]	nach Kaufkraftparität	1600
Wirtschaftssektoren (2006)[a)]	Landwirtschaft	27,0 %
	Industrie	18,5 %
	Dienstleistungen	54,5 %
BIP – reale Wachstumsrate[b)]	2006 (Schätzung)	1,2 %
	2007 (Schätzung)	1,4 %
	2008 (Prognose)	2,0 %

Gegenstand	Bemerkung	Wert
Arbeitslosenrate[b)]		40,0 %
Inflationsrate[b)]	2006 (Schätzung)	3,1 %
	2007 (Schätzung)	2,5 %
	2008 (Prognose)	3,0 %
Staatsverschuldung (Prozent vom BIP)[b)]	2006 (Schätzung)	69,4 %
Länderbonitätsindex (gem. Institutional Investor)[c)]	März 2007	14,8
Länderbonitätsindex (Veränderung 1 Jahr)[c)]	03/2007 vs. 03/2006	-0,9
TI Korruptionswahrnehmungsindex (Skala 0 bis 10)[d)]	2006	2,1
Währungsreserven incl. Gold (Mrd. US-Dollar)[a)]	2006 (Schätzung)	1,4
Auslandsschulden (Mrd. US-Dollar)[a)]	30.6.2006 (Schätzung)	12,0
Empfangene Entwicklungshilfe (Mrd. US-Dollar)[a)]	1996 (Schätzung)	1

Quellen: [a]) CIA World Factbook; [b]) bfai; [c]) Institutional Investor; [d]) Transparency International

Wachstumsbranchen (Auswahl)[11]:

- Erdöl, Erdgas
- Bergbau
- Telekommunikation (vor allem Mobilfunk)
- Agrarindustrie
- Bauwirtschaft
- Sicherheitsdienstleistungen

Das Umfeld für Direktinvestitionen ist sehr schwierig. Neben den politischen Unwägbarkeiten leidet das Land unter einer hohen Durchdringung von Regierung, Wirtschaft und Verwaltung mit Korruption.

11 Quelle: Bundesagentur für Außenwirtschaft, www.bfai.de

8.8.3 Die westafrikanische Regionalbörse

Die *Bourse Régionale des Valeurs Mobilières SA*, abgekürzt BRVM, ist die Börse der Westafrikanischen Wirtschafts- und Währungsunion. Sie wurde 1998 als weltweit erste Regionalbörse eröffnet. Sie ist für die acht Staaten der Westafrikanischen Wirtschafts- und Währungsunion (frz. *Union Économique et Monétaire Ouest Africaine*, abgekürzt UEMOA) zuständig:

- Benin
- Burkina Faso
- Guinea-Bissau
- Côte d'Ivoire
- Mali
- Niger
- Senegal
- Togo

Diese hauptsächlich französischsprachigen Länder bilden den gemeinsamen Währungsraum des westafrikanischen CFA-Franc (ISO-Code: XOF). Er ist – ebenso wie der zentralafrikanische CFA-Franc (ISO-Code: XAF) – im Verhältnis von 655,957 CFA-Francs je Euro an die europäische Gemeinschaftswährung gekoppelt.

Beide Währungsräume zusammen bilden die CFA-Franc-Zone. (Siehe auch Kap. 6.2.2). Frankreich garantiert mit seinen Devisenreserven die Konvertibilität des CFA-Francs.

Die Zentrale der Westafrikanischen Zentralbank (frz.: *Banque Centrale des Etats de l'Afrique de l'Ouest*, kurz BCEAO) befindet sich in Dakar, der Hauptstadt des Senegal.

Die Börse befindet sich in Abidjan, dem wirtschaftlichen Zentrum von Côte d'Ivoire. (Die offizielle Hauptstadt des Landes ist seit 1983 Yamoussoukro). Die BRVM löste die Abidjan Stock Exchange ab. In den übrigen Ländern befinden sich Büros der BVRM.

Die vollelektronische Börse hat drei Segmente:

- Der Kurszettel der ersten Sektion des Aktienmarktes umfasst derzeit 38 Aktien. Um hier gelistet zu sein, bedarf es u. a. einer Marktkapitalisierung von mindestens 500 Millionen CFA-Francs (762.195 Euro).
- Die zweite Sektion des Aktienmarktes mit niedrigeren Zulassungshürden beinhaltet derzeit weniger als 10 Titel.
- Am Rentenmarkt werden derzeit 26 Staats- und Unternehmensanleihen mit Laufzeiten bis 2013 notiert, aber nur sporadisch gehandelt.

Die Börse hat folgende Indizes entwickelt:

- Der *BRVM Composite Index* beinhaltet sämtliche notierten Aktien. Die Zusammensetzung wird nach jeder Neuemission adjustiert. Nur Stammaktien werden berücksichtigt.
- Der *BRVM 10 Index* enthält die zehn meistgehandelten Werte. Die Zusammensetzung wird vierteljährlich angepasst.
- Branchenindizes für die Sektoren
  Industrie
  öffentliche Versorgungsunternehmen
  Finanzen
  Transport
  Landwirtschaft
  Einzelhandel[12]
  sonstige Sektoren

Die Aktienkurse sind in den letzten Jahren zwar angestiegen; die Performance ist jedoch deutlich verhaltener als die stürmischen Entwicklungen in Nigeria und Ghana.

[12] Der Sektor Einzelhandel (Distribution) beinhaltet auch die Ölfirmen.

Abbildung 8-15: Kursentwicklung der westafrikanischen Regionalbörse

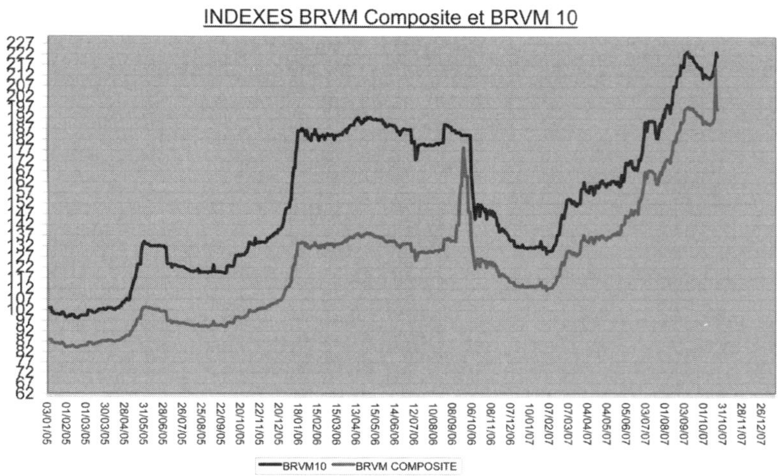

Quelle: Bourse Régionale des Valeurs Mobilières, www.brvm.org; die obere Kurskurve stellt den BVRM 10 Index, die untere den BVRM Composite Index dar.

Die Marktkapitalisierung betrug im Oktober 2007 für den Gesamtmarkt 7,5 Milliarden US-Dollar. Davon entfallen 5,8 Milliarden US-Dollar auf die im BVRM 10 Index enthaltenen Aktiengesellschaften.

Die folgende Tabelle zeigt eine Übersicht der derzeit gehandelten 38 Aktien.

Tabelle 8-23: An der westafrikanischen Regionalbörse gehandelte Aktien

Branche Unternehmen	**Kurzname**	**Symbol**	**Heimatland**	**Indexwerte BVRM 10**	**MKAP[a)]**
Industrie					
Société Ivoirienne de Câbles	SICABLE	CABC	Côte d'Ivoire		4
Centre d'Edition et de Diffusion Africaines	CEDA	CDAC	Côte d'Ivoire		1,6
Filature, Tissage, Sacs	FILTISAC	FTSC	Côte d'Ivoire	x	6,2
Edition, Distribution et Vente de Livres et Publication	NEI	NEIC	Côte d'Ivoire		2,7

Branche Unternehmen	Kurzname	Symbol	Heimatland	Indexwerte BVRM 10	MKAP[a)]
Nestlé-Côte d'Ivoire	NESTLE_CI	NTLC	Côte d'Ivoire		156,9
Société Ivoirienne d'Emballage Métallique (Crown SIEM)	SIEM	SEMC	Côte d'Ivoire		58,6
Société Abidjanaise de Gérance et d'Exploitation Commerciale	SAGECO	SGCC	Côte d'Ivoire		1,3
Société Ivoirienne d'Oxygène et d'Acétylène	SIVOA	SIVC	Côte d'Ivoire	x	19,4
Société de Limonaderies et Brasseries d'Afrique	SOLIBRA	SLBC	Côte d'Ivoire		655
Société Multinationale de Bitume	SMB	SMBC	Côte d'Ivoire		55,3
Société Ivoirienne des Tabacs	SITAB	STBC	Côte d'Ivoire	x	90,9
Société Ivoirienne de Trituration de Graines Oléagineuses et de Raffinage	TRITURAF	TTRC	Côte d'Ivoire		14,3
Unilever CI	UNILEVER	UMLC	Côte d'Ivoire		131,8
Uniwax CI	UNIWAX	UNXC	Côte d'Ivoire		7,5
Öffentliche Versorgungsunternehmen					
Compagnie Ivoirienne d'Electricité	CIE	CIEC	Côte d'Ivoire	x	85
Société de Distribution d'Eau de Côte d'Ivoire	SODE	SDCC	Côte d'Ivoire		17,9
Société Nationale de Télécommunication	SONATEL	SNTS	Senegal	x	3445,6
Finanzen					
Banque Internationale pour le Commerce et l'Industrie de Côte d'Ivoire	BICICI	BICC	Côte d'Ivoire	x	107,7
Banque of Africa – Bénin	BOA_BENIN	BIOAB	Benin		56,7

Branche Unternehmen	Kurzname	Symbol	Heimatland	Indexwerte BVRM 10	MKAP[a)]
Banque of Africa – Niger	BOA_ NIGER	BOAN	Niger		10,2
Ecobank Transnational Incorp. TG	ECO-BANK	ETIT	Togo	x	1329,6
Société Africaine de Crédit Automobile	SAFCA	SAFC	Côte d'Ivoire		5,4
Société Générale de Banques en Côte d'Ivoire	SGB	SGBC	Côte d'Ivoire		178,3
Transport					
Société Delmas Vieljeux Côte d'Ivoire	SDV	SDVC	Côte d'Ivoire		32,2
Société Ivoirienne d'Opération Maritime	SIVOM	SVOC	Côte d'Ivoire		2,5
Landwirtschaft					
PALM - Côte d'Ivoire	PALM	PALC	Côte d'Ivoire	x	87,9
Plantation et Huileries de Côte d'Ivoire	PH	PHC	Côte d'Ivoire		9,9
Société Ivoirienne de Coco Râpé	SICOR	SICC	Côte d'Ivoire		2,8
Société des Caoutchoucs de Grand-Béréby	SOGB	SOGC	Côte d'Ivoire	x	130,3
Société Africaine de Plantation d'Hévéas	SAPH	SPHC	Côte d'Ivoire	x	232
Einzelhandel					
Abidjan Catering – Côte d'Ivoire	ABIDJAN CATE-RING	ABJC	Côte d'Ivoire		4,3
Bernabe-Côte d'Ivoire	BER-NABE	BNBC	Côte d'Ivoire		13,2
Compagnie Française de l'Afrique Occidentale en Côte d'Ivoire	CFAO	CFAC	Côte d'Ivoire		40,5
Peyrissac-Côte d'Ivoire	PEYRISS-AC	PRSC	Côte d'Ivoire		17,2

Branche Unternehmen	Kurzname	Symbol	Heimatland	Indexwerte BVRM 10	MKAP[a]
Shell-Côte d'Ivoire	SHELL	SHEC	Côte d'Ivoire		24,4
Société Africaine de Représentations Industrielles	SARI	SRIC	Côte d'Ivoire		14,7
Total Fina Elf Oil Côte d'Ivoire	TOTAL FINA ELF	TTLC	Côte d'Ivoire		71
sonstige Sektoren					
Société d'Etudes et de Travaux pour l'Afrique de l'Ouest	SETAO	STAC	Côte d'Ivoire		2

[a]) Marktkapitalisierung im Oktober 2007 in Millionen US-Dollar
Quelle: BRVM, www.brvm.org; African Financial Markets, www.africanfinancialmarkets.com; eigene Darstellung

8.9 Kenia

8.9.1 Kurzprofil

Kenia ist ein Vielvölkerstaat im Osten Afrikas. Portugiesen nutzten die Küsten Ostafrikas bereits ab dem 15. Jahrhundert, um Tribut von lokalen Völkern einzutreiben, und als Stützpunkt des Sklavenhandels. Später wurden sie von Briten, Niederländern und Arabern aus dem Oman verdrängt. Die arabische Kolonisation konzentrierte sich auf die Insel Sansibar, die heute zu Tansania gehört. Bis zum ausgehenden 19. Jahrhundert geriet die Küste aber zunehmend unter britischen Einfluss.

Die eigentliche Kolonialgeschichte Kenias begann 1885 mit der Errichtung eines deutschen Protektorats über die Küstenbesitztümer des Sultans von Sansibar. Im Jahr 1890 wurde der Besitz an die Briten übergeben, die 1895 das Protektorat Britisch-Ostafrika gründeten. 1902 wurde das Bergland als Siedlungskolonie freigegeben, und im Jahr 1920 wurde Kenia offiziell zur Kronkolonie erklärt. Während des Ersten Weltkriegs gab es guerillakriegsähnliche Auseinandersetzungen zwischen Briten und Deutschen.

Nach dem Zweiten Weltkrieg destabilisierte der Mau-Mau-Aufstand das Land von 1952 bis 1960. Im Dezember 1963 wurde Kenia unabhängig. Seitdem regierten drei Präsidenten das Land: Jomo Kenyatta von 1963 bis zu seinem Tod 1978, Daniel arap Moi bis 2002 und seitdem Mwai Kibaki. Die nächsten Wahlen stehen im Dezember 2007 an.

Tabelle 8-24: Basisdaten von Kenia

Merkmal		Wert
Fläche (km²)		582.650
Einwohnerzahl	Juli 2007	36.913.721
Medianalter	2007	18,6
Bevölkerungswachstum	2007	2,80 %
Lebenserwartung bei Geburt (Jahre)	2007	55,31
Fruchtbarkeitsrate (Kinder pro Frau)	2007	4,82
HIV/AIDS-Infektionsrate (Erwachsene)	2003	6,70 %
Handynutzer (in Millionen)	2006	6,49
Handynutzer (Anteil an Gesamtbevölkerung)		17,6 %
Internetnutzer (in Millionen)	2006	2,77
Internetnutzer (Anteil an Gesamtbevölkerung)		7,5 %
Analphabetenrate (15 Jahre und älter)	2003	14,9 %
Religionen	Christen	78 %
	Muslime	10 %
	Naturreligionen	12 %

Merkmal	
Amtssprachen	Swahili, Englisch
Geschäftssprachen	Swahili, Englisch
Staatsform	Präsidialrepublik
Hauptstadt	Nairobi
Staatsoberhaupt	Präsident Mwai Kibaki
Regierungschef	Präsident Mwai Kibaki
Währung	Kenia-Schilling (KES)

Quelle: CIA World Factbook, www.cia.gov

8.9.2 Wirtschaftsentwicklung

Kenia ist der regionale Knotenpunkt für Handel, Finanzen, Verkehr und Tourismus in Ostafrika und verfügt deshalb über eine strategisch günstige Position.

Behindernd wirken allerdings die starke Korruption im Land, die deutlich negativere Auswirkungen hat als in den Nachbarländern Uganda und Tansania. Aufgrund von Regierungsskandalen hatte der IWF von 2006 bis 2007 vorübergehend die Auszahlungen von Krediten gestoppt. Bereits von 1997 bis 1999 hatten IWF und Weltbank keine Kredite mehr genehmigt, weil die geforderten Reformen bei der Regierungsführung nicht eingeleitet wurden.

Die Wirtschaft wurde davon jedoch nicht beeinträchtigt. Das sehr robuste und breit angelegte Wirtschaftswachstum betrug 2006 über 6 Prozent und sollte sich in den Folgejahren nur geringfügig abschwächen. Es wurde gestützt von Maßnahmen der Regierung zur Deregulierung und Privatisierung. Relativ am stärksten war die Expansion im Tourismus und in der Telekommunikationsbranche. Die Landwirtschaft, die traditionell sehr anfällig gegenüber klimatischen Störungen wie Dürren oder Überschwemmungen ist, konnte 2006 von günstigen Klimabedingungen profitieren.

Abbildung 8-16: Im Geschäftszentrum von Nairobi

Foto: Hartmut Sieper

Das tägliche Verkehrschaos im Zentrum von Nairobi, der mit 3 bis 4 Millionen Einwohnern viertgrößten Stadt Afrikas

Hemmschuhe für die Wirtschaftsentwicklung sind vor allem der mangelhafte Zustand des Straßennetzes und die unzureichenden Hafenkapazitäten, aber zunehmend auch die hohe und weiter ansteigende Kriminalität in der Hauptstadt Nairobi.

Es wird berichtet, dass immer mehr Gewaltkriminelle aus Südafrika nach Nairobi kommen und den Kenianern beibringen, dass man zuerst schießt und dann erst Fragen stellt.

Ein kritischer Erfolgsfaktor wird weiterhin das Thema Korruptionsbekämpfung bleiben.

Tabelle 8-25: Wirtschafts- und Finanzdaten von Kenia

Gegenstand	Bemerkung	Wert
Bruttoinlandsprodukt (BIP) in Mrd. US-Dollar[a)]	2006 (Schätzung)	17,43
BIP pro Einwohner (US-Dollar)[a)]	nach Kaufkraft-parität	1200
Wirtschaftssektoren (2006)[a)]	Landwirtschaft	75,0 %
	Industrie u. Dienst-leist.	25,0 %
BIP – reale Wachstumsrate[b)]	2006 (Schätzung)	6,1 %
	2007 (Schätzung)	5,5 %
	2008 (Prognose)	5,2 %
Arbeitslosenrate[a)]	2001	40 %
Inflationsrate[b)]	2006 (Schätzung)	14,5 %
	2007 (Schätzung)	9,0 %
	2008 (Prognose)	7,0 %
Staatsverschuldung (Prozent vom BIP)[b)]	2006 (Schätzung)	50,5 %
Haushalt (Prozent vom BIP)[b)]		
Länderbonitätsindex (gem. Institutional Investor)[c)]	März 2007	27,7
Länderbonitätsindex (Veränderung 1 Jahr)[c)]	03/2007 vs. 03/2006	0,7
TI Korruptionswahrnehmungsindex (Skala 0 bis 10)[d)]	2006	2,2
Währungsreserven incl. Gold (Mrd. US-Dollar)[a)]	2006 (Schätzung)	2,35
Auslandsschulden (Mrd. US-Dollar)[a)]	30.6.2006 (Schätzung)	6,7
Empfangene Entwicklungshilfe (Mrd. US-Dollar)[a)]	1997	0,453

Quellen: [a)] CIA World Factbook; [b)] bfai; [c)] Institutional Investor; [d)] Transparency International

Wachstumsbranchen (Auswahl)[13]:

- Telekommunikation
- Informationstechnik
- Industrieanlagen
- Bergbau
- Tourismus

Für ausländische Direktinvestoren will Kenia bis Ende 2007 eine einzige Anlaufstelle schaffen, die alle für eine Unternehmensgründung erforderlichen Maßnahmen koordinieren soll. Das Nachbarland Tansania hat bereits einen solchen *One Stop Shop*.

Im Tourismus setzt das *Kenyan Tourist Board* zunehmend auf Qualität. Begründet wird dieser Wechsel in der Strategie damit, dass es schon zu viele Billigtouristen gäbe. Da die Hotelkapazitäten oft ausgebucht sind, vor allem in Nairobi, gibt es hier gute Investitionschancen.

Abbildung 8-17: Kursentwicklung des Kenianischen Shilling

Datenquelle: OANDA, The Currency Site, www.oanda.com; graphische Darstellung: Trans Africa Invest, www.trans-africa-invest.com

[13] Quelle: Bundesagentur für Außenwirtschaft, www.bfai.de

8.9.3 Die Börse in Nairobi

Die Nairobi Stock Exchange wurde bereits zu Kolonialzeiten im Jahr 1954 gegründet. Heute gehört sie hinsichtlich der Liquidität zu den aktivsten Börsen Afrikas. Mit einer Marktkapitalisierung von 11,5 Milliarden US-Dollar steht sie in Afrika auf Rang 5.

Die Aktien von Kenya Airways, East African Breweries und Jubilee Holdings werden auch in Kampala und Dar Es-Salaam notiert. Die ostafrikanischen Börsen arbeiten mittelfristig auf eine Vereinheitlichung ihrer Kapitalmärkte hin. Die Nairobi Stock Exchange hat zwei Marktsegmente. Am Hauptmarkt werden derzeit 46 Aktien gehandelt. Am alternativen Investment-Markt werden 7 Aktien mit sehr geringer Marktkapitalisierung notiert.

Das bisher einzige Marktbarometer ist der *Nairobi Stock Exchange 20 Index* (NSE 20 Index), der die 20 marktbreitesten Werte umfasst. Die Börse von Nairobi arbeitet allerdings derzeit an der Einführung eines umfassenden, kapitalisierungsgewichteten Indexes, der alle Aktien beinhalten soll. Der Aktienindex ist nach einem jahrelangen Abwärtstrend und einem ausgeprägten Tief im Jahr 2002 in den letzten Jahren stark angestiegen. In lokaler Währung hat er sich in der Spitze versechsfacht, bevor eine Korrektur einsetzte, die derzeit noch anhält.

Abbildung 8-18: Kursentwicklung des kenianischen Aktienmarktes

Quelle: Nairobi Stock Exchange, www.nse.co.ke; Grafik: Trans Africa Invest, www.trans-africa-invest.com

Die Aktien sind aus fundamentaler Sicht teilweise noch moderat bewertet. Der Ausländeranteil an den Umsätzen liegt noch deutlich unter 10 Prozent. Sobald der kenianische Aktienmarkt von internationalen Anlegern „entdeckt" wird, könnte – ähnlich wie es in Nigeria bereits zu beobachten ist – eine nachfragegetriebene Höherbewertung einsetzen.

Tabelle 8-26: Kennzahlen kenianischer Aktien

Branche Aktiengesellschaft	MKAP[a)]	KGV[b)]	DR[c)]
MAIN INVESTMENT MARKET SEGMENT (MIMS)			
Landwirtschaft			
Unilever Tea	47	60,7	3,1 %
Kakuzi	10	Verlust	
Rea Vipingo	16	9,8	4,4 %
Sasini Ltd	42	12,0	
Industrie u. Ä.			
AccessKenya Group	51	26,5	0,4 %
Car & Gen	16	7,9	1,4 %
CMC Holdings	105	18,4	1,6 %
Hutchings Beamer	0	Verlust	
Kenya Airways	458	7,5	2,6 %
Marshalls	8	11,9	2,9 %
Nation Media Group	298	25,5	4,3 %
Scangroup	59	20,5	3,2 %
Standard Group	57	57,1	
TPS Eastern Africa (Serena)	114	19,7	1,8 %
Uchumi Supermarkets	39	Verlust	
Finanzen und Investment			
Barclays Bank	1429	23,5	2,3 %
CFC Bank	282	24,0	1,4 %

Branche Aktiengesellschaft	MKAP[a)]	KGV[b)]	DR[c)]
Diamond Trust	204	25,9	1,0 %
Equity Bank Ltd	426	37,9	1,9 %
Housing Finance	42	27,8	
ICDC	211	12,7	1,7 %
Jubilee Holdings	159	12,9	2,2 %
Kenya Commercial Bank	745	20,5	2,4 %
Kenya Re-Insurance	133	22,9	1,7 %
National Bank of Kenya	109	26,8	
National Industrial Credit	177	25,9	1,9 %
Pan Africa Insurance Holdings	63	9,4	1,6 %
Standard Chartered Bank	743	20,2	4,6 %
Diverse Industrien & Sonstige			
Athi River Mining Ltd	119	30,6	1,2 %
Bamburi Cement	47	13,8	7,1 %
British Oxygen Company Kenya	1062	27,2	2,8 %
British American Tobacco (Kenya)	210	11,7	8,5 %
Carbacid Investments	23	13,7	3,6 %
Crown Berger	15	13,5	3,7 %
E.A.Cables	119	28,2	1,8 %
E.A.Portland	173	15,2	2,0 %
E.A.Breweries	1751	19,1	4,3 %
Eveready East Africa	22	8,9	8,6 %
Kenya Oil	151	12,1	2,3 %
Kenya Power & Lighting	236	9,2	1,5 %
KenGen	837	23,0	3,1 %
Mumias Sugar	293	14,1	3,9 %
Olympia Capital Holdings	3	12,5	

Branche Aktiengesellschaft	MKAP[a)]	KGV[b)]	DR[c)]
Sameer Africa	42	Verlust	
Total Kenya	71	9,7	9,3 %
Unga Group	12	9,6	
ALTERNATIVE INVESTMENT MARKET SEGMENT (AIMS)			
A. Baumann & Co.	1	Verlust	
Eaagads	10	19,8	2,3 %
Express Kenya	6	79,4	0,0 %
Kenya Orchards	12	12,3	1,7 %
Kapchorua Tea Co.	14	6,7	4,7 %
Limuru Tea	5	Verlust	5,6 %
City Trust	1	Verlust	

Erläuterungen:
[a]) Marktkapitalisierung im Oktober 2007 in Millionen US-Dollar
[b]) Kurs-Gewinn-Verhältnis
[c]) Dividendenrendite
Quelle: Weekly Market Statistics 12.10.2007, Nairobi Stock Exchange, www.nse.co.ke; eigene Darstellung

Am recht liquiden Rentenmarkt werden über 70 Staatsanleihen und 6 Unternehmensanleihen gehandelt.

Sowohl am Aktien- als auch am Rentenmarkt wurden 2007 jeweils zwischen 100 und 150 Millionen US-Dollar pro Monat umgesetzt.

8.10 Uganda

8.10.1 Kurzprofil

Uganda ist ein sehr vielgestaltiges und fruchtbares Land im Osten Afrikas. Im Rahmen der europäischen Kolonialisierung Ostafrikas, die um 1860 begann, geriet das Gebiet des heutigen Uganda unter britischen Einfluss und wurde 1894 zum Protektorat erklärt.

Mit der Unabhängigkeitserklärung begann 1962 eine Folge schrecklicher Diktaturen. Bekannt wurde vor allem Idi Amin, der sich 1971 an die Macht putschte und als „Schlächter von Afrika" bis 1979 zwischen 100.000 und 500.000 Menschen ermorden ließ. 1978 griffen seine Truppen das Nachbarland Tansania an, um die nordwestliche Provinz zu annektieren. (Von 1971 bis 1972 war Tansania schon einmal von Uganda angegriffen worden, da der tansanische Präsident Julius Nyerere das Amin-Regime nicht anerkannte.) Ein erfolgreicher Gegenangriff tansanischer Soldaten und ugandischer Exilgruppen, die sich zur Nationalen Ugandischen Befreiungsfront *(Uganda National Liberation Front)* zusammengeschlossen hatten, auf die Hauptstadt Kampala beendete 1979 die Herrschaft Idi Amins, der zunächst nach Libyen floh und später in Saudi-Arabien Asyl fand.

Nach einer kurzen Übergangsperiode mit mehreren Präsidenten kam 1980 Milton Obote, der bereits von 1962 bis 1971 regiert und verschiedene blutige Massaker zu verantworten hatte, in vermutlich von ihm manipulierten Wahlen erneut an die Macht. Seine zweite Amtszeit war noch brutaler als die erste und kostete weitere 100.000 bis 300.000 Menschen das Leben. Der heutige Präsident Yoweri Museveni begann mit seiner Nationalen Widerstandsarmee (National Resistance Army) einen Guerillakrieg gegen das Obote-Regime und nahm 1986 Kampala ein. Museveni wurde zunächst ohne Wahlen als Präsident vereidigt. Die ersten demokratischen Präsidentschaftswahlen fanden 1996 statt. Museveni wurde, wie auch 2001 und 2006, mit z. T. großer Mehrheit wiedergewählt. Heute gilt Uganda politisch als relativ stabil.

Tabelle 8-27: Basisdaten von Uganda

Merkmal		Wert
Fläche (km²)		236.040
Einwohnerzahl	Juli 2007	30.262.610
Medianalter	2007	14,9
Bevölkerungswachstum	2007	3,57 %
Lebenserwartung bei Geburt (Jahre)	2007	51,75
Fruchtbarkeitsrate (Kinder pro Frau)	2007	6,84
HIV/AIDS-Infektionsrate (Erwachsene)	2003	4,10 %
Handynutzer (in Millionen)	2006	2,01
Handynutzer (Anteil an Gesamtbevölkerung)		6,6 %
Internetnutzer (in Millionen)	2006	0,75
Internetnutzer (Anteil an Gesamtbevölkerung)		2,5 %
Analphabetenrate (15 Jahre und älter)	2002	33,2 %
Religionen	Christen	83,9 %
	Muslime	12,1 %
	Andere	3,1 %
	Keine	0,9 %
Amtssprachen	Englisch, Swahili, Luganda	
Geschäftssprachen	Swahili, Englisch	
Staatsform	Präsidialrepublik	
Hauptstadt	Kampala	
Staatsoberhaupt	Präsident Yoweri Kaguta Museveni	
Regierungschef	Apolo Nsibambi	
Währung	Uganda-Shilling	

Quelle: CIA World Factbook, www.cia.gov

8.10.2 Wirtschaftsentwicklung

Ugandas Hauptexportgut ist, wie bereits zu Kolonialzeiten, Kaffee. Das Genussmittel ist für 55 Prozent der Exporterlöse verantwortlich. Weitere Exportprodukte sind Gold, Tee, Fisch (aus dem Viktoria-See) und Tabak.

Die Wirtschaft Ugandas befindet sich seit Jahren auf einem stabilen Wachstumspfad, wobei sich vor allem die Industrie gut entwickelt, die Landwirtschaft hingegen zurückbleibt. Ein limitierender Faktor ist die bestehende Energieknappheit, die durch den Bau neuer Kraftwerke und übergangsweise durch den Betrieb von Dieselgeneratoren gemildert werden soll. Stünde genügend Energie zur Verfügung, so könnte die Volkswirtschaft mit mindestens 7 Prozent pro Jahr wachsen.

Erhebliche Zukunftsfantasie geht von den natürlichen Ressourcen aus. Erst kürzlich wurde ein Erdölvorkommen in Uganda entdeckt und in den nächsten Jahren zur kommerziellen Förderung entwickelt. Im Westen des Landes vermuten Geologen große Goldvorkommen, da dieses Gebiet geologisch ähnlich strukturiert ist wie das benachbarte Bergbaugebiet *Kilo Motos* in der Demokratischen Republik Kongo, dem größten zusammenhängenden Goldvorkommen der Welt.

Uganda gehört zu den ärmsten Ländern der Welt und steht im Visier zahlreicher Hilfsorganisationen. Vor allem die Bauwirtschaft profitiert von diesen geberfinanzierten Projekten.

Tabelle 8-28: Wirtschafts- und Finanzdaten von Uganda

Gegenstand	**Bemerkung**	**Wert**
Bruttoinlandsprodukt (BIP) in Mrd. US-Dollar[a)]	2006 (Schätzung)	8,526
BIP pro Einwohner (US-Dollar)[a)]	nach Kaufkraftparität	1900
Wirtschaftssektoren (2006)[a)]	Landwirtschaft	29,4 %
	Industrie	22,1 %
	Dienstleistungen	48,5 %

Gegenstand	Bemerkung	Wert
BIP – reale Wachstumsrate[b]	2006 (Schätzung)	5,3 %
	2007 (Prognose)	5,6 %
	2008 (Prognose)	5,8 %
Inflationsrate[b]	2006 (Schätzung)	6,6 %
	2007 (Schätzung)	6,4 %
	2008 (Prognose)	6,2 %
Staatsverschuldung (Prozent vom BIP)[b]	2006 (Schätzung)	29,3 %
Länderbonitätsindex (gem. Institutional Investor)[c]	März 2007	26,9
Länderbonitätsindex (Veränderung 1 Jahr)[c]	03/2007 vs. 03/2006	1,4
TI Korruptionswahrnehmungsindex (Skala 0 bis 10)[d]	2006	2,7
Währungsreserven incl. Gold (Mrd. US-Dollar)[a]	2006 (Schätzung)	1,4
Auslandsschulden (Mrd. US-Dollar)[a]	2006 (Schätzung)	1,5
Empfangene Entwicklungshilfe (Mrd. US-Dollar)[a]	2003	0,959

Quellen: [a]) CIA World Factbook; [b]) bfai; [c]) Institutional Investor; [d]) Transparency International

Wachstumsbranchen (Auswahl)[14]:

- Telekommunikation
- Informationstechnik
- Industrieanlagen
- Bergbau
- Erdölsektor
- Tourismus

[14] Quelle: Bundesagentur für Außenwirtschaft, www.bfai.de

Abbildung 8-19: Kursentwicklung des Ugandischen Shilling

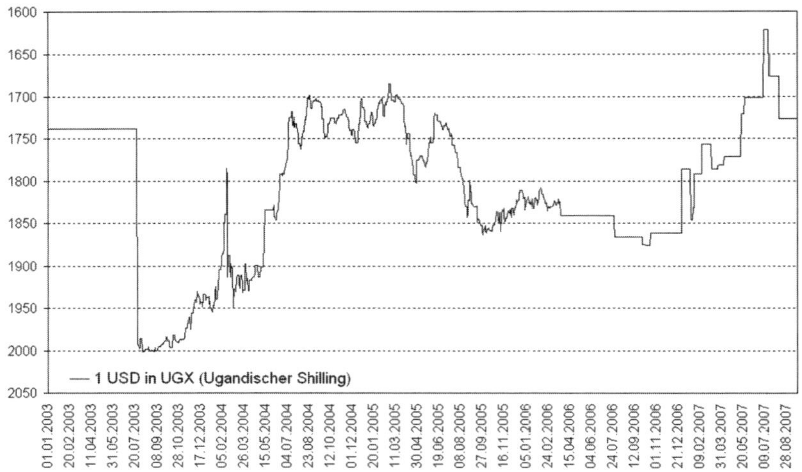

Datenquelle: OANDA, The Currency Site, www.oanda.com; graphische Darstellung: Trans Africa Invest, www.trans-africa-invest.com

8.10.3 Die Börse in Kampala

An der 1997 gegründeten *Uganda Securities Exchange* in Kampala werden derzeit 9 Aktien gehandelt, davon 6 lokale Gesellschaften mit einer Marktkapitalisierung von 590 Millionen US-Dollar (davon entfallen 476 Millionen US-Dollar auf Stanbic Bank Uganda) und drei ausländische Gesellschaften mit Zweitlistings.

Tabelle 8-29: Kennzahlen ugandischer Aktien

Aktiengesellschaft	MKAP[a)]	KGV[b)]	KBV[c)]	DR[d)]
British America Tobacco	9	Verlust		0
Bank of Baroda	42	8,6	1,8	4,1
DFCU	47	13,2	2,0	3,1
New Vision	17	8,9	1,8	2,7
Stanbic Bank Uganda	476	17,5	6,8	4,5

Aktiengesellschaft	MKAP[a)]	KGV[b)]	KBV[c)]	DR[d)]
Uganda Clays	1	11,9	1,4	1,33
Auslandswerte				
East African Breweries		15,5	5,8	5,5
Jubilee Holding		15,7	3,5	12
Kenya Airways		7,1	2,1	2,2

Erläuterungen:
a) Marktkapitalisierung im August 2007 in Millionen US-Dollar
b) Kurs-Gewinn-Verhältnis
c) Kurs-Buchwert-Verhältnis
d) Dividendenrendite
Quelle: Africa Markets Focus August 2007, Databank, www.databankgroup.com; African Financial Markets, www.africanfinancialmarkets.com; eigene Darstellung

Alle ugandischen Aktien werden inzwischen auch an der *Nairobi Stock Exchange* notiert. Am Rentenmarkt werden 21 Staatsanleihen und 3 Unternehmensanleihen mit Laufzeiten bis 2014 notiert. Das Gesamtvolumen aller Emissionen beträgt ca. 540 Millionen US-Dollar.

8.11 Tansania

8.11.1 Kurzprofil

Die Küste Tansanias wurde bereits im Mittelalter von portugiesischen und arabischen Händlern besiedelt. Im späten 19. Jahrhundert wurde sie vom Deutschen Reich besetzt. Die deutsche Kolonie Deutsch-Ostafrika bestand von 1889 bis 1918. Ab 1920 bestand ein Völkerbundmandat und nach dem Zweiten Weltkrieg ein Treuhandgebiet der UNO, jeweils unter britischer Verwaltung.

Im Dezember 1961 wurde Tanganjika unabhängig und vereinigte sich 1964 mit dem 1963 ebenfalls unabhängig gewordenen Sansibar zur Vereinigten Republik Tansania. Julius Nyerere, der erste Staatspräsident des Landes, führte den Sozialismus als Staatsform ein. Die Banken wurden verstaatlicht, und eine Land- sowie Bildungsreform wurden durchgeführt. Die „Ujamaa", die Dorfgemeinschaft als Produktions- und Verteilungskollektiv, sollte die Grundlage dieses spezifisch afrikanischen Sozialismus sein. Das Modell scheiterte und stürzte Tansania in eine tiefe wirtschaftliche Krise.

Abbildung 8-20: Landkarte der ehemaligen Kolonie Deutsch-Ostafrika

Quelle: Brockhaus-Atlas, 1894

Das ehemalige Deutsch-Ostafrika umfasste die Gebiete des heutigen Tansanias (ohne die Inseln Pemba und Sansibar, die zu Britisch-Ostafrika gehörten), Ruandas und Burundis

Auf die beiden ugandisch-tansanischen Kriege von 1971/72 und 1979 wurde bereits in den Ausführungen über Uganda hingewiesen.

1995 wurden erstmals demokratische Wahlen in einem Mehrparteiensystem durchgeführt. Die politische Situation ist derzeit stabil.

Tansania ist in geografischer und klimatischer Hinsicht das vielgestaltigste Land Afrikas. Auf seinem Staatsgebiet liegen der höchste Berg Afrikas, der Kibo-Gipfel (Uhuru Peak, 5895 m) des Kilimandscharo-Massivs, sowie mehrere aktive Vulkane. Das Land hat eine breite Küstenebene mit tropischer Vegetation, Savannengebiete auf unterschiedlicher Meereshöhe sowie ein Hochplateau im Süden des Landes. Tansania grenzt an den Indischen Ozean und an die drei größten Seen Afrikas, den Viktoria-See, den Tanganjika-See und den Malawi-See. Der Ostafrikanische Grabenbruch durchzieht das Land von Nord nach Süd, und im Westen grenzt es an den Zentralafrikanischen Grabenbruch.

Tabelle 8-30: Basisdaten von Tansania

Merkmal		Wert
Fläche (km²)		945.087
Einwohnerzahl	Juli 2007	39.384.223
Medianalter	2007	17,7
Bevölkerungswachstum	2007	2,09 %
Lebenserwartung bei Geburt (Jahre)	2007	50,71
Fruchtbarkeitsrate (Kinder pro Frau)	2007	4,77
HIV/AIDS-Infektionsrate (Erwachsene)	2003	8,80 %
Handynutzer (in Millionen)	2007	6,72
Handynutzer (Anteil an Gesamtbevölkerung)		17,1 %
Internetnutzer (in Millionen)	2005	0,384
Internetnutzer (Anteil an Gesamtbevölkerung)		1,0 %
Analphabetenrate (15 Jahre und älter)	2002	30,6 %
Religionen	Muslime[a)]	35,0 %
	Christen	30,0 %
	Naturreligionen	35,0 %

Merkmal	
Amtssprachen	Swahili, Englisch
Geschäftssprachen	Swahili, Englisch
Staatsform	Präsidialrepublik
Hauptstadt	Dodoma
Staatsoberhaupt	Präsident Jakaya Kikwete
Regierungschef	Edward Lowassa
Währung	Tansania-Schilling

[a]) Anteil der Muslime auf der Insel Sansibar: 99 %
Quelle: CIA World Factbook, www.cia.gov

8.11.2 Wirtschaftsentwicklung

Der Bergbau ist der wichtigste Industriezweig Tansanias. Das Land gilt unter Experten als einer der attraktivsten Standorte Afrikas für internationale Rohstoffkonzerne. Vor allem Gold wird gefördert. Seitdem das hervorragende Bergbaugesetz Ghanas auch in Tansania eingeführt wurde, besteht für ausländische Investoren eine sehr große Investitionssicherheit.

Die Entdeckung von umfangreichen Uranvorkommen könnte ein wichtiger Meilenstein für die zukünftige wirtschaftliche Entwicklung Tansanias darstellen. Da seit 25 Jahren weltweit keine größeren Vorkommen mehr entdeckt wurden, ist das Interesse der Industrie groß. Die Exploration kann hierbei in Tansania vergleichsweise kostengünstig durchgeführt werden. Die Kosten betragen nur 4 US-Dollar pro Quadratkilometer, verglichen mit 16 US-Dollar in Westafrika und 224 US-Dollar in den USA.[15] Die Entwicklung der Lagerstätte wird von einem Joint Venture der australischen Firma Western Metals und dem britischen Unternehmen Uranium Resources vorgenommen.

An landwirtschaftlichen Produkten werden Cashewnüsse, Kaffee, Tabak und Baumwolle exportiert.

Die Verkehrsinfrastruktur ist verbesserungsbedürftig. Es gibt zwei Eisenbahnnetzwerke unterschiedlicher Spurbreiten, die nicht miteinander kompati-

[15] Quelle: Bundesagentur für Außenwirtschaft, www.bfai.de

bel sind. Das eine Netz besteht noch aus deutscher Kolonialzeit und verband bis Ende 2006, als der Betrieb der Hauptstrecke eingestellt wurde, die Hafenstadt Dar es Salaam mit der Hauptstadt Dodoma im Zentrum des Landes. Die andere Linie, die von den Chinesen erbaute TAZARA (Tanzania Zambia Railways), verbindet Dar es Salaam mit Sambia. Die wichtigsten Überlandstraßen sind asphaltiert, doch die bedeutende Transitroute nach Ruanda, Burundi und der Demokratischen Republik Kongo besteht immer noch aus Erdstraßen, deren Passierbarkeit in der Regenzeit eingeschränkt ist.

Ähnlich wie in Uganda ist der Energiemangel eines der Hauptprobleme Tansanias. Die beträchtlichen geberfinanzierten Infrastrukturvorhaben, vor allem im Straßen- und Kraftwerkbau, sind daher wichtige Maßnahmen bei der Entwicklung des Landes.

Der Tourismus ist eine wichtige Wachstumsbranche. Tansania hat viele Nationalparks, die noch sehr wenig entwickelt sind. Bei dem grenzüberschreitenden Tierschutzgebiet im Norden des Landes wird der Nachholbedarf besonders deutlich. Dem gut ausgebauten Tourismus auf dem kleineren kenianischen Teil, der Masai-Mara-Steppe, steht der größere Serengeti-Nationalpark auf tansanischer Seite gegenüber. Reisespezialisten bringen die Unterschiede auf einen Punkt: Viele Autos und wenig Tiere in Kenia, wenige Autos und viele Tiere in Tansania.

Tabelle 8-31: Wirtschafts- und Finanzdaten von Tansania

Gegenstand	Bemerkung	Wert
Bruttoinlandsprodukt (BIP) in Mrd. US-Dollar[a]	2006 (Schätzung)	13,13
BIP pro Einwohner (US-Dollar)[a]	nach Kaufkraftparität	800
Wirtschaftssektoren (2006)[a]	Landwirtschaft	43,3 %
	Industrie	17,7 %
	Dienstleistungen	39,0 %
BIP – reale Wachstumsrate[b]	2006 (Schätzung)	5,8 %
	2007 (Schätzung)	6,7 %
	2008 (Prognose)	7,2 %

Gegenstand	Bemerkung	Wert
Inflationsrate[b]	2006 (Schätzung)	6,1 %
	2007 (Schätzung)	5,9 %
	2008 (Prognose)	4,6 %
Staatsverschuldung (Prozent vom BIP)[b]	2006 (Schätzung)	30,5 %
Länderbonitätsindex (gem. Institutional Investor)[c]	März 2007	27,9
Länderbonitätsindex (Veränderung 1 Jahr)[c]	03/2007 vs. 03/2006	2,6
TI Korruptionswahrnehmungsindex (Skala 0 bis 10)[d]	2006	2,9
Währungsreserven incl. Gold (Mrd. US-Dollar)[a]	2006 (Schätzung)	2,4
Auslandsschulden (Mrd. US-Dollar)[a]	2006 (Schätzung)	4,6
Empfangene Entwicklungshilfe (Mrd. US-Dollar)[a]	2001	1,2

Quellen: [a]) CIA World Factbook; [b]) Bundesagentur für Außenwirtschaft; [c]) Institutional Investor; [d]) Transparency International

Die Auslandsschulden Tansanias haben sich infolge von mehreren multilateralen Initiativen zum Schuldenerlass (IWF, Asian Development Bank) nahezu halbiert und sind zum Jahresende 2006 auf unter 5 Milliarden US-Dollar gesunken.

Wachstumsbranchen (Auswahl)[16]:

- Bergbau
- Tourismus
- Telekommunikation
- Informationstechnik
- Industrieanlagen

[16] Quelle: Bundesagentur für Außenwirtschaft, www.bfai.de

Abbildung 8-21: Kursentwicklung des Tansanischen Shilling

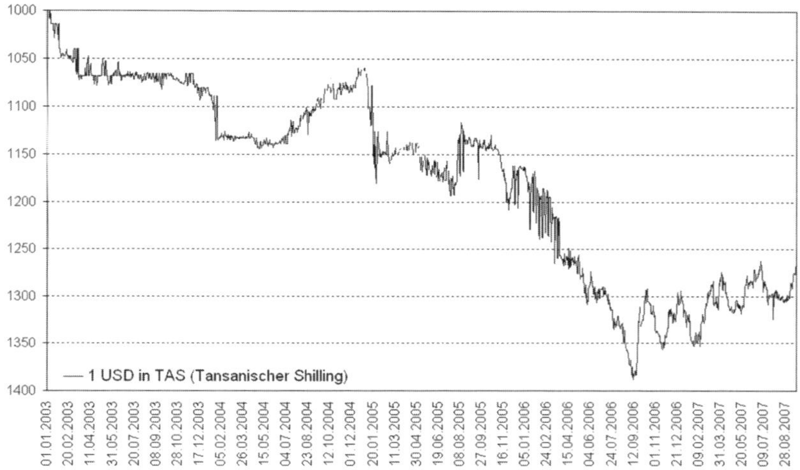

Datenquelle: OANDA, The Currency Site, www.oanda.com; graphische Darstellung: Trans Africa Invest, www.trans-africa-invest.com

8.11.3 Die Börse von Dar es Salaam

An der 1996 gegründeten *Dar es Salaam Stock Exchange* (DSE) werden derzeit 10 Aktien, darunter 7 inländische Aktien mit einer Marktkapitalisierung von 662 Millionen US-Dollar (Stand: Oktober 2007) gehandelt. Die Umsätze sind sehr niedrig (durchschnittliches Monatsvolumen von insgesamt 2 bis 3 Millionen US-Dollar). Außerdem gibt es 17 ungelistete Aktien. Es gibt zwei Indizes, die den Aktienmarkt von Tansania abbilden:

- den Tanzania All Share Index
- den Tanzania Core Securities Composite Index

Tabelle 8-32: In Tansania gehandelte Aktien

Unternehmen	Code	Branche	Marktkapitalisierung (Millionen US-Dollar)
TOL Gases	TOL	Technische Gase	7,9
Tanzania Breweries	TBL	Brauerei	312,2
Tanzania Tea Packers	TATEPA	Tee	4,9

Unternehmen	Code	Branche	Marktkapitalisierung (Millionen US-Dollar)
Tanzania Cigarette Co.	TCC	Tabak	115,6
Tanga Cement Co.	SIMBA	Zement	65,1
Swissport Tanzania (früher: Dar es Salaam Airport Handling Company)	DAHA-CO	Flughafen-betreiber	21,8
Tanzania Portland Cement Co.	TWIGA	Zement	134,1
			Summe 661,6

Der folgende Chart von Tanzania Breweries (Marktkapitalisierung: 312 Millionen US-Dollar; durchschnittlicher Tagesumsatz 50.000 US-Dollar; Kurswährung: Tanzanian Shillings) zeigt exemplarisch, wie größere Orders zu typischen Spikes nach oben führen, die kurz darauf wieder korrigiert werden.

Abbildung 8-22: Kursentwicklung von Tanzania Breweries

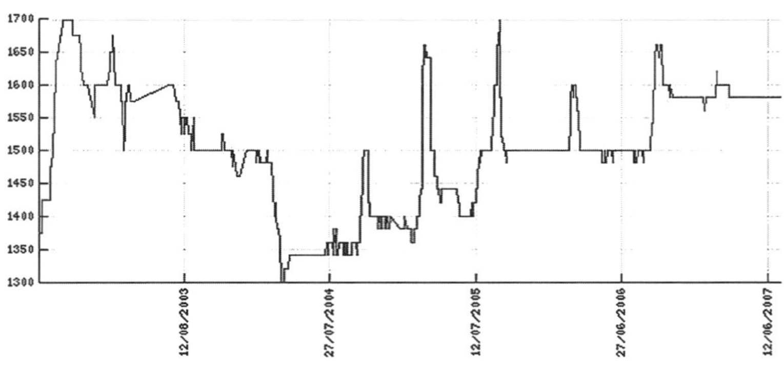

Quelle: African Financial Markets, www.africanfinancialmarkets.com

Am Rentenmarkt werden 45 Treasury Bonds mit Laufzeiten von 2, 5, 7 und 10 Jahren und einem Emissionsgesamtvolumen von 520 Millionen US-Dollar sowie 4 Unternehmensanleihen mit einem Emissionsgesamtvolumen von 48 Millionen US-Dollar gehandelt.

8.12 Demokratische Republik Kongo

8.12.1 Kurzprofil

Die Demokratische Republik Kongo ist flächenmäßig der drittgrößte Staat Afrikas und 6,6-mal so groß wie Deutschland. Für die politische Lage wie auch für die Energieversorgung des zentralen und südlichen Afrikas ist die Demokratische Republik Kongo von entscheidender Bedeutung.

Die besondere Geschichte des Landes wurde im Abschnitt über die Kolonisierung Afrikas bereits angesprochen (Kapitel 2.3.5). Hervorzuheben gilt, dass König Leopold II. von Belgien auf der Kongo-Konferenz in Berlin 1885 den gesamten Kongo als persönlichen Privatbesitz zugesichert bekam. Das hatte schlimme Folgen: Das Land hatte einen Status, der nicht dem Völkerrecht unterworfen war, und so konnte Leopold II. mit den Kongolesen als seinem rechtlosen Privatbesitz nach eigenem Gutdünken verfahren. Einige Exzesse waren so grausam, dass Leopold II. schließlich zur Abgabe des Kongos an Belgien gezwungen wurde; so wurde das Land 1908 zur „normalen" belgischen Kolonie.

Doch die Verhältnisse blieben problematisch, denn Belgien übte seine Macht sehr autoritär aus und beutete das Land und seine Bewohner weiterhin rücksichtslos aus.1959 zog sich Belgien plötzlich zurück, und 1960 wurde das Land als „Demokratische Republik Kongo" unabhängig.

Schon bald führten Sezessionsbestrebungen der rohstoffreichen Provinz Katanga im Süden der neuen Republik zu einer Destabilisierung. UN-Truppen griffen ein und zwangen die Sezessionisten 1963 zur Aufgabe. 1965 kam Joseph-Désiré Mobutu, der sich 1972 in Mobutu Sese Seko umbenannte, mit Unterstützung der USA durch einen Staatsstreich an die Macht. Der neue Präsident regierte das Land, das er 1971 in Zaire umbenannte, 32 Jahre lang bis 1997. Dabei war seine absolute Macht lange unangefochten. Erst 1994 bildete sich im Osten Zaires, im Grenzgebiet zu den Nachbarländern Ruanda und Burundi, eine Rebellenarmee unter Laurent-Désiré Kabila. 1996 uferten die Konflikte aus und stürzten den Kongo in einen sechs Jahre dauernden Krieg.

1997 gelang es Kabila, den mittlerweile schwerkranken Mobutu mit Unterstützung der Nachbarstaaten Ruanda und Uganda zu stürzen. Dem neuen Diktator gelang es allerdings nicht, Ruhe in das Land zu bringen. Er kündigte die Allianz mit Ruanda und Uganda, die sich – wie auch Burundi – illegal in den Besitz von Bodenschätzen der kongolesischen Ostprovinz gebracht hatten, auf, was im Osten eine erneute bewaffnete Rebellion zur Folge hatte. Während Ruanda und Uganda diese Rebellion unterstützten, wurde das Kabila-Regime in Kinshasa von Angola, Simbabwe und Namibia militärisch unterstützt. Deshalb wurde der Konflikt seit 1998 auch als „afrikanischer Weltkrieg“ bezeichnet. Bis heute ist diese Region nicht befriedet.

2001 wurde Präsident Kabila bei einem Attentat getötet, und das Parlament ernannte seinen Sohn, Joseph Kabila, zum neuen Präsidenten. Unter seiner Regierung kam der Friedensprozess in Gang, und in den ersten demokratischen Wahlen seit über 40 Jahren setzte sich Kabila gegen seinen Herausforderer Jean-Pierre Bemba durch. Neben dem Präsidenten wurden auch die Provinzparlamente demokratisch gewählt.

Wie ist die aktuelle Situation in der Demokratischen Republik Kongo, und wie geht es weiter? Diese Frage ist nicht für die Unternehmen von größter Bedeutung, die in dem Land mehr oder weniger offiziell ihren Geschäften nachgehen, sondern aus politischer Sicht für den gesamten Kontinent. Auf Grund der Größe und der zentralen strategischen Lage ist ein dauerhafter Frieden im Kongo für die gesamte Region von allergrößter Bedeutung. Sollte erneut ein Bürgerkrieg ausbrechen oder das Land geteilt werden, könnten leicht auch die Nachbarländer in die Unruhen mit hineingezogen werden.

Einiges spricht dafür, dass die Demokratische Republik Kongo das Schlimmste hinter sich hat und das Potenzial zu einer der größten Wachstumsstorys der nächsten zehn Jahre haben dürfte. Mittelfristig dürfte es sich lohnen, hier zu investieren – wenn auch mit der gebotenen Vorsicht, extremen Sorgfalt und griffbereiten Alternativplänen. Viele Voraussetzungen müssen noch erfüllt werden, damit dieses positive Szenario tatsächlich eintreffen kann. Hierzu gehören unter anderem:

- staatliche Maßnahmen zur Schaffung einer marktfreundlichen und sozialorientierten Wirtschaftsordnung
- Bereinigung der Steuergesetzgebung

- Einführung einer tatsächlichen Eigentumsgarantie auf der Basis der bereits verabschiedeten, prinzipiell günstigen Gesetze (z. B. Investitionsgesetz, Forstgesetz und Minengesetz)
- Abbau der Bürokratie
- entschiedene Bekämpfung der Korruption
- Verbesserung der Verkehrsinfrastruktur

Auf der anderen Seite hat der Verlierer der Präsidentschaftswahl von 2006, Jean-Pierre Bemba, aus seinem portugiesischen Exil bereits angekündigt, eine neue Armee zusammenstellen und aus einem Nachbarland wieder in den Kongo einmarschieren zu wollen. Ob ihm dies gelingt, darf aber stark bezweifelt werden. Zu groß ist das internationale Interesse an einem dauerhaften Frieden im Herzen Afrikas.

Tabelle 8-33: Basisdaten der Demokratischen Republik Kongo

Merkmal		Wert
Fläche (km²)		2.345.410
Einwohnerzahl	Juli 2007	65.751.512
Medianalter	2007	16,1
Bevölkerungswachstum	2007	3,39 %
Lebenserwartung bei Geburt (Jahre)	2007	57,2
Fruchtbarkeitsrate (Kinder pro Frau)	2007	6,37
HIV/AIDS-Infektionsrate (Erwachsene)	2003	4,2 %
Handynutzer (in Millionen)	2005	2,8
Handynutzer (Anteil an Gesamtbevölkerung)		4,2 %
Internetnutzer (in Millionen)	2006	0,18
Internetnutzer (Anteil an Gesamtbevölkerung)		0,3 %
Analphabetenrate (15 Jahre und älter)	2003	34,5 %
Religionen	Christen	80 %
	Muslime	10 %
	Naturreligionen	10 %

Merkmal	
Amtssprache	Französisch
Geschäftssprachen	Französisch
Staatsform	Präsidialrepublik
Hauptstadt	Kinshasa
Staatsoberhaupt	Präsident Joseph Kabila
Regierungschef	Premierminister Antoine Gizenga
Währung	Kongo-Franc (CDF)

Quelle: CIA World Factbook, www.cia.gov

8.12.2 Wirtschaftsentwicklung

Obwohl die Demokratische Republik Kongo über die größten Naturreichtümer Afrikas verfügt, gehört das Land zu den ärmsten der Welt. Dieses extreme Auseinanderklaffen zwischen Möglichkeiten und Realitäten beruht auf einer mehr als 30 Jahre andauernden Misswirtschaft und Ausplünderung durch das Mobutu-Regime, gepaart mit extremer Korruption und gefolgt von schweren kriegerischen Auseinandersetzungen nach dem Sturz Mobutus bis in die Gegenwart.

In keinem anderen Land Afrikas sind die verpassten Chancen so offensichtlich wie im Kongo: Das Wirtschaftswachstum betrug von 1965 bis 1985 nur 1 Prozent jährlich; danach war eine fortlaufende Kontraktion zu verzeichnen, die Anfang der 1990er Jahre in einem völligen Zusammenbruch der kongolesischen Wirtschaft und einer Hyperinflation (1994: 7400 Prozent) kulminierte. Um die Jahrtausendwende lag das Pro-Kopf-Einkommen auf dem gleichen Niveau wie Ende der 1950er Jahre, und das ehemals reiche Land war auf Nahrungsmittelimporte angewiesen.

Der allmähliche Turnaround begann erst 2002. In diesem Jahr konnte erstmals wieder ein zaghaftes Wirtschaftswachstum von 3,5 Prozent verzeichnet werden, und die Inflation sank von 550 auf 357 Prozent.[17] In den Folgejahren

[17] Quelle: Economist Intelligence Unit, www.eiu.com

stieg die Wachstumsrate sukzessive auf über 6 Prozent an und dürfte 2007 sogar 7 Prozent erreichen. Die Inflation ist weitgehend unter Kontrolle und dürfte 2008 unter 10 Prozent fallen.

Wie dramatisch der Einbruch war, zeigt die Entwicklung der geförderten Menge an Kupfer, dem wichtigsten Exportgut des Landes.

Abbildung 8-23: Kupferförderung in der Demokratischen Republik Kongo

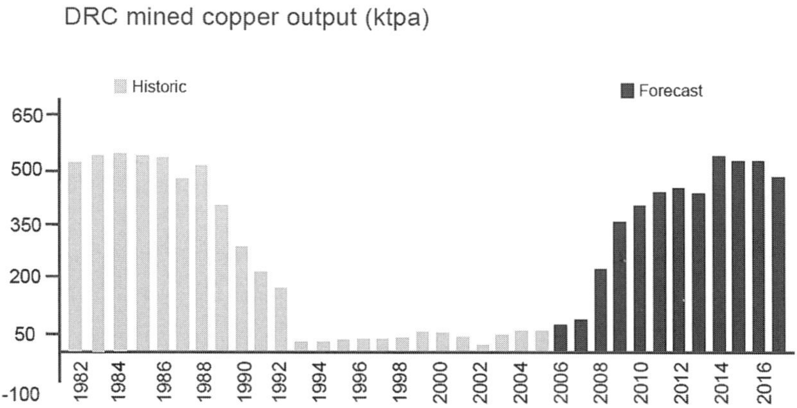

Quelle: Nikanor, www.nikanor.co.uk

Aktuell befindet sich die Kupferförderung in der Provinz Katanga mit einer Produktion um 40.000 Jahrestonnen bei etwa 10 Prozent des Niveaus der 80er Jahre.

Neben Kupfer findet man in dem zentralafrikanischen Land auch große Vorkommen an Kobalt und Coltan. Dieses Mineral enthält die Erze Columbit und Tantalit, aus denen die Metalle Niob und Tantal gewonnen werden. Weitere Bodenschätze sind Gold (im Osten des Landes), Silber, Diamanten (im Südwesten), Erdöl (vor der Atlantikküste), Mangan, Zink, Zinn, Cadmium, Germanium und Beryllium.

Die Landwirtschaft bleibt weit hinter ihren Möglichkeiten zurück. Große Teile des Landes sind kultivierbar, doch nur 3 Prozent der Fläche werden tatsächlich genutzt. Wichtige Exportprodukte sind Kaffee, Palmöl, pharmazeutische Pflanzen und Tropenhölzer.

Tabelle 8-34: Wirtschafts- und Finanzdaten der Demokratischen Republik Kongo

Gegenstand	Bemerkung	Wert
Bruttoinlandsprodukt (BIP) in Mrd. US-Dollar[a)]	2006 (Schätzung)	7,98
BIP pro Einwohner (US-Dollar)[a)]	nach Kaufkraft-parität	700
Wirtschaftssektoren (2006)[a)]	Landwirtschaft	55,0 %
	Industrie	11,0 %
	Dienstleistungen	34,0 %
BIP – reale Wachstumsrate[b)]	2006 (Schätzung)	6,4 %
	2007 (Prognose)	7,0 %
	2008 (Prognose)	6,2 %
Inflationsrate[b)]	2006 (Schätzung)	16,0 %
	2007 (Prognose)	13,0 %
	2008 (Prognose)	9,0 %
Länderbonitätsindex (gem. Institutional Investor)[c)]	März 2007	12,7
Länderbonitätsindex (Veränderung 1 Jahr)[c)]	03/2007 vs. 03/2006	2,0
TI Korruptionswahrnehmungsindex (Skala 0 bis 10)[d)]	2006	2,0
Währungsreserven incl. Gold (Mrd. US-Dollar)[a)]	2006 (Schätzung)	n. a.
Auslandsschulden (Mrd. US-Dollar)[a)]	2006 (Schätzung)	10,0
Empfangene Entwicklungshilfe (Mrd. US-Dollar)[a)]	2003/04	2,2

Quellen: [a]) CIA World Factbook; [b]) Bundesagentur für Außenwirtschaft; [c]) Institutional Investor; [d]) Transparency International

Wachstumsbranchen (Auswahl)[18]:

- Bergbau
- Energie
- Landwirtschaft

[18] Quelle: Bundesagentur für Außenwirtschaft, www.bfai.de

Bewaffnete Konflikte, wirtschaftliche und politische Instabilität, Korruption, Missmanagement und Bürokratie haben ein Umfeld für Investitionen geschaffen, das zu den schwierigsten der Welt zählt. Im Jahresbericht der Weltbank „Doing Business 2007/08" belegte die Demokratische Republik Kongo den letzten Rang der 178 untersuchten Staaten.

Viele wirtschaftliche Tätigkeiten im Rohstoffsektor laufen verdeckt ab. So werden mitten im Busch z. B. von amerikanischer oder schwedischer Seite Krankenhäuser gebaut, doch das wirkliche Interesse ist nicht ausschließlich humanitärer Natur. Insgeheim werden die Rohstoffvorräte der Umgebung untersucht und auch abgebaut.

Eine Wertpapierbörse gibt es in der Demokratischen Republik Kongo noch nicht. Die Mitgliedschaft des Landes in der *African Stock Exchanges Association* (ASEA) lässt aber eine Gründung in absehbarer Zeit erwarten.

8.13 Botswana

8.13.1 Kurzprofil

Botswana ist eines der am dünnsten besiedelten Länder der Welt. Auf einer Fläche, die etwa derjenigen Frankreichs entspricht, leben nur 1,8 Millionen Menschen. Ein großer Teil des Binnenlandes besteht aus der Halbwüste Kalahari.

In vorkolonialer Zeit waren in dem Gebiet mehrere kleinere Königreiche des Volkes der Tswana zu finden, die heute über drei Viertel der Bevölkerung ausmachen. Als die Buren von Süden her einwanderten, baten die Tswana-Völker Großbritannien um Hilfe. 1865 wurde Betschuanaland zum britischen Protektorat erklärt und blieb dies über 100 Jahre lang bis zur Unabhängigkeit des Landes unter dem heutigen Namen Botswana im Jahr 1966.

Bereits 1967 wurden die ersten großen Diamantenlagerstätten entdeckt, die dem Land in den folgenden Jahrzehnten eine der weltweit höchsten Wachstumsraten bescherten. Einen großen Teil der Diamantenerlöse hat der Staat in eine moderne Infrastruktur reinvestiert. Heute ist Botswana wertmäßig der größte Diamantenproduzent der Welt. Mehr als 75 Prozent der Exporterlöse entfallen auf Diamanten. Zunehmend werden auch Gold und Kupfer gefördert.

Botswana ist in mancherlei Hinsicht ein afrikanisches Musterland. Als einziges Land auf dem Schwarzen Kontinent hat es ein A-Rating. Die Korruption ist die niedrigste Afrikas. Das Pro-Kopf-Einkommen ist stark gestiegen und gehört zu den höchsten Werten in Afrika. Seit der Unabhängigkeit Botswanas im Jahr 1966 herrscht Frieden im Land. Begünstigend hat zweifellos die Tatsache gewirkt, dass Botswana kein Vielvölkerstaat ist wie die meisten anderen afrikanischen Länder. Demokratieverständnis, Rechtsstaatlichkeit, fiskalische Disziplin sowie eine besonnene und weitsichtige Wirtschaftspolitik der Regierung machen Botswana zu einem der sichersten Investitionsstandorte in Afrika. Politische Unruhen oder ethnische Konflikte sind unbekannt.

Die Südafrikanische Entwicklungsgemeinschaft *(Southern African Development Community, SADC)* hat ihren Sitz in Gaborone, der Hauptstadt Botswanas.

Abbildung 8-24: Zentrum der SADC in Gaborone

Foto: Hartmut Sieper
Das Hauptquartier der Südafrikanischen Entwicklungsgemeinschaft (SADC) in Gaborone

Tabelle 8-35: Basisdaten von Botswana

Merkmal		Wert
Fläche (km²)		600.370
Einwohnerzahl	Juli 2007	1.815.508
Medianalter	2007	20,9
Bevölkerungswachstum	2007	1,50 %
Lebenserwartung bei Geburt (Jahre)	2007	50,58
Fruchtbarkeitsrate (Kinder pro Frau)	2007	2,73
HIV/AIDS-Infektionsrate (Erwachsene)	2003	37,30 %
Handynutzer (in Millionen)	2006	0,979
Handynutzer (Anteil an Gesamtbevölkerung)		53,9 %
Internetnutzer (in Millionen)	2005	0,06
Internetnutzer (Anteil an Gesamtbevölkerung)		3,3 %
Analphabetenrate (15 Jahre und älter)	2003	18,8 %
Religionen	Christen	71,6 %
	Badimo	6,0 %
	Andere	1,8%
	Keine	20,6 %
Amtssprache	Englisch	
Geschäftssprachen	Englisch, Setswana	
Staatsform	Parlamentarische Republik	
Hauptstadt	Gaborone	
Staatsoberhaupt	Präsident Festus G. Mogae	
Regierungschef	Präsident Festus G. Mogae	
Währung	Pula (BWP)	

Quelle: CIA World Factbook, www.cia.gov

8.13.2 Wirtschaftsentwicklung

Das Wirtschaftswachstum ist seit Jahren robust und dürfte sich 2008 weiter auf 6 Prozent steigern.

Die Inflation, die 2006 noch bei über 11 Prozent gelegen hat und zur Abwertung des botswanischen Pula gegenüber dem US-Dollar beigetragen hat, sollte sich 2007 und 2008 signifikant reduzieren.

Eines von Botswanas Problemen ist die hohe Arbeitslosigkeit bei gleichzeitigem Mangel an gut ausgebildeten Kräften, die in der boomenden Wirtschaft sofort eine Anstellung finden würden. Ein weiteres Problem ist die sehr hohe HIV/AIDS-Infektionsrate unter der erwachsenen Bevölkerung; als Folge davon ist die durchschnittliche Lebenserwartung von 63 Jahren im Jahr 1991 auf nur noch 31 Jahre in 2004 gesunken. Die Regierung begegnet dieser Herausforderung allerdings durch ein sehr fortschrittliches und umfassendes Programm zur Bekämpfung der Pandemie. Ein Erfolg der eingeleiteten Maßnahmen ist für das langfristige Überleben der botswanischen Volkswirtschaft sehr wichtig.

Zu den demografischen Problemen gesellen sich geografische Nachteile aufgrund der Binnenlage. Der Zugang zu Verschiffungshäfen ist umständlich bzw. – im Falle von südafrikanischen Häfen – teuer. Aus diesem Grund gibt es Pläne zum Ausbau des Streckennetzes von Botswana Railways; eine neue Linie soll quer durch die Kalahari von der Kohlemine Mmamabula an der bestehenden Hauptbahnlinie zum Atlantikhafen Walvis Bay in Namibia führen.

Tabelle 8-36: Wirtschafts- und Finanzdaten von Botswana

Gegenstand	Bemerkung	Wert
Bruttoinlandsprodukt (BIP) in Mrd. US-Dollar[a)]	2006 (Schätzung)	9,761
BIP pro Einwohner (US-Dollar)[a)]	nach Kaufkraftparität	10900
Wirtschaftssektoren (2006)[a)]	Landwirtschaft	2,4 %
	Industrie	46,9 %
	Dienstleistungen	50,7 %

Gegenstand	Bemerkung	Wert
BIP - reale Wachstumsrate[b]	2006 (Schätzung)	4,7 %
	2007 (Prognose)	5,0 %
	2008 (Prognose)	6,0 %
Arbeitslosenrate[a]	2004	23,8 %
Inflationsrate[b]	2006 (Schätzung)	11,5 %
	2007 (Prognose)	6,5 %
	2008 (Prognose)	5,0 %
Staatsverschuldung (Prozent vom BIP)[b]	2006 (Schätzung)	7,1 %
Länderbonitätsindex (gem. Institutional Investor)[c]	März 2007	65,4
Länderbonitätsindex (Veränderung 1 Jahr)[c]	03/2007 vs. 03/2006	1,5
TI Korruptionswahrnehmungsindex (Skala 0 bis 10)[d]	2006	5,6
Währungsreserven incl. Gold (Mrd. US-Dollar)[a]	2006 (Schätzung)	7,4
Auslandsschulden (Mrd. US-Dollar)[a]	2006 (Schätzung)	0,5
Empfangene Entwicklungshilfe (Mrd. US-Dollar)[a]	1995	0,073

Quellen: [a]) CIA World Factbook; [b]) bfai; [c]) Institutional Investor; [d]) Transparency International

Wachstumsbranchen (Auswahl):

- Telekommunikation
- Finanzdienstleistungen
- Bergbau
- Energie
- Bauwirtschaft
- Tourismus
- Immobilien

Abbildung 8-25: Kursentwicklung des Botswanischen Pula

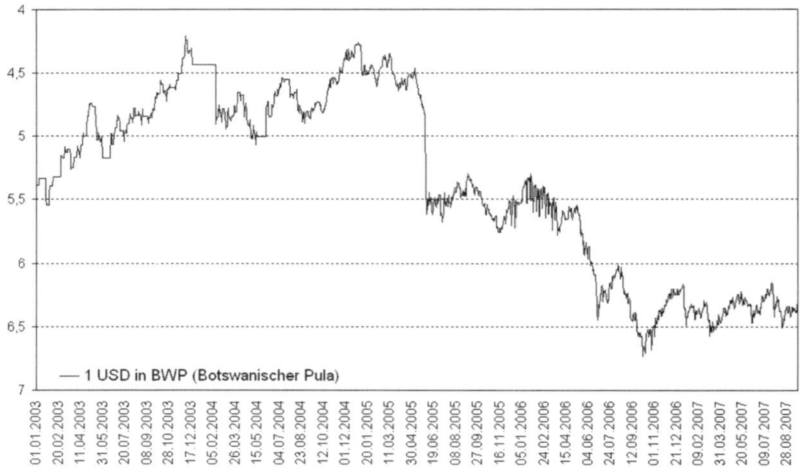

Datenquelle: OANDA, The Currency Site, www.oanda.com; graphische Darstellung: Trans Africa Invest, www.trans-africa-invest.com

8.13.3 Die Börse in Botswana

Am 1989 gegründeten Aktienmarkt von Botswana, der 1995 zur *Botswana Stock Exchange* (BSE) wurde, werden derzeit gehandelt:

- 19 einheimische Aktien, die im *Domestic Company Index* (DCI) zusammengefasst sind
- 7 ausländische Aktien, die in Botswana ein Zweitlisting haben; diese werden im *Foreign Company Index* (FCI) repräsentiert
- 6 Aktien im Venture Capital Segment

Tabelle 8-37: Kennzahlen botswanischer Aktien

Branche Aktiengesellschaft	MKAP[a)]	KGV[b)]	KBV[c)]	DR[d)]
Finanzdienstleistungen				
ABC Holdings	72,98	4,7	1,5	0,0 %
Barclays Bank of Botswana	1239,74	29,9	15,1	2,4 %

Branche Aktiengesellschaft	MKAP[a)]	KGV[b)]	KBV[c)]	DR[d)]
Botswana Insurance Holdings	650,38	13,1	4,8	2,1 %
First National Bank	1451,6	16,5	17,6	2,1 %
Standard Chartered	1313,98	32,4	24,6	2,0 %
Imara Holdings	60,87	8,1	4,1	3,2 %
Letshego	332,98	19,8	6,5	1,1 %
Handel				
Engen	119,38	14,0	4,1	4,0 %
Furniture Mart	71,88	16,5	4,3	1,7 %
Sefalana Cash	35,23	17,0	3,0	4,9 %
Sefalana Holdings	80,06	19,1	2,8	2,7 %
Immobilien und Sicherheit				
RDC Properties	18,4	9,3	1,1	5,2 %
Turnstar Holdings	94,06	9,9	1,5	5,9 %
Olympia	4,72	22,4	3,2	2,3 %
GS4 Botswana	29,88	15,0	6,3	4,2 %
Freizeit und Tourismus				
Chobe Holdings	46,87	17,2	8,1	2,5%
Gesundheitswesen				
MRI Botswana	2,83	5,8	1,1	2,3%
Information und Kommunikation				
RPC Data	2,67	0	1,3	0,0%
Brauerei				
Sechaba	334,71	17,1	11,2	5,3%

Erläuterungen:
[a)] Marktkapitalisierung im August 2007 in Millionen US-Dollar
[b)] Kurs-Gewinn-Verhältnis
[c)] Kurs-Buchwert-Verhältnis
[d)] Dividendenrendite
Quelle: Africa Markets Focus August 2007, Databank, www.databankgroup.com; eigene Darstellung

Die gesamte Marktkapitalisierung betrug Ende 2006 rund 6 Milliarden US-Dollar. Die Umsätze sind noch sehr niedrig. Im gesamten Jahr 2006 wurden am *Main Board* nur Inlandsaktien im Gegenwert von etwas über 12 Millionen US-Dollar gehandelt.

Abbildung 8-26: Kursentwicklung des botswanischen Aktienmarktes

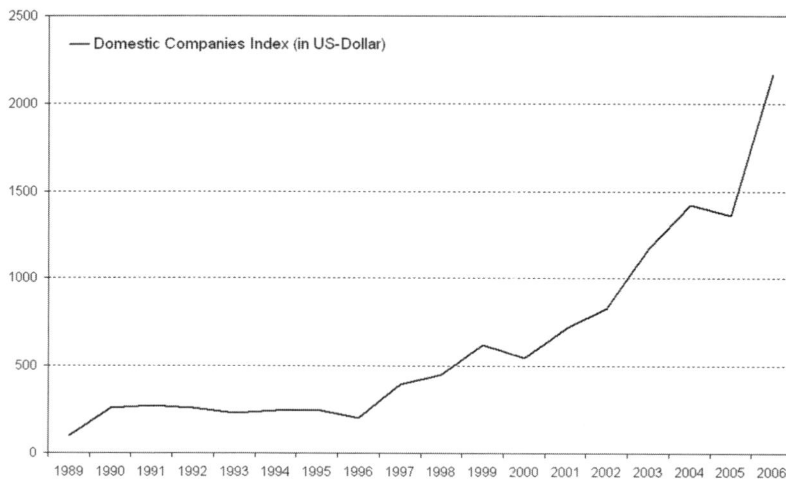

Quelle: Botswana Stock Exchange, www.bse.co.bw; eigene Darstellung

Die stetige Aufwärtsentwicklung, die im Jahr 1997 begann, hat sich 2006 stark beschleunigt. Das hat Aktien aus Botswana zuletzt teurer werden lassen: Das durchschnittliche Kurs-Gewinn-Verhältnis der Aktien von Unternehmen mit Hauptlisting in Gaborone stieg von 11 (per Ende 2005) auf 16 (per Ende 2006) an; die Dividendenrendite ging von 5,9 auf 3,2 Prozent zurück.

Da einerseits Kapitalmangel eines der großen Probleme in afrikanischen Unternehmen ist und andererseits die Kreditzinsen erheblich höher sind als in den entwickelten Märkten, könnte ein funktionierender Markt für Unternehmensanleihen erheblich zur wirtschaftlichen Expansion beitragen.

Das Vorzeigeland Botswana hat dies erkannt und ist bereits dabei, den lokalen Markt für Schuldverschreibungen systematisch zu entwickeln. Doch trotz der im Lande zunehmend vorhandenen Liquidität institutioneller Anleger kommt der Markt nur langsam in Bewegung. Von 15 Banken haben 10 Institute inzwischen

Anleihen begeben, darunter die Barclays Bank of Botswana, die Standard Chartered Bank of Botswana und die Stanbic Bank of Botswana. Auch die KfW, die Afrikanische Entwicklungsbank und die Europäische Investitionsbank haben in den Jahren 2005 und 2006 bereits Pula-Anleihen emittiert; der Kupon lag bei jeweils 10 Prozent.

Die in Botswana ansässigen Unternehmen zögern noch; erst vier Unternehmensanleihen wurden bisher begeben. Die Gründe hierfür sind eine mangelnde Tiefe des Marktes, eine begrenzte Anzahl in Frage kommender Zeichner und die bei vielen Unternehmen ausreichend vorhandenen Barmittel. Die Kupons der in den Jahren 2004 und 2005 begebenen Anleihen von Botswana Telecommunications, Cash Bazar Holdings, Kgalagadi Breweries und Piermont Global Botswana lagen zwischen 10,7 und 13,8 Prozent.

Botswanische Staatsanleihen dürfen nur von in Botswana registrierten kommerziellen Banken gekauft und gehalten werden. Diese attraktive Anlagemöglichkeit bleibt internationalen Investoren vorerst verwehrt. Eine in Euro oder US-Dollar begebene Staatsanleihe würde sicher deutlich zur Marktentwicklung beitragen und Botswana den internationalen Investoren näherbringen; die Nachfrage besteht jedenfalls.

8.14 Mauritius

8.14.1 Kurzprofil

Mauritius ist eine vulkanische Insel im Südwesten des Indischen Ozeans. Zu dem gleichnamigen Staat gehört außer der Hauptinsel noch die Insel Rodrigues. Zusammen mit dem französischen Überseeterritorium La Réunion bilden die Inseln die Inselgruppe der Maskarenen.

Die ursprünglich unbewohnten Maskarenen haben eine wechselvolle Geschichte hinter sich:

- Nach ihrer Entdeckung durch den Portugiesen Mascarenhas zwischen 1505 und 1510 (je nach Quellenangabe) wurde Mauritius als Stützpunkt genutzt.
- Von 1598 bis 1710 war Mauritius in niederländischem Besitz; ab 1638 wurde die Insel von Holländern besiedelt.
- Von 1710, als Mauritius von den Niederländern aufgegeben wurde, bis 1715 diente die Insel Seeräubern als Unterschlupf.
- Die Franzosen eroberten Mauritius im Jahr 1715 und benannten sie in „Île de France" um. Die Französische Ostindienkompanie fungierte bis zu ihrem Bankrott im Jahr 1767 als Eigentümerin. Danach war die Insel französische Kronkolonie.
- 1810 eroberten die Briten die Insel und nannten sie wieder Mauritius. Ab 1814 war Mauritius britische Kronkolonie und gehörte zum Commonwealth of Nations.
- Nach der Abschaffung der Sklaverei im Jahr 1835 kam es zu einer Masseneinwanderung aus Indien, da Arbeiter für die Zuckerrohrplantagen gebraucht wurden. Als die Inder einen Bevölkerungsanteil von 60 Prozent erreicht hatten, wurde 1871 ein Einwanderungsstopp erlassen.
- 1968 wurde Mauritius unabhängig. Von Beginn der Autonomie an war Mauritius eine stabile Demokratie. 1992 bekam der Inselstaat eine neue Verfassung und wurde zur Republik.

Ein Großteil der Bevölkerung besteht aus indischen Einwanderern bzw. ihren Nachkommen sowie Kreolen. Die Kreolen stammen von den früheren Sklaven aus Madagaskar und vom afrikanischen Festland ab, die sich mit europäischen Siedlern vermischt hatten. Die bestimmende Sprache ist die Kreolsprache Morisyen, die auf dem Französischen basiert. Die Oberschicht spricht überwiegend Französisch, Amtssprache ist jedoch Englisch.

Tabelle 8-38: Basisdaten von Mauritius

Merkmal		Wert
Fläche (km²)		2.040
Einwohnerzahl	Juli 2007	1.250.882
Medianalter	2007	31,2
Bevölkerungswachstum	2007	0,80 %
Lebenserwartung bei Geburt (Jahre)	2007	72,88
Fruchtbarkeitsrate (Kinder pro Frau)	2007	1,94
HIV/AIDS-Infektionsrate (Erwachsene)	2001	0,10 %
Handynutzer (in Millionen)	2006	0,77
Handynutzer (Anteil an Gesamtbevölkerung)		61,6 %
Internetnutzer (in Millionen)	2006	0,18
Internetnutzer (Anteil an Gesamtbevölkerung)		14,4 %
Analphabetenrate (15 Jahre und älter)	2000	15,6 %
Religionen	Hindus	48,0 %
	Christen	32,2 %
	Muslime	16,6 %
	Andere	2,8 %
	Keine	0,4 %
Amtssprache	Englisch	
Geschäftssprachen	Englisch, Französisch, Morisyen	
Staatsform	Republik	
Hauptstadt	Port Louis	
Staatsoberhaupt	Anerood Jugnauth	
Regierungschef	Navin Ramgoolam	
Währung	Rupie	

Quelle: CIA World Factbook, www.cia.gov

8.14.2 Wirtschaftsentwicklung

Die stabile politische Lage nach der Unabhängigkeit ermutigte viele ausländische Investoren zu Geschäften auf der Insel. Die ehemals vollständig auf dem Anbau von Zuckerrohr basierende Wirtschaft konnte erfolgreich diversifiziert werden. Industrie, Bankwesen und Tourismus bilden heute wichtige Einnahmequellen und sorgten in den vergangenen Jahrzehnten für einen kontinuierlichen Anstieg des Lebensstandards. Zuckerrohr macht allerdings immer noch ein Viertel der Exporteinnahmen aus. Da ein wichtiges Zuckerabkommen von Mauritius mit der Europäischen Union ausgelaufen ist und die damit verbundenen Preisprivilegien (garantierte Zuckerabnahmepreise) bis 2015 sukzessive abgebaut werden, sind die Aussichten in diesem Segment eher trübe.

Die Beendigung des Multifiber-Abkommens Ende 2004 belastet die mauritische Textilindustrie. Das inzwischen hohe Lohnniveau der Insel sorgt für einen deutlichen Rückgang der Wettbewerbsfähigkeit, vor allem mit der chinesischen Textilindustrie. Viele mauritischen Unternehmen expandieren deshalb ins benachbarte Madagaskar, wo die Lohnkosten erheblich niedriger sind.

Die verschlechterten fundamentalen Rahmendaten haben zu einer deutlichen Verlangsamung des Wirtschaftswachstums geführt. Die hohen Raten von 7 Prozent, die in den neunziger Jahren üblich waren, haben sich etwa halbiert.

Es gibt verschiedene Ideen, wie die strukturelle Krise überwunden werden kann. Hierzu gehören die Etablierung von Mauritius als Offshore-Bankenplatz, die Nutzung als Cybercity für IT-Dienstleistungen, die Einrichtung einer Duty-Free-Zone zur Ankurbelung des Einkaufstourismus bis hin zur Einrichtung eines „Seafood Hub“.

Tabelle 8-39: Wirtschafts- und Finanzdaten von Mauritius

Gegenstand	Bemerkung	Wert
Bruttoinlandsprodukt (BIP) in Mrd. US-Dollar[a)]	2006 (Schätzung)	7,175
BIP pro Einwohner (US-Dollar)[a)]	nach Kaufkraftparität	13700
Wirtschaftssektoren (2006)[a)]	Landwirtschaft	5,1 %
	Industrie	25,2 %
	Dienstleistungen	69,7 %

Gegenstand	Bemerkung	Wert
BIP – reale Wachstumsrate[b)]	2006 (Schätzung)	4,3 %
	2007 (Schätzung)	3,5 %
	2008 (Prognose)	3,5 %
Arbeitslosenrate[b)]	2006 (Schätzung)	8,9 %
Inflationsrate[b)]	2006 (Schätzung)	8,9 %
	2007 (Schätzung)	6,0 %
	2008 (Prognose)	4,5 %
Staatsverschuldung (Prozent vom BIP)[b)]	2006 (Schätzung)	57,9 %
Länderbonitätsindex (gem. Institutional Investor)[c)]	März 2007	56,3
Länderbonitätsindex (Veränderung 1 Jahr)[c)]	03/2007 vs. 03/2006	0,2
TI Korruptionswahrnehmungsindex (Skala 0 bis 10)[d)]	2006	5,1
Währungsreserven incl. Gold (Mrd. US-Dollar)[a)]	2006 (Schätzung)	1,358
Auslandsschulden (Mrd. US-Dollar)[a)]	30.6.2006 (Schätzung)	2,8
Empfangene Entwicklungshilfe (Mrd. US-Dollar)[a)]	1997	0,042

Quellen: [a]) CIA World Factbook; [b]) bfai; [c]) Institutional Investor; [d]) Transparency International

Aussichtsreiche Branchen:

- IT-Industrie
- Finanzwirtschaft
- Fischzucht und Fischverarbeitung
- Tourismus

Abbildung 8-27: Kursentwicklung der Mauritius-Rupie

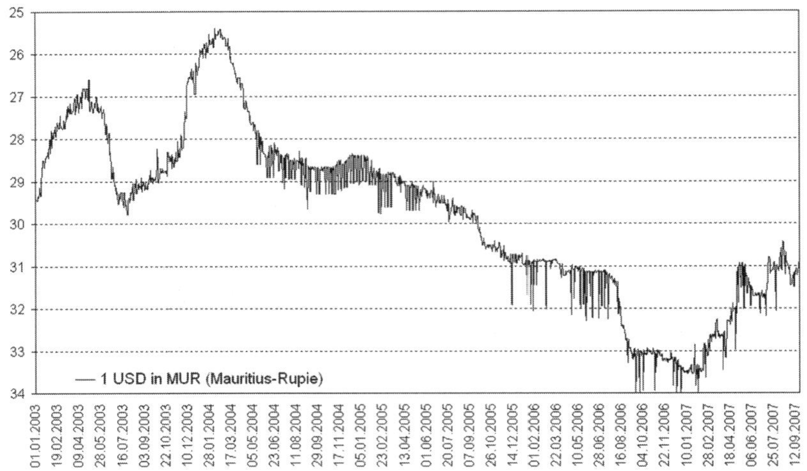

Datenquelle: OANDA, The Currency Site, www.oanda.com; graphische Darstellung: Trans Africa Invest, www.trans-africa-invest.com

8.14.3 Die Börse in Mauritius

Die *Stock Exchange of Mauritius* (SEM) wurde 1988 gegründet und befindet sich in der Hauptstadt Port Louis.

Der Aktienmarkt hatte im Oktober 2007 eine Marktkapitalisierung von 5 Milliarden US-Dollar. Er ist in zwei Segmente eingeteilt:

Der *Official Market* beinhaltet derzeit 4 Stammaktien, 3 Vorzugsaktien und 11 autorisierte Investmentfonds. Folgende Marktbarometer werden berechnet:

- Der SEMDEX ist ein marktkapitalisierungsgewichteter Kursindex, der alle notierten Aktien enthält.
- Der SEMTRI ist ein marktkapitalisierungsgewichteter *Total Return Index* (Performanceindex), der alle notierten Aktien enthält.
- Der SEM-7 Index enthält nur die sieben höchstkapitalisierten Werte. Die Zusammensetzung wird vierteljährlich angepasst.

Am *Development & Enterprise Market* sind 50 Stammaktien und 6 Vorzugsaktien gelistet. Hier gibt es folgende Indizes:

- Der DEMEX ist ein marktkapitalisierungsgewichteter Kursindex, der 41 notierte Aktien enthält.
- Der DEMTRI ist der *Total Return Index* (Performanceindex), dem der DEMEX zugrunde liegt.

Die folgende Abbildung zeigt die Kursentwicklung des offiziellen Marktes. Dabei muss berücksichtigt werden, dass der SEMTRI-Index eine Reinvestierung der – überdurchschnittlich hohen – Dividenden von Mauritius-Aktien unterstellt.

Abbildung 8-28: Kursentwicklung des Aktienmarktes von Mauritius

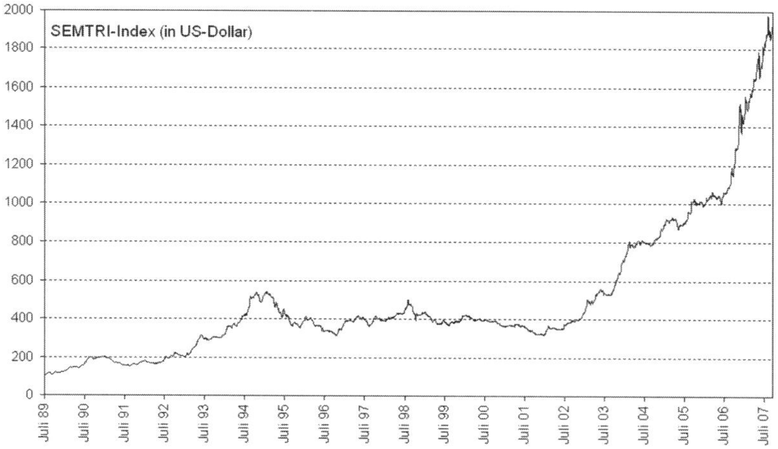

Datenquelle: Stock Exchange of Mauritius, www.stockexchangeofmauritius.com; graphische Darstellung: Trans Africa Invest, www.trans-africa-invest.com

Die fulminante Aufwärtsbewegung des Aktienmarktes von Mauritius begann 2003 und hat sich in den letzten 12 Monaten noch einmal beschleunigt. Dabei bleibt die fundamentale Bewertung moderat, wie die folgende Tabelle verdeutlicht.

Tabelle 8-40: Kennzahlen mauritischer Aktien

Branche Aktiengesellschaft	**Kurz-name**	**MKAP[a)]**	**KGV[b)]**	**DR[c)]**
Finanzen				
Mauritius Commercial Bank[e)]	MCB	1270	14	3 %
Mauritius Eagle Insurance	MEI	14	11	2 %
Mauritius Leasing	MLC	24	49	2 %
The Mauritius Union Assurance	MUA	15	15	7 %
State Bank of Mauritius[e)]	SBM	809	13	3 %
Swan Insurance	SWAN	21	14	6 %
Kommerz				
Compagnie Des Magasins Populaires	CMPL	1	11	7 %
Harel Mallac and Company	HML	22	10	3 %
Innodis (Happy World Foods)	INNODIS	16	117	6 %
Ireland Blyth[e)]	IBL	153	10	2 %
Rogers and Company[e)]	ROGE	328	17	3 %
Shell Mauritius	SHEL	45	12	7 %
Industrie				
Gamma Civic	GCL	23	9	5 %
Phoenix Beverages	PBL	33	7	5 %
Mauritius Chemical and Fertilizer Industry	MCFI	12	5	4 %
Mauritius Oil Refineries	MOR	14	12	6 %
Mauritius Stationery Manufacturers Co.	MSM	4		6 %
Plastic Industry Mauritius	PIM	3	8	8 %
United Basalt Products	UBP	31	14	3 %
Investments				
British American Investment	BAIN	27	3	5 %
Belle Marie Holding	BMH	16	13	4 %

Branche **Aktiengesellschaft**	**Kurz-** **name**	**MKAP**[a]	**KGV**[b]	**DR**[c]
Caudan Development	CAUDAN	47	13	3 %
Fincorp Investment	FINC	84	14	3 %
General Investment and Development[d]	GIDC	19	14	2 %
Liberty Investment Trust	LIT	6	6	4 %
Mauritius Development and Investment Trust	MDIT	63	7	5 %
National Investment Trust	NIT	56	65	1 %
Promotion and Development[d]	PAD	144	14	2 %
P.O.L.I.C.Y.	POL	28	12	5 %
United Docks	UTDL	34	7	2 %
Freizeit und Hotels				
Automatic Systems	ASL	4	11	8 %
New Mauritius Hotels[e]	NMH	863	20	3 %
Naiade Resorts[e]	NRL	300	18	2 %
Sun Resorts[e]	SUN	308	18	3 %
Zucker				
Harel Freres	HARF	79	7	2 %
Mon Desert Alma[d]	MDA	25	n. a.	3 %
The Mount Sugar Estates	MAOUNT	15	9	4 %
Mon Tresor & Mon Desert	MTMD	137	11	7 %
The Savannah Sugar Estate Company[d]	SAVA	30	n. a.	2 %
Transport				
Air Mauritius Limited	AIRM	67	n. a.	3 %

Erläuterungen:
[a]) Marktkapitalisierung im Oktober 2007 in Millionen US-Dollar
[b]) Kurs-Gewinn-Verhältnis
[c]) Dividendenrendite
[d]) Von diesen Aktiengesellschaften werden auch Vorzugsaktien notiert
[e]) Diese Aktien sind im 4. Quartal 2007 im SEM-7 Index enthalten.
Quelle: Africa Markets Focus August 2007, Databank, www.databankgroup.com; African Financial Markets, www.africanfinancialmarkets.com; eigene Darstellung

Die vergleichsweise niedrige Bewertung des mauritischen Aktienmarktes spiegelt die geringe Wachstumsfantasie, vor allem gegenüber rohstoffreichen Volkswirtschaften auf dem afrikanischen Festland, wider.

8.15 Sambia

8.15.1 Kurzprofil

Sambia ist ein Binnenstaat im südlichen Afrika, der etwa doppelt so groß ist wie Deutschland, aber nur 11,5 Millionen Einwohner hat.

Die koloniale Geschichte des heutigen Sambias begann 1890, als das Land von dem Unternehmer Cecil Rhodes in Besitz genommen wurde. Rhodes hatte von der britischen Regierung einen Freibrief für die Gründung der (British) South Africa Company bekommen, die das Land nördlich der damaligen Burenrepubliken erschließen und an britische Siedler verkaufen sollte. Die neuen Kolonieländer erhielten die Bezeichnungen Nordrhodesien und Südrhodesien.

1911 wurde Nordrhodesien, dessen Gebiet mit dem heutigen Sambia identisch ist, zum britischen Protektorat und 1923 – gemeinsam mit Südrhodesien (dem heutigen Simbabwe) – zur Kronkolonie. 1953 wurden Nord- und Südrhodesien mit Njassaland (dem heutigen Malawi) zur Zentralafrikanischen Föderation vereint.

Die Unabhängigkeit erlangte das fortan nach dem Sambesi-Fluss „Sambia" genannte Land im Jahr 1964. Der erste Präsident, Kenneth Kaunda, regierte das Land bis 1991, ab 1973 in einem Einparteiensystem mit zunehmend diktatorischen Elementen. Die Ausgangssituation war allerdings schwierig gewesen. Mitte der sechziger Jahre war die Wirtschaft ausschließlich vom Kupferbergbau abhängig, und alle Kupferminen befanden sich in ausländischer Hand. Bis 1975 halbierte sich der Kupferpreis und zwang Sambia zur Aufnahme hoher Auslandsschulden. Der von Kaunda inszenierte „sambische Humanismus" artete allmählich in einen Personenkult aus, und die Zentralverwaltungswirtschaft erwies sich als zunehmend ineffizient und korrupt.

Die politische Wende in Europa und der Zerfall der Sowjetunion sowie wachsender Druck aus dem In- und Ausland führten zur Zulassung weiterer politischer Parteien und zu einer demokratischen Wahl im Jahr 1991, aus der Frederick Chiluba als Sieger hervorging. Seine Politik war zunächst noch sozialistisch geprägt, öffnete sich jedoch unter dem Druck von IWF und Weltbank immer mehr dem kapitalistischen System. Als der frühere Vizepräsident Levy Mwanawasa 2002 zum Präsidenten vereidigt wurde, weil Chiluba nicht zum dritten Mal wiedergewählt werden durfte, hatte sich die freie Marktwirtschaft allgemein durchgesetzt. In freien und fairen Wahlen wurde Mwanawasa 2006 wiedergewählt.

In den letzten Jahren hat Sambia sehr gute Rahmenbedingungen für Investoren geschaffen. Im „Doing Business"-Report der Weltbank rangiert Sambia unter Afrikas Nationen auf den vorderen Plätzen.

Tabelle 8-41: Basisdaten von Sambia

Merkmal		**Wert**
Fläche (km²)		752.614
Einwohnerzahl	Juli 2007	11.477.477
Medianalter	2007	16,8
Bevölkerungswachstum	2007	1,66 %
Lebenserwartung bei Geburt (Jahre)	2007	38,44
Fruchtbarkeitsrate (Kinder pro Frau)	2007	5,31
HIV/AIDS-Infektionsrate (Erwachsene)	2003	16,5 %
Handynutzer (in Millionen)	2006	0,95
Handynutzer (Anteil an Gesamtbevölkerung)		8,3 %

Merkmal		Wert
Internetnutzer (in Millionen)	2006	0,334
Internetnutzer (Anteil an Gesamtbevölkerung)		2,9 %
Analphabetenrate (15 Jahre und älter)	2003	19,4 %
Religionen	Muslime u. Hindus	24–49 %
	Christen	50–75 %
	Naturreligionen	1%
Amtssprache	Englisch	
Geschäftssprachen	Englisch	
Staatsform	Republik	
Hauptstadt	Lusaka	
Staatsoberhaupt	Präsident Levy Mwanawasa	
Regierungschef	Präsident Levy Mwanawasa	
Währung	Kwacha (ZMK)	

Quelle: CIA World Factbook, www.cia.gov

8.15.2 Wirtschaftsentwicklung

Die starke Aufwärtsbewegung der Kupferpreise hat zu einem Boom im Kupfergürtel geführt und der sambischen Volkswirtschaft seit Jahren relativ hohe Wachstumsraten von 5 bis 6 Prozent beschert. Das soll auch in den kommenden Jahren so bleiben. Allerdings bleibt die große Abhängigkeit vom Kupferbergbau Sambias Achillesferse.

Einzelne Wirtschaftssektoren verzeichnen ein weit überdurchschnittliches Wachstum; so expandiert die Bauindustrie jährlich um etwa 15 bis 20 Prozent.

Weit zurückgeblieben ist die Landwirtschaft, in der 80 Prozent der arbeitenden Bevölkerung beschäftigt sind, größtenteils als Subsistenzfarmer. Obwohl Sambia über fruchtbare Böden und großen Wasserreichtum verfügt, werden derzeit nur 10 Prozent des bebaubaren Bodens agrarwirtschaftlich genutzt. Hier schlummern noch große Potenziale.

Tabelle 8-42: Wirtschafts- und Finanzdaten von Sambia

Gegenstand	Bemerkung	Wert
Bruttoinlandsprodukt (BIP) in Mrd. US-Dollar[a)]	2006 (Schätzung)	5,795
BIP pro Einwohner (US-Dollar)[a)]	nach Kaufkraft-parität	1000
Wirtschaftssektoren (2006)[a)]	Landwirtschaft	19,9 %
	Industrie	28,9 %
	Dienstleistungen	51,2 %
BIP – reale Wachstumsrate[b)]	2006 (Schätzung)	6,0 %
	2007 (Schätzung)	6,0 %
	2008 (Prognose)	6,0 %
Arbeitslosenrate[a)]	2000	50 %
Inflationsrate[b)]	2006 (Schätzung)	8,8 %
	2007 (Schätzung)	8,5 %
	2008 (Prognose)	8,0 %
Staatsverschuldung (Prozent vom BIP)[b)]	2006 (Schätzung)	65,7 %
Länderbonitätsindex (gem. Institutional Investor)[c)]	März 2007	24,3
Länderbonitätsindex (Veränderung 1 Jahr)[c)]	03/2007 vs. 03/2006	5,3
TI Korruptionswahrnehmungsindex (Skala 0 bis 10)[d)]	2006	2,6
Währungsreserven incl. Gold (Mrd. US-Dollar)[a)]	2006 (Schätzung)	1,05
Auslandsschulden (Mrd. US-Dollar)[a)]	2006 (Schätzung)	4,4
Empfangene Entwicklungshilfe (Mrd. US-Dollar)[a)]	2002	0,64

Quellen: [a]) CIA World Factbook; [b]) bfai; [c]) Institutional Investor; [d]) Transparency International

Wachstumsbranchen (Auswahl)[19]:

- Kupferbergbau
- kommerzieller Gemüseanbau

[19] Quelle: Bundesagentur für Außenwirtschaft, www.bfai.de

- landwirtschaftliche Bewässerungstechnik
- Bauwirtschaft

Die länderübergreifende Kavango-Sambesi Transfrontier Conservation Area dürfte dem Tourismus mittelfristig deutliche Impulse verleihen.

Abbildung 8-29: Kursentwicklung des Sambischen Kwacha

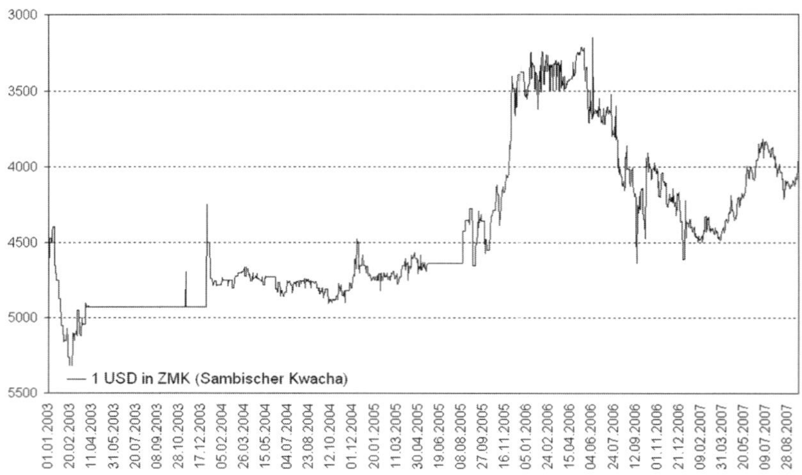

Datenquelle: OANDA, the Currency Site, www.oanda.com; graphische Darstellung: Trans Africa Invest, www.trans-africa-invest.com

8.15.3 Die Börse von Lusaka

Die Lusaka Stock Exchange (LuSE) wurde 1993 gegründet und nahm 1994 ihren Betrieb auf. Die Marktkapitalisierung betrug Mitte 2007 etwa 4,2 Milliarden US-Dollar.

Davon entfällt knapp die Hälfte auf Shoprite Holdings, die sambische Tochtergesellschaft der südafrikanischen Einzelhandelskette.

Derzeit werden 17 Unternehmen gelistet.

Tabelle 8-43: Kennzahlen sambischer Aktien

Branche **Aktiengesellschaft**	**Kurzname**	**MKAP**[a)]	**KGV**[b)]	**DR**[c)]
Verarbeitung				
African Explosives Zambia	AELZ	9	10,5	n.a.
British-American Tobacco	BATZ	36	9,7	4,8 %
Chilanga Cement	CHIL	204	14,8	2,8 %
National Breweries	NATBREW	131	19,6	4,9 %
Metal Fabricators of Zambia	ZAMEFA	33	120,3	4,6 %
Zambian Breweries	ZAMBREW	231	24,2	3,1 %
Bata Shoe Company	BATA	3	6,1	2,0 %
Lebensmittelverarbeitung				
Zambia Sugar	ZSUG	522	10,9	2,7 %
Zambeef Products	ZAMBEEF	143	18,1	1,4 %
Immobilien				
Farmers House	FH	4	9,1	2,1 %
Hotels				
Pamodzi Hotels	PAMODZI	4	1,8	n.a.
Banken				
Standard Chartered Bank	SCZ	437	23,3	2,3 %
Investrust Banking Zambia	INVES- TRUST	45	20,8	0,8 %
Einzelhandel				
Shoprite Holdings (Zambia)	RSA SHOP- RITE	2073		2,4 %
Öl				
BP Zambia	BPZAM	89	32,7	2,8 %

Branche Aktiengesellschaft	Kurzname	MKAP[a)]	KGV[b)]	DR[c)]
Investments				
ZCCM Investment Holdings	ZCCM-IH	102	16,6	n.a.
Cavmont Capital Holdings Zambia	CCHZ	8	14,7	n.a.

Erläuterungen:
a) Marktkapitalisierung im August 2007 in Millionen US-Dollar
b) Kurs-Gewinn-Verhältnis
c) Dividendenrendite; n.a. = nicht erhältlich
Quelle: Africa Markets Focus August 2007, Databank, www.databankgroup.com; eigene Darstellung

Den *Lusaka Stock Exchange All Share Index* (LASI) gibt es in zwei Versionen: mit und ohne Berücksichtigung der großen Bergbaugesellschaft *Zambian Consolidated Copper Mines* (ZCCM).

Abbildung 8-30: Kursentwicklung des sambischen Aktienmarktes

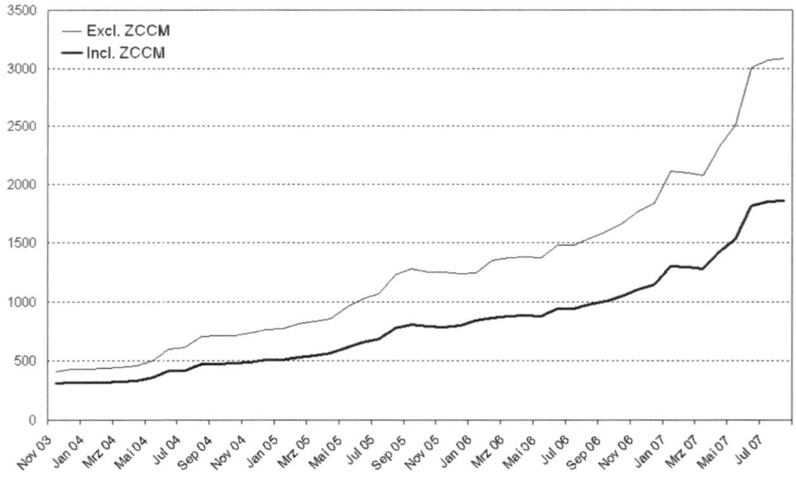

Datenquelle: Lusaka Stock Exchange, www.luse.co.zm; graphische Darstellung: Trans Africa Invest, www.trans-africa-invest.com

8.16 Simbabwe

8.16.1 Kurzprofil

Das Gebiet des heutigen Simbabwes war bereits von etwa 1200 bis ins 15. Jahrhundert hinein besiedelt. Die Ruinenstadt Groß-Simbabwe (Great Zimbabwe), nach der das Land benannt wurde, ist nach den ägyptischen Pyramiden die größte steinerne Bauanlage in Afrika.

Die Kolonialgeschichte des ehemals Südrhodesien genannten Landes steht in engem Zusammenhang mit der Historie Nordrhodesiens (siehe hierzu die Ausführungen zu Sambia, Kapitel 8.15).

Für die weitere Entwicklung des Landes ist die Tatsache bedeutsam, dass unter Cecil Rhodes eine Arbeitsteilung stattgefunden hat. Während Nordrhodesien für landwirtschaftliche Erzeugnisse und den Kupferbergbau „zuständig" war, wurde die industrielle Entwicklung auf Südrhodesien konzentriert. Das 1930 eingeführte Landgesetz sprach das fruchtbarste Land weißen Kolonisten zu, während der schwarzen Bevölkerung die unfruchtbaren und malariabelasteten Gegenden zugewiesen wurden. Premierminister Ian Smith, der das nach der Unabhängigkeit Sambias Rhodesien genannte Land von 1964 bis 1979 regierte, verfolgte eine Apartheidpolitik ähnlich wie im benachbarten Südafrika.

Nach Erlangung der Unabhängigkeit, die erst sehr spät, d. h. im Jahr 1980 erfolgte, und der Wahl Robert Mugabes zum Ministerpräsidenten, rechnete man sehr bald mit einer Landreform, die der schwarzen Bevölkerung das Jahrzehnte zuvor enteignete Land wieder zurückgeben sollte. Diese wurde allerdings erst 1990 eingeleitet, dann jedoch mit erbarmungsloser Härte. Viele Ländereien wurden an Mugabes Günstlinge vergeben, und viele schwarze Landarbeiterfamilien wurden vertrieben. Die meisten weißen Simbabwer verließen das Land.

Auch in den Städten begann Mugabe mit einer groß angelegten „Säuberungsaktion", die vor allem die Vernichtung bzw. Zerstreuung politischer Gegner zum Ziel hatte. Ganze Siedlungen wurden 2005 zwangsgeräumt und anschließend mit Planierraupen eingeebnet. Verschiedene Satellitenaufnahmen zeigen ein erschütterndes Bild. Nach Angaben der UNO sind bis zu 2,4 Millionen Menschen von der Zwangsräumung betroffen. In der Folge erlebte die Landwirtschaft einen beispiellosen Niedergang. Von 1998 bis 2002 war Simbabwe in den Kongokrieg verwickelt, was die Staatsausgaben extrem in die Höhe schnellen ließ und den Finanzstatus des Landes dramatisch verschlechtert hatte.

In den Wahlen von 2002 und 2005 wurde Robert Mugabe, der Adolf Hitler als sein größtes Vorbild anführt, Wahlfälschung vorgeworfen. Bei der kommenden Wahl 2008 soll ein Nachfolger gefunden werden. Ob die Wahl wie geplant durchgeführt wird oder ob Mugabe eine Verschiebung veranlassen wird, wie bereits kolportiert wird, bleibt abzuwarten. Die grassierende Inflation von mehreren tausend oder sogar zehntausend Prozent verlangt jedenfalls, dass kurzfristig etwas passiert.

Tabelle 8-44: Basisdaten von Simbabwe

Merkmal		**Wert**
Fläche (km²)		390.580
Einwohnerzahl	Juli 2007	12.311.143
Medianalter	2007	20,1
Bevölkerungswachstum	2007	0,60 %
Lebenserwartung bei Geburt (Jahre)	2007	39,5
Fruchtbarkeitsrate (Kinder pro Frau)	2007	3,08
HIV/AIDS-Infektionsrate (Erwachsene)	2001	24,60 %
Handynutzer (in Millionen)	2006	0,83
Handynutzer (Anteil an Gesamtbevölkerung)		6,7 %
Internetnutzer (in Millionen)	2006	1,22
Internetnutzer (Anteil an Gesamtbevölkerung)		9,9 %
Analphabetenrate (15 Jahre und älter)	2003	9,3 %
Religionen	Synkretisch	50 %
	Christen	25 %
	Muslime u. Andere	1 %
	Naturreligionen	24 %
Amtssprache	Englisch	

Merkmal	
Geschäftssprache	Englisch
Staatsform	Diktatorisches Präsidialregime, nominell Republik
Hauptstadt	Harare
Staatsoberhaupt	Präsident Robert Gabriel Mugabe
Regierungschef	Präsident Robert Gabriel Mugabe
Währung	Simbabwe-Dollar (ZWD)

Quelle: CIA World Factbook, www.cia.gov

8.16.2 Wirtschaftsentwicklung

Simbabwe gehörte früher zu den reichsten Ländern südlich der Sahara. Doch nach der Unabhängigkeit und insbesondere nach der brutal durchgeführten Landreform, durch die die meisten weißen Farmer ihr Eigentum verloren und fluchtartig das Land verlassen hatten, ging es mit der Wirtschaft bergab. Die neuen Landbesitzer hatten weder die Kenntnisse noch die erforderlichen Mittel, um die Äcker angemessen zu bewirtschaften. Weiße Hoteliers ließen aus Protest ihre Hotels geschlossen, so dass die Touristen ausblieben. Staatliche Preiskontrollen belasteten viele Industriezweige.

Seit 1999 schrumpft die Wirtschaft Simbabwes von Jahr zu Jahr. 2007 dürfte die Wirtschaftskraft auf ein Niveau von 61 Prozent des Wertes von 1998 gefallen sein.

Inzwischen herrscht in Simbabwe eine ausgesprochene Mangelwirtschaft. Energie ist knapp und teuer und vielerorts nur noch zeitweise verfügbar. Die Wasserversorgung und Abwasserentsorgung ist in vielen Städten weitgehend zusammengebrochen. Akuter Treibstoffmangel macht vollgetankte Kraftfahrzeuge aus dem Ausland nach dem Grenzübertritt auf einsamen Überlandstraßen zu willkommenen Beutegegenständen. Ersatzteile für Maschinen und Kraftfahrzeuge sind, wenn überhaupt, nur schwer und zu hohen Kosten zu beschaffen. Devisenmangel hindert viele Unternehmen daran, dringend notwendige Investitionen zu tätigen.

Auch die Folgen der sehr hohen HIV/AIDS-Infektionsraten sind inzwischen spürbar geworden, ähnlich wie in Botswana, Sambia und Swasiland.

China ist – nicht zuletzt bedingt durch die eingefrorenen Beziehungen Simbabwes zu den USA und der Europäischen Union – in den letzten Jahren zunehmend aktiv geworden. Gegen die Lieferung von Getreide hat sich die Volksrepublik einen bevorzugten Marktzugang für ihre Produkte gesichert. China soll auch einen Teil der dringend für die Landwirtschaft benötigten Düngemittel liefern. Außerdem sollen die Chinesen drei Wärmekraftwerke bauen und dafür die Kohleminen erschließen; als Gegenleistung erhalten sie Chrom.

Tabelle 8-45: Wirtschafts- und Finanzdaten von Simbabwe

Gegenstand	Bemerkung	Wert
Bruttoinlandsprodukt (BIP) in Mrd. US-Dollar[a)]	2006 (Schätzung)	3,146
BIP pro Einwohner (US-Dollar)[a)]	nach Kaufkraftparität	2100
Wirtschaftssektoren (2006)[a)]	Landwirtschaft	17,7 %
	Industrie	22,9 %
	Dienstleistungen	59,4 %
BIP – reale Wachstumsrate[b)]	2006 (Schätzung)	–4,4 %
	2007 (Prognose)	–2,5 %
	2008 (Prognose)	–1,0 %
Arbeitslosenrate[a)]	2005	80 %
Inflationsrate[b)]	2006 (Schätzung)	1050 %
	2007 (Prognose)	1500 %
	2008 (Prognose)	500 %
Staatsverschuldung (Prozent vom BIP)[b)]	2006 (Schätzung)	108,4 %
Länderbonitätsindex (gem. Institutional Investor)[c)]	März 2007	8,5
Länderbonitätsindex (Veränderung 1 Jahr)[c)]	03/2007 vs. 03/2006	–1,7
TI Korruptionswahrnehmungsindex (Skala 0 bis 10)[d)]	2006	2,4
Währungsreserven incl. Gold (Mrd. US-Dollar)[a)]	2006 (Schätzung)	0,14
Auslandsschulden (Mrd. US-Dollar)[a)]	2006 (Schätzung)	5,3
Empfangene Entwicklungshilfe (Mrd. US-Dollar)[a)]	2000	0,178

Quellen: [a]) CIA World Factbook; [b]) bfai; [c]) Institutional Investor; [d]) Transparency International

Wachstumsbranchen im wörtlichen Sinne wird es in Simbabwe erst wieder geben, wenn die Wirtschaft deutlich expandiert. Im Herbst 2007 ist die wirtschaftliche Kontraktion nach wie vor im Gange.

8.16.3 Die Börse in Simbabwe

Die *Zimbabwe Stock Exchange* (ZSE) entstand 1974 aus den Vorläuferbörsen in Bulawayo (gegründet 1946) und Salisbury (gegründet 1951). Sie hat ihren Sitz in Harare (ehemals Salisbury), der Hauptstadt des Landes. Seit 1993 sind ausländische Investments möglich.

Früher hatte es bereits verschiedene Börsen im Land gegeben: Bereits 1896 wurden Börsen in Bulawayo, Gwelo und Umtali (Mutare) gegründet. Sie wurden allerdings schon bald wieder geschlossen, die letzte im Jahr 1924.

Für ausländische Anleger stellt der Kapitalmarkt von Zimbabwe einen absoluten Ausnahmefall dar. Mehrere Gründe sind dafür maßgebend:

- Die Landeswährung, der Zimbabwe-Dollar, ist nicht frei konvertierbar.
- Simbabwe befindet sich mitten in einer Phase der Hyperinflation. Die Geldentwertung hat dabei ein Tempo erreicht wie in Deutschland im Jahr 1923, kurz bevor die kollabierende Reichsmark durch die Rentenmark ersetzt und alle Sparer enteignet wurden.
- Der „offizielle" Wechselkurs des Zim-Dollars zum US-Dollar und die „inoffizielle" Umtauschrate klaffen extrem weit auseinander. Am 21. September 2007 lag der offizielle Kurs bei 30.000 Zim-Dollar pro US-Dollar, der inoffizielle bei 420.000.[20] Wer sich zu der offiziellen Rate bei der simbabwischen Zentralbank US-Dollar besorgen kann, kann ein Vermögen machen, indem er die US-Währung auf dem Schwarzmarkt sofort weiterverkauft und die Erlöse in Sachwerten anlegt. (Bei einer Kontrolle von Bankkonten von Ministern und anderen Regierungsangehörigen wurde festgestellt, dass hohe Geldbeträge genau auf diese Weise gehandelt wurden!)
- Die Nachfrage nach Aktien ist so stark, dass die Kurse weit stärker steigen, als die Währung im gleichen Zeitraum fällt. Dieser liquiditätsgetriebene Boom hat keine realwirtschaftliche Grundlage, sondern ist Ausdruck der zunehmenden Flucht aus der kollabierenden Währung in sicherere Sachwerte.

[20] Quelle: Financial Gazette, Harare, 4.10.2007; in: www.allafrica.com

Aus den genannten Gründen können an dieser Stelle keine Charts dargestellt werden, die ein zutreffendes Bild der realen Kursentwicklungen an der ZSE zeichnen.

Von den derzeit knapp 80 gehandelten Industriewerten, die durch den Zimbabwe Industrial Index vertreten sind, wiesen die folgenden Inlandsaktien Ende 2006 die höchsten Marktkapitalisierungen auf (Reihenfolge nach abnehmender Kapitalisierung):

Tabelle 8-46: Hochkapitalisierte simbabwische Aktien

Unternehmen	Kurzname	Branche
Delta Corp.	DELTA	Industrie/Konglomerat
Innscor Africa	INNSCOR	Konglomerat
Meikles Africa	MEIKLES	Hotel & Freizeit
Econet Wireless Holdings	ECONET	Technologie
Rainbow Tourism Group	RTG	Hotel & Freizeit
First Mutual	FML	Versicherung
Hippo Valley	HIPPO	Industrie/Landwirtschaft
Cotton Co. of Zimbabwe	COTTCO	Industrie/Landwirtschaft
British American Tobacco Zimbabwe Holdings	BAT	Landwirtschaft
OK Zimbabwe	OK ZIM	Einzelhandel/Konsum
National Foods	NATFOODS	Industrie/Lebensmittelverarbeitung
Chemco Holdings	CHEMCO	Industrie/Agrarchemie

Quelle: Zimbabwe Stock Exchange, www.zse.co.zw; eigene Darstellung

Zusammen mit den beiden Auslandswerten Old Mutual und PPC (Zweitlistings) vereinigten diese Werte rund drei Viertel der Marktkapitalisierung auf sich.

Die fünf notierten Minenaktien sind im Zimbabwe Industrial Index zusammengefasst. Die beiden höchstkapitalisierten Aktien, Bindura und Rio Zim, machten am 31.12.2006 rund 85 Prozent der Marktkapitalisierung dieses Sektors aus.

Die Gesamtkapitalisierung der Börse von Zimbabwe betrug Ende 2006 etwa 2 Milliarden US-Dollar.

Womit müssen potenzielle Anleger, die in Simbabwe investieren wollen, rechnen?

1. Wer in Zim-Aktien investieren will, muss in den Zim-Dollar wechseln. Wer dies zum offiziellen Umtauschkurs tut, verliert sofort 90 Prozent des Vermögenswertes, noch bevor er Aktien erworben hat.
2. Wer, um diesen Effekt zu vermeiden, „auf der Straße" tauscht, begibt sich in den Bereich der Illegalität.
3. In beiden Fällen hat der Investor ein Problem, wenn er zu einem späteren Zeitpunkt wieder verkaufen will, denn er wird für seine Zim-Dollars auf legalem Weg keine Fremdwährung bekommen. Ein einfacher Devisentransfer ins Ausland ist nicht möglich.
4. Realistischerweise muss man davon ausgehen, dass die einmal erworbenen Zim-Aktien bis zu einer Währungsreform nicht gegen Fremdwährung veräußerbar sein werden.
5. Unabhängig von der Umtauschproblematik sind Zim-Aktien nachfragegetrieben fundamental sehr teuer geworden, denn der Aktienmarkt ist für die lokale Bevölkerung der einzige Weg, das täglich an Wert verlierende Geld in Sachwerte umzuschichten und so vor der Hyperinflation in Sicherheit zu bringen.

Sollte man also als Investor einen weiten Bogen um Simbabwe machen?

Um es ganz ehrlich zu sagen: Derzeit sind die Risiken sehr hoch. Die Wirtschaft kollabiert, die politische Situation ist prekär, das Land befindet sich in einem Zustand der fortgeschrittenen Auflösung, und keiner weiß, was nach den Präsidentschaftswahlen im Frühjahr 2008 passieren wird.

Es gibt aber Hoffnung für Simbabwe. Früher war es neben Südafrika und Mauritius das einzige Land des afrikanischen Kontinents mit einer funktionierenden und breit aufgestellten Industrieinfrastruktur. Simbabwe verfügt über reiche Bodenschätze und fruchtbares Land. In der Zeit vor der Unabhängigkeit war das Land fast autark und konnte seine Bevölkerung mit allem versorgen, was sie zum Leben brauchte. Diese Zeiten sind zwar längst vorbei, doch das Potenzial, zu vergangenen Niveaus zurückzukehren, ist prinzipiell vorhanden. Hierbei spielt auch die menschliche Komponente eine wichtige Rolle. Im Vergleich zu Bewohnern anderer afrikanischer Länder verfügen schwarze Simbabwer über eine sehr gute Ausbildung und gelten als fleißig und freundlich. Wenn man die im Exil erworbenen zusätzlichen Kenntnisse und Fertigkeiten berücksichtigt, so ergibt sich ein erhebliches menschliches Potenzial.

Unter bestimmten Umständen, denen zugegebenermaßen sehr optimistische Annahmen zugrunde liegen, könnte das Land wieder zu alter Stärke gelangen:

- Das derzeitige autoritäre Regime wird durch eine demokratisch gewählte Regierung ersetzt.
- Ein Bürgerkrieg bleibt nach dem Regierungswechsel aus.
- Die neue Führung orientiert sich in ihrer praktischen Regierungsführung an westlichen Grundsätzen.
- Eine freie Marktwirtschaft wird eingeführt.
- Die Korruption wird durch strenge Gesetze bekämpft.
- Der Schutz des privaten Eigentums und der Menschenrechte wird garantiert.
- Es wird eine neue, frei konvertierbare Währung eingeführt.
- Die internationalen Sanktionen werden aufgehoben.
- IWF und Weltbank führen – mit Unterstützung der Anrainerstaaten – eine Art Marshallplan für Simbabwe durch.
- Ausländische Investoren erhalten mit Unterstützung internationaler Organisationen (Weltbank, IWF) einen Investitionsschutz.
- Von den geschätzten 3 bis 4 Millionen Exil-Simbabwern, die durch ihre Auswanderung einen erheblichen *Brain Drain* verursacht haben, kehren mindestens 100.000 gut ausgebildete Manager und Fachkräfte sofort in ihr Heimatland zurück, um Wirtschaft und Verwaltung schnell wieder funktionsfähig zu machen. Weitere 200.000 bis 300.000 Exilanten kehren innerhalb der folgenden zwei Jahre zurück.
- Die enteigneten und vertriebenen (hauptsächlich weißen) Farmer erhalten ihr Land zurück und beginnen schnell mit einer Wiederherstellung der ehemals gut funktionierenden Agrarproduktion.

Es ist vorstellbar, dass die Wirtschaft von Simbabwe unter diesen Voraussetzungen mittelfristig wieder stark wachsen könnte. In diesem Fall könnten sich Direktinvestitionen als äußerst lohnend erweisen. Die entscheidenden Weichenstellungen sollten jedoch abgewartet werden.

Nicht alle Angehörigen der intellektuellen Eliten haben übrigens das Land verlassen. Ich kenne persönlich einen jungen IT-Unternehmer, der bisher in Harare ausgehalten hat. Er hat mit seinem Team unter widrigsten Umständen auf sehr professionelle Weise die Webpräsenz für mein Unternehmen Trans Africa Invest entwickelt (www.trans-africa-invest.com). Zuletzt waren die Stromausfälle so häufig, dass er nur etwa anderthalb Tage pro Woche Strom hatte.

8.17 Namibia

8.17.1 Kurzprofil

Namibia ist ein sehr trockener und dünn besiedelter Staat im Südwesten Afrikas. Die ehemalige deutsche Kolonie Südwestafrika, die von 1884/85 bis zum Ersten Weltkrieg bestanden hatte, ist mehr als zweimal so groß wie Deutschland, hat aber nur 2 Millionen Einwohner.

1915 besetzten die Briten das Gebiet. 1920 wurde es als Mandatsgebiet des Völkerbunds unter südafrikanische Verwaltung gestellt.

1960 wurde die Südwestafrikanische Volksorganisation (*South-West Africa People's Organisation*; SWAPO) als marxistisch orientierte Befreiungsbewegung gegründet. Seit der Erlangung der Unabhängigkeit im Jahr 1990 regiert die SWAPO als politische Partei mit großer Mehrheit.

Die am weitesten verbreiteten Sprachen im Land sind Afrikaans, Deutsch und Englisch. Vor der Unabhängigkeit waren dies gleichzeitig die Amtssprachen. Um Konflikte zwischen den verschiedenen Bevölkerungsgruppen zu vermeiden, wurde in der Republik Namibia ausschließlich Englisch als Amtssprache eingeführt, obwohl es nur von 7 Prozent der Bevölkerung gesprochen wird. Im Wirtschaftsleben und insbesondere im Tourismus nimmt die deutsche Sprache immer noch eine herausragende Stellung ein – vor allem in den zentralen und südlichen Landesteilen.

Das relativ hohe durchschnittliche Pro-Kopf-Einkommen Namibias verdeckt die Tatsache, dass die Einkommensungleichgewichte der namibischen Bevölkerung höher sind als in jedem anderen Staat der Welt.

Tabelle 8-47: Basisdaten von Namibia

Merkmal		Wert
Fläche (km^2)		825.418
Einwohnerzahl	Juli 2007	2.055.080
Medianalter	2007	20,2
Bevölkerungswachstum	2007	0,48 %
Lebenserwartung bei Geburt (Jahre)	2007	43,11
Fruchtbarkeitsrate (Kinder pro Frau)	2007	2,94
HIV/AIDS-Infektionsrate (Erwachsene)	2003	21,30 %
Handynutzer (in Millionen)	2005	0,5
Handynutzer (Anteil an Gesamtbevölkerung)		24,1 %
Internetnutzer (in Millionen)	2005	0,08
Internetnutzer (Anteil an Gesamtbevölkerung)		3,9 %
Analphabetenrate (15 Jahre und älter)	2001	15,0 %
Religionen	Christen	80–90 %
	Naturreligionen	10-20 %
Amtssprache	Englisch	
Geschäftssprachen	Afrikaans, Deutsch, Englisch	
Staatsform	Republik	

Merkmal	
Hauptstadt	Windhoek
Staatsoberhaupt	Präsident Hifikepunye Lucas Pohamba
Regierungschef	Premierminister Nahas Angula
Währung	Namibia-Dollar

Quelle: CIA World Factbook, www.cia.gov

8.17.2 Wirtschaftsentwicklung

Dank des stark expandierenden Bergbausektors kann die Wirtschaft 2007 um rund 5 Prozent steigen; im kommenden Jahr soll die Wachstumsrate noch etwas zulegen.

Der Bergbau ist der wichtigste Industriezweig Namibias, der für 50 Prozent der Exporterlöse verantwortlich ist. Die wichtigsten Rohstoffe sind Diamanten und Uran; Namibia ist das fünftgrößte Uranförderland der Welt. Außerdem werden größere Mengen an Blei, Zink, Zinn, Gold, Silber, Kupfer, Wolfram und Erdgas produziert. Der zweitwichtigste Wirtschaftssektor ist die Landwirtschaft, von der die Hälfte der Bevölkerung abhängt.

Die Wirtschaft des Landes ist eng mit der Ökonomie Südafrikas verbunden. Der Namibia-Dollar gehört zur Rand-Zone und ist im Verhältnis 1 zu 1 an den südafrikanischen Rand gekoppelt.

Problematisch für das Investitionsklima ist der zunehmend zu beobachtende Trend zur Bevorzugung der schwarzen Bevölkerungsteile. Weiße Landbesitzer werden – teilweise unter fragwürdigen Methoden – aufgefordert, ihr Land abzugeben bzw. zu sehr niedrigen Preisen zu verkaufen.

Die größten Herausforderungen für Namibia sind die HIV/AIDS-Seuche und die hohe Arbeitslosigkeit. Die Frage, wie die Regierung praktisch die angestrebte Umwandlung von „weißem" Farmland in „schwarzes" vollzieht, ist für die Investitionssicherheit von zentraler Bedeutung. Die Landenteignungen in Simbabwe lieferten der namibischen Regierung die Vorlage für dieses Vorhaben. Die große Verunsicherung der letzten Jahre ist allerdings gewichen, nachdem die Regierung von Landenteignungen wieder abgekommen ist.

Ein wachsendes Thema ist die Bewegung des *Black Economic Empowerment*. Ähnlich wie in Südafrika auch müssen sich Auslandsinvestoren in Zukunft darauf einstellen, einen lokalen BEE-Partner in ihre Projekte zu integrieren, schwarzes Management einzustellen und vorzugsweise Zulieferfirmen zu beauftragen, die sich in der Hand von Schwarzen befinden.

Tabelle 8-48: Wirtschafts- und Finanzdaten von Namibia

Gegenstand	**Bemerkung**	**Wert**
Bruttoinlandsprodukt (BIP) in Mrd. US-Dollar[a]	nach Kaufkraftparitäten	5,329
BIP pro Einwohner (US-Dollar)[a]	2006 (Schätzung)	7600
Wirtschaftssektoren (2006)[a]	nach Kaufkraftparität	11,8 %
	Industrie	30,2 %
	Dienstleistungen	58,1 %
BIP – reale Wachstumsrate[b]	2006 (Schätzung)	4,5 %
	2007 (Prognose)	5,0 %
	2008 (Prognose)	5,5 %
Arbeitslosenrate[b]	2006	5,3 %
Inflationsrate[b]	2006 (Prognose)	5,1 %
	2007 (Schätzung)	5,5 %
	2008 (Prognose)	4,0 %
Staatsverschuldung (Prozent vom BIP)[b]	2006 (Schätzung)	31,6 %
Länderbonitätsindex (gem. Institutional Investor)[c]	März 2007	48,9
Länderbonitätsindex (Veränderung 1 Jahr)[c]	03/2007 vs. 03/2006	2,0
TI Korruptionswahrnehmungsindex (Skala 0 bis 10)[d]	2006	4,1
Währungsreserven incl. Gold (Mrd. US-Dollar)[a]	2006 (Schätzung)	0,48
Auslandsschulden (Mrd. US-Dollar)[a]	2006 (Schätzung)	0,9
Empfangene Entwicklungshilfe (Mrd. US-Dollar)[a]	2000	0,16

Quellen: [a]) CIA World Factbook; [b]) bfai; [c]) Institutional Investor; [d]) Transparency International

Wachstumsbranchen (Auswahl)[21]:

- Bergbau (vor allem Diamanten und Uran)
- Energie/Kraftwerke
- Tourismus

Da Namibia über eine sehr gut ausgebaute Infrastruktur verfügt und der Tourismus seit langem eine etablierte Branche ist, besteht hier weniger Nachholbedarf als in anderen afrikanischen Ländern wie beispielsweise in Sambia oder Tansania.

8.17.3 Die Börse in Namibia

Die erste Börse wurde bereits um das Jahr 1900 in Lüderitzbucht gegründet; sie bestand allerdings nur wenige Jahre während des damaligen Diamantenrausches. Die Namibia Stock Exchange (NSX) wurde 1992 in Windhuk gegründet. Sie gehört mit 25 gehandelten Aktien und einer aktuellen Marktkapitalisierung von ca. 180 Millionen US-Dollar (!) zu den kleinsten Börsen Afrikas. Viele Werte sind überdies nur Zweitlistings südafrikanischer Werte.

8.18 Mosambik

8.18.1 Kurzprofil

Mosambik ist ein Flächenstaat im südöstlichen Teil des afrikanischen Kontinents mit einer 2800 Kilometer langen Küste am Indischen Ozean. Für die westlich angrenzenden Binnenstaaten Sambia, Simbabwe und Malawi dient Mosambik traditionell als Transitland. Im Norden grenzt Mosambik außerdem noch an Tansania, im Süden an Südafrika und Swasiland.

[21] Quelle: Bundesagentur für Außenwirtschaft, www.bfai.de

Mosambik war fast fünf Jahrhunderte lang portugiesische Kolonie, bevor es 1975 unabhängig wurde. Bereits 1962 wurde die mosambikanische Befreiungsfront FRELIMO (Frente da Libertação de Moçambique) gegründet, und zwei Jahre später begann der Befreiungskampf. Nach der Gründung der souveränen Republik Mosambik übernahmen die FRELIMO-Führer die Macht und formten ein Einparteiensystem nach marxistisch-leninistischem Vorbild. Das führte schnell zur Gründung der Widerstandsbewegung RENAMO (Resistência Nacional Moçambicana) und zum Beginn eines sechszehnjährigen Bürgerkriegs, der erst 1992 beendet wurde. Nach der Abkehr vom Marxismus, die formell im Jahr 1989 erfolgte, wurde das Land schrittweise in eine freie Marktwirtschaft umgewandelt.

Tabelle 8-49: Basisdaten von Mosambik

Merkmal		Wert
Fläche (km²)		801.590
Einwohnerzahl	Juli 2007	20.905.585
Medianalter	2007	17,4
Bevölkerungswachstum	2007	1,80 %
Lebenserwartung bei Geburt (Jahre)	2007	40,9
Fruchtbarkeitsrate (Kinder pro Frau)	2007	5,29
HIV/AIDS-Infektionsrate (Erwachsene)	2003	12,2 %
Handynutzer (in Millionen)	2006	2,4
Handynutzer (Anteil an Gesamtbevölkerung)		11,2 %
Internetnutzer (in Millionen)	2005	0,2
Internetnutzer (Anteil an Gesamtbevölkerung)		0,9 %
Analphabetenrate (15 Jahre und älter)	2003	52,2 %
Religionen	Christen	41,3 %
	Muslime	17,8 %
	Andere	17,8 %
	Keine	23,1 %
Amtssprache	Portugiesisch	
Geschäftssprache	Portugiesisch	

Merkmal	
Staatsform	Präsidialrepublik
Hauptstadt	Maputo
Staatsoberhaupt	Präsident Armando Guebuza
Regierungschef	Premierminister Luisa Diogo
Währung	Metical (MZM); Plural: Meticais

Quelle: CIA World Factbook, www.cia.gov

8.18.2 Wirtschaftsentwicklung

Als portugiesische Kolonie war Mosambik für afrikanische Verhältnisse wirtschaftlich relativ gut entwickelt, und hinsichtlich der industriellen Wertschöpfung rangierte es vor Erreichen der Unabhängigkeit auf Platz 6 in Afrika. Nach dem plötzlichen Rückzug der Kolonialherren als Folge der Nelkenrevolution in Portugal setzte ein dramatischer Verfall ein. Die sozialistischen Industrialisierungskonzepte der neuen Regierung funktionierten nicht, und schließlich brach die Industrie fast vollkommen zusammen. Der lang anhaltende Bürgerkrieg und Dürrejahre trugen ebenfalls zum wirtschaftlichen Niedergang bei.

Erst 1987 wurde ein wirtschaftliches Reformprogramm eingeleitet, das ab Mitte der neunziger Jahre zu einem dynamischen Wirtschaftswachstum führte. Von 1995 bis 2005 glänzte das Land mit Wachstumsraten des Bruttoinlandsprodukts (BIP) von durchschnittlich 8,2 Prozent. Dazu trugen allerdings nur wenige Großprojekte im Rohstoffsektor bei, während der Rest der Wirtschaft zurückblieb. Diese Situation hat sich bis heute kaum geändert; rund 85 Prozent der Exporte verdankt Mosambik der Mozal-Aluminiumschmelze und der Sasol-Erdgaspipeline. Fast der gesamte Bedarf an Ausrüstungsgütern und fachlichen Dienstleistungen wird importiert, hauptsächlich aus Südafrika.

Mit geschätzten Wachstumsraten von 7,5 Prozent 2007 und 2008 bleibt Mosambik auch weiterhin eine der am schnellsten wachsenden Volkswirtschaften Afrikas. Von wichtiger strategischer Bedeutung ist die Produktion von Energie, zum Eigenverbrauch ebenso wie für den Export in die Nachbarländer. Mehrere Kraftwerke sind in der Planung, darunter ein bis zwei Wasserkraftwerke und ein Kohlekraftwerk. Die Kohlelagerstätte Moatize verfügt über sehr hohe Ressourcen und könnte zur größten Produktionsstätte der Südhalbkugel werden.

Die günstige geografische Lage bietet gute Voraussetzungen für eine Positionierung von Mosambik als Logistikstandort. Insbesondere seine Häfen eignen sich gut für den Auf- bzw. Ausbau der Korridorfunktion für die Nachbarländer Südafrika und Swasiland (Maputo), Simbabwe (Beira) und Malawi (Nacala). Der Transportsektor in Mosambik dürfte daher in den nächsten Jahren kontinuierlich wachsen. Wichtige Straßen wurden bereits wieder instand gesetzt.

Die Zuckerindustrie steht ebenfalls vor einer Renaissance. Ab 2009 sollen die am wenigsten entwickelten Länder (LDC), zu denen auch Mosambik gehört, einen zoll- und quotenfreien Zugang zum EU-Markt erhalten. Die Investitionen ausländischer Unternehmen haben schon spürbar angezogen. Zu Kolonialzeiten war Mosambik hinter Ägypten, Südafrika und Mauritius schon einmal Afrikas viertgrößter Zuckerproduzent gewesen. Vielleicht kann das Land in Zukunft wieder daran anknüpfen. Es ist zu vermuten, dass Mosambik mittelfristig versuchen wird, den Wertschöpfungsanteil im eigenen Land zu erhöhen. Damit werden die Sektoren Nahrungsmittelverarbeitung und Getränkeherstellung interessant.

Tabelle 8-50: Wirtschafts- und Finanzdaten von Mosambik

Gegenstand	**Bemerkung**	**Wert**
Bruttoinlandsprodukt (BIP) in Mrd. US-Dollar[a)]	2006 (Schätzung)	6,323
BIP pro Einwohner (US-Dollar)[a)]	nach Kaufkraft-parität	1500
Wirtschaftssektoren (2006)[a)]	Landwirtschaft	21,1 %
	Industrie	30,9 %
	Dienstleistungen	48,0 %
BIP – reale Wachstumsrate[b)]	2006 (Schätzung)	9,8 %
	2007 (Schätzung)	7,5 %
	2008 (Prognose)	7,5 %
Arbeitslosenrate[a)]	1997	21 %
Inflationsrate[b)]	2006 (Schätzung)	13,2 %
	2007 (Schätzung)	9,5 %
	2008 (Prognose)	9,5 %
Staatsverschuldung (Prozent vom BIP)[b)]	2006 (Schätzung)	23,2 %

Gegenstand	Bemerkung	Wert
Länderbonitätsindex (gem. Institutional Investor)[c]	März 2007	28,5
Länderbonitätsindex (Veränderung 1 Jahr)[c]	03/2007 vs. 03/2006	1,4
TI Korruptionswahrnehmungsindex (Skala 0 bis 10)[d]	2006	2,8
Währungsreserven incl. Gold (Mrd. US-Dollar)[a]	2006 (Schätzung)	1,4
Auslandsschulden (Mrd. US-Dollar)[a]	2006 (Schätzung)	2,4
Empfangene Entwicklungshilfe (Mrd. US-Dollar)[a]	2001	0,632

Quellen: [a]) CIA World Factbook; [b]) bfai; [c]) Institutional Investor; [d]) Transparency International

Wachstumsbranchen (Auswahl):

- Bergbau
- Energiewirtschaft
- Telekommunikation
- Landwirtschaft
- Fischerei
- Tourismus

Abbildung 8-31: Kursentwicklung des Mosambikanischen Metical

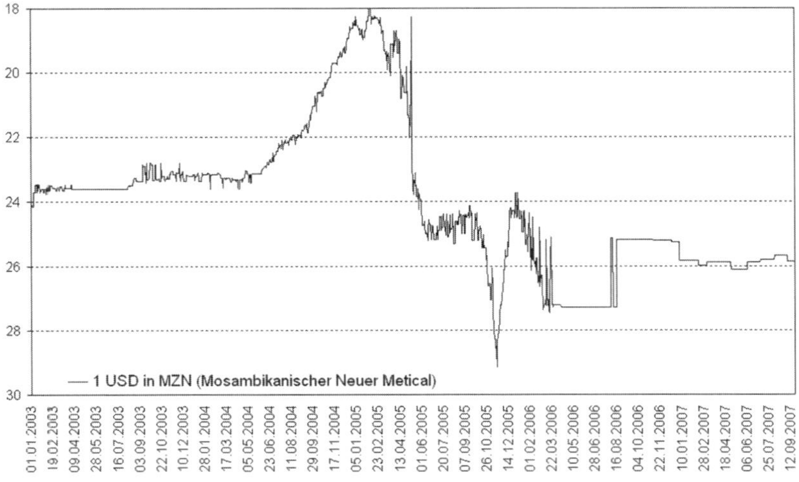

Datenquelle: OANDA, The Currency Site, www.oanda.com; graphische Darstellung: Trans Africa Invest, www.trans-africa-invest.com

8.18.3 Die Börse in Maputo

Die Börse in Maputo, der Hauptstadt von Mosambik, besitzt noch keine Internetpräsenz. Derzeit werden 15 Anleihen und zwei Aktien gehandelt, beide äußerst sporadisch. Die Liquidität ist sehr gering; die Aktien von *Cervecas de Moçambique* (Marktkapitalisierung: 97 Millionen US-Dollar) beispielsweise wiesen im Sommer 2007 einen durchschnittlichen Tagesumsatz von 734 US-Dollar auf.

8.19 Angola

8.19.1 Kurzprofil

Seit der Ankunft des ersten portugiesischen Seefahrers im Jahr 1483 spielte Portugal die dominierende Rolle in der Region. 1576 wird Luanda, die heutige Hauptstadt, gegründet, und Angola wird offiziell zur portugiesischen Kolonie. Abgesehen von der Zeit zwischen 1580 und 1640, als Portugal selbst zu Spanien gehörte, und zwischen 1641 und 1648, als die Niederlande das Land beherrschten, blieb das so bis zur Unabhängigkeit Angolas im Jahr 1975.

Die Exklave Cabinda, die ehemalige Kolonie Portugiesisch-Kongo, wurde von Angola annektiert und dem eigenen Staatsgebiet zugefügt. Nach wie vor bestehen Unabhängigkeitsbestrebungen dieses kleinen, aber sehr erdölreichen Territoriums.

Mit der Unabhängigkeit begann ein lang anhaltender Bürgerkrieg zwischen mehreren Unabhängigkeitsbewegungen. Während die Volksbewegung zur Befreiung Angolas (*Movimento Popular de Libertação de Angola*; MPLA) unter der Führung von José Eduardo Dos Santos von der Sowjetunion und Kuba unterstützt wurde, konnte die Guerillabewegung der Nationalen Union für die völlige

Unabhängigkeit Angolas (*União Nacional para a Independência Total de Angola*; UNITA) von Jonas Savimbi mit der Unterstützung der USA und Südafrikas rechnen. Der Charakter der kriegerischen Auseinandersetzungen als Stellvertreterkrieg der Großmächte dürfte stark zu deren langer Dauer beigetragen haben. Bis zu 1,5 Millionen Menschen haben ihr Leben verloren. Erst nach Savimbis Tod im Jahr 2002 konnte ein Waffenstillstand geschlossen werden.

Präsident Dos Santos hat demokratische Wahlen für 2008 (Legislative) bzw. 2009 (Präsidentschaft) angekündigt.

Tabelle 8-51: Basisdaten von Angola

Merkmal		**Wert**
Fläche (km²)		1.246.700
Einwohnerzahl	Juli 2007	12.263.596
Medianalter	2007	17,9
Bevölkerungswachstum	2007	2,18 %
Lebenserwartung bei Geburt (Jahre)	2007	37,63
Fruchtbarkeitsrate (Kinder pro Frau)	2007	6,27
HIV/AIDS-Infektionsrate (Erwachsene)	2003	3,90 %
Handynutzer (in Millionen)	2006	2,264
Handynutzer (Anteil an Gesamtbevölkerung)		18,5 %
Internetnutzer (in Millionen)	2005	0,085
Internetnutzer (Anteil an Gesamtbevölkerung)		0,7 %
Analphabetenrate (15 Jahre und älter)	2001	32,6 %
Religionen	Christen	53 %
	Naturreligionen	47 %
Amtssprache	Portugiesisch	
Geschäftssprachen	Portugiesisch	
Staatsform	Präsidialrepublik	
Hauptstadt	Luanda	
Staatsoberhaupt	Präsident José Eduardo dos Santos	

Merkmal	
Regierungschef	Premierminister Fernando da Piedade Dias dos Santos
Währung	Kwanza

Quelle: CIA World Factbook, www.cia.gov

8.19.2 Wirtschaftsentwicklung

Angola ist das derzeit mit Abstand am schnellsten wachsende Land der Welt. Im Jahr 2007 soll die Wirtschaftsleistung um mehr als 30 Prozent (!) zunehmen. Auch im nächsten Jahr soll der Zuwachs mit 16 Prozent außerordentlich hoch sein.

Die Wirtschaft Angolas ist fast vollkommen vom Export von Erdöl und Diamanten abhängig; 99 Prozent der Exporterlöse entfallen auf diese beiden Rohstoffe. Angola verfügt noch über weitere natürliche Ressourcen (Mineralien, fruchtbare Böden, ergiebige Fischgründe, große Wasservorräte mit hohem hydroelektrischem Energiepotenzial), die es zu einem der reichsten Länder Afrikas machen.

Auch die Landwirtschaft hat ein erhebliches Potenzial. Neben den Hauptausfuhrgütern Kaffee und Zuckerrohr sind auch Mais, Kokosöl, Kartoffeln, Reis und Kakao von Bedeutung und in der Viehwirtschaft die Rinder- und Schafzucht.

Nach 27 Jahren Bürgerkrieg fehlt es im Land eigentlich an allem. In den ländlichen Regionen ist die öffentliche Infrastruktur praktisch total zerstört. In der Hauptstadt Luanda, die von den kriegerischen Auseinandersetzungen weitgehend verschont war, sind alle Erneuerungs- und Erweiterungsinvestitionen wegen Kapitalmangels unterblieben, sodass auch hier die Infrastruktur (Straßennetz, Wasserversorgung, Abwasserentsorgung, Telefonnetz, Stromversorgung, Wohnungsbau) völlig marode und – gemessen an der auf das Zehnfache angestiegenen Bevölkerung – unterdimensioniert ist.

Auf der einen Seite eröffnet der immense Wiederaufbaubedarf ein enormes Geschäftspotenzial in fast allen Bereichen der Wirtschaft. Doch der Realisierung dieser Geschäftsmöglichkeiten stehen zahlreiche Hindernisse bzw. erschwerende Faktoren im Wege. Hierzu gehören die schwerfällige Bürokratie, die hohe Korruption, der niedrige Ausbildungsstand der Bevölkerung und ein nahezu völlig fehlender Privatsektor. Bis jetzt lässt die Regierung auch nicht erkennen, dass sie Privatinitiativen Raum geben möchte; im Gegenteil: aufgrund der massiven Ausgabenprogramme für den Auf- und Ausbau der Infrastruktur nimmt die Staatsquote noch zu. Die Reformfreude lässt zu wünschen übrig.

Speziell die Landwirtschaft hat mit einer ganz besonderen Hinterlassenschaft des Bürgerkriegs zu kämpfen: Etwa 9 Millionen Landminen sollen vergraben worden sein. Die Entminung ist in vollem Gange, dürfte jedoch noch lange Zeit andauern.

Tabelle 8-52: Wirtschafts- und Finanzdaten von Angola

Gegenstand	Bemerkung	Wert
Bruttoinlandsprodukt (BIP) in Mrd. US-Dollar[a)]	2006 (Schätzung)	28,61
BIP pro Einwohner (US-Dollar)[a)]	nach Kaufkraftparität	4400
Wirtschaftssektoren (2006)[a)]	Landwirtschaft	9,6 %
	Industrie	65,8 %
	Dienstleistungen	24,6 %
BIP – reale Wachstumsrate[b)]	2006 (Schätzung)	15,3 %
	2007 (Prognose)	35,3 %
	2008 (Prognose)	16,0 %
Arbeitslosenrate[b)]	2001	>50 %
Inflationsrate[b)]	2006 (Schätzung)	13,3 %
	2007 (Prognose)	10,2 %
	2008 (Prognose)	5,9 %
Staatsverschuldung (Prozent vom BIP)[b)]	2006 (Schätzung)	32,7 %
Haushalt (Prozent vom BIP)[b)]	2006 (Schätzung)	2,3 %
Länderbonitätsindex (gem. Institutional Investor)[c)]	März 2007	27,2
Länderbonitätsindex (Veränderung 1 Jahr)[c)]	03/2007 vs. 03/2006	8,5
TI Korruptionswahrnehmungsindex (Skala 0 bis 10)[d)]	2006	2,2
Währungsreserven incl. Gold (Mrd. US-Dollar)[a)]	2006 (Schätzung)	6,75
Auslandsschulden (Mrd. US-Dollar)[a)]	2006 (Schätzung)	11,2
Empfangene Entwicklungshilfe (Mrd. US-Dollar)[a)]	1999	0,383

Quellen: [a]) CIA World Factbook; [b]) bfai; [c]) Institutional Investor; [d]) Transparency International

Wachstumsbranchen (Auswahl):

- Erdöl
- Petrochemie
- Bausektor
- Energie/Kraftwerke
- Umwelt
- Transport
- Information/Kommunikation
- Postdienstleistungen
- Wasserwirtschaft
- sanitäre Anlagen
- Straßenbau
- Maschinenbau (Absatz/Import)
- Baustoffe
- Hotels
- Bürodienstleistungen

Abbildung 8-32: Kursentwicklung des Angolanischen Kwanza

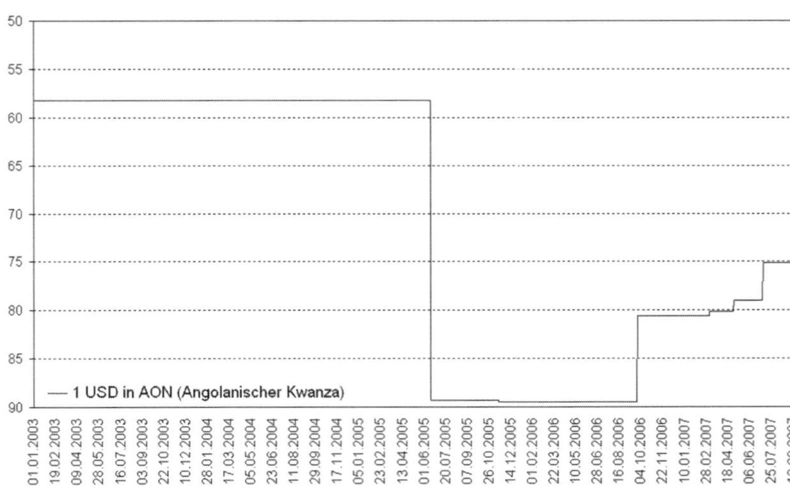

Datenquelle: OANDA, The Currency Site, www.oanda.com; graphische Darstellung: Trans Africa Invest, www.trans-africa-invest.com

Die angolanische Währung, der Kwanza, ist fest an den US-Dollar gekoppelt. Einer drastischen Abwertung im Jahr 2005 folgten ab Ende 2006 mehrere kleinere Aufwertungen. Angesichts der Stärke der angolanischen Wirtschaft und der Schwäche der US-Währung dürfte dieser Trend in der näheren Zukunft anhalten. Voraussetzung für eine stabile Währung ist allerdings eine weiter sinkende Inflationsrate.

8.19.3 Die zukünftige Börse von Angola

Die Börse in Angola *(Bolsa de Valores de Angola)* sollte ursprünglich Ende 2007 in Luanda gegründet werden[22], doch dürfte sich der Start mindestens ins Jahr 2008 verschieben. Die zunächst zehn gelisteten Unternehmen sollen es auf eine anfängliche Marktkapitalisierung von über 6 Milliarden US-Dollar bringen.

Angola verspricht angesichts der langfristig hervorragenden Aussichten ein sehr interessanter Kapitalmarkt zu werden.

8.20 Weitere Börsenplätze

Alle weiteren, bisher nicht aufgeführten Börsen sind für Kapitalanleger derzeit relativ uninteressant, da sie zu klein und vor allem zu illiquide sind.

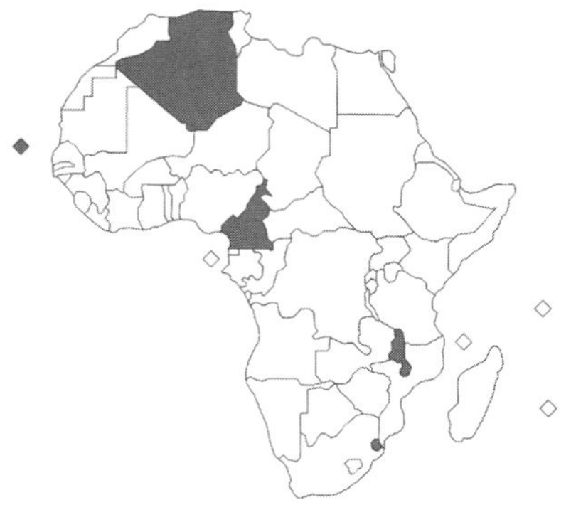

Algerien

An der 1999 gegründeten Börse in Algier *(Bourse des Valeurs Mobilières d'Alger)* werden dienstags und mittwochs zwei Aktien gehandelt. Die Marktkapitalisierung ist mit weniger als 100.000 US-Dollar (Ende 2006) lächerlich gering.

[22] Quelle: afrol news, www.afrol.com, Februar 2007

Kamerun

An der 2001 gegründeten Börse in Douala wird derzeit nur eine einzige Aktie einmal wöchentlich gehandelt. Umsätze finden kaum statt.

Kapverdische Inseln

Die Börse auf den Kapverdischen Inseln *(Bolsa de Valores de Cabo Verde)* wurde erst im Dezember 2005 gegründet. Derzeit werden die Anteilscheine dreier Aktiengesellschaften (zwei Banken, ein Tabakunternehmen) sowie 25 Anleihen gehandelt. Börsensitzungen finden täglich in Praia statt, doch Umsätze werden nur sporadisch getätigt.

Malawi

An der 1994 gegründeten und ab 1996 operativ tätigen *Malawi Stock Exchange* in Blantyre werden derzeit 11 Aktien gehandelt, davon 10 lokale Gesellschaften mit einer Marktkapitalisierung von insgesamt 950 Millionen US-Dollar (davon entfallen 397 Millionen US-Dollar auf Illovo Sugar Corporation of Malawi), und eine ausländische Gesellschaft. Die Umsätze sind äußerst niedrig.

Die offizielle Website der Börse gab bei einer Recherche im Juli 2007 als aktuelle Kurse die Notierungen vom 16. Juni 2006 (!) an.

Zurzeit werden in Malawi ausschließlich Aktien gehandelt. Es gibt jedoch Pläne, auch Regierungsanleihen, Reserve Bank of Malawi Bills und Commercial Papers zu handeln.

Swaziland

An der Börse von Swaziland in Mbabane (*Swaziland Stock Exchange*, SSX) werden derzeit 6 Aktien und 4 Anleihen gehandelt. Umsätze finden praktisch gar nicht statt. (Im Gesamtjahr 2005 kam es zu lediglich 18 Transaktionen; Daten für 2006 und 2007 waren im Oktober 2007 noch nicht abrufbar.)[23] Der Marktwert aller Aktien zusammen betrug im Juli 2007 gerade einmal 164 Millionen US-Dollar.

[23] Quelle: Swaziland Stock Exchange, www.ssz.org.sz

Neue Börsenplätze

In folgenden Ländern ist nach den derzeit vorliegenden Informationen bzw. Hinweisen die Errichtung von Aktienbörsen geplant:

- Angola
- Gabun
- Libyen
- Demokratische Republik Kongo
- Ruanda
- Madagaskar
- Lesotho

Hinweise auf diese Länder finden sich im Umfeld der *Africa Stock Exchanges Association*, einem 1993 gegründeten gemeinnützigen Verein nach kenianischem Recht. In dieser Arbeitsgemeinschaft sind 19 Börsen aus 18 afrikanischen Ländern bereits Mitglied; Angola, die Demokratische Republik Kongo, Ruanda, Madagaskar und Lesotho werden als zukünftige Mitglieder „gehandelt".

In Libreville, der Hauptstadt Gabuns, soll in Kürze eine Regionalbörse für die zentralafrikanischen Staaten Äquatorialguinea, Gabun, Kamerun, Republik Kongo, Tschad und Zentralafrikanische Republik gegründet werden. Dabei diente die westafrikanische Regionalbörse als Vorbild. Die *Bourse des Valeurs Mobilières de l'Afrique Centrale* (BVMAC) genannte Börse hat im April 2007 bereits einen Vertrag mit der Euronext über die Lieferung eines automatischen Handelssystems geschlossen.[24]

Ein Zusammengehen der neuen Börse mit der *Douala Stock Exchange* in Kamerun liegt im Bereich des Möglichen.

[24] Quelle: http://www.icicemac.com/news/index.php3?nid=7873&pid=5&cid=11

Schlussbemerkung

In diesem Kapitel haben wir die verschiedenen afrikanischen Länder mit Kapitalmärkten näher kennen gelernt. Einige der Aktienbörsen sind bereits zum Leben erwacht und ziehen eine zunehmende Anzahl internationaler Investoren an. Viele andere Börsen sind noch sehr klein.

Die Aufwärtstrends sind allerdings klar zu erkennen – nicht nur hinsichtlich der Aktienindizes, sondern auch im Hinblick auf die Entwicklung der Marktkapitalisierung, die Umsatzentwicklung und nicht zuletzt bezogen auf die makroökonomische Entwicklung der jeweiligen Volkswirtschaften. Vieles spricht dafür, dass dies so weitergeht.

Die afrikanischen Bullen sind los!

Abbildung 8-33: „The African Bulls are on the move"

Foto: Hartmut Sieper
Die sambische Version des Börsenbullen, ausgestellt in der Eingangshalle der Lusaka Stock Exchange in Sambia

Kapitel 9

Afrika – ein Kontinent im Aufbruch

Sie haben in den bisherigen Kapiteln viel über Afrika erfahren – über die historischen Entwicklungen, die naturräumlichen Gegebenheiten, die politischen Verhältnisse und die vielfältigen Gründe, die zu dem eindrucksvollen Wirtschaftsaufschwung der letzten Jahre beigetragen haben. Sie haben einzelne Länder und deren Börsen kennen gelernt.

Sie haben gemerkt, dass ich die These vertrete, dass Afrika – der letzte große weiße Fleck auf der Investmentlandkarte der Welt – in Kürze von internationalen Kapitalanlegern entdeckt werden wird, ja dass dieser Prozess schon begonnen hat.

Mit einer Thematik haben wir uns allerdings noch nicht beschäftigt: Was wird mit den afrikanischen Kapitalmärkten passieren, wenn das Weltfinanzsystem ernste Probleme bekommt? Womit müssen wir dann rechnen? Wird die Afrika-Story dann in sich zusammenfallen? Oder werden Investments auf dem Schwarzen Kontinent dann erst recht interessant?

Diese Fragen können zum jetzigen Zeitpunkt nicht schlüssig beantwortet werden. Dafür gibt es zu viele Unwägbarkeiten. Wir können uns jedoch möglichen Antworten nähern, indem wir das „große Bild“ der Märkte betrachten, wie es sich uns derzeit darstellt.

9.1 Afrika im Zyklus der Kapitalmärkte

In den Monaten, während ich dieses Buch schreibe, treten die Probleme der überspekulierten Immobilien- und Kreditmärkte – vor allem in den USA, aber nicht nur dort – immer deutlicher hervor. Mich hat das keineswegs überrascht. Schon mehr als ein Jahr zuvor hatte ich die Teilnehmer meiner Seminare über Rohstoffe und Technische Analyse auf die riesige Immobilienblase hingewiesen. Während wir bei den Rohstoffmärkten noch am Anfang einer langen Aufwärtsbewegung stehen, sind die Immobilienmärkte an deren Ende angelangt. Ich vermute, dass dies auch für die Rentenmärkte gelten wird und dass wir in eine lange Phase steigender Zinsen und Inflationsraten einmünden.

Wahrscheinlich haben Sie schon etwas über den Kondratieffzyklus gehört. Das ist der längste bekannte Wirtschaftszyklus, der von dem russischen Ökonomen Nikolai Kondratieff Anfang des 20. Jahrhunderts entdeckt und beschrieben wurde. Dieser Zyklus besteht aus sehr langen Wellen, deren 20 bis 25 Jahre lange Aufwärtsbewegungen (mit den beiden Phasen „Erholung" und „Prosperität") durch die Einführung von technischen Basisinnovationen hervorgerufen werden; genauer gesagt: durch die Probleme und Wachstumsgrenzen, die durch das Fehlen einer solchen Technik spürbar wurden, was findige Leute dazu veranlasst hatte, diese Probleme irgendwie zu lösen. Ein gutes Beispiel hierfür sind die Transportprobleme im 19. Jahrhundert, die zur Erfindung der Dampfeisenbahn führten. Die folgenden 20 bis 25 Jahre langen Abwärtsbewegungen (mit den beiden Phasen „Rezession" und „Depression") werden dadurch eingeleitet, dass sich das neue technologische Paradigma allgemein durchgesetzt hat, die Märkte gesättigt wurden, spekulative Übertreibungen abgebaut werden müssen und neue bedeutende Impulse ausblieben.

Nun ist der Kondratieffzyklus zunächst einmal ein Wirtschaftszyklus und kein Börsenzyklus. Die Wendepunkte der Kondratieffwellen stimmten jedoch zeitlich gut mit den großen Hoch- und Tiefpunkten an den Aktienmärkten überein.

Erik Händeler schreibt in seinem äußerst lesenswerten Buch „Die Geschichte der Zukunft"[1], dass der Gipfel des letzten Kondratieffzyklus im Jahr 2002 lag. Wenn er Recht hat, und vieles spricht dafür, dann würde das bedeuten, dass wir die nächsten 20 Jahre lang an den Welt-Aktienmärkten nicht mit Aufwärtsbe-

[1] Brendow Verlag, 2004

wegungen rechnen dürfen, sondern im besten Falle mit langen Seitwärtsphasen (wie in Deutschland von 1961 bis 1982) und im schlimmsten Fall mit einem großen Crash (wie zuletzt 1929) mit nachfolgender Weltwirtschaftskrise (1930–1933).

Ian Gordon aus Kanada weist dem Kondratieffzyklus noch bestimmte Jahreszeiten zu. Der Platz reicht nicht aus, um dieses Konzept im Detail zu beschreiben, deswegen gehe ich nur auf den Herbst und den Winter ein.

Der Herbst ist für den Kapitalanleger die beste Jahreszeit von allen. Die Zeit der hohen Rohstoffpreise geht zu Ende, die Zinsen beginnen zu sinken, und die Kurse von Anleihen und Aktien sowie die Immobilienpreise steigen. Die Verbraucherpreis-Inflation bleibt niedrig, doch die Inflation der Vermögenswerte nimmt immer mehr zu. Parallel dazu legt die kontinuierlich zunehmende und schließlich infolge übermäßiger Kreditexpansion ausufernde Verschuldung von Staats- und Privathaushalten bereits den Keim zum Niedergang. Im Laufe des Herbstes bildet sich eine Bürokratie- und Anspruchsgesellschaft heraus, die in der nachfolgenden Winter-Phase wieder zerstört wird.

Es besteht die realistische Möglichkeit, dass unser derzeitiges Weltfinanzsystem im Laufe des 2000/2002 begonnenen Kondratieff-Winters zu Ende gehen wird, weil die platzenden Spekulationsblasen an den Finanzmärkten keinen anderen Ausweg zulassen. Die Historie der letzten paar hundert Jahre hat gezeigt, dass Blasen immer mit einem lauten Knall zerplatzt sind, während ein langsames, kontrolliertes Entweichen der heißen Luft noch niemals statt gefunden hat.

Aus diesen Überlegungen ergeben sich einige entscheidende Fragen:

1. Wann und wie schnell wird der Zusammenbruch stattfinden?

2. Wie kann ich mich schützen?

3. Wie groß ist die Wahrscheinlichkeit, dass das Schlimmste nicht eintreten wird?

4. Was wird nach dem Zusammenbruch kommen, und wie kann ich mich bereits jetzt darauf vorbereiten?

5. Wie werden sich Investments in Afrika während und nach der Krise entwickeln?

Obwohl ich zu dieser Thematik genug Material habe, um damit ein weiteres Buch zu füllen, will ich mich sehr kurz fassen und Ihnen die Dinge stark verdichtet präsentieren.

Zu Frage 1:
Zeitpunkt und Zeitverlauf eines möglichen Zusammenbruchs

Der genaue Zeitpunkt kann im Voraus nicht bestimmt werden. Es fügen sich allerdings im Moment immer mehr Puzzlesteinchen zusammen, die darauf hindeuten, dass es nicht mehr lange dauern wird:

- Die Tage des US-Dollars als Weltleitwährung sind gezählt. Spätestens wenn die Golfstaaten (Saudi-Arabien, Vereinigte Arabische Emirate, Kuwait, Bahrain, Katar und Oman) ihre eigene Regionalwährung einführen (geplant ist dieser Schritt für 2010), werden sie ihre Öllieferungen nicht mehr in der amerikanischen Währung abwickeln. Dann ist die Zeit des Petrodollars vorbei, und ein wichtiger Grund für Öl importierende Staaten, Dollars zu kaufen und zu halten, entfällt. Bereits heute wickeln einige Ölstaaten einen beträchtlichen Anteil ihrer Ölexporte in Euro und Yen ab.
- Auch einige asiatische Staaten denken über eine eigene Gemeinschaftswährung und einen eigenen Anleihemarkt nach. Auch hier ist das Jahr 2010 im Gespräch.
- Die Immobilienpreise in den USA und anderen Ländern, in denen in den letzten Jahren eine Überspekulation stattgefunden hat (vor allem Spanien und Großbritannien), sind in eine lange Abwärtsspirale eingetreten. Zusammen mit kollabierenden Hypothekenkredit-Portfolios, drohenden und bereits stattfindenden Zwangsverkäufen von Häusern, steigenden Zinsbelastungen nach Auslaufen von Zinsfestschreibungszeiträumen, der Anpassung der Beleihungswerte durch die Banken nach unten auf Grund der sinkenden Immobilienpreise, dadurch sich weiter verstärkenden Zwangsverkäufen bei gleichzeitig ausbleibenden Käufern ergibt sich eine langfristig und erbarmungslos wirkende Marktmechanik. Dies ist kaum aufzuhalten.
- Die Derivate haben ein schwindelerregend hohes Niveau erreicht. Das Missverhältnis von voll liquidem Geld (M1 – 10 Prozent des Welt-BIP) zu Kredit-Derivaten (800 Prozent des Welt-BIP) ist derzeit unglaublich groß. Sollten nur 2 Prozent dieser Derivate „umfallen", also etwa 7 Billionen US-Dollar, dann ist das für die Zentralbanken nicht mehr beherrschbar. Es besteht also

die Gefahr einer systemischen Krise, eines plötzlichen Derivate-Crashs, die durch den finanziellen Zusammenbruch eines oder mehrerer großer Marktteilnehmer ausgelöst werden kann. Eine Eigenart des Derivatehandels in Verbindung mit den Terminmärkten ist die Absicherung spekulativer Positionen durch Gegengeschäfte. Wenn jedoch die Gegenpartei infolge Insolvenz ihren Verpflichtungen nicht mehr nachkommen kann und die Absicherungen nicht mehr funktionieren, pflanzen sich die Zusammenbrüche wie durch eine Reihe eng zusammenstehender Dominosteine fort. Dieser Effekt kann weltweit innerhalb von Tagen, ja sogar von Stunden eintreten. Wer sich nicht bereits rechtzeitig entsprechend positioniert hat, kommt nicht mehr ohne Schaden heraus. Warren Buffett, einer der größten Investoren und drittreichster Mann der Welt (nach dem Mexikaner Carlos Slim und dem US-Amerikaner Bill Gates), bezeichnete Derivate als finanzielle Massenvernichtungswaffen. Dem ist nichts hinzuzufügen.

- Der Goldpreis als bester Krisenindikator wird von interessierten Kreisen seit langem künstlich unter Druck gesetzt. Trotzdem ist er in den letzten Jahren deutlich gestiegen, wenn auch nicht so stark wie viele andere Metalle. Inzwischen haben westliche Zentralbanken, über die ein großer Teil des Angebots kam, bereits große Bestände veräußert und sind immer weniger bereit, weiteres Gold zu verkaufen. Auf der anderen Seite gehen asiatische Zentralbanken, wo der Anteil des Goldes an den Währungsreserven viel niedriger ist als in den westlichen Ländern, inzwischen auf die Käuferseite. Der Ausbruch des Goldpreises auf ein neues 27-Jahres-Hoch im Herbst 2007 spricht für sich.

- Die amerikanische Wirtschaft, deren Konsumlastigkeit in den vergangenen zwei Dekaden von 66 auf sage und schreibe 81 Prozent des Bruttoinlandsprodukts angestiegen ist, geht schweren Zeiten entgegen. Wenn die bis zum Hals verschuldeten Haushalte infolge steigender Zinsen immer mehr für ihre Hypothekenkredite ausgeben müssen und sie keine weiteren Beleihungen auf ihre Häuser vornehmen können, weil sie im Preis nicht mehr weiter steigen, dann verliert die Konjunktur ihre wichtigste Stütze. Eine Rezession ist dann nicht mehr zu verhindern.

- Die FED und andere Zentralbanken haben die Gefahr erkannt und die Zinsen gesenkt. Das nimmt zwar unmittelbar den Druck von den Hypothekenschuldnern, doch der Preis ist eine deutlich schwächere US-Währung und in der Folge eine weitere Beschleunigung der Inflation.

Ob der Zusammenbruch plötzlich kommen und das Kartenhaus aus Papierwerten und Schulden einfach einstürzen wird oder ob es eher scheibchenweise ablaufen wird, ist eine spannende Frage. Für jede der beiden Varianten gibt es gute Gründe.

Ein schneller Crash könnte durch ein plötzliches Ereignis ausgelöst werden:

- ein Massenverkehrsunfall am Derivatemarkt, ausgelöst z. B. durch die Megapleite eines Hedgefonds oder den Zusammenbruch einer großen Investmentbank
- Insolvenz oder Konkurs eines Großunternehmens mit weit reichenden Folgen für die US-Wirtschaft; prominente Kandidaten hierfür sind die Automobilhersteller Ford und General Motors sowie die Hypothekenbanken Fannie Mae und Freddie Mac
- massiver Kurssturz des US-Dollars, ausgelöst z. B. durch Zentralbankverkäufe asiatischer Länder. China und andere Länder können jederzeit auf den roten Knopf drücken und durch den massiven Abverkauf von US-Staatsanleihen den Zusammenbruch innerhalb weniger Stunden herbeiführen. (Aus diesem Grund glaube ich beispielweise, dass die USA nicht intervenieren würden, wenn die Volksrepublik China Taiwan besetzen würde.)
- Beginn eines Krieges, z. B. zwischen den USA und dem Iran; dies könnte zwar kurzfristig den Dollar stützen, weil die US-Währung in politischen Krisen der Vergangenheit oft als sicherer Hafen gesehen wurde, doch erstens würde ich mich nicht darauf verlassen, und zweitens dürfte ein solcher Krieg so viel Dollars kosten, die die USA nicht haben und deswegen drucken müssen, dass wiederum das internationale Vertrauen in eben diese Währung stark erschüttert würde. Außerdem würde die Gefahr eines Flächenbrandes bestehen: Das benachbarte Pakistan ist eine Atommacht, die am Rande der Regierbarkeit herumlaviert, und Israel würde mit ziemlicher Sicherheit in den Konflikt mit hineingezogen – dafür würden schon die arabischen Staaten sorgen. Käme es zum Krieg gegen den Iran, würde außerdem die Straße von Hormuz unpassierbar werden, und der Erdölpreis würde explodieren.
- eine Panikreaktion von Kapitalanlegern, gleich aus welchem Grund. In einer solchen *Stampede* ist alles möglich. Im Crash von 1987 fiel der Dow Jones Index an einem einzigen Tag um über 500 Punkte; das entsprach damals einem Kursverlust von über 20 Prozent.

Auch wenn diese Ereignisse ausbleiben, gibt es dennoch zeitlich bestimmbare Faktoren, die die Situation verschlimmern werden und zu einem „Crash auf Raten“ führen könnten:

- Vor etwa drei Jahren ging plötzlich eine amerikanische Kommune pleite; ich kann mich nicht mehr daran erinnern, um welche es sich handelte. Der Grund war in der mangelhaften Budgetplanung zu finden. Man hatte festgestellt, dass die eingegangenen Pensionsverpflichtungen dieser Gebietskörperschaft für ihre städtischen Angestellten in einigen Jahren den Gesamthaushalt (!) gesprengt hätten. Eine breite Befragung weiterer Gebietskörperschaften (Städte, Counties, Bundesstaaten) förderte zu Tage, dass eine Finanzplanung über mehr als zwei Jahre eher unüblich ist und dass die genaue Höhe der Verbindlichkeiten bzw. ihre zukünftigen Entwicklungen unbekannt sind. Unglaublich, nicht wahr? Dadurch alarmiert, verpflichteten die US-Behörden alle Gebietskörperschaften, innerhalb von drei Jahren Bilanzen aufzustellen, ihre Verbindlichkeiten zu bestimmen und zu melden. Diese Frist müsste jetzt bald vorbei sein. Ich rechne mit massiven negativen Überraschungen. Falls gar nichts darüber an die Öffentlichkeit dringen sollte, dürfte die Wahrheit besonders schlimm sein.
- Die Einführung von regionalen Gemeinschaftswährungen asiatischer Länder (s. o.) wird nicht erst dann zur Bedrohung für die Weltleitwährung US-Dollar, wenn der Schritt faktisch vollzogen wird. Börsen neigen dazu, Ereignisse vorwegzunehmen. Deswegen ist bereits im Vorfeld, d. h. spätestens ein Jahr vorher, mit erheblichen Verwerfungen an den Devisenmärkten zu rechnen. Das wäre 2009.
- Die Immobilienkrise in den USA wird nicht so schnell vorbei sein, wie viele sich das wünschen und teilweise auch prognostizieren. Als der Boom in Japan 1989/1990 zusammenbrach und die Immobilienblase platzte – damals vereinigte das kleine Inselreich Japan mit lediglich 3 Prozent der Landoberfläche 60 Prozent des globalen Bodenpreises auf sich –, dauerte es zwölf Jahre, bis der Abwärtsimpuls auslief. Ich vermute, dass die Auswirkungen mit jedem Jahr, in dem die notwendige Bereinigung auf sich warten lässt, wachsen werden und immer deutlicher hervortreten.
- Der sogenannte *Yen Carry Trade* könnte zum Erliegen kommen. Jahrelang lief eine gigantische Geldmengen- und Kreditschöpfung, weil die japanischen Zinssätze nahezu bei null waren und sich Investmentbanken, Hedgefonds und andere Finanzinstitute billiges Geld liehen und in höher rentierlichen Wertpapieren anlegten, u. a. in verbriefte Hypothekenkredite und andere

Formen von *Asset-backed Securities* geringerer Bonität. Das geht nur so lange gut, wie die japanischen Zinssätze niedrig bleiben und der Yen nicht gegen die Heimatwährungen der Schuldner (also in erster Linie US-Dollar, aber auch Euro) steigt. Genau danach sieht es aber im Moment aus.

Derzeit wird an den Märkten noch ein weiteres Szenario herumgereicht. Die billigen Zinsen und vor allem das Versprechen mancher Zentralbanken, notleidende Kreditinstitute in jedem Fall zu stützen, (wie es die Bank von England nach dem Run auf die Northern Rock Hypothekenbank gemacht hat) werden eine neue Spekulationsblase entfachen, die alles bisher Dagewesene in den Schatten stellen könnte.

Wenn gewisse Marktteilnehmer sicher sein können, dass sie bei spekulativen Engagements im Verlustfall vom Staat aufgefangen werden, während sie bei positivem Verlauf den gesamten Gewinn behalten dürfen, kann dies durchaus als Einladung für eine noch hemmungslosere Zockerei an den Kapitalmärkten verstanden werden. Wie lange das gut gehen wird, mag sich der geneigte Leser selbst ausmalen.

Zu Frage 2:
Schutzmaßnahmen

Der ideale Krisenschutz ist die rechtzeitige Umschichtung von Papierwerten in Sachwerte. Am besten dafür geeignet sind Gold und Silber. Für die Edelmetalle sprechen im Wesentlichen folgende Gründe:

- Gold und Silber stellen die ältesten Währungen der Welt dar. Über mehr als 5000 Jahre haben die Edelmetalle ihre Kaufkraft behalten, unbeeindruckt von jeder Krise. Im Alten Testament der Bibel werden Gold und Silber neben Getreide und Saatgut als einzige Währungen genannt und für gut befunden, während alle ungleichen Maße und Gewichte (hierzu muss man alle nicht durch Gold gedeckten Papierwährungen der modernen Zeit rechnen) abgelehnt werden.
- Edelmetalle in physischer Form (Münzen oder Barren) sind nicht mit Schulden Dritter verknüpft, sondern stellen einen Wert an sich dar. Aufgrund seiner hohen Dichte lässt sich vor allem Gold leicht lagern und transportieren, zur Not sogar im Fluchtgepäck.

- Der Gesamtwert des weltweit verfügbaren Goldes und Silbers ist – verglichen mit den Volumina der weltweiten Finanzvermögenswerte – lächerlich niedrig.
- Die Gefahr eines weltweiten Verbots des Besitzes von und des Handelns mit Gold (wie in den USA von 1933 bis 1971) ist äußerst gering. Zum einen wäre der Kontrollaufwand für die relativ kleinen Goldmengen unverhältnismäßig groß, und zum anderen gilt Goldschmuck in vielen Ländern Asiens als hauptsächliche Form der Aufbewahrung des Familienvermögens.

Immobilien sind – trotz ihrer Substanz – eher Finanzwerte als Sachwerte, weil ihr Wert durch leicht verfügbare Kredite einerseits und hohe Geldmengenzuwächse andererseits stark inflationiert wurde. Durch die kommenden Notverkäufe werden die Immobilienpreise zumindest in den überspekulierten Ländern (Deutschland gehört nicht dazu!) sinken und daher nur einen begrenzten Schutz gegen Vermögensverluste gewähren.

Die allerwichtigste Maßnahme gegen den drohenden Crash besteht im Schuldenabbau.

Zu Frage 3:
Eintrittswahrscheinlichkeit einer Krise

Die Größe der Wahrscheinlichkeit, dass das Schlimmste nicht eintreten wird, ist schwer zu bestimmen. Wenn man mal alle Gefühle beiseite lässt (was sehr schwer ist, weil ja jeder Mensch vermögens- und berufsmäßig in irgendeiner Weise positioniert ist und weil „nicht sein kann, was nicht sein darf") und sich logisch fragt, was denn die Krise trotz der bestehenden extremen Ungleichgewichte verhindern könnte, fallen mir nur wenige Szenarien ein:

- Entdeckung gigantischer Rohstoffreserven (vorzugsweise Erdöl) in den USA
- Erfindung oder Entdeckung einer gänzlich neuen und billig verfügbaren Energiequelle, die das weltweite Energieproblem lösen und einen neuen Kondratieffzyklus in Gang setzen würde

Auch wenn das zunächst wenig wahrscheinlich klingt, so sind diese Möglichkeiten nicht gänzlich von der Hand zu weisen. In den USA lagern tatsächlich große Reserven von Öl, vor allem in Colorado, Utah und Wyoming, aber in gebundener Form als sogenanntes *Oil Shelf.* Inwieweit ein großräumiger Abbau technisch, umweltpolitisch und kostenmäßig möglich bzw. sinnvoll ist, muss noch geklärt werden.

Aus guten Quellen weiß ich, dass Forschergruppen aus mehreren Ländern (u. a. USA/Kanada, Großbritannien, Australien) an alternativen Energiequellen forschen. Bei diesen Projekten geht es um revolutionäre technologische Konzepte wie die kalte Kernfusion oder die Nutzung von Antigravitationskräften. Falls sich in dieser Richtung kurzfristig ein Durchbruch abzeichnet, der sich innerhalb weniger Jahre in Form marktreifer Produkte umsetzen ließe, dann würden die Karten neu gemischt, zumindest – im Falle einer massiven Beteiligung der USA – hinsichtlich der Werthaltigkeit des US-Dollars. An der Immobilienkrise hingegen würde sich dadurch natürlich nichts ändern.

Zu Frage 4:
Was kommt nach der Krise?

Da viele Schuldner ihre Verbindlichkeiten nicht begleichen können, werden entweder die Gläubiger die Zeche bezahlen müssen (z. B. weil die von ihnen gehaltenen Anleihen, Zertifikate und Ähnliches wertlos werden), oder der Staat springt mit riesigen Mengen frisch gedruckten Geldes ein (dann erfolgt der Verlust von Vermögen und Kaufkraft über den Mechanismus der Hyperinflation).

Vermutlich wird schließlich ein neues Währungssystem mit Golddeckung geschaffen. Währungsreformen und radikale Schnitte in die Vermögenssphäre werden unumgänglich.

Investoren werden aus der Krise lernen. Diejenigen, die dann noch Kapital zur Verfügung haben, werden sich viel mehr an nachhaltigen Geschäften wie z. B. produzierenden Unternehmen beteiligen. Kredite werden von den überlebenden Banken nur für vernünftige Investitionen vergeben, nicht mehr für waghalsige Spekulationen. Ob es die uns bekannten Terminmärkte noch oder wieder geben wird, wage ich nicht zu beurteilen.

Zu Frage 5: Wie werden sich Investments in Afrika während einer weltweiten Krise entwickeln?

Es gibt eine Reihe von Szenarios im Hinblick darauf, wie Afrika von einer solchen Krise beeinflusst würde. Grundsätzlich sind drei Möglichkeiten denkbar:

a) Afrika wird genauso in Mitleidenschaft gezogen wie alle anderen Regionen der Welt.

b) Afrika wird weniger stark betroffen sein, weil die Vernetzung mit der internationalen Finanzwelt noch sehr gering ist.

c) Afrika wird – evtl. nach einer kurzfristigen Schockreaktion – von der veränderten Situation sogar profitieren.

Wie kann das im Einzelnen aussehen? Es steht fest, dass internationale Investoren in den afrikanischen Kapitalmärkten stark unterinvestiert sind. Große institutionelle Adressen sind unter den Anlegern kaum zu finden. Investmentfonds, die in Afrika außerhalb Südafrikas anlegen, kann man an zehn Fingern abzählen. Zertifikate und andere Derivate: ebenfalls Fehlanzeige. Diejenigen, die es gibt, beziehen sich auf „Africa Plays", also Aktien zumeist von Rohstoffunternehmen, die an den Börsen in London, Toronto, Vancouver oder Sydney gehandelt werden.

Die geringe Präsenz internationaler Anleger und der sehr kleine Anteil ausländischer Gelder an den Börsen in Nairobi, Lagos, Abidjan usw. dürften dazu führen, dass große Liquidationsverkäufe aus dieser Richtung eine verhältnismäßig geringe Auswirkung auf den Börsenhandel haben werden. Das spricht für Szenario (b).

Dabei gilt es allerdings die Marktenge zu berücksichtigen. Wenn auf wenige Verkäufer noch weniger Käufer treffen, dann könnten die Kurse afrikanischer Aktien sehr wohl ins Rutschen kommen. Je nach Liquidität sind sogar drastische Kursstürze möglich. Ich habe so etwas Ähnliches in dem Crash von 1987 an einigen marktengen europäischen Nebenbörsen erlebt. Wenn dies passiert, haben wir es mit dem Szenario (a) zu tun, was aber eventuell nicht lange anhalten sollte.

Aufgepasst! Wenn dieses Szenario eintreffen sollte, ergeben sich hervorragende Kaufgelegenheiten, denn die fundamentale Situation der Wachstumsmärkte in Afrika dürfte sich nur im Falle nachhaltig sinkender Rohstoffpreise eintrüben, wovon ich nicht ausgehe. Ansonsten sollte die Geschäftstätigkeit von afrikanischen Gesellschaften von einer Rezession in Amerika und evtl. auch Europa relativ unbeeinflusst bleiben.

In Amerika ist die Wahrscheinlichkeit hoch, dass die kommende Rezession schließlich in eine Depression mündet, die einige Jahre anhalten dürfte – wie in den dreißiger Jahren. In Afrika jedoch würde die Wachstumsstory weiter intakt bleiben. Das wiederum dürfte dafür sorgen, dass ein Teil des international vagabundierenden Kapitals aus einer unattraktiven Region in einen viel versprechenden Markt umgelenkt wird. Diese Überlegungen sprechen für das Szenario (c), und zwar nicht nur aus Sicht eines Kapitalanlegers, sondern auch aus der Perspektive westlicher Unternehmer.

Mal ganz ehrlich: Wenn ich ein Unternehmer wäre, der in seinem Heimatmarkt seine Felle dauerhaft davonschwimmen sieht und nicht auf Grund hoher Kredite sofort insolvent wäre, würde ich mir ernsthafte Gedanken machen. Ich würde mich fragen, ob das Pferd tot ist, auf dem ich sitze, und wenn das so wäre, dann würde ich sofort absteigen. Anschließend würde ich nach einem lebendigen Pferd Ausschau halten und versuchen aufzusteigen.

Bauunternehmer in den USA beispielsweise stehen jetzt vor einer sehr schwierigen Zeit, ähnlich wie die Baubranche in Deutschland nach dem Abflauen der Wiedervereinigungseuphorie Anfang der neunziger Jahre. Es wird viele Jahre dauern, bevor die letzten Überlebenden (viele werden es nicht sein) aufatmen können. Ich würde jedem amerikanischen Bauunternehmen raten, nach Afrika zu schauen. In Nigeria warten Millionen Häuser darauf, gebaut zu werden. Millionen von Menschen der jetzt noch kleinen, aber wachsenden Mittelschicht würden bei einem guten Angebot sofort zugreifen. In zahlreichen Metropolen Afrikas besteht überdies ein Riesenbedarf an Hotels und Bürogebäuden. Bauträger sollten sich mit der Angebots-Nachfrage-Situation in Städten wie Nairobi, Luanda, Kinshasa oder Lusaka vertraut machen und dann handeln.

Ähnlich verhält es sich mit vielen Branchen, die es nach einem Finanzcrash in den entwickelten Ländern mit einem schrumpfenden Markt, einem harten Verdrängungswettbewerb und sinkenden Margen zu tun bekommen. Vom rechtzeitigen Gang ins Ausland haben schon viele europäische Unternehmen in den letzten Jahren profitiert. Bisher waren es asiatische Länder, vor allem China sowie die Staaten Osteuropas, auf die das Augenmerk gerichtet war. Unternehmen, die in Afrika noch nicht präsent sind, aber Produkte oder Dienstleistungen anbieten, für die es dort einen wachsenden Markt gibt, sollten sich ernsthaft mit dem Schwarzen Kontinent auseinandersetzen.

Ein bedrohliches Szenario gibt es aber bezüglich der Hilfsgelder, ohne die viele afrikanische Staaten derzeit noch nicht überlebensfähig sind. Wenn diese plötzlich ausbleiben sollten, weil die Geberländer selbst in finanzielle Bedrängnis geraten, könnte es eng werden.

Auch Währungseffekte müssen berücksichtigt werden. Sollte es zu einer isolierten US-Dollarkrise kommen und die anderen, gesünderen Währungen weiterhin stabil bleiben, könnten diejenigen Länder, die ihre eigenen Währungen an den US-Dollar gekoppelt haben, gegenüber den Ländern des frankophonen Afrikas, die ihre Währungen an den Euro gekoppelt haben, im Vorteil sein. Dann müsste man möglicherweise über eine Abwertung des CFA-Franc nachdenken. Alternativ könnte es aber auch zu Aufwertungen der afrikanischen Währungen gegenüber dem US-Dollar kommen. Die zweite Möglichkeit halte ich für wahrscheinlicher.

Alles in allem denke ich, dass Afrika aus einer Weltfinanzkrise gestärkt hervorgehen dürfte.

Lassen Sie mich zum Schluss noch ein paar persönliche Gedanken hinzufügen: Es wird höchste Zeit, dass die völlig entfesselte Spekulation an den Finanzmärkten aufhört und dass Geld wieder zu wirtschaftlich sinnvollen Zwecken eingesetzt wird. Die Fähigkeiten von Investoren und die Leistungen von Unternehmern sollten wieder – wie in der „guten alten Zeit“ – danach beurteilt werden, ob ihre Investitionen zu einem echten, dauerhaften Wertzuwachs führen, etwa indem Güter produziert werden, die die Welt wirklich braucht. Spekulative Investments hingegen, die nur getätigt werden, um die heiße Kartoffel schnell mit einem Preisaufschlag an einen anderen weiterzureichen, bevor man sich selbst die Finger verbrennt, stehen dieser Einstellung diametral entgegen. Auch die ganzen mit hohen Krediten finanzierten Firmenübernahmen mit der Absicht, das Zielunternehmen seiner Vermögenswerte zu berauben, es mit Schulden zu beladen und dann zum doppelten Preis an die Börse zu bringen, können von Leuten mit gesundem Menschenverstand und Weitblick kaum gutgeheißen werden.

Wenn diese ganzen Exzesse einmal vorüber sein werden, wenn viele Spekulanten entweder mit Pauken und Trompeten untergegangen oder aber sang- und klanglos den Markt verlassen haben werden, dann werden sich echte unternehmerische Investments wieder lohnen. Direktinvestitionen und Geschäftsgründungen in den Zukunftsmärkten Afrikas werden dann erst recht eine gute Möglichkeit sein, wertloser werdendes Geld sinnvoll einzusetzen.

9.2 Vision: Afrika im Jahr 2017

Werfen wir einen Blick in die Zukunft. Wie werden wir im Jahr 2017 die heutige Situation im Rückblick bewerten?

Unternehmen, die frühzeitig die enormen Chancen des Schwarzen Kontinents entdeckten und für sich nutzen konnten, sind heute sehr gut positioniert. Der frühe Einstieg in den Jahren 2006 bis 2008 verschaffte ihnen einen wichtigen zeitlichen Vorsprung und signifikante Marktanteile, die sich in der Folge als deutliche Wettbewerbsvorteile erwiesen. Als dann im Jahr 2009 der Boom einsetzte, hatten sie sich bereits eine günstige Ausgangssituation verschafft. Heute sind sie etabliert. Einige dieser Pionierunternehmen wurden zu hohen Preisen von größeren Konzernen, die sich Marktanteile verschaffen wollten, übernommen. Hier waren Gewinne möglich, die an die Dotcom-Ära Ende der neunziger Jahre erinnerten.

Ausländische Kapitalanleger entdeckten nach und nach die afrikanischen Börsen. 2007 und 2008 ging es noch relativ langsam vor sich. Damals lag der Anteil der Ausländer an den Börsentransaktionen an der Börse in Kenia noch bei mageren 5 bis 10 Prozent. Heute gehört die zur ostafrikanischen Regionalbörse aufgestiegene Nairobi Stock Exchange zu den Börsenplätzen, bei denen Ausländer für gut die Hälfte aller Transaktionen sorgen.

Vielleicht war es die 2008 gegründete Börse in Kinshasa, die zur Initialzündung führte. Die Demokratische Republik Kongo war schon lange als immens rohstoffreiches Land bekannt, doch gab es kaum vernünftige Möglichkeiten, dort zu investieren. Nur sehr wenigen, aufgeklärten Investoren war schon 2007 bekannt, dass es an internationalen Aktienbörsen gehandelte „Kongo Plays" gab, mit denen man auf Kupfer- und Kobaltvorkommen in diesem riesigen Land spekulieren konnte.

Mit der Privatisierung zahlreicher staatlicher Gesellschaften wurde in der Folge ein neues Kapitel in der Entwicklung zahlreicher afrikanischer Börsen aufgeschlagen.

Plötzlich verbreiterten sich die Kurszettel der Börsen in Kenia, Nigeria, Sambia und anderen Ländern rasant. Die Marktkapitalisierung stieg an und machte internationale Fondsmanager auf Afrika aufmerksam. Institutionelle Investoren waren es auch, die durch ihren stetigen und rasch weiter zunehmenden Zufluss an frischem Geld für eine Verstetigung und Beschleunigung der Privatisierungen sorgten. Telekommunikationsunternehmen kamen an die Börse und wiederholten Erfolgsstorys wie diejenige von Mascom Wireless, dem Mobilfunkanbieter Botswanas, der seinen Unternehmenswert innerhalb weniger Jahre vervierzigfachen konnte und im Jahr 2006 bereits 1,6 Mrd. US-Dollar wert war.

Auch zahlreiche Konsumgüterhersteller, Brauereien, Finanzdienstleistungsunternehmen und natürlich Rohstoffwerte fanden ihren Weg an die Börsen. Mit der Zeit kamen immer mehr ausländische Kapitalanleger nach Afrika und trugen zu einer deutlichen Ausweitung der täglichen Umsätze bei. Die zunehmende Liquidität zog weitere Investoren und Finanzintermediäre an und sorgte auch für einen sukzessiven Rückgang der Transaktionskosten, die 2007 noch zwischen 2 und 4 Prozent ausmachten.

Zu einer Investment-Spezialität wurden einige Großplantagen, die sich zu integrierten Nahrungsmittelproduzenten entwickelten und deren enormer Landbesitz von Finanzanalysten häufig kommentiert wurde. Überhaupt gewannen land- und forstwirtschaftliche Nutzflächen als neue Asset-Klasse zunehmende Beachtung. Es gab findige Unternehmer, die in großem Umfang herabgewirtschaftete oder brachliegende Ackerflächen billig erwarben, mit ihrem Kapital Saatgut, Düngemittel und Landmaschinen kauften, in die Ausbildung des Personals investierten und gemeinsam mit der lokalen Bevölkerung das Land bearbeiteten. Als Folge der stark steigenden Produktivität erhöhte sich der Wert des Landes beträchtlich. Nachdem ein Teil des Kapitals dieser Agrar-AGs erfolgreich an der Börse platziert wurde, konnte das frische Geld aus dem Börsengang dafür verwendet werden, dieses Geschäftsmodell an anderer Stelle zu wiederholen. Dadurch verbesserten sich sukzessive die Ernteerträge, sodass mit der Zeit immer weniger Nahrungsmittel importiert werden mussten. Einige Länder wie beispielsweise Sambia haben sich sogar zu Nettoexporteuren gewandelt.

Als vor einigen Jahren die große internationale Finanzkrise ausbrach und die Börsen weltweit in die Tiefe zog, zeigte sich, dass die afrikanischen Volkswirtschaften und Finanzmärkte viel weniger in die internationalen Zahlungsströme und die damit verbundenen finanziellen Verflechtungen eingebunden waren als alle anderen Weltregionen. Die meisten Marktteilnehmer wurden davon überrascht, dass sich die afrikanischen Kapitalmärkte rasch erholten und ihre schon zuvor beobachtete relative Stärke gegenüber Dax und Dow weiter ausbauen konnten. Denn sie hatten Afrika damals, im Jahr 2007, als besonders risikoreich eingeschätzt, und nun zeigte es sich, dass das Gegenteil der Fall gewesen war. Smarte Investoren hingegen waren weniger überrascht. Genau diese Entwicklung hatten sie vorausgesehen und nicht zuletzt deshalb massiv in Afrika investiert.

Der um das Jahr 2000 begonnene Megatrend „Commodities" ist übrigens immer noch intakt. Mit nunmehr 17 Jahren Dauer hat der Rohstoffzyklus gerade erst den Durchschnittswert vergangener Bullenmärkte erreicht. Die mittlerweile große Vielzahl und hohe Bewertung von Minenwerten und Aktiengesellschaften im weiteren Umfeld des Rohstoffbooms, viele davon an afrikanischen Börsen notiert, mahnen allerdings zur Vorsicht.

Die Entwicklung bei den Direktinvestitionen verlief ähnlich positiv wie an den öffentlichen Kapitalmärkten.

Industrieunternehmen aus Deutschland fanden vor zehn Jahren Zustände vor, die rückblickend geradezu als paradiesisch anzusehen sind. Sie offenbarten sich allerdings nur denjenigen Unternehmern, die sich von den teilweise chaotischen Verhältnissen nicht abhalten ließen, in lokale Unternehmen zu investieren, Joint Ventures einzugehen oder sich in Public Private Partnerships zu engagieren. Diejenigen, die den Mut hatten, die erwachenden Wachstumsmärkte vor Ort zu erkunden, machten die positive Erfahrung, dass deutsche Investoren und Unternehmer besonders gern gesehen wurden. Die Deutschen schleppten nämlich nicht den Ballast einer problematischen kolonialen Vergangenheit mit sich herum wie die Engländer, Franzosen und Portugiesen, und man unterstellte ihnen auch keine imperialen Absichten wie den Amerikanern und Chinesen. Hinzu kam die erfolgreiche Marke „Made in Germany": Sie gilt etwas in Afrika – damals wie auch heute noch. Mit Produkten aus Deutschland assoziierten viele Afrikaner Dauerhaftigkeit, Haltbarkeit und Qualität. Fleiß und Disziplin der Deutschen motivierten viele afrikanische Manager und Arbeitnehmer zu Arbeitsleistungen, die viele negativen Vorurteile Lügen straften.

Der enorme Unternehmergeist in vielen afrikanischen Nationen, der oft aus der Not geboren wurde, half entsprechend aufgestellten Unternehmen, ihre Geschäftsmodelle mit Hilfe selbständiger Subunternehmer auf gesunde Beine zu stellen. Eine besondere Herausforderung war die geringe Ersparnisbildung in den meisten armen Ländern sowie der hohe Anteil von Menschen, die weniger als zwei oder sogar einen Dollar pro Tag zur Verfügung hatten. Die meisten Wirtschaftsfachleute und Unternehmen konnten sich nicht vorstellen, dass diese armen Bevölkerungsteile jemals zu einer kommerziell interessanten Zielgruppe werden könnten.

Jedoch hatte C. K. Prahalad bereits 2006 mit seinem bahnbrechenden Buch „Der Reichtum der Dritten Welt" einen Umdenkprozess initiiert, der in den Folgejahren zu einer erstaunlichen Anzahl von Erfolgsstorys führte, die auf der gezielten Entwicklung von Produkten und Dienstleistungen für gerade diese Menschen am Boden der Wohlstandspyramide aufbauten. Die BOP-Märkte (BOP = Bottom Of Pyramid) erwiesen sich als margenschwache, aber volumenstarke Marktsegmente, die auch in Afrika tätige Unternehmen für sich nutzen konnten, beispielsweise im Bereich der Wasserversorgung oder beim Zugang zu medizinischer Versorgung.

Die zunehmende Erschließung der BOP-Märkte und das starke Wirtschaftswachstum vieler afrikanischer Länder auf Grund der nachhaltig hohen Rohstoffpreise, aber auch der globale Finanzcrash führten dazu, dass immer weniger Entwicklungshilfe von Europa und Amerika nach Afrika floss. Für den Schwarzen Kontinent erwies sich das letztlich als Segen. Denn gerade diese Hilfsgelder, die oft zum großen Teil in den Taschen der Herrscher verschwanden, waren für die weit verbreitete und kontraproduktive Bittstellermentalität vieler Afrikaner verantwortlich. Nachdem viele Länder einerseits zunehmend auf sich allein gestellt waren, aber andererseits auch viele zu Wohlstand gekommene Expatriates in ihre Heimat zurückkehrten, verbesserte sich das Wirtschaftsleben zusehends. Die Expatriates wurden von den enormen unternehmerischen Möglichkeiten in ihren Herkunftsländern angezogen. Zusammen mit ihren westlichen Kenntnissen, Kontakten und Erfahrungen sorgten sie dafür, dass der Aufschwung in Afrika weiterging, sich nach und nach verbreiterte und immer größere Bevölkerungsteile erfasste.

Nach 2010 explodierten die Direktinvestitionen förmlich. Auch hierzu hatten die afrikanischen Börsen beigetragen. Viele Tochtergesellschaften europäischer und amerikanischer Unternehmen wurden nämlich unter aktiver afrikanischer Beteiligung an die lokalen Börsen gebracht. Diese IPOs (IPO = Initial Public Offering) wurden von den großen Investmentfonds, die das Geld ihrer Kapitalanleger inzwischen überall in Afrika unterbringen, besonders freudig angenommen. Der neue und attraktive Exit-Kanal ermutigte viele Unternehmen und Entrepreneure, geeignete kommerzielle Projekte aufzusetzen und zum Erfolg zu führen. Ein sehr erfreulicher Aspekt liegt darin, dass eine wachsende Anzahl kompetenter Afrikaner als Geschäftsführer und Manager aktiv wurden. Ein mentaler Ruck ging quer durch den Kontinent.

Auch im Tourismus hatte Afrika enorme Wachstumsraten zu verzeichnen. Seine einzigartige Natur und die großen Gebiete, in denen wilde Tiere noch in ihrer natürlichen Umgebung leben, haben ihre Anziehungskraft auf Gäste aus aller Welt verstärkt. Nirgendwo sonst auf dem Globus kann man diese ursprüngliche Wildheit noch so hautnah erleben wie in Afrika. Die Gründung des Kavango Zambezi Nationalparks kurz vor der Fußball-Weltmeisterschaft 2010 wirkte wie eine Initialzündung. Die Aufmerksamkeit der Welt war aus sportlichen Gründen ohnehin auf den Süden Afrikas gerichtet. Die Tourismusbranche hat die Gunst der Stunde für sich nutzen können und durch umfangreiche Marketingaktivitäten auf bestehende und neue Destinationen in Afrika aufmerksam gemacht.

Eine große Anzahl vor allem asiatischer Reisender hat den Kontinent inzwischen für sich entdeckt. Viele Touristen aus China, Indien und anderen Ländern fliegen zu Abenteuer- und Erlebnisreisen in Afrika. Manche Destinationen sind zu Zielen des Massentourismus geworden, wie manche Strände am Indischen Ozean, andere hingegen sind exklusiv geblieben, wie zum Beispiel die Tierreservate im Norden Botswanas.

Viele Länder, die 2007 touristisch noch in den Startlöchern standen, sind inzwischen zu etablierten Reisezielen geworden. Hierzu gehören Sambia, Tansania, Madagaskar, Mosambik und Ruanda, um nur einige zu nennen. Die neuen Pioniergebiete im Tourismus heißen Kongo, Angola, Sudan und Westafrika.

Ein großes Diskussionsthema, vor allem in Afrika selbst, war die weit verbreitete Ausbeutung durch ausländische Konzerne und Regierungen. 2007 gehörten diesbezügliche Befürchtungen zu den größten Hindernissen des Fortschritts. Viele Geschäfte kamen aus diesem Grunde nicht zustande. Das änderte sich allmählich, als immer mehr ethisch orientierte Kapitalanleger genau darauf schauten, wie sich ihre Investitionen konkret auf das Land, seine einheimische Bevölkerung und die Umwelt auswirkten. Ausbeuterische Geschäftsmodelle wurden wegen mangelnder Nachhaltigkeit und abnehmender Investitionssicherheit immer weniger realisiert. Viele große institutionelle Anleger blieben solchen Projekten völlig fern, schon weil sie die Ächtung ihrer eigenen Investoren befürchten mussten. Auch die Investitionen, die Großkonzerne und mittelständische Unternehmen im Rahmen ihrer sozialen Verantwortung tätigten, trugen zur zunehmenden Beachtung strenger Ethik-Standards bei.

2007 war das Thema Korruption in Bezug auf Afrika sehr dominant. Viele potenzielle Investoren blieben dem Kontinent deshalb auf Dauer fern. Dabei waren schon damals Entwicklungen in die richtige Richtung erkennbar. Antikorruptionskampagnen wurden in manchen Staaten zur Chefsache erklärt, und Botswana war bereits weithin als Land mit „null Toleranz" gegenüber Korruption bekannt. Selbst der Präsident des damals noch sehr korrupten Landes Nigeria hatte Maßnahmen in Gang gesetzt, die mit der Zeit wirksam wurden.

Ironischerweise haben gerade einige hochrangige Korruptionsskandale in den westlichen Ländern dazu geführt, dass korrupte Systeme in afrikanischen Nationen immer schwieriger aufrechtzuerhalten waren. Ein wesentlicher Grund dafür waren die Kapitalmärkte mit ihren strengen Regeln hinsichtlich Kontrolle und Transparenz, die weitestgehend von den etablierten Märkten übernommen wurden. Der Konkurrenzdruck zwischen alternativen Standorten – immerhin gab es schon 2006 bereits 20 afrikanische Börsen – und der Wettbewerb um Kapital zwang die Emittenten, sich an den Bedürfnissen der Kapitalanleger zu orientieren. Wenn überwiegend ethisch saubere Investments gefragt waren, mussten die kapitalhungrigen Unternehmen dies beachten.

Auch in der Entwicklungshilfe hatte man dazugelernt und erkannt, dass Finanzhilfen nach dem Gießkannenprinzip nicht zum Erfolg führten. Weder Hilfslieferungen in großem Umfang noch die strengen Auflagen von Weltbank und Internationalem Währungsfonds hatten ja in Afrika für eine Wende zum Besseren gesorgt. Ab etwa dem Jahr 2008 war der Umschwung allerdings immer deutlicher erkennbar.

Was war geschehen? Zum einen waren es die Afrikaner selbst, die Europa, Amerika und Asien zunehmend signalisierten, dass sie sich aus der Agonie der Abhängigkeit befreien wollten und zunehmend auf Hilfe verzichteten. Und zum anderen hatten kreative Unternehmer und Investoren erfolgreiche Modelle entwickelt, die durch eine gelungene Kombination von geschäftlichen Aktivitäten mit praktischer Entwicklungsförderung gekennzeichnet waren und die zu profitablen und nachhaltigen Geschäften führten.

Alles in allem waren die Jahre 2007 bis 2017 die wirtschaftlich und finanziell erfolgreichsten Jahre, die der afrikanische Kontinent jemals gehabt hatte. Die Lebensbedingungen der Bevölkerung haben sich deutlich verbessert. Die Armut ist gesunken.

Natürlich ist dies ein fiktives Szenario. Die hierin gemachten Angaben stellen keine Prognose oder gar Voraussage dar. Allerdings lassen sich gewisse Parallelen ziehen zu der vergangenen Entwicklung von Emerging Markets in einem anderen Teil der Welt.

Erinnern wir uns zurück: Wie war es damals in Osteuropa, nach dem Fall des Eisernen Vorhangs 1990? Wertpapiermärkte entstanden, Börsen wurden gegründet. Eine vormals sozialistische Gesellschaft entdeckte den Kapitalismus. Die Regeln wurden radikal geändert. Der Übergang von der Planwirtschaft zur Marktwirtschaft vollzog sich in atemberaubendem Tempo. Ganze Rechtssysteme wurden umgestellt. Einige Länder übernahmen das deutsche Bürgerliche Gesetzbuch in weiten Teilen. Innerhalb weniger Jahre waren einige Hauptstädte nicht wiederzuerkennen.

Von 1995 bis 1997 war ich selbst als Vorstand einer börsennotierten Beteiligungsgesellschaft an den osteuropäischen Kapitalmärkten aktiv. Nachfolgend ein Bericht aus eigener Erfahrung:

„Es waren spannende Zeiten damals, im Gefolge der ersten Börseneuphorie an den Märkten in Prag und Budapest, die sich schon 1993 und 94 hervorragend entwickelten. Mitte der neunziger Jahre waren wir in vielen osteuropäischen Ländern aktiv, handelten mit Aktien und Privatisierungszertifikaten und prüften den Einstieg in ausgewählte Direktinvestments. Die folgenden zwei Beispiele illustrieren unseren damaligen Ansatz und die praktischen Schwierigkeiten, denen wir ausgesetzt waren, aber auch die enormen Chancen, die wir wahrnehmen konnten.

1995 erfuhren wir in einem Zeitungsartikel von dem Handel mit Privatisierungszertifikaten in Lettland. Kurz entschlossen buchte ich mit meinem Vorstandskollegen einen Flug nach Riga, um vor Ort zu recherchieren. Die Privatisierung von ehemaligen Staatsunternehmen war noch in der Vorbereitung. Wir sprachen mit dem Präsidenten der kurz zuvor eröffneten Börse, mit der Privatisierungsagentur, Wirtschaftsprüfern und Bankenvertretern. Termine hatten wir vorher nicht vereinbart; wir klopften einfach an die Tür. Es funktionierte. Vor Ort recherchierten wir die rechtlichen und wirtschaftlichen Rahmenbedingungen, erstellten uns aus manuell erfassten Kursen der Privatisierungszertifikate über Excel unseren eigenen Chart und beschlossen dann, tatsächlich zu investieren. Um die Privatisierungszertifikate kaufen zu können, die für ausländische

Anleger zugänglich waren und die nach einer bestimmten Zeit in Unternehmensanteile getauscht werden sollten, mussten wir ein Bankkonto eröffnen. Das war ein bürokratischer Akt und erforderte die Einreichung mehrerer Formulare bei verschiedenen Ämtern. Zunächst mussten wir uns für ein Kreditinstitut entscheiden. Westliche Banken gab es dort nicht, und über die lettischen und russischen Banken wusste man nicht viel. Wie sicher würden unsere Anlagegelder sein? Hinter welcher Bank stand vielleicht die Mafia? Wie konnten wir mögliche Risiken erkennen und minimieren? Das waren die Fragen, mit denen wir uns damals ernsthaft auseinandersetzten, denn in einem weitgehend unregulierten Markt war vieles möglich. Zwei volle Tage waren wir mit fast nichts anderem beschäftigt als mit der Konto- und Depoteröffnung. Wir mussten auch einige Wochen später noch einmal nach Riga fliegen.

Rückblickend hatte sich die Reise nach Lettland gelohnt. In einem exotischen Land konnten wir mit einem exotischen Finanzinstrument unseren Einsatz in gut einem Jahr mehr als verdoppeln.

Bereits 1994 hatten wir begonnen, die 900 auf einen Schlag privatisierten und gleichzeitig (!) an die Börse gebrachten Unternehmen der Tschechischen Republik zu analysieren. Dies gelang uns in sehr kurzer Zeit mit Hilfe eines detaillierten Fragebogens und Studenten der Universität Prag als Interviewer. Aus den mehreren hundert Rückläufen destillierten wir einige interessante Unternehmen heraus und sprachen mit dem Management vor Ort. Das Ergebnis konnte sich sehen lassen. Aufgrund unseres Informationsvorsprungs (keine Bank war in der Lage, mit ihren Analysten so viele Unternehmen zu analysieren) fanden wir eine unbeachtet gebliebene „Perle"; wir kauften ein größeres Aktienpaket und konnten uns in der Folge über eine Vervierfachung der Kurse freuen, während der Prager Aktienindex im gleichen Zeitraum um 30 Prozent nachgab.

Was war unser damaliges Erfolgsrezept in Osteuropa?

Ein frühzeitiger Markteinstieg, kombiniert mit methodischem Research und Vor-Ort-Präsenz in mehreren osteuropäischen Ländern und strategischen Kooperationen mit ausgewählten Analysten und Brokern."

Afrika ist heute genau das richtige Betätigungsfeld, um erneut in erwachenden und wachsenden Märkten erfolgreich zu sein.

Die Zeit für Investments in Afrika ist gekommen.

9.3 Investieren in Afrika

Am Ende dieses Buches will ich einen meiner hochgeschätzten afrikanischen Geschäftspartner zu Wort kommen lassen. Erfahren Sie aus erster Hand, wie Afrikaner selbst die Möglichkeiten ihres Kontinents beurteilen.[2]

Abbildung 9-1: Rene Kiamba aus Nairobi

Foto: Hartmut Sieper
Rene Kiamba, Unternehmer aus Nairobi, Kenia

INVESTING IN AFRICA – THE WEALTH OF THE SO-CALLED 'BLACK CONTINENT'

Let's be honest! Whenever Africa is mentioned, the images that come to mind in the Western world are images of war, disease, poverty, hunger and starvation! Why would this be a good investment destination for any serious investor? Why even write this book?

But ***a New Day is breaking over Africa.*** Something new is happening on this continent that has no precedence, and flies in the face of all expectations. The winds of change are blowing across Africa, and only those with eyes to see will see it. Perhaps we should start at the beginning though …

[2] Den folgenden Text hat Herr Kiamba speziell für dieses Buch verfasst. Da durch eine Übersetzung viel von der Ausdrucksstärke verloren gehen würde, habe ich mich für einen Abdruck in der Originalfassung entschieden.

For centuries now, the term 'Black Continent' has been liberally used to describe Africa. To millions across the globe, the continent has remained dark, unknown and perhaps unknowable, unpredictable and mysterious. This deprecating label and the resulting misrepresentation have however played into the hands of those who have used it over the years, and served to hide the reality of the unequalled beauty and wealth of this amazing continent to many casual observers who did not look long enough!

But what has brought this reality about? Have the history books really reflected the truth about this amazing continent?

A careful study of this continent reveals that the history of Africa has 3 distinct phases.

Africa has a most glorious past

Careful and truthful study of the history of Africa reveals that the continent has known a glorious and wealthy past, with many advances that still baffle the world today. History records many amazing kingdoms, towns, villages and civilizations that defy the pattern of popular history. Nature has allowed some of these to survive today, and they tower tall and proud, defying contemporary explanations, and starkly and loudly saying – Africa deserves another closer look! From the Pyramids of Egypt; the ruins of the Swahili civilization of East Africa; the civilizations of South Africa and Zimbabwe; the Churches of Lalibela in Ethiopia; the evidence of the Empires of Mali and Ghana; all these call forth and shout that we have not heard the whole truth about Africa's history.

Biblical history attests to the wealth and glory of Africa. Right from the beginning we read of the good gold of Havilah. We read of Abraham and later Jacob running to Egypt to escape famine, the latter taking the entire family at the invitation of Joseph, one of his sons who had been sold into slavery but risen to power in the strongest world power of the time – in Egypt. They would remain in Egypt for over 400 years, and leave with much substance and wealth from Egypt, spoiling the Egyptians and leaving much death and destruction. Africa has never recovered, and entered a dark period that has lasted till this day!

The contemporary dark days of Africa

Contemporary history paints a different picture for the continent. Africa redefines and sets the meanings of suffering and poverty. The continent seems to swing relentlessly from one disaster to another, one human tragedy to another. If it is not flooding, it is drought. If not war, it is famine. If not refugees and mass displacement of populations, it is civil strife or tribal clashes. True to form, the press loves this picture – images of hungry and starving children sell! Yet the world must know.....

From one country to another, poor leadership and sheer political thuggery has betrayed the hope of millions who for years fought from the chains of colonialism and dreamt of liberty and prosperity. Colonialism followed years of devastation from centuries of slavery and the exodus of millions of the young of Africa.

Over the last 60 years or so, Africa has struggled under the weight of poor and incompetent leadership, which has used force and cohesion to hang on to power and capitalizing on the ignorance and fear of the population.

This is the picture that has defined Africa! And yet the breakthroughs and the miraculous remain hidden in this 'Dark Continent'.

We know of a truth that Africa has some of the largest mineral reserves on earth – 85 % of the platinum, 70 % of the tantalite, 68 % of the cobalt and 54 % of the gold. South Africa ranks as one of the highest world reservoirs of mineral wealth, and these have helped build a uniquely strong and vibrant economy much unlike the rest of the continent.

But the winds of change are sweeping over this continent, bringing light and hope of a new glorious era for Africa ...

A new day is dawning over this sleepy continent, which is starting to claim its rightful place in the international arena.

Economically, Africa represents the world's major emerging market, comprised of 53 states and over 900 million people. It is an amazing and endless mosaic of political systems and nations, each composed of divergent tribes, unique cultures and languages often lumped together by the stroke of a colonial master's hand. Often the boundaries were determined based on interests of resources rather that reflecting cultural identities or needs but this has added to the aura of the unexpected that so much reflects what Africa is! Every day is an adventure.

We are seeing the end of the era of the Rule by Big Men who have frustrated the political aspirations of many. From one nation to another, we see these giants fall and leave office not by the gun or military coups but by the ballot! We are seeing amazing political space and participation, where the choice of the people is being heard and respected. Nations like Sierra Leone and Liberia, previously shattered by civil war are being led by democratically elected leaders.

The economic recovery too is under way. From 1999 to 2005, over 34 % of African states achieved GPD growths of 4.5 % or above fuelled by high commodity prices and sound micro-economic reforms. Encouraged by these changes, Foreign Direct Investment has risen, reaching over US$ 40 billion in 2005. These are unprecedented levels, and most of the funds are not finding their ways back to foreign banks through the hands of dishonest politicians! Indeed, nations like Nigeria have seen significant amounts of monies stashed in foreign banks recovered and returned to the country. It has been estimated that over 40 % of privately owned wealth of Africa is in foreign banks, but now even Africans in the Diaspora are looking back home for investment opportunities. Initiatives in Kenya such as Brain Gain testify to this trend, Nigeria and Ghana and many other nations are actively facilitating such opportunities.

The opportunity is ripe for the discerning investor to begin to position themselves on the continent where incentives are being offered by different governments for investments and joint partnerships. The takings are ripe for those who will move faster and beat the queue.

Through improved fiscal discipline and controls, revenue collection has increased significantly in many African nations. Kenya for example is financing government expenditure primarily by local resources and without the typical dependence on donor support. The Nairobi Stock Exchange, one of the strongest in Africa is booming and offering the local population opportunity to participate in an otherwise exclusive economic activity.

Better air traffic coverage is making travel easier across Africa, with strong networks by Kenya and Ethiopia Airways opening up and connecting the nations. Visa processing is getting better though these areas can still be improved. Nations are seeing the benefits of opening trade and human traffic channels with each other.

There are many issues that must still be dealt with. Human rights issues need attention. Issues of property rights is another area which hinders many citizens from participating in the modern economy and accessing credit. In many areas, traditional practices hinder the participation of women in politics and inheritance, thereby denying them the capacity to engage in meaningful development – yet it is the woman who bears the brunt of the pains of underdevelopment. Unequal trading relationships have robbed Africa of much of her wealth, consigning her to a producer of primary raw materials. Africa needs development partners that will bring value-added relationships which are mutually beneficial. No long-term relationship can endure if one of the parties takes undue advantage over the other – and this has been the bane of Africa!

Disease and ignorance continue to take their toll on the continent. In many nations, AIDS continues to decimate the populations, while traditional beliefs and lack of political will conspire to limit the possible responses. In many areas, grandmothers are having to raise grandchildren because the parents have succumbed to the scourge. TB, Malaria, diarrhea and frequent outbreaks of other communicable diseases reverse gains of many health initiatives and child survival.

Despite these setbacks and challenges, Africa remains the new frontier of economic investment and unequalled returns.

With her stunning and friendly weather, unbeatable fresh open spaces, legendary sunsets and sunrises – there is no better place to be. Whether in tourism or agriculture, manufacturing or mining, Africa is the new frontier as the new day arises for her.

And the unbeatable African spirit remains defiant! Defying slavery, colonialism and post-independence disillusionment, the African spirit knows deep inside that sorrows do not last forever. Strengthened by the centuries of suffering and the endurance born of trouble, the African spirit endures – stubborn, full of life and energy, unbreakable and never despairing. The African zest for life is infectious, and the African smile disarming.

Africa needs partners and equal trading relationships and not aid. Africa needs friends who will believe in her bright future and invest their time and resources to make this future even brighter and bigger.

A new day is dawning. A day of equal relationships. A day of unequalled opportunities and returns. A day for the darkness to roll off from the face of Africa, and for the light to come – and in the new light, new unequalled opportunities.

Welcome to Africa, the new frontier!

Index

A

B

C

D

J

K

L

M

N

O

P

R

S

Abbildungsübersicht

Tabellenübersicht

POWERTOOLS FÜR DIE TECHNISCHE ANALYSE
DER WEG ZUM PROFI TRADER
MICHAEL PARNESS
GREENSPANS BETRUG
Neue Wege
Die besten Anlagestrategien der Welt
DIE BESTEN BÖRSENSTRATEGIEN
DEUTSCHE SUPER INVESTOREN AUS GRAHAM- UND DODDSVILLE
AKTIEN STRATEGIEN
DIE FAMILIE UNTERNEHMEN in Österreich
DIE GRÖSSTEN GEHEIMNISSE des TRADENS
Die INVESTMENT STRATEGIEN der Profis
INDIA
Investmentfonds
Morgen ohne SORGEN
Das LEMMING PRINZIP
MIT SICHERHEIT ERFOLGREICH
Buffett
ENZYKLOPÄDIE DER TECHNISCHEN INDIKATOREN

AKTIEN!
Rohstoffe und Financial Futures
Tools & Tactics für Master Trader
COMMITMENTS OF TRADERS
GOLD
TRADING ROOM
Wir schaffen das!
JIM ROGERS
ROHSTOFFE
Zukunftsmarkt Asien
Mich legt keiner mehr rein
TAGE DER ABRECHNUNG
HANDELS SYSTEMEN
DER GROSSE ROHSTOFF-GUIDE
Das große Buch der Markttechnik
DER ÖL FAKTOR
STEPHEN LEEB
Der große CRASH 1929
TRUMP
Wie man reich wird
DONALD J. TRUMP
Technische Analyse
John J. Murphy
Der ultimative TRADING-GUIDE
Hedge Fonds
Steve Nison
Candlesticks
Das Elliott-Wellen-Prinzip
MONEY MANAGEMENT